Oracle 12*c*

Sauvegarde et restauration

Dans la collection *Les guides de formation Tsoft*

R. Bizoï. – **Oracle 12c Administration**.
N° 14056, 2014, 560 pages.

R. Bizoï. – **SQL pour Oracle 12c**.
N° 14054, 2014, 412 pages.

R. Bizoï. – **PL/SQL pour Oracle 12c**.
N° 14055, 2014, 336 pages.

J.-F. Bouchaudy. – **Linux Administration. Tome 1 : les bases de l'administration système**.
N° 14082, 3e édition, *à paraître en novembre 2014*.

J.-F. Bouchaudy. – **Linux Administration. Tome 2 : administration système avancée**.
N° 12882, 2e édition, 2010, 480 pages.

J.-F. Bouchaudy. – **Linux Administration. Tome 3 : sécuriser un serveur Linux**.
N° 13462, 2e édition, 2012, 520 pages.

J.-F. Bouchaudy. – **Linux Administration. Tome 4 : Installer et configurer des serveurs Web, mail et FTP**.
N° 13790, 2e édition, 2013, 420 pages.

Autres ouvrages

C. Soutou, O. Teste. – **SQL pour Oracle**.
N° 13673, 6e édition, 2013, 642 pages.

C. Soutou , F. Brouard , N. Souquet. – **SQL Server 2014**.
G13592, 2014, 800 pages.

C. Soutou. – **UML 2 pour les bases de données**.
N° 13413, 2e édition, 2012, 322 pages.

C. Soutou. – **Programmer avec MySQL**.
SQL – Transactions – PHP – Java – Optimisations – Avec 40 exercices corrigés.
N° 13719, 3e édition, 2013, 520 pages.

P. Borghino, O. Dasini, A. Gadal. – **Audit et optimisation MySQL 5**.
Bonnes pratiques pour l'administrateur.
N° 12634, 2010, 266 pages.

R. Bruchez. – **Les bases de données NoSQL**.
N° 13560, 2013, 300 pages.

Oracle 12c

Sauvegarde et restauration

Razvan Bizoï

EYROLLES

TSOFT
10, rue du Colisée
75008 Paris
www.tsoft.fr

ÉDITIONS EYROLLES
61, bd Saint-Germain
75240 Paris Cedex 05
www.editions-eyrolles.com

À **Ioana** et **Luca,** qui chaque jour m'épatent,
que leurs rêves se réalisent.

Remerciements

Merci à mon ami Pierre qui m'a aidé à concrétiser ce projet.
Sans lui, ce guide n'aurait sûrement jamais vu le jour.

Avant-propos

Oracle est le système de base de données le plus utilisé au monde. Il fonctionne de façon relativement identique sur tout type d'ordinateur. C'est pourquoi les connaissances acquises sur une plate-forme sont utilisables sur une autre, et les utilisateurs et développeurs Oracle expérimentés constituent une ressource très demandée.

Un support de formation

Le guide de formation complet se compose de deux ouvrages, *Administration* et *Sauvegarde et restauration*, consacrés à l'administration Oracle 12c. Il vous permettra d'acquérir des connaissances solides sur les tâches fondamentales liées à l'administration des bases de données : concevoir, créer et gérer une base de données Oracle 12c

Ce second livre, qui comprend 12 modules, est idéal comme support de formation avec un animateur, car il permet à l'élève de suivre sans avoir à prendre beaucoup de notes. Par ailleurs, le formateur peut acquérir auprès de l'éditeur Tsoft (www.tsoft.fr) un ensemble de diapositives, qui rythmeront la progression pédagogique, afin d'appuyer ses explications. Très complet, cet ouvrage peut aussi servir de manuel d'autoformation, car il va beaucoup plus loin qu'un simple support de cours.

Cette formation est prévue pour durer cinq jours avec un animateur, à condition de posséder au préalable des connaissances de SQL et PL/SQL, ou équivalentes.

Ce guide vise surtout à être plus clair et plus agréable à lire que les documentations techniques, exhaustives et nécessaires mais aussi ingrates, dans lesquelles vous pourrez toujours vous plonger ultérieurement. Par ailleurs, l'auteur a souhaité éviter l'écueil de ne fournir qu'une collection supplémentaire de « trucs et astuces ».

Chaque exposé théorique, qui permet de préciser les concepts et les mécanismes d'administration de la base de données, est accompagné d'une suite de travaux pratiques, afin que les lecteurs puissent comprendre les modalités d'application de chaque partie théorique et connaître les pièges à éviter.

Tous les exemples présentés ici illustrent des cas réels exécutés par l'auteur et permettent de suivre la mise en œuvre de la démarche théorique. Les travaux pratiques détaillent les différences entre les tâches d'administration d'une base de données Oracle 12c dans les systèmes d'exploitation Windows et Linux.

Il est conseillé de compléter la lecture de ce livre par celle de l'ouvrage *Oracle 12c – Administration* (du même auteur et chez le même éditeur). Ces deux livres peuvent vous préparer aux examens de certification Oracle :

- 1Z0-062 Oracle Database 12c: Installation and Administration

- 1Z0-063 Oracle Database 12c: Advanced Administration

Si vous le désirez, vous pouvez dialoguer avec l'auteur en lui écrivant à l'adresse suivante : razvan@bizoi.fr, ou directement depuis son site web : www.bizoi.fr.

Conventions utilisées dans l'ouvrage

MAJUSCULES	Les ordres SQL ou tout identifiant ou mot-clé. Utilisé pour les mots-clés, les noms des tables, les noms des champs, les noms des blocs, etc.
[ ]	L'information qui se trouve entre les crochets est facultative.
[,...]	L'argument précédent peut être répété plusieurs fois.
{ }	Liste de choix exclusive.
|	Séparateur dans une liste de choix.
...	La suite est non significative pour le sujet traité.
11g	La définition est valable à partir de la version Oracle 11g release 1.
11g^{r2}	La définition est valable à partir de la version Oracle 11g release 2.
12c	La définition est valable à partir de la version Oracle 12c.

La définition est uniquement valable pour l'environnement de travail UNIX/Linux.

La définition est uniquement valable pour l'environnement de travail Windows.

Ce sigle introduit un exemple de code avec la description complète telle qu'elle est présente à l'écran dans l'outil de commande.

Une note qui présente des informations intéressantes en rapport avec le sujet traité.

Un encadré *Attention* met en évidence les problèmes potentiels et vous aide à les éviter. Il peut être également une mise en garde ou une définition critique.

Un encadré *Conseil* indique, une démarche impérative à suivre pour pouvoir résoudre le problème.

Table des matières

Module 11 L'ARCHITECTURE DE SECOURS 11-1

Module 12 LA GESTION DU DATA GUARD........................ 12-1

INDEX I-1

1

Les notions de sauvegarde

Objectifs

À la fin de ce module, vous serez à même d'effectuer les tâches suivantes :

- Mettre un tablespace en mode sauvegarde ou mettre tous les tablespaces en mode sauvegarde.
- Choisir les fichiers de journaux archivés qui doivent être sauvegardés et nettoyés du disque.
- Créer un script de sauvegarde à froid et le script de restauration correspondant.
- Récupérer une base de données en mode NOARCHIVELOG.
- Récupérer complètement une base de données en mode ARCHIVELOG.
- Récupérer une base de données jusqu'à un moment dans le temps.
- Créer un script de sauvegarde à chaud de la base de données.

Contenu

L'emplacement des fichiers

Pour pouvoir utiliser la gestion **OMF** (**O**racle **M**anaged **F**iles), vous devez configurer les paramètres d'initialisation suivants : `DB_CREATE_FILE_DEST` et `DB_CREATE_ONLINE_LOG_DEST_n`

La valeur du paramètre « `DB_CREATE_FILE_DEST` » est le nom d'un répertoire existant indiquant à Oracle où créer les fichiers de données et les fichiers temporaires.

La valeur du paramètre « `DB_CREATE_ONLINE_LOG_DEST_n` » est le nom d'un répertoire existant indiquant à Oracle où créer les groupes des fichiers journaux et les fichiers de contrôle. La valeur « n » peut être un numéro entre un et cinq et représente le nombre de membres multiplexes que vous souhaitez avoir. Si vous définissez uniquement « `DB_CREATE_ONLINE_LOG_DEST_1` », vous n'utilisez pas le multiplexage. Par contre si vous utilisez plusieurs destinations, à la création des groupes, Oracle prend soin d'effectuer la création des membres aux destinations correspondantes.

La zone de récupération rapide est identifiée par le paramètre « `DB_RECOVERY_FILE_DEST` » mais également par le paramètre « `DB_RECOVERY_FILE_DEST_SIZE` » qui détermine la taille maximale de stockage dans ce répertoire.

Le nom des fichiers

Une fois que les paramètres de stockage pour les fichiers de la base de données ont été initialisés avec des répertoires de votre système de fichiers actuel ou des groupes de disques de l'instance Oracle ASM, les noms des fichiers ne sont plus nécessaires pour la création du fichier de contrôle, des tablespaces, ou des fichiers de journaux.

Chaque fois que vous voulez créer un fichier de la base de données, Oracle crée automatiquement dans ce répertoire un sous-répertoire avec le nom du paramètre « `DB_UNIQUE_NAME` » s'il n'existe pas déjà. Ensuite pour stocker le fichier, il crée un autre sous-répertoire suivant le type du fichier de la base de données que vous voulez créer : « `CONTROLFILE` » pour les fichiers de contrôles, « `DATAFILE` » pour les fichiers de données ou « `ONLINELOG` » pour les fichiers de journaux.

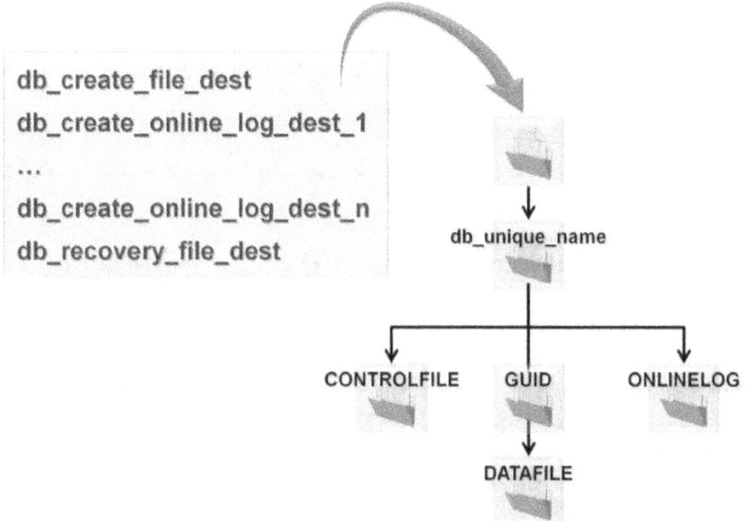

`GUID` L'identifiant unique d'une base de données insérée (**G**lobal **U**nique **Id**entifier). Vous pouvez trouver cet identifiant en interrogeant la vue « `V$PDBS` ».

Pour les fichiers stockés dans des répertoires de votre système de fichiers, le format du nom du fichier est le suivant :

- Pour un fichier de données : `ol_mf_%t_%u_.dbf`
- Pour un fichier temporaire : `ol_mf_%t_%u_.tmp`
- Pour un fichier de journal : `ol_mf_%g_%u_.log`
- Pour un fichier de contrôle : `ol_mf_%u_.ctl`

`%u`	Spécifie une chaine de caractères d'une longueur de huit caractères qui sert d'identifiant unique pour le fichier.
`%t`	Spécifie le nom du tablespace. Attention, il prend en compte uniquement les huit premiers caractères.
`%g`	Spécifie le numéro du groupe des fichiers journaux.

Pour les fichiers stockés dans des groupes de disques, le format du nom du fichier est le suivant :

`nom.fichier.incarnation`

`file.incarnation`	Spécifie le numéro du fichier et son incarnation dans le groupe de disques ASM ; sert d'identifiant unique pour le fichier.
`nom`	Le nom suivant le type du fichier. Pour un fichier de contrôle : « `curent` » ou « `backup` » suivant qu'il s'agisse du fichier courant ou de la sauvegarde. Pour un fichier de données ou temporaire : le nom complet du tablespace. Pour tous les fichiers des journaux, le nom est composé du préfixe « `group_` » et du numéro du groupe.

La sauvegarde à froid

Les sauvegardes physiques sont des réminiscences des modes de sauvegardes des versions antérieures d'Oracle. Il est impossible de sauvegarder par ces méthodes les fichiers stockés dans d'autres emplacements que le système de fichiers.

Ce mode de sauvegarde est obsolète et il faut utiliser l'utilitaire RMAN qui permet de sauvegarder la base de données à chaud sans générer plus de fichiers de journaux et de sauvegarder avec la même syntaxe tous les types de stockage de fichiers.

Afin d'expliquer les mécanismes de sauvegarde, le présent module décrit le fonctionnement de la sauvegarde physique et les modalités de restauration et de récupération de la base de données.

La méthode la plus simple pour protéger une base de données est de copier tous ses fichiers et de les placer à l'abri dans un autre endroit. En cas de problème avec la base principale, il suffit de les recopier vers leur emplacement d'origine et de redémarrer l'instance pour avoir à nouveau une base opérationnelle. Ces opérations de sauvegarde, ou restauration, sont qualifiées de complètes ou cohérentes.

Lorsque les données ne sont pas en lecture seule, il faut procéder à l'application des modifications intervenues depuis la dernière sauvegarde.

Il convient de remarquer les deux étapes de la remise en route d'une base de données après un problème de media de stockage :

- La restauration est l'étape dans laquelle les fichiers de la base de données sont rétablis dans leur emplacement d'origine.

- La récupération est l'étape de reconstruction des fichiers de données à l'aide des fichiers de journaux et des fichiers de journaux archivés.

Lorsque vous effectuez une restauration dans le cadre d'une opération de récupération, vous utilisez une sauvegarde cohérente ou incohérente. Une sauvegarde est cohérente lorsque la base de données a été fermée correctement avant le début de l'opération de sauvegarde et que les fichiers sont synchronisés.

Une sauvegarde de base de données cohérente est également appelée sauvegarde à froid pour souligner le fait que les fichiers constitutifs de la base de données ne font l'objet d'aucune activité.

Une sauvegarde de la base de données à froid est une base de données complète qui doit pouvoir être mise en route sans autre information supplémentaire.

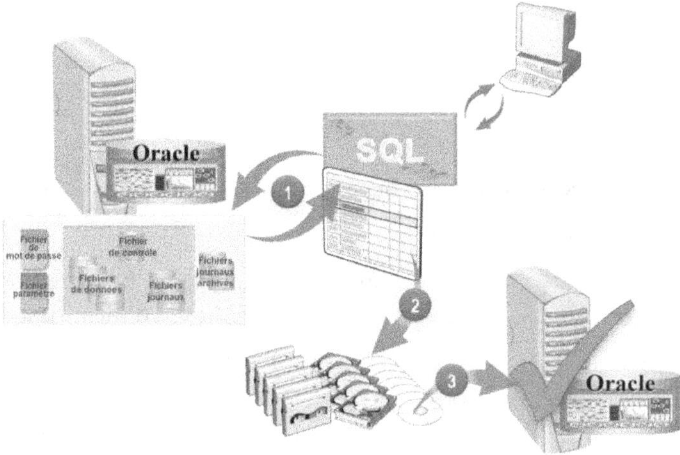

La démarche pour obtenir une sauvegarde de base de données à froid complète comporte trois étapes obligatoires :

- Créer un script de sauvegarde qui interroge la base de données pour trouver les fichiers qui doivent être sauvegardés. Il faut formater l'interrogation pour générer un script de sauvegarde qui sera exécuté ensuite.

- Exécuter le script de sauvegarde de la base de données et définir la fréquence d'exécution de ceux script.

- Vérifier la sauvegarde effectuée par cette méthode.

Attention

La sauvegarde à froid manuelle de la base de données est une méthode qui est destinée aux bases de données qui stockent les fichiers dans le système de fichiers. Elle n'est utilisable que pour une base de données qui stocke les fichiers dans un système de gestion automatique du stockage, « ASM ».

Le système de gestion automatique de stockage fournit des outils pour la copie des fichiers stockés, mais il est tellement plus simple de sauvegarder à l'aide de RMAN.

La création du script

Le script doit effectuer une sauvegarde complète de la base de données, c'est-à-dire de tous ses fichiers : de données, du journal de reprise et de contrôle. Il doit d'abord fermer correctement la base de données afin d'obtenir des fichiers cohérents ou synchronisés.

Voici un script qui contient toutes les commandes nécessaires à l'exécution d'une sauvegarde complète de tous les fichiers de la base de données ainsi que les fichiers de journaux archivés.

```
1  CONNECT / AS SYSDBA
2  SET FEEDBACK OFF VERIFY OFF PAGESIZE 0 LINESIZE 300
```

La ligne définit les variables « SQL*Plus » qui permettent de contrôler l'affichage de votre session

```
3   DEFINE FICHIER_SPOOL    = '&1'
4   DEFINE REPERTOIRE_BASE  = '&2'
5   DEFINE REPERTOIRE_ARCH  = '&3'
```

Le script comporte trois arguments, des variables de substitution qui permettent de réduire la saisie. La variable « **FICHIER_SPOOL** » spécifie le nom du fichier recevant les commandes de sauvegarde. Après celle-ci, il contiendra les commandes de restauration de la base de données à partir du répertoire de sauvegarde.

Les variables « **REPERTOIRE_BASE** » et « **REPERTOIRE_ARCH** » spécifient le chemin d'hébergement des fichiers de sauvegarde et des fichiers de journaux archivés.

```
6   VAR REPERTOIRE_BASE         VARCHAR2(300)
7   VAR REPERTOIRE_ARCH         VARCHAR2(300)
8   VAR COPIE                   VARCHAR2(12)
9   VAR SEPARATEUR              VARCHAR2(8)
```

Plusieurs variables de liaison sont nécessaires dans le script pour personnaliser celui-ci suivant le système d'exploitation.

```
10   SHUTDOWN IMMEDIATE
11   STARTUP MOUNT
```

L'arrêt et le démarrage de la base de données sont nécessaires pour établir avec certitude le SCN de la sauvegarde. Le SCN est utilisé par la suite dans le nom des répertoires où sont sauvegardés les fichiers de la base de données et les fichiers de journaux archivés.

```
12   DECLARE
13       PLATFORME    NUMBER(2);
14       REPERTOIRE   VARCHAR2(36);
15   BEGIN
16      SELECT
17        CASE
18          WHEN PLATFORM_ID IN ( SELECT PLATFORM_ID
19                                FROM V$TRANSPORTABLE_PLATFORM
20                                WHERE PLATFORM_NAME LIKE '%Windows%')
21          THEN  0 ELSE 1  END PLATFORME,
22          NAME||TO_CHAR(SYSDATE,'_YYYYMMDD_HH24_')||CHECKPOINT_CHANGE# REPERTOIRE
23        INTO PLATFORME,REPERTOIRE  FROM V$DATABASE;
24
25        IF PLATFORME = 0 THEN
26          :COPIE := '$COPY /Y ';
27          :SEPARATEUR   := '\';
28        ELSE
29          :COPIE := '!cp -f ';
30          :SEPARATEUR   := '/';
31        END IF;
32        :REPERTOIRE_BASE := '&REPERTOIRE_BASE'||:SEPARATEUR||REPERTOIRE||:SEPARATEUR;
33        :REPERTOIRE_ARCH := '&REPERTOIRE_ARCH'||:SEPARATEUR||REPERTOIRE;
34   END;
35   /
```

Le formatage des variables de liaison suivant le système d'exploitation.

```
36   SPOOL &FICHIER_SPOOL
```

L'ouverture du fichier recevant les commandes de sauvegarde. Cette ouverture permet d'écrire les lignes produites à l'écran dans ce fichier.

```
37   SELECT 'HOST mkdir '||:REPERTOIRE_BASE                  FROM DUAL;
38   SELECT 'HOST mkdir '||:REPERTOIRE_BASE||'DONNEES'       FROM DUAL;
39   SELECT 'HOST mkdir '||:REPERTOIRE_BASE||'JOURNAUX'      FROM DUAL;
40   SELECT 'HOST mkdir '||:REPERTOIRE_BASE||'CONTROLES'     FROM DUAL;
```

```
41   SELECT 'HOST mkdir '||:REPERTOIRE_BASE||'PARAMETRES'  FROM DUAL;
42   SELECT 'HOST mkdir '||:REPERTOIRE_ARCH  FROM DUAL;
```

La création de l'arborescence des répertoires où les fichiers de données, les fichiers temporaires, les fichiers de contrôle, les fichiers de journaux et les fichiers de journaux archivés seront copiés.

```
43   SELECT 'CREATE PFILE='''||:REPERTOIRE_BASE||'pfile.ora'' FROM SPFILE;' FROM DUAL;
```

La sauvegarde du fichier de paramètres sous le format d'un fichier texte.

```
44   SELECT 'SHUTDOWN IMMEDIATE' FROM DUAL;
```

La base de données est en mode « **MOUNT** » et l'arrêt est nécessaire pour libérer le fichier de contrôle de la base de données.

```
45   SELECT :COPIE|| NAME  FROM (
46       SELECT NAME    ||' '||:REPERTOIRE_BASE||'CONTROLES' NAME FROM V$CONTROLFILE
47    UNION ALL
48       SELECT NAME    ||' '||:REPERTOIRE_BASE||'DONNEES'   FROM V$DATAFILE
49    UNION ALL
50       SELECT NAME    ||' '||:REPERTOIRE_BASE||'DONNEES'   FROM V$TEMPFILE
51    UNION ALL
52       SELECT MEMBER ||' '||:REPERTOIRE_BASE||'JOURNAUX'  FROM V$LOGFILE );
```

L'interrogation de la base de données crée plusieurs commandes du système d'exploitation pour réaliser une copie de chacun des fichiers de la base de données. Tous les fichiers de contrôle, les fichiers de données, les fichiers de données temporaires et les fichiers de journaux sont copiés dans les répertoires de sauvegarde correspondants.

```
53   SELECT :COPIE || NAME ||' '||:REPERTOIRE_ARCH
54   FROM V$ARCHIVED_LOG WHERE DELETED = 'NO';
```

Les fichiers de journaux archivés sont copiés dans un répertoire indépendant.

Conseil

Les fichiers de journaux archivés ne sont pas nécessaires pour la sauvegarde en cours.

Il faut profiter de la sauvegarde en cours pour les sauvegarder aussi, mais dans un emplacement distinct.

Ces fichiers peuvent s'avérer très importants si la sauvegarde en cours est corrompue ; on utilise alors la sauvegarde précédente avec les fichiers de journaux archivés pour restaurer et récupérer la base de données.

```
55   SELECT :COPIE || VALUE || :SEPARATEUR ||'* '||:REPERTOIRE_BASE||'PARAMETRES'
56   FROM V$PARAMETER
57   WHERE NAME = 'background_dump_dest';
```

Les fichiers de traces ne sont nécessaires pour aucune opération de récupération ou restauration de la base de données, mais le sont pour connaître le vécu de la base de données.

```
58   SELECT 'STARTUP' FROM DUAL;
59   SPOOL OFF
```

Le démarrage de la base de données suivi de la fermeture du fichier script de sauvegarde.

```
60   @&FICHIER_SPOOL
```

L'exécution des toutes les commandes du script que vous venez de créer.

```
61   SPOOL &FICHIER_SPOOL
```

L'ouverture du fichier recevant les commandes de restauration de la base de données à partir du répertoire de sauvegarde.

```
62   SELECT 'CONNECT / AS SYSDBA'  FROM DUAL;
63   SELECT 'SHUTDOWN ABORT'  FROM DUAL;
64   SELECT :COPIE|| NAME  FROM (
65   SELECT :REPERTOIRE_BASE||'CONTROLES'||SUBSTR(NAME,INSTR(NAME,:SEPARATEUR,-1))
66            ||' '||NAME NAME FROM V$CONTROLFILE
```

```
67  UNION ALL
68  SELECT :REPERTOIRE_BASE||'DONNEES'  ||SUBSTR(NAME,INSTR(NAME,:SEPARATEUR,-1))
69                  ||' '||NAME      FROM V$DATAFILE
70  UNION ALL
71  SELECT :REPERTOIRE_BASE||'DONNEES'  ||SUBSTR(NAME,INSTR(NAME,:SEPARATEUR,-1))
72                  ||' '||NAME      FROM V$TEMPFILE
73  UNION ALL
74  SELECT :REPERTOIRE_BASE||'JOURNAUX' ||SUBSTR(MEMBER,INSTR(MEMBER,:SEPARATEUR,-1))
75                  ||' '||MEMBER    FROM V$LOGFILE );
76  SELECT 'STARTUP MOUNT'  FROM DUAL;
```

L'interrogation de la base de données crée plusieurs commandes du système d'exploitation pour réaliser la copie inverse à partir du répertoire de sauvegarde vers l'emplacement de chaque fichier de la base de données.

```
74  SPOOL OFF
75  EXIT;
```

La fermeture du fichier script de restauration est suivie de la sortie de l'environnement « SQL*Plus ». Il est impératif de créer des scripts en sélectionnant des informations à partir du dictionnaire de données. Cette technique garantit l'exactitude du script lors de son exécution. En plus les scripts ainsi créés sont plus concis, ce qui réduit le risque d'erreur.

L'exécution du script

Les scripts de sauvegarde et de restauration de cet ouvrage sont créés pour vous présenter la démarche à suivre et ils sont intentionnellement simples ; il est préférable de les personnaliser et vous devrez ajouter des routines de gestion d'erreur.

Le script précédemment présenté peut être lancé uniquement sur la console d'administration du serveur. Il comporte trois arguments : le nom du fichier de script généré automatiquement, le répertoire de sauvegarde des fichiers de la base de données et le répertoire de sauvegarde des fichiers de journaux archivés.

```
[oracle@terra /]$ sqlplus /nolog @sav.sql /u01/savr.sql /u01 /u02
...
Connected.
Database closed.
Database dismounted.
ORACLE instance shut down.
ORACLE instance started.
Total System Global Area 1073131520 bytes
Fixed Size                  2151248 bytes
Variable Size             570428592 bytes
Database Buffers          494927872 bytes
Redo Buffers                5623808 bytes
Database mounted.
HOST mkdir /u01/AMBRE_20080802_10_4525562/
HOST mkdir /u01/AMBRE_20080802_10_4525562/DONNEES
HOST mkdir /u01/AMBRE_20080802_10_4525562/JOURNAUX
HOST mkdir /u01/AMBRE_20080802_10_4525562/CONTROLES
HOST mkdir /u01/AMBRE_20080802_10_4525562/PARAMETRES
HOST mkdir /u02/AMBRE_20080802_10_4525562
CREATE PFILE='/u01/AMBRE_20080802_10_4525562/pfile.ora' FROM SPFILE;
SHUTDOWN IMMEDIATE
!cp /u02/app/oracle/oradata/AMBRE/controlfile/o1_mf_42jbb80l_.ctl
/u01/AMBRE_20080802_10_4525562/CONTROLES
...
```

```
[oracle@terra /]$ ls -w 90 /u0*/AMBRE*/*
/u01/AMBRE_20080802_10_4525562/pfile.ora
/u02/AMBRE_20080802_10_4525562/1_273_654528359.dbf
/u02/AMBRE_20080802_10_4525562/1_274_654528359.dbf
/u02/AMBRE_20080802_10_4525562/1_275_654528359.dbf
/u02/AMBRE_20080802_10_4525562/1_276_654528359.dbf
/u02/AMBRE_20080802_10_4525562/1_277_654528359.dbf
/u02/AMBRE_20080802_10_4525562/1_278_654528359.dbf
/u02/AMBRE_20080802_10_4525562/1_279_654528359.dbf
/u02/AMBRE_20080802_10_4525562/1_280_654528359.dbf
/u02/AMBRE_20080802_10_4525562/1_281_654528359.dbf

/u01/AMBRE_20080802_10_4525562/CONTROLES:
o1_mf_42jbb80l_.ctl  o1_mf_42jbb8ro_.ctl

/u01/AMBRE_20080802_10_4525562/DONNEES:
o1_mf_catalogu_4764htwc_.dbf   o1_mf_gvedata_47mogzks_.dbf   o1_mf_system_42jbcl1b_.dbf
o1_mf_example_4302ztmx_.dbf    o1_mf_gveindx_47moh08c_.dbf   o1_mf_temp_42jbr94g_.tmp
o1_mf_gvclob_47moh10c_.dbf     o1_mf_gvindx_47mogxqx_.dbf    o1_mf_undotbs1_42jbr39z_.dbf
o1_mf_gvdata_47mogvq4_.dbf     o1_mf_sysaux_42jbqs9d_.dbf    o1_mf_users_42jbsjb5_.dbf

/u01/AMBRE_20080802_10_4525562/JOURNAUX:
o1_mf_10_42jbc7mz_.log  o1_mf_4_42jbbhsn_.log  o1_mf_8_42jbc0lr_.log
o1_mf_1_42jbb9gd_.log   o1_mf_5_42jbbmsj_.log  o1_mf_9_42jbc3vo_.log
o1_mf_2_42jbbbwr_.log   o1_mf_6_42jbbr5p_.log
o1_mf_3_42jbbfpz_.log   o1_mf_7_42jbbw57_.log

/u01/AMBRE_20080802_10_4525562/PARAMETRES:
alert_ambre.log       ambre_dbrm_7810.trc   ambre_lgwr_7822.trm   ambre_ora_18881.trc
ambre_arc1_7846.trc   ambre_dbrm_7810.trm   ambre_mmon_7830.trc   ambre_ora_18881.trm
ambre_arc1_7846.trm   ambre_lgwr_7822.trc   ambre_mmon_7830.trm   ambre_pmon_7802.trm
```

Une fois que le script est exécuté, vous pouvez contrôler la bonne copie des fichiers de la base de données et des fichiers journaux dans les répertoires spécifiés.

Le script génère un script, avec le nom que vous avez choisi, qui contient toutes les commandes de copie des fichiers sauvegardés de l'emplacement actuel vers leur emplacement prévu dans la base de données.

```
!cp -f /u01/AMBRE_20080802_10_4525562/CONTROLES/o1_mf_42jbb80l_.ctl
/u02/app/oracle/oradata/AMBRE/controlfile/o1_mf_42jbb80l_.ctl
!cp -f /u01/AMBRE_20080802_10_4525562/CONTROLES/o1_mf_42jbb8ro_.ctl
/u01/app/oracle/flash_recovery_area/AMBRE/controlfile/o1_mf_42jbb8ro_.ctl
!cp -f /u01/AMBRE_20080802_10_4525562/DONNEES/o1_mf_system_42jbcl1b_.dbf
/u02/app/oracle/oradata/AMBRE/datafile/o1_mf_system_42jbcl1b_.dbf
!cp -f /u01/AMBRE_20080802_10_4525562/DONNEES/o1_mf_sysaux_42jbqs9d_.dbf
/u02/app/oracle/oradata/AMBRE/datafile/o1_mf_sysaux_42jbqs9d_.dbf
!cp -f /u01/AMBRE_20080802_10_4525562/DONNEES/o1_mf_undotbs1_42jbr39z_.dbf
/u02/app/oracle/oradata/AMBRE/datafile/o1_mf_undotbs1_42jbr39z_.dbf
!cp -f /u01/AMBRE_20080802_10_4525562/DONNEES/o1_mf_users_42jbsjb5_.dbf
/u02/app/oracle/oradata/AMBRE/datafile/o1_mf_users_42jbsjb5_.dbf
...
!cp -f /u01/AMBRE_20080802_10_4525562/JOURNAUX/o1_mf_1_42jbb9gd_.log
/u02/app/oracle/oradata/AMBRE/onlinelog/o1_mf_1_42jbb9gd_.log
!cp -f /u01/AMBRE_20080802_10_4525562/JOURNAUX/o1_mf_2_42jbbbwr_.log
/u02/app/oracle/oradata/AMBRE/onlinelog/o1_mf_2_42jbbbwr_.log
!cp -f /u01/AMBRE_20080802_10_4525562/JOURNAUX/o1_mf_3_42jbbfpz_.log
/u02/app/oracle/oradata/AMBRE/onlinelog/o1_mf_3_42jbbfpz_.log
...
```

Le script ainsi généré ne peut pas être utilisé tel quel, mais il constitue le début du traitement qui vous permettra de restaurer tous les fichiers en état.

La restauration complète

La sauvegarde à froid de la base de données « **AMBRE** » est composée de la copie des fichiers de données, des fichiers de contrôle et des fichiers journaux au SCN « **4525562** ». Cette sauvegarde est complète et elle n'a pas besoin d'autres informations pour être fonctionnelle.

```
[oracle@terra /]$ sqlplus / AS SYSDBA

SQL> SELECT CURRENT_SCN FROM V$DATABASE;

CURRENT_SCN
-----------
    4547224
```

Dans le mode « **NOARCHIVELOG** », la seule possibilité de restauration de la base de données est la restauration complète de la base de données à l'instant « **t1** », soit au SCN « **4525562** ». Ainsi toutes les modifications de la base de données effectuées entre le SCN « **4525562** » et le SCN « **4547224** » sont perdues.

Pour restaurer les fichiers de la base, il est possible d'utiliser le fichier de restauration obtenu suite à l'exécution du script de sauvegarde.

```
[oracle@terra /]$ sqlplus / AS SYSDBA

SQL> SHUTDOWN ABORT

SQL> @/u01/savr.sql
Connected.
ORACLE instance shut down.
...
ORACLE instance started.
...
Database mounted.

SQL> SELECT CHECKPOINT_CHANGE#, CURRENT_SCN FROM V$DATABASE;

CHECKPOINT_CHANGE# CURRENT_SCN
------------------ -----------
         4525562             0

SQL> SELECT F.FILE#, T.NAME, F.CREATION_CHANGE# "CREATION",
  2  F.CHECKPOINT_CHANGE# "CHECKPOINT", F.LAST_CHANGE# "MODIFICATION"
  3  FROM V$DATAFILE F, V$TABLESPACE T WHERE F.TS# = T.TS#;

     FILE# NAME        CREATION CHECKPOINT MODIFICATION
---------- ----------- -------- ---------- ------------
         1 SYSTEM             7    4525562      4525562
         2 SYSAUX          1659    4525562      4525562
         3 UNDOTBS1        2584    4525562      4525562
         4 USERS          13638    4525562      4525562
...

SQL> ALTER DATABASE OPEN;

SQL> SELECT CHECKPOINT_CHANGE#, CURRENT_SCN FROM V$DATABASE;

CHECKPOINT_CHANGE# CURRENT_SCN
------------------ -----------
         4525565     4525888
```

```
SQL> SELECT F.FILE#, T.NAME, F.CREATION_CHANGE# "CREATION",
  2  F.CHECKPOINT_CHANGE# "CHECKPOINT", F.LAST_CHANGE# "MODIFICATION"
  3  FROM V$DATAFILE F, V$TABLESPACE T WHERE F.TS# = T.TS#;

    FILE# NAME              CREATION CHECKPOINT MODIFICATION
---------- --------------- ---------- ---------- ------------
        1 SYSTEM                   7    4525565
        2 SYSAUX                1659    4525565
...
```

Le fichier de restauration a écrasé tous les fichiers constitutifs de la base de données, à savoir : les fichiers de contrôle, les fichiers de données et les fichiers de journaux. Le démarrage de la base en mode « **MOUNT** » est fait pour pouvoir contrôler le dernier SCN de mise à jour des fichiers de données sans le modifier par l'ouverture de la base.

Attention

La restauration effectuée précédemment est très radicale : on écrase tous les fichiers de la base de données.

Cette démarche est préjudiciable sur une base de données qui fonctionne en mode « **ARCHIVELOG** », car elle écrase les dernières versions des fichiers journaux et aussi les fichiers de contrôle, ce qui vous empêche de récupérer ensuite toutes les transactions effectuées depuis la dernière sauvegarde.

La sauvegarde à chaud

Lorsque la base de données fonctionne dans le mode « **ARCHIVELOG** », il est possible de sauvegarder un tablespace pendant qu'il est modifié par la base de données. Pendant l'opération de copie, les fichiers continuent d'être modifiés.

Toute cette opération est possible grâce aux fichiers de journaux qui sont archivés et qui permettent de reconstruire n'importe quelle modification effectuée dans la base de données.

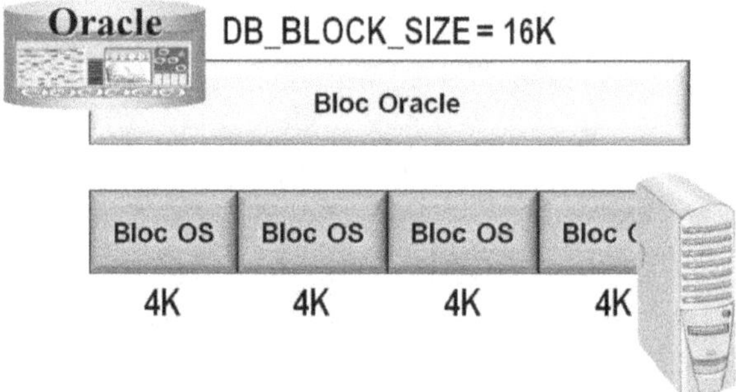

Oracle permet qu'un fichier soit copié à des fins de sauvegarde alors qu'il est en cours de modification, mais il faut d'abord placer le tablespace correspondant en mode de sauvegarde.

Dans une sauvegarde à chaud vous sauvegardez les fichiers de données, le fichier de contrôle, les fichiers de traces et paramètres, ainsi que les fichiers de journaux archivés. Les fichiers de journaux en ligne ne peuvent pas être directement sauvegardés, mais ils le sont à travers les fichiers de journaux archivés une fois que vous avez changé de fichier de journal courant.

Voici un script qui contient toutes les commandes nécessaires à l'exécution d'une sauvegarde à chaud de tous les fichiers de la base de données.

```
  1  CONNECT / AS SYSDBA
  2  SET FEEDBACK OFF VERIFY OFF PAGESIZE 0 LINESIZE 300
```


La ligne définit les variables « SQL*Plus » qui permettent de contrôler l'affichage de votre session.

```
3   DEFINE FICHIER_SPOOL    = '&1'
4   DEFINE FICHIER_LOG      = '&2'
5   DEFINE REPERTOIRE_BASE  = '&3'
```

Le script comporte trois arguments, des variables de substitution qui permettent de réduire la saisie. La variable « **FICHIER_SPOOL** » spécifie le nom du fichier recevant les commandes de sauvegarde. La variable « **FICHIER_LOG** » spécifie le nom du fichier qui affiche les sorties d'écran pendant la sauvegarde.

La variable « **REPERTOIRE_BASE** » spécifie le chemin d'hébergement des fichiers de sauvegarde.

```
6   SET SERVEROUTPUT ON
7   SPOOL &FICHIER_SPOOL
```

L'ouverture du fichier recevant les commandes de sauvegarde. Cette ouverture permet d'écrire les lignes produites à l'écran dans ce fichier.

```
8   DECLARE
9       PLATFORME        NUMBER(2);
10      REPERTOIRE       VARCHAR2(36);
11      REPERTOIRE_BASE  VARCHAR2(300) := '&REPERTOIRE_BASE';
12      COPIE            VARCHAR2(12);
13      SEPARATEUR       VARCHAR2(8);
14      SCN              NUMBER(10);
15  BEGIN
16      SELECT
17        CASE
18        WHEN PLATFORM_ID IN ( SELECT PLATFORM_ID
19                                FROM V$TRANSPORTABLE_PLATFORM
20                                WHERE PLATFORM_NAME LIKE '%Windows%')
21        THEN  0 ELSE 1  END PLATFORME,
22        NAME||TO_CHAR(SYSDATE,'_YYYYMMDD_HH24_') REPERTOIRE
23      INTO PLATFORME,REPERTOIRE  FROM V$DATABASE;
24      IF PLATFORME = 0 THEN
25          COPIE := '$COPY /Y ';
26          SEPARATEUR    := '\';
27      ELSE
28          COPIE := '!cp -f ';
29          SEPARATEUR    := '/';
30      END IF;
31      REPERTOIRE_BASE := REPERTOIRE_BASE||SEPARATEUR||REPERTOIRE||SEPARATEUR;
```

Les appels de la procédure « **DBMS_OUTPUT.PUT_LINE** » affichent le texte des commandes nécessaires pour constituer le fichier de commandes de sauvegarde.

```
32          DBMS_OUTPUT.PUT_LINE('ALTER SYSTEM SWITCH LOGFILE;');
```

Le changement du fichier de journal courant avec le fichier de journal suivant provoque un point de contrôle pour tous les fichiers de données en ligne et la création d'un nouveau fichier de journal archivé.

```
33          DBMS_OUTPUT.PUT_LINE('SELECT GROUP#,SEQUENCE#,FIRST_CHANGE#,'||
34                      'TO_CHAR(FIRST_TIME,''DD HH24:MI:SS'') DATE_HEURE '||
35                      'FROM V$LOG WHERE STATUS = ''CURRENT'';');
36          DBMS_OUTPUT.PUT_LINE('ARCHIVE LOG LIST');
```

La commande pour lister dans son fichier sortie les informations d'archivage courantes. Lorsque vous effectuerez une récupération de la base de données à partir de cette sauvegarde, vous aurez besoin de connaître le numéro de séquence du fichier journal courant au moment de la sauvegarde.

```
37          DBMS_OUTPUT.PUT_LINE('HOST mkdir '||REPERTOIRE_BASE);
38          DBMS_OUTPUT.PUT_LINE('HOST mkdir '||REPERTOIRE_BASE||'DONNEES');
39          DBMS_OUTPUT.PUT_LINE('HOST mkdir '||REPERTOIRE_BASE||'CONTROLES');
40          DBMS_OUTPUT.PUT_LINE('HOST mkdir '||REPERTOIRE_BASE||'PARAMETRES');
```

La suite place chaque tablespace dans le mode de sauvegarde, copie tous ses fichiers de données vers la destination de sauvegarde et replace le tablespace dans le mode normal.

```
41        FOR TBS IN ( SELECT TABLESPACE_NAME FROM DBA_TABLESPACES
42                  WHERE CONTENTS <> 'TEMPORARY' AND
43                        STATUS   =   'ONLINE' )
44      LOOP
45              DBMS_OUTPUT.PUT_LINE('ALTER TABLESPACE '||
46                              TBS.TABLESPACE_NAME||' BEGIN BACKUP;');
47              FOR FIC IN ( SELECT FILE_NAME FROM DBA_DATA_FILES
48                      WHERE TABLESPACE_NAME = TBS.TABLESPACE_NAME )
49              LOOP
50                 DBMS_OUTPUT.PUT_LINE(COPIE || FIC.FILE_NAME ||' '||
51                              REPERTOIRE_BASE||'DONNEES');
52              END LOOP;
53              DBMS_OUTPUT.PUT_LINE('ALTER TABLESPACE '||
54                              TBS.TABLESPACE_NAME||' END BACKUP;');
55      END LOOP;
```

Le code inclut deux curseurs implicites dans deux boucles « **FOR** » : une liste de tous les tablespaces et une liste de tous les fichiers de données d'un tablespace. Les tablespaces en lecture seule, hors ligne ou temporaires ont été exclus, car Oracle ne permet pas qu'ils soient placés dans le mode de sauvegarde. Après la récupération de tous les fichiers de données d'un tablespace et l'exécution de la commande de copie, le mode de sauvegarde est désactivé pour le tablespace. Ce processus se répète pour tous les tablespaces de la base. PL/SQL a été choisi pour cette partie du script de sauvegarde afin de tirer parti de ses mécanismes de boucle pour copier tous les fichiers de chaque tablespace.

```
56      DBMS_OUTPUT.PUT_LINE('CREATE PFILE='''||REPERTOIRE_BASE||
57                      'pfile.ora'' FROM SPFILE;');
```

La sauvegarde du fichier de paramètres sous le format d'un fichier texte.

```
58      DBMS_OUTPUT.PUT_LINE('ALTER DATABASE BACKUP CONTROLFILE TO '''||
59                      REPERTOIRE_BASE||'CONTROLES'||SEPARATEUR||
60                      'controle.bkp'' REUSE;');
```

La copie du fichier de contrôle, une fois la sauvegarde des fichiers de données terminée. Vous pourriez avoir besoin d'une copie de ce fichier pour effectuer une récupération après avoir restauré les fichiers de données associés. Le mot-clé « **REUSE** » écrasera toute copie existante du fichier.

```
61      DBMS_OUTPUT.PUT_LINE('ALTER SYSTEM SWITCH LOGFILE;');
62      DBMS_OUTPUT.PUT_LINE('SELECT GROUP#,SEQUENCE#,FIRST_CHANGE#,'||
63                      'TO_CHAR(FIRST_TIME,''DD HH24:MI:SS'') DATE_HEURE '||
64                      'FROM V$LOG WHERE STATUS = ''CURRENT'';');
65      DBMS_OUTPUT.PUT_LINE('ARCHIVE LOG LIST');
```

Le changement du fichier de journal courant avec le fichier de journal suivant, provoquant un point de contrôle pour tous les fichiers de données en ligne et la création d'un nouveau fichier de journal archivé.

```
66  END;
67  /
68  SPOOL OFF
69  SPOOL &FICHIER_LOG
70  @&FICHIER_SPOOL
71  SPOOL OFF
72  EXIT;
```

Les commandes présentées permettent de réaliser une sauvegarde ouverte en série, c'est-à-dire que les tablespaces sont sauvegardés l'un après l'autre. Il est toutefois possible de placer simultanément plusieurs tablespaces dans le mode de sauvegarde. Sauvegarder des tablespaces en parallèle peut être plus rapide qu'une sauvegarde en série ; l'option en série est néanmoins recommandée, car elle limite le temps écoulé entre une instruction « **ALTER TABLESPACE...BEGIN BACKUP** » et une instruction « **ALTER TABLESPACE...END BACKUP** ».

Attention

Si de nombreux utilisateurs mettent à jour le tablespace qui est sauvegardé, une quantité considérable d'informations de reprise seront générées puisqu'une copie de chaque bloc modifié sera placée dans le journal de reprise (lors du premier changement seulement). Par conséquent, il est préférable d'effectuer une sauvegarde à chaud pendant les heures de faible activité. De plus, si votre instance subit une erreur fatale durant la sauvegarde à chaud, vous devez récupérer tous les fichiers de données des tablespaces en sauvegarde depuis le démarrage de ce mode.

La commande RECOVER

Les opérations de récupération d'Oracle permettent de réappliquer toutes les modifications à une base de données restaurée. Les informations nécessaires à cette procédure sont toutes contenues dans les fichiers de journaux et les fichiers de journaux archivés.

La commande qui permet d'appliquer toutes les modifications a la syntaxe suivante :

```
RECOVER [ AUTOMATIC ] {
    DATABASE[ UNTIL { CANCEL | TIME date | CHANGE numéro } ]
    [ USING BACKUP CONTROLFILE]
    |  TABLESPACE nom [,...]|  DATAFILE { 'nom' | numéro }[,...]} ;
```

AUTOMATIC	La gestion automatique des noms des fichiers de journaux archivés nécessaires à la poursuite de l'opération de récupération. Si le fichier résultant est trouvé, Oracle applique les entrées des journaux contenues dans ce fichier. S'il n'est pas trouvé, Oracle vous demandera un nom de fichier, en affichant comme suggestion le nom généré.
DATABASE	La récupération de la totalité de la base. Il s'agit de la clause par défaut. Vous pouvez l'utiliser uniquement lorsque la base est fermée.
UNTIL	Vous pouvez réaliser une récupération incomplète et cette option vous permet de spécifier la limite de la procédure de récupération. Une récupération partielle est généralement le fait d'une erreur humaine dans la base de données.
CANCEL	La récupération incomplète se poursuit jusqu'à ce que vous l'annuliez. Les fichiers de journaux archivés sont appliqués un par un jusqu'à ce que vous atteigniez celui sur lequel vous voulez vous arrêter.
TIME	La récupération incomplète se poursuit jusqu'à la limite spécifiée par l'information temporelle. Celle-ci doit être exprimée sous forme d'un caractère littéral dans le format suivant « **YYYY-MM-DD:HH24:MI:SS** ».
CHANGE	La récupération incomplète se poursuit jusqu'à la limite donnée par le numéro de changement système **SCN** spécifié par l'argument. La difficulté est de trouver le **SCN** avant l'erreur que vous voulez annuler.
BACKUP CONTROLFILE	La récupération incomplète se poursuit à l'aide d'un fichier de contrôle sauvegardé à la place du fichier de contrôle courant.

La récupération complète

L'opération de récupération complète consiste à reconstruire toutes les transactions validées dans les fichiers de données de la base. Alors il faut d'abord s'assurer que tous les fichiers de données se trouvent dans leur emplacement prévu.

Vous ne pouvez récupérer la totalité de la base de données que lorsqu'elle est en mode « **MOUNT** ».

```
[oracle@terra /]$ sqlplus / AS SYSDBA

SQL> SHUTDOWN IMMEDIATE

SQL> STARTUP MOUNT

SQL> SELECT CHECKPOINT_CHANGE#, CURRENT_SCN FROM V$DATABASE;

CHECKPOINT_CHANGE# CURRENT_SCN
------------------ -----------
          4630532           0

SQL> SELECT F.FILE#, T.NAME, F.CREATION_CHANGE# "CREATION",
  2  F.CHECKPOINT_CHANGE# "CHECKPOINT"
  3  FROM V$DATAFILE F, V$TABLESPACE T WHERE F.TS# = T.TS#;

     FILE# NAME                               CREATION CHECKPOINT
---------- ------------------------------- ---------- ----------
         1 SYSTEM                                   7    4630532
         2 SYSAUX                                1659    4630532
         3 UNDOTBS1                              2584    4630532
         4 USERS                                13638    4630532
         5 GVDATA                             2874985    4630532
...
```

La sauvegarde à froid de la base de données « **AMBRE** » est composée de la copie des fichiers de données, des fichiers de contrôle et des fichiers journaux au SCN « **4525562** ». Depuis la sauvegarde, la base de données a évolué, le SCN actuel est « **4630532** ». La base de données est en mode « **MOUNT** », ainsi il n'y a pas de transactions et les fichiers de données ne sont pas utilisés.

On va utiliser le script de restauration généré précédemment, qui a été modifié pour ne restaurer que les fichiers de données ; on se retrouve avec une base de données où le fichier de contrôle et les fichiers de journaux sont au SCN « **4630532** », et les fichiers des données au SCN « **4525562** ». En interrogeant la vue « **V$DATAFILE** » qui fournit le SCN du fichier de contrôle et la vue « **V$DATAFILE_HEADER** » qui affiche le SCN de l'en-tête du fichier de données, vous pouvez constater que tous les fichiers ont besoin de récupération.

```
SQL> SELECT F.FILE#, T.NAME, F.CHECKPOINT_CHANGE# "FICHIER",
  2  C.CHECKPOINT_CHANGE# "CONTROLE"
  3  FROM V$DATAFILE C, V$DATAFILE_HEADER F, V$TABLESPACE T
  4  WHERE F.TS#   = T.TS# AND F.FILE# = C.FILE#;

     FILE# NAME                               FICHIER   CONTROLE
---------- ------------------------------- ---------- ----------
         1 SYSTEM                            4525562    4630532
         2 SYSAUX                            4525562    4630532
         3 UNDOTBS1                          4525562    4630532
         4 USERS                             4525562    4630532
         5 GVDATA                            4525562    4630532
...
```

```
SQL> SELECT CHECKPOINT_CHANGE# FROM V$DATABASE;

CHECKPOINT_CHANGE#
------------------
          4630532

SQL> RECOVER DATABASE;
ORA-00279: changement 4525562 généré à 08/02/2008 10:27:52 requis pour thread 1
ORA-00289: suggestion : /u02/app/oracle/oradata/AMBRE/archives/1_284_654528359.dbf
ORA-00280: le changement 4525562 pour le thread 1 se trouve au no de séquence 284

Indiquer le journal : {<RET>=suggéré | nomfichier | AUTO | CANCEL}
AUTO
ORA-00279: changement 4540341 généré à 08/02/2008 16:05:24 requis pour thread 1
ORA-00289: suggestion : /u02/app/oracle/oradata/AMBRE/archives/1_285_654528359.dbf
ORA-00280: le changement 4540341 pour le thread 1 se trouve au no de séquence 285

...

ORA-00279: changement 4552098 généré à 08/02/2008 16:05:59 requis pour thread 1
ORA-00289: suggestion : /u02/app/oracle/oradata/AMBRE/archives/1_288_654528359.dbf
ORA-00280: le changement 4552098 pour le thread 1 se trouve au no de séquence 288

Fichier journal appliqué.
Récupération après défaillance matérielle terminée.
```

Si vous n'utilisez pas l'option « **AUTOMATIC** », Oracle vous demandera un nom de fichier en affichant comme suggestion le nom généré. Vous pouvez donner le nom du fichier ou utiliser l'option « **AUTO** ».

Depuis la dernière sauvegarde, les fichiers de journaux archivés n'ont pas été déplacés de leur emplacement par défaut ; une récupération automatique « **AUTOMATIC** » est alors préférable. Le résultat de la même opération mais avec l'option automatique est :

```
SQL> RECOVER AUTOMATIC DATABASE;
Récupération après défaillance matérielle terminée.
SQL> SELECT F.FILE#, T.NAME, F.CHECKPOINT_CHANGE# "FICHIER",
  2   C.CHECKPOINT_CHANGE# "CONTROLE"
  3   FROM V$DATAFILE C, V$DATAFILE_HEADER F, V$TABLESPACE T
  4   WHERE F.TS#  = T.TS# AND F.FILE# = C.FILE#;

     FILE# NAME                                    FICHIER    CONTROLE
---------- ------------------------------------ ---------- ----------
         1 SYSTEM                                  4630531    4630532
         2 SYSAUX                                  4630531    4630532
         3 UNDOTBS1                                4630531    4630532
         4 USERS                                   4630531    4630532
         5 GVDATA                                  4630531    4630532

...

SQL> ALTER DATABASE OPEN;

Base de données modifiée.

SQL> SELECT F.FILE#, T.NAME, F.CHECKPOINT_CHANGE# "FICHIER",
  2   C.CHECKPOINT_CHANGE# "CONTROLE"
  3   FROM V$DATAFILE C, V$DATAFILE_HEADER F, V$TABLESPACE T
  4   WHERE F.TS#  = T.TS# AND F.FILE# = C.FILE#;
```

```
        FILE# NAME                                FICHIER    CONTROLE
--------- ------------------------------- ---------- ----------
            1 SYSTEM                               4630535    4630535
            2 SYSAUX                               4630535    4630535
            3 UNDOTBS1                             4630535    4630535
            4 USERS                                4630535    4630535
            5 GVDATA                               4630535    4630535
...
```

Actuellement les fichiers de données sont entièrement synchronisés avec les fichiers de journaux, ainsi toutes les transactions sont récupérées.

La récupération des fichiers

Une base de données qui travaille en mode « **ARCHIVELOG** » permet d'effectuer des récupérations d'un ou plusieurs fichiers de données pendant que la base de données est ouverte. Ainsi si l'un des ces fichiers non système est endommagé, l'approche type serait de placer son tablespace hors ligne, de restaurer la sauvegarde de ces fichiers, et de les récupérer.

```
[oracle@terra /]$ sqlplus / AS SYSDBA

SQL> CREATE TABLE T TABLESPACE GVEDATA AS SELECT * FROM CAT;

Table créée.

SQL> INSERT INTO T SELECT * FROM T;

4434 ligne(s) créée(s).

SQL> COMMIT;

Validation effectuée.

SQL>!rm /u02/app/oracle/oradata/AMBRE/datafile/o1_mf_gvedata_47mogzks_.dbf

SQL> SELECT COUNT(*) FROM T;

  COUNT(*)
----------
      8868

SQL> ALTER SYSTEM CHECKPOINT;

Système modifié.

SQL> SELECT COUNT(*) FROM T;
SELECT COUNT(*) FROM T
                      *
ERREUR à la ligne 1 :
ORA-00376: fichier 9 ne peut être lu à cette heure
ORA-01110: fichier de données 9 :
'/u02/app/oracle/oradata/AMBRE/datafile/o1_mf_gvedata_47mogzks_.dbf'
```

Une fois que le fichier de données est effacé, la base de données ne peut plus écrire ou lire dans ce fichier, mais les objets stockés dans ce tablespace sont toutefois accessibles jusqu'au prochain checkpoint. Le fichier est automatiquement mis hors ligne et la base continue les traitements sur les autres fichiers.

Attention

Les vues du dictionnaire de données ne fournissent pas d'informations sur la mise hors ligne d'un fichier de données suite à une erreur matérielle. Ainsi les vues « **DBA_TABLESPACES** » ou « **DBA_DATA_FILES** » ne sont pas utiles dans ce cas.

Il faut utiliser les vues dynamiques « **V\$DATAFILE** » et « **V\$DATAFILE_HEADER** ». La vue dynamique « **V\$DATAFILE** » fournit les informations stockées dans le fichier de contrôle et la vue « **V\$DATAFILE_HEADER** » fournit les informations stockées dans l'en-tête des fichiers de données.

```
SQL> SELECT T.TABLESPACE_NAME,F.FILE_ID,F.STATUS, T.STATUS
  2  FROM DBA_DATA_FILES F, DBA_TABLESPACES T
  3  WHERE   F.TABLESPACE_NAME = T.TABLESPACE_NAME AND
  4          F.FILE_ID         = 9;


TABLESPACE_NAM    FILE_ID STATUS      STATUS
--------------- ---------- --------- ---------
GVEDATA                 9 AVAILABLE ONLINE


SQL> SELECT C.FILE#, C.STATUS, F.STATUS, F.ERROR,
  2         C.LAST_CHANGE# CONTROL, F.CHECKPOINT_CHANGE# FICHIER
  3  FROM V$DATAFILE C, V$DATAFILE_HEADER F
  4  WHERE C.FILE# = F.FILE# AND C.FILE# = 9;


   FILE# STATUS  STATUS  ERROR            CONTROL    FICHIER
---------- ------- ------- -------------- ---------- ----------
       9 RECOVER OFFLINE FILE NOT FOUND    4645147          0


SQL>!cp /u01/AMBRE_20080802_10_4525562/DONNEES/o1_mf_gvedata_47mogzks_.dbf
/u02/app/oracle/oradata/AMBRE/datafile/o1_mf_gvedata_47mogzks_.dbf


SQL> SELECT C.FILE#, C.STATUS, F.STATUS, F.ERROR,
  2         C.LAST_CHANGE# CONTROL, F.CHECKPOINT_CHANGE# FICHIER
  3  FROM V$DATAFILE C, V$DATAFILE_HEADER F
  4  WHERE C.FILE# = F.FILE# AND C.FILE# = 9;


   FILE# STATUS  STATUS  ERROR            CONTROL    FICHIER
---------- ------- ------- -------------- ---------- ----------
       9 RECOVER OFFLINE                  4645147    4525562


SQL> RECOVER AUTOMATIC DATAFILE 9;
Récupération après défaillance matérielle terminée.
SQL> ALTER DATABASE DATAFILE 9 ONLINE;


Base de données modifiée.


SQL> SELECT C.FILE#, C.STATUS, F.STATUS, F.ERROR,
  2         C.LAST_CHANGE# CONTROL, F.CHECKPOINT_CHANGE# FICHIER
  3  FROM V$DATAFILE C, V$DATAFILE_HEADER F
  4  WHERE C.FILE# = F.FILE# AND C.FILE# = 9;


   FILE# STATUS  STATUS     CONTROL    FICHIER OFFLINE_CHANGE#
---------- ------- ------- ---------- ---------- ---------------
       9 ONLINE  ONLINE   4649025    4649025         4384667


SQL> SELECT COUNT(*) FROM T;


  COUNT(*)
----------
      8868
```

Attention

Si un fichier de données d'un tablespace est mis hors ligne lors du prochain « checkpoint », il ne va pas être mis à jour. Le SCN de l'en-tête du fichier de données est trop ancien par rapport au SCN courant du fichier de contrôle.

Pour pouvoir mettre ce fichier de données à nouveau en ligne, il va falloir effectuer une opération de récupération pour écrire dans l'en-tête du fichier de données le SCN correspondant.

```
SQL> ALTER DATABASE DATAFILE 9, 10, 11 OFFLINE;

Base de données modifiée.

SQL> ALTER SYSTEM CHECKPOINT;

Système modifié.

SQL> ALTER DATABASE DATAFILE 9, 10, 11 ONLINE;
ALTER DATABASE DATAFILE 9, 10, 11 ONLINE
*
ERREUR à la ligne 1 :
ORA-01113: le fichier 9 nécessite une récupération après défaillance matérielle
ORA-01110: fichier de données 9 :
'/u02/app/oracle/oradata/AMBRE/datafile/o1_mf_gvedata_47mogzks_.dbf'

SQL> RECOVER DATAFILE 9, 10, 11;
Récupération après défaillance matérielle terminée.
SQL> ALTER DATABASE DATAFILE 9, 10, 11 ONLINE;

Base de données modifiée.
```

La récupération des tablespaces

La récupération au niveau de tablespace est identique à celle des fichiers de données mais vous récupérez tous les fichiers du tablespace en même temps. Attention, la commande ne s'exécute pas si au moins un fichier de données du tablespace est en ligne.

Les données qui se trouvent dans les fichiers hors ligne sont inaccessibles mais comme un tablespace peut avoir plusieurs fichiers, les données stockées dans les autres fichiers en ligne sont accessibles.

```
SQL> CREATE SMALLFILE TABLESPACE TBS01 DATAFILE
  2  SIZE 10M AUTOEXTEND ON NEXT 10M, SIZE 10M AUTOEXTEND ON NEXT 10M;

Tablespace créé.

SQL> SELECT TABLESPACE_NAME, FILE_ID ID, FILE_NAME
  2  FROM DBA_DATA_FILES join DBA_TABLESPACES using(TABLESPACE_NAME)
  3  WHERE TABLESPACE_NAME= 'TBS01';

TABLE    ID FILE_NAME
-----  ---- -------------------------------------------------------------------
TBS01    12 /u02/app/oracle/oradata/AMBRE/datafile/o1_mf_tbs01_49c74byn_.dbf
TBS01    13 /u02/app/oracle/oradata/AMBRE/datafile/o1_mf_tbs01_49c74c28_.dbf

SQL> ALTER DATABASE DATAFILE 12 OFFLINE;

Base de données modifiée.

SQL> CREATE TABLE T01 TABLESPACE TBS01 AS SELECT * FROM CAT;

Table créée.
```

```
SQL> RECOVER DATAFILE 12;
Récupération après défaillance matérielle terminée.
SQL> ALTER DATABASE DATAFILE 12 ONLINE;

Base de données modifiée.

SQL> ALTER DATABASE DATAFILE 13 OFFLINE;

Base de données modifiée.

SQL> CREATE TABLE T02 TABLESPACE TBS01 AS SELECT * FROM CAT;

Table créée.

SQL> RECOVER DATAFILE 13;
Récupération après défaillance matérielle terminée.
SQL> ALTER DATABASE DATAFILE 13 ONLINE;

Base de données modifiée.
```

Le tablespace « **TBS01** » a deux fichiers de données qui contiennent chacun le segment d'une table. Le tablespace n'a pas de sauvegarde mais en cas de perte des fichiers, dans une base de données qui fonctionne en mode « **ARCHIVELOG** », il est possible de demander à la base de recréer les fichiers au SCN de leur création.

La syntaxe de création d'un fichier de données est :

```
ALTER DATABASE CREATE DATAFILE { 'nom' | numéro }[,...]}
```

```
SQL> ALTER DATABASE DATAFILE 12,13 OFFLINE;

Base de données modifiée.

SQL> ALTER DATABASE CREATE DATAFILE 12,13;

Base de données modifiée.

SQL> SELECT F.FILE#, C.CREATION_CHANGE#, F.CHECKPOINT_CHANGE# "FICHIER",
  2  C.CHECKPOINT_CHANGE# "CONTROLE" FROM V$DATAFILE C, V$DATAFILE_HEADER F
  3  WHERE F.FILE# = C.FILE# AND F.FILE# in ( 12, 13);

    FILE# CREATION_CHANGE#     FICHIER    CONTROLE
---------- ----------------- ---------- ----------
       12          4650532    4650532    4661479
       13          4650534    4650534    4661472

SQL> RECOVER TABLESPACE TBS01;
Récupération après défaillance matérielle terminée.
SQL> ALTER DATABASE DATAFILE 12,13 ONLINE;

Base de données modifiée.
SQL> SELECT COUNT(*) FROM T01 NATURAL JOIN T02;

  COUNT(*)
----------
      4435
```

La récupération incomplète

La récupération d'une base de données peut aussi être réalisée de façon incomplète. Il s'agit d'une restauration de sauvegarde suivie d'une récupération jusqu'à un certain point dans le temps. Au lieu d'appliquer toutes les entrées de reprise des fichiers journaux générés après la sauvegarde la plus récente, celles-ci ne sont appliquées qu'en partie.

Une récupération incomplète est réalisée dans les situations suivantes :

- Vous avez perdu un objet de la base de données.

- Vous avez perdu certains ou tous les fichiers journaux en ligne.

- Vous avez perdu un fichier journal archivé nécessaire à une récupération.

- Vous avez supprimé par erreur le mauvais tablespace.

Pour effectuer une récupération incomplète, il faut réaliser les étapes suivantes :

- S'assurer qu'aucune transaction n'est plus exécutée dans la base car toute modification est susceptible d'être perdue.

- Déterminer le moment où l'erreur que vous voulez corriger s'est produite.

- La restauration de tous les fichiers de données à partir de sauvegardes créées avant ce point dans le temps.

- La récupération de tous les fichiers de données jusqu'à un point dans le temps ; cette étape s'effectue pendant que la base est un mode « MOUNT ».

- L'ouverture de la base de données avec l'option « **RESETLOGS** ». Tous les fichiers journaux sont réinitialisés, les entrées non utilisées ne pourront plus être employées. La séquence du journal courant est également réinitialisée.

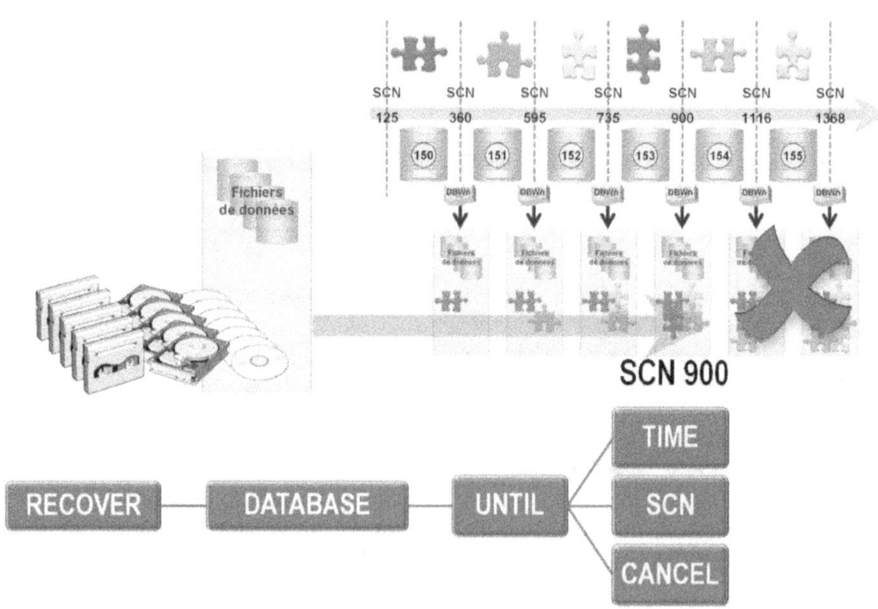

Avant de commencer à chercher le SCN en cours lors de l'incident, il faut s'assurer que la base de données ne continue pas les traitements. Selon le type de problème, vous pourrez parfois réussir à déterminer le moment précis de sa survenance. Pour des changements intervenant sur la structure de la base de données, comme la suppression d'un tablespace, une entrée apparaîtra dans le journal d'alertes. Pour des modifications d'objets, telle la suppression d'une table, vous devrez utiliser des temps approximatifs fournis par les utilisateurs concernés. Une autre possibilité est d'employer « **LogMiner** » pour tenter de retrouver le SCN précis de la transaction.

```
C:\> SQLPLUS SYS/sys@ONYX AS SYSDBA

SQL> SELECT CURRENT_SCN FROM V$DATABASE;

CURRENT_SCN
-----------
    4942216

SQL> ALTER SYSTEM CHECKPOINT;

Système modifié.

SQL> SELECT T.NAME, F.FILE#, C.CREATION_CHANGE#,
  2   F.CHECKPOINT_CHANGE# "FICHIER", C.CHECKPOINT_CHANGE# "CONTROLE",
  3   D.CURRENT_SCN "COURENT"
  4   FROM V$DATAFILE C, V$DATAFILE_HEADER F, V$TABLESPACE T, V$DATABASE D
  5   WHERE F.TS# = T.TS# AND F.FILE# = C.FILE# AND T.NAME LIKE 'GV%DATA';

NAME           FILE# CREATION_CHANGE#     FICHIER    CONTROLE    COURENT
-------- ----------- ----------------- ---------- ----------- ----------
GVDATA            6           3099998    4942631     4942631    4942632
GVEDATA           8           3100109    4942631     4942631    4942632

SQL> DROP TABLESPACE GVDATA INCLUDING CONTENTS;

Tablespace supprimé.

SQL> DROP TABLESPACE GVEDATA INCLUDING CONTENTS;

Tablespace supprimé.
```

Vous devez rechercher dans le journal d'alertes la commutation de fichiers de journaux, qui a précédé la commande « **DROP TABLESPACE** ». D'autres événements majeurs y sont également enregistrés en plus de l'information de suppression du tablespace.

```
SQL> $TYPE D:\app\Administrateur\diag\rdbms\onyx\onyx\trace\alert_onyx.log
...
Sun Aug 03 18:00:31 2008
Thread 1 advanced to log sequence 241
  Current log# 1 seq# 241 mem# 0:
D:\APP\ADMINISTRATEUR\ORADATA\ONYX\ONLINELOG\O1_MF_1_42FJRQ1G_.LOG
...
DROP TABLESPACE GVDATA INCLUDING CONTENTS
...
Sun Aug 03 19:01:09 2008
Completed: DROP TABLESPACE GVDATA INCLUDING CONTENTS
DROP TABLESPACE GVEDATA INCLUDING CONTENTS
...
Sun Aug 03 19:01:21 2008
Completed: DROP TABLESPACE GVEDATA INCLUDING CONTENTS

SQL> SELECT SEQUENCE#, FIRST_CHANGE#,
  2   TO_CHAR(FIRST_TIME,'DD/MM/YYYY HH24:MI:SS') "DEBUT"
  3   FROM V$LOG_HISTORY WHERE SEQUENCE# = 241;

 SEQUENCE# FIRST_CHANGE# DEBUT
---------- ------------- -------------------
       241       4935908 03/08/2008 18:00:31

SQL> SELECT TIMESTAMP_TO_SCN('03/08/08 19:01:21,000000000') SCN,
  2   SCN_TO_TIMESTAMP(TIMESTAMP_TO_SCN('03/08/08 19:01:21,000000000'))
```

```
  3   TIMESTAMP FROM DUAL;

      SCN TIMESTAMP
---------- -------------------------------------------------------
   4667948 03/08/08 19:01:20,000000000
```

Vous devez entreprendre vos recherches dans la base de données avant de restaurer les fichiers de données et de contrôle de la sauvegarde cohérente. Si vous copiez sur les fichiers de contrôle existants, vous perdez les informations dont vous avez besoin pour réaliser la récupération incomplète.

Les deux fonctions « **TIMESTAMP_TO_SCN** » et « **SCN_TO_TIMESTAMP** » permettent d'effectuer les conversions pour retrouver le SCN à partir d'une date et d'une heure ou l'inverse. Comme vous pouvez le voir, il y a des erreurs de conversion entre le temps et le SCN : il faut se rappeler que chaque SCN est une transaction validée.

Attention

Attention, dans notre exemple on récupère le SCN avant l'effacement du tablespace, ce qui nous permet de récupérer la base de données exactement au SCN cohérent. Il faut tenir compte également du fait que cette base de données n'est pas modifiée par d'autres transactions pendant ce temps, ce qui facilite beaucoup le traitement.

En réalité, dans une base de données de production une telle situation est très difficile à reproduire, car même si vous prenez soin de sauvegarder tous les SCN avant chaque modification significative de la base, certaines transactions seront perdues.

Dans les environnements de production, cette sauvegarde est déployée sur un autre serveur pour faire la récupération incomplète de la base de données et traiter les erreurs. La base de données une fois récupérée, vous pouvez par exemple exporter le tablespace et l'importer dans la base de production, ce qui permet de ne pas perdre les transactions sur les autres tablespaces.

Tous les fichiers de données de base doivent avoir un SCN strictement inférieur au SCN auquel vous voulez récupérer la base de données. Pour les erreurs de structure de base de données, comme l'effacement d'un tablespace, il faut utiliser le fichier de contrôle antérieur qui, dans sa structure, a encore la description des fichiers constitutifs du tablespace. Par conséquent, fermez la base de données et copiez tous les fichiers de données ainsi que les fichiers de contrôle d'une sauvegarde antérieure. Attention, il ne faut pas récupérer les fichiers de journaux, ils ne sont pas nécessaires pour la récupération.

```
SQL> SHUTDOWN IMMEDIATE;
Base de données fermée.
Base de données démontée.
Instance ORACLE arrêtée.

SQL> $COPY C:\app\ONYX_20080801_22_4685755\DONNEES\*.*
D:\app\Administrateur\oradata\ONYX\DATAFILE
C:\app\ONYX_20080801_22_4685755\DONNEES\O1_MF_EXAMPLE_42FK964V_.DBF
C:\app\ONYX_20080801_22_4685755\DONNEES\O1_MF_GVCLOB_47MOQNJ3_.DBF
C:\app\ONYX_20080801_22_4685755\DONNEES\O1_MF_GVDATA_47MOPJSW_.DBF
C:\app\ONYX_20080801_22_4685755\DONNEES\O1_MF_GVEDATA_47MOQ34D_.DBF
...
        12 fichier(s) copié(s).

SQL> !COPY C:\app\ONYX_20080801_22_4685755\CONTROLES\O1_MF_42FJRN89_.CTL
D:\APP\ADMINISTRATEUR\ORADATA\ONYX\CONTROLFILE
        1 fichier(s) copié(s).
SQL> !COPY C:\app\ONYX_20080801_22_4685755\CONTROLES\O1_MF_42FJRO3F_.CTL
D:\APP\ADMINISTRATEUR\FLASH_RECOVERY_AREA\ONYX\CONTROLFILE
        1 fichier(s) copié(s).

SQL> STARTUP MOUNT
Instance ORACLE lancée.
```

```
Total System Global Area   535662592 bytes
Fixed Size                   1334380 bytes
Variable Size              310379412 bytes
Database Buffers           218103808 bytes
Redo Buffers                 5844992 bytes
Base de données montée.
SQL> RECOVER AUTOMATIC DATABASE UNTIL CHANGE 4942632;
Récupération après défaillance matérielle terminée.
SQL> ALTER DATABASE OPEN RESETLOGS;

Base de données modifiée.

SQL> SELECT TABLESPACE_NAME FROM DBA_TABLESPACES
  2  WHERE TABLESPACE_NAME LIKE 'GV%DATA';

TABLESPACE_NAME
------------------------------

GVDATA
GVEDATA

SQL> ARCHIVE LOG LIST
mode Database log                mode Archive
Archivage automatique            Activé
Destination de l'archive              C:\ARCHIVES
Séquence de journal en ligne la plus ancienne     1
Séquence de journal suivante à archiver        1
Séquence de journal courante              1
```

Après la récupération incomplète, vous devez réinitialiser la séquence des fichiers de journaux. Lorsque vous ouvrez la base de données à l'aide de l'option « **RESETLOGS** », tous les fichiers de données reçoivent un nouveau SCN, une heure et une date de réinitialisation. Les fichiers de journaux archivés contiennent également ces deux valeurs dans leur en-tête. Le logiciel Oracle vous empêche de corrompre vos fichiers de données avec d'anciens fichiers archivés, en s'assurant que les valeurs du SCN, de l'heure et de la date de réinitialisation sont cohérentes avec le fichier journal.

La syntaxe pour ouvrir la base de données et réinitialiser les fichiers journaux est la suivante :

```
ALTER DATABASE OPEN RESETLOGS;
```

Cette commande prend un certain temps pour s'exécuter. Les fichiers journaux en ligne sont reconstruits, chaque en-tête de fichier de données est modifié, et les fichiers de contrôle sont mis à jour. Lorsque toutes ces tâches sont accomplies, la base de données est ouverte. Notez le nouveau numéro de séquence pour chaque fichier journal en ligne.

```
SQL> ALTER DATABASE OPEN RESETLOGS;

Base de données modifiée.

SQL> SELECT TABLESPACE_NAME FROM DBA_TABLESPACES
  2  WHERE TABLESPACE_NAME LIKE 'GV%DATA';

TABLESPACE_NAME
------------------------------

GVDATA
GVEDATA

SQL> ARCHIVE LOG LIST
mode Database log                mode Archive
Archivage automatique            Activé
Destination de l'archive              C:\ARCHIVES
Séquence de journal en ligne la plus ancienne     1
```

```
Séquence de journal suivante à archiver        1
Séquence de journal courante             1

SQL> SELECT GROUP#, SEQUENCE#, ARCHIVED, STATUS FROM V$LOG;

    GROUP#   SEQUENCE# ARC STATUS
---------- ---------- --- ----------------
         1          1 NO  CURRENT
         2          0 YES UNUSED
         3          0 YES UNUSED
         4          0 YES UNUSED
         5          0 YES UNUSED
         6          0 YES UNUSED
```

Après une récupération réussie, vous pouvez vérifier que l'opération a rétabli les objets de la base comme souhaité. Au moyen de l'une des vues « **V\$TABLESPACE** » ou « **DBA_TABLESPACES** », contrôlez que la nouvelle mouture de la base de données contient bien les deux tablespaces « **GVDATA** » et « **GVEDATA** ».

Attention

Vous devez réaliser une sauvegarde complète de la base de données après l'avoir ouverte, avec l'option « **RESETLOGS** ». Il est quasiment impossible de restaurer une sauvegarde précédente et de la mettre à jour en passant le moment où la réinitialisation a été effectuée.

Sans sauvegarde vous travaillez en mode « **ARCHIVELOG** » mais avec les inconvénients du mode « **NOARCHIVELOG** ».

L'utilitaire DBNEWID

L'utilitaire « **DBNEWID** » permet de modifier le nom et l'identifiant d'une base de données. L'identifiant de la base de données est utilisé par RMAN pour référencer une base de données dans le catalogue de récupération. Étonnamment, dans toute la documentation Oracle, il est appelé « **DBNEWID** ». En réalité l'utilitaire exécuté est :

```
nid TARGET=utilisateur/mot_de_passe[@service]
    { REVERT=YES | DBNAME=nom [SETNAME={YES|NO}] }
    [LOGFILE = fichier_trace [APPEND={YES|NO}]
```

DBNAME	Nouveau nom de base de données.
SETNAME	Change uniquement le nom de base de données « **YES** » ou seulement l'identifiant de la base de données « **NO** ».
REVERT	Permet le retour en arrière dans le cas d'une erreur pendant la modification du nom ou de l'identifiant de la base de données.

Avant d'exécuter « **nid** » il faut que la base de données soit en mode « **MOUNT** ». Une fois que la modification est effectuée, la base est arrêtée. Avant de démarrer la base, il faut modifier le fichier paramètre « **SPFILE** » si vous avez changé le nom de la base de données en faisant correspondre le paramètre « **db_name** » avec le nouveau nom.

```
[oracle@terra ~]$ . oraenv
ORACLE_SID = [topaze] ? sodalite
The Oracle base remains unchanged with value /u01/app/oracle
[oracle@terra ~]$ sqlplus / as sysdba
SYS@sodalite>shutdown immediate
Base de données fermée.
```

```
Base de données démontée.
Instance ORACLE arrêtée.
SYS@sodalite>startup mount
Instance ORACLE lancée.
Base de données montée.
SYS@sodalite>exit
[oracle@terra ~]$ nid target=/ dbname=quartz setname=yes
DBNEWID: Release 12.1.0.1.0 - Production on Sam. Mars 15 14:23:44 2014

Copyright (c) 1982, 2013, Oracle and/or its affiliates.  All rights reserved.

Connexion établie à la base de données SODALITE (DBID=420436416)

Connexion établie à la version de serveur 12.1.0

Fichiers de contrôle de la base de données :
    /u01/app/oracle/oradata/SODALITE/controlfile/o1_mf_9km8qhvq_.ctl
    /u01/app/oracle/fast_recovery_area/SODALITE/controlfile/o1_mf_9km8qj43_.ctl

Modifier le nom de la base de données SODALITE en QUARTZ ? (Y/[N]) => y

Opération en cours
Modification du nom de la base de données qui passe de SODALITE à QUARTZ
    Fichier de contrôle /u01/app/oracle/oradata/SODALITE/controlfile/o1_mf_9km8qhvq_.ctl -
modifié
    Fichier de contrôle
/u01/app/oracle/fast_recovery_area/SODALITE/controlfile/o1_mf_9km8qj43_.ctl - modifié
    Fichier de données /u01/app/oracle/oradata/SODALITE/datafile/o1_mf_system_9km8ns4j_.db -
écriture du nouveau nom effectuée
    Fichier de données /u01/app/oracle/oradata/SODALITE/datafile/o1_mf_sysaux_9km8lqm4_.db -
écriture du nouveau nom effectuée
    Fichier de données /u01/app/oracle/oradata/SODALITE/datafile/o1_mf_undotbs1_9km8pvbn_.db
- écriture du nouveau nom effectuée
    Fichier de données /u01/app/oracle/oradata/SODALITE/datafile/o1_mf_users_9km8pt8j_.db -
écriture du nouveau nom effectuée
    Fichier de données /u01/app/oracle/oradata/SODALITE/datafile/o1_mf_temp_9km8r7s7_.tm -
écriture du nouveau nom effectuée
    Fichier de contrôle /u01/app/oracle/oradata/SODALITE/controlfile/o1_mf_9km8qhvq_.ctl -
écriture du nouveau nom effectuée
    Fichier de contrôle
/u01/app/oracle/fast_recovery_area/SODALITE/controlfile/o1_mf_9km8qj43_.ctl - écriture du
nouveau nom effectuée
    Instance arrêtée

Le nom de la base de données est maintenant QUARTZ.
Modifiez le fichier de paramètres et générez un nouveau mot de passe avant de redémarrer.
Nom de la base de données modifié avec succès.
DBNEWID - Terminé sans erreurs.
[oracle@terra ~]$ sqlplus / as sysdba
Connecté à une instance inactive.
SYS@sodalite>startup nomount
Instance ORACLE lancée.
SYS@sodalite>show parameter db_name

NAME                                 TYPE        VALUE
------------------------------------ ----------- ---------
db_name                              string      sodalite            <-----
SYS@sodalite>alter system set db_name=quartz scope=spfile;

Système modifié.

SYS@sodalite>startup force
```

```
Instance ORACLE lancée.
Base de données montée.
Base de données modifiée.

SYS@sodalite>select dbid,name,open_mode,db_unique_name,instance_name,
  2  host_name from v$database,v$instance;

    DBID NAME      OPEN_MODE     DB_UNIQUE_NA INSTANCE_NAM HOST_NAME
---------- -------- ------------- ------------ ------------ ---------------
 420436416 QUARTZ   READ WRITE    QUARTZ       sodalite     terra.olimp.fr

SYS@sodalite>select service_id id,name,network_name,creation_date,pdb
  2  from dba_services;

ID NAME                NETWORK_NAME         CREATION_DAT PDB
--- ------------------- -------------------- ------------ ------------
  1 SYS$BACKGROUND                           24/05/13     CDB$ROOT
  2 SYS$USERS                                24/05/13     CDB$ROOT
  3 QUARTZ.olimp.fr     QUARTZ.olimp.fr      15/03/14
  5 sodaliteXDB         sodaliteXDB          07/03/14
  6 sodalite.olimp.fr   sodalite.olimp.fr    07/03/14

SYS@sodalite>alter system set dispatchers=
  2  '(PROTOCOL=TCP) (SERVICE= quartzXDB)';

Système modifié.

SYS@sodalite>exec DBMS_SERVICE.DELETE_SERVICE('sodaliteXDB');

Procédure PL/SQL terminée avec succès.

SYS@sodalite> exec DBMS_SERVICE.DELETE_SERVICE ('sodalite.olimp.fr');

Procédure PL/SQL terminée avec succès.

SYS@sodalite>select service_id id,name,network_name,creation_date,pdb
  2  from dba_services;

ID NAME                NETWORK_NAME         CREATION_DAT PDB
--- ------------------- -------------------- ------------ ------------
  1 SYS$BACKGROUND                           24/05/13     CDB$ROOT
  2 SYS$USERS                                24/05/13     CDB$ROOT
  3 QUARTZ.olimp.fr     QUARTZ.olimp.fr      15/03/14
  4 quartzXDB           quartzXDB            15/03/14
```

Dans le cas où vous modifiez uniquement le nom de la base de données sans modifier l'identifiant, il n'est pas nécessaire d'effacer les fichiers journaux. Autrement il faut ouvrir la base de données en effaçant les fichiers de journaux avec la syntaxe suivante :

```
ALTER DATABASE OPEN RESETLOGS ;
```

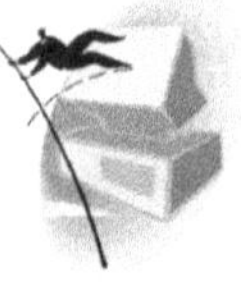

```
[oracle@terra ~]$ . oraenv
ORACLE_SID = [sodalite] ? topaze
The Oracle base remains unchanged with value /u01/app/oracle
[oracle@terra ~]$ sqlplus / as sysdba
SYS@topaze>shutdown immediate
Base de données fermée.
Base de données démontée.
Instance ORACLE arrêtée.
SYS@topaze>startup mount
Instance ORACLE lancée.
Base de données montée.
```



```
SYS@topaze>exit
D:\>nid target=sys/Razvanpwd3@topaze dbname=opale
...
Connexion établie à la base de données TOPAZE (DBID=4106578183)

Connexion établie à la version de serveur 12.1.0

Fichiers de contrôle de la base de données :
    /u02/donnees/oradata/TOPAZE/controlfile/control01.ctl
    /u03/recuperations/oradata/TOPAZE/controlfile/control02.ctl
    /u04/archives/oradata/TOPAZE/controlfile/control03.ctl


Modifier l'ID et le nom de la base de données TOPAZE en OPALE ? (Y/[N]) => Y


Opération en cours
Modification de l'ID de la base de données qui passe de 4106578183 à 2755728057        <-----
Modification du nom de la base de données qui passe de TOPAZE à OPALE
    Fichier de contrôle /u02/donnees/oradata/TOPAZE/controlfile/control01.ctl - modifié
    Fichier de contrôle /u03/recuperations/oradata/TOPAZE/controlfile/control02.ctl - modifié
    Fichier de contrôle /u04/archives/oradata/TOPAZE/controlfile/control03.ctl - modifié
    Fichier de données /u01/app/oracle/oradata/TOPAZE/datafile/o1_mf_system_9kmb7060_.db -
dbid modifié, écriture du nouveau nom effectuée
...
    Fichier de contrôle /u02/donnees/oradata/TOPAZE/controlfile/control01.ctl - dbid modifié,
écriture du nouveau nom effectuée
    Fichier de contrôle /u03/recuperations/oradata/TOPAZE/controlfile/control02.ctl - dbid
modifié, écriture du nouveau nom effectuée
    Fichier de contrôle /u04/archives/oradata/TOPAZE/controlfile/control03.ctl - dbid
modifié, écriture du nouveau nom effectuée
    Instance arrêtée


Le nom de la base de données est maintenant OPALE.                                      <-----
Modifiez le fichier de paramètres et générez un nouveau mot de passe avant de redémarrer.
L'ID de la base de données OPALE est maintenant 2755728057.
Les sauvegardes antérieures et les fichiers de journalisation archivés de cette base de
données sont tous inutilisables.
La base de données ne trouve ni sauvegardes précédentes, ni journaux archivés dans la zone de
récupération.
La base de données a été arrêtée ; ouvrez-la avec l'option RESETLOGS.                   <-----
Nom et ID de la base de données modifiés avec succès.
DBNEWID - Terminé sans erreurs.
[oracle@terra ~]$ sqlplus / as sysdba
Connecté à une instance inactive.
SYS@topaze>startup nomount
Instance ORACLE lancée.
SYS@topaze>alter system set db_name=opale scope=spfile;

Système modifié.

SYS@topaze>startup force mount
Instance ORACLE lancée.
Base de données montée.
SYS@topaze>alter database open resetlogs;

Base de données modifiée.

SYS@topaze>exec DBMS_SERVICE.DELETE_SERVICE ('topazeXDB');

Procédure PL/SQL terminée avec succès.

SYS@topaze>exec DBMS_SERVICE.DELETE_SERVICE ('topaze.olimp.fr');
```

```
Procédure PL/SQL terminée avec succès.

SYS@topaze>alter system set dispatchers='(PROTOCOL=TCP)(SERVICE=opaleXDB)';

Système modifié.

SYS@topaze>select service_id id,name,network_name,creation_date,pdb
  2  from dba_services;

ID NAME                    NETWORK_NAME          CREATION_DAT PDB
--- -------------------- -------------------- ------------ ------------
  1 SYS$BACKGROUND                                24/05/13     CDB$ROOT
  2 SYS$USERS                                     24/05/13     CDB$ROOT
  3 OPALE.olimp.fr          OPALE.olimp.fr        15/03/14
  4 opaleXDB                opaleXDB              15/03/14
```

- *L'architecture RMAN*

- *SYSDBA SYSBACKUP*

- *Le catalogue RMAN*

- *REGISTER DATABASE*

- *REPORT SCHEMA*

2

L'architecture RMAN

Objectifs

À la fin de ce module, vous serez à même d'effectuer les tâches suivantes :

- Décrire l'architecture de l'utilitaire RMAN.
- Expliquer les avantages d'utilisation de RMAN.
- Énumérer les types de sauvegardes.
- Installer le catalogue de récupération et expliquer les avantages d'utilisation de celui-ci.
- Contrôler le référencement et la synchronisation des bases de données avec le catalogue.

Contenu

La gestion automatique du stockage

L'outil **Recovery Manager** (RMAN) existe depuis la version 8i ; c'est un outil qui permet de réaliser des sauvegardes et des restaurations d'une base de données.

RMAN offre un plus haut niveau de protection en matière de sauvegarde et de restauration et simplifie les opérations. Il dispose de deux interfaces, l'une en ligne de commande et une deuxième intégrée à l'interface d'OEM, offrant ainsi au DBA un moyen de surveiller et de réaliser des opérations de sauvegarde lorsqu'une seule connexion Web est disponible.

Il opère au niveau des blocs de données, plus petites unités d'une base Oracle. Les fichiers de données, de journaux et de contrôle sont constitués de blocs. Lors de la sauvegarde, RMAN lit et écrit ces blocs dans un autre emplacement. Lors de la récupération, il lit les blocs à partir de l'emplacement de sauvegarde et reconstruit la base de données. Bien qu'il puisse aussi créer des copies images de fichiers de données et de contrôle, son principal intérêt est sa capacité à manipuler des blocs.

Ce module décrit l'environnement et la façon dont RMAN gère les métadonnées associées à la base et ses sauvegardes, ainsi que l'emploi d'un catalogue pour consigner les sauvegardes exécutées dans l'environnement RMAN.

Il existe une grande variété de systèmes de gestion de sauvegardes sur bande. Il n'est donc pas pertinent de traiter d'une configuration matérielle particulière et ainsi nous éloigner du cadre de ce livre.

L'architecture RMAN

L'outil RMAN peut être lancé en ligne de commande ou à l'aide de la console d'administration. Chaque sauvegarde créée par RMAN est stockée sur disque ou sur bande, et des informations concernant l'opération sont consignées dans le fichier de contrôle de la base concernée, ainsi que dans un emplacement de stockage optionnel appelé catalogue de récupération.

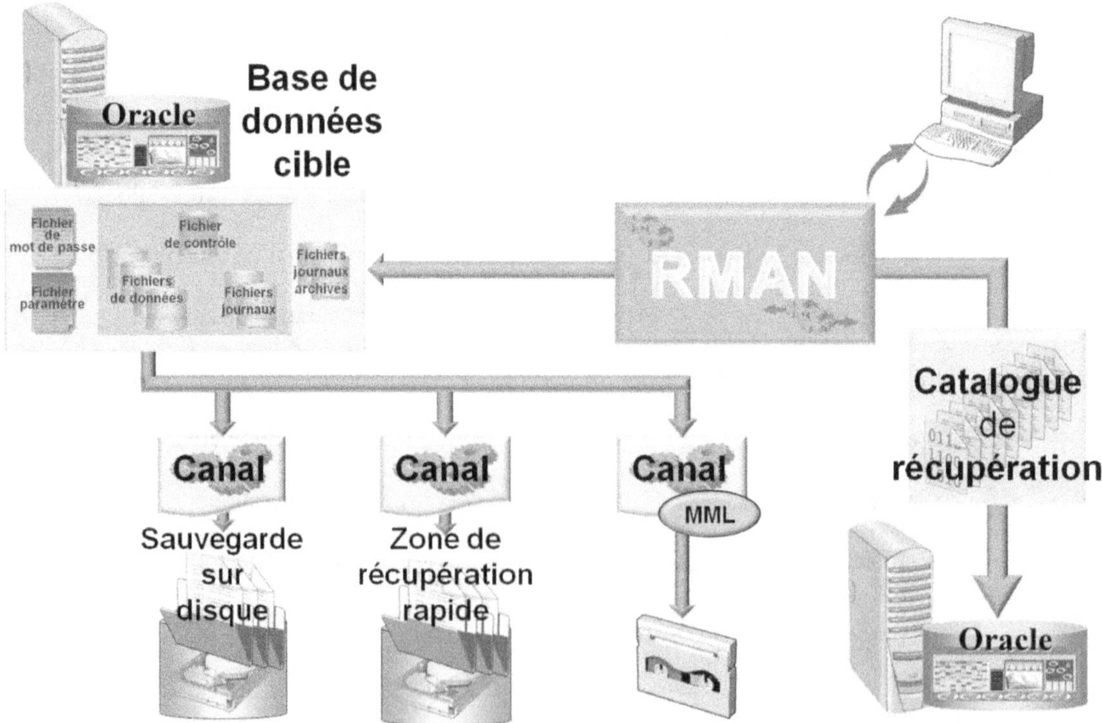

En voici les composants :

- **Base de données cible** est la base sauvegardée, restaurée ou récupérée.

- **Fichier de contrôle cible** est le fichier de contrôle de la base sauvegardée, restaurée ou récupérée. Lors de la sauvegarde avec RMAN, les informations sur l'opération sont toujours consignées dans son fichier de contrôle. Pour limiter la taille des fichiers de contrôle, les anciennes entrées de sauvegarde sont écrasées après un certain nombre de jours.

- **Catalogue de récupération** est un schéma utilisateur optionnel qui contient les informations de RMAN. Ce catalogue est formé d'un ensemble de tables, de vues et de packages PL/SQL. Il doit être stocké dans une autre base que la base cible, de préférence sur un autre serveur. On y trouve les mêmes informations que dans le fichier de contrôle (avec des scripts stockés en plus), mais celles-ci sont conservées ici indéfiniment, à moins qu'elles ne fassent l'objet d'une suppression manuelle. Ce catalogue peut inclure un historique de toutes les sauvegardes réalisées par RMAN, stocker des scripts et améliorer les opérations de restauration et de récupération automatiques.

- Les scripts RMAN peuvent être stockés dans un catalogue de récupération et extraits durant une session de sauvegarde. L'étroite intégration du langage de script, la facilité de maintenance des scripts dans RMAN et le planificateur d'Oracle forment ensemble une solution supérieure à l'enregistrement de scripts dans un répertoire ordinaire et l'emploi d'un mécanisme de planification du système d'exploitation.

- Les canaux de sauvegarde sont des chemins de communication qui permettent à l'exécutable RMAN de transmettre des données depuis la base cible vers le support de sauvegarde. Lorsqu'un canal est ouvert, une session serveur est créée dans la base. Ce canal sert ensuite à gérer les données qui entrent ou sortent de la base sous l'effet de commandes RMAN.

- La couche de gestion de support, MML (Media Management Library) est une couche logicielle qui permet à RMAN d'écrire et de lire des données sur des unités de bande. Lors d'une sauvegarde sur bande, RMAN communique avec cette couche qui transmet les données copiées depuis la base cible vers le serveur MML ; c'est ce dernier qui les enregistre sur bande. Pour sauvegarder des données sur disque, cette couche n'est pas nécessaire. Pour la restauration d'une sauvegarde stockée sur bande, RMAN fait également appel à la couche **MML**. Tous les principaux systèmes de sauvegarde d'entreprise sont acceptés dans RMAN par l'entremise du pilote fourni par le fabricant tiers.

Les caractéristiques de RMAN

RMAN fournit des fonctionnalités qui ne sont pas forcément offertes par des outils traditionnels. À présent, découvrons en quoi il peut faciliter la sauvegarde et la récupération de vos bases Oracle.

Sauvegarde, restauration et récupération automatiques

Lorsque la base de données change physiquement, des fichiers de données sont ajoutés, des tablespaces sont supprimés, d'autres fichiers d'archives sont créés... RMAN sauvegarde automatiquement les nouvelles structures. RMAN interroge le fichier de contrôle lors de chaque sauvegarde de la base pour s'assurer que le contenu structurel correct est sauvegardé.

Consignation automatique des sauvegardes

RMAN enregistre automatiquement, dans le fichier de contrôle de la base cible (le nombre d'enregistrements est limité) et dans le catalogue de récupération optionnel, des informations sur chaque sauvegarde effectuée. Cela signifie qu'il sait également quelles sauvegardes restaurer et quels fichiers journaux appliquer pour la récupération, ce qui épargne au DBA de devoir mettre à jour ces informations.

Niveaux incrémentiels de sauvegarde

Lors de la sauvegarde d'un fichier de données avec l'approche contrôlée par l'utilisateur, le fichier entier doit être copié vers un autre emplacement sur disque ou sur bande. Une sauvegarde complète d'une base de 1To occupera donc le même espace sur disque ou sur bande. La possibilité d'effectuer une sauvegarde incrémentielle vous permet de copier les blocs qui ont été utilisés (par opposition à ceux qui sont vides, inutilisés) ou bien seulement ceux qui ont changé depuis la dernière sauvegarde incrémentielle. Cela réduit la quantité de données copiées et améliore les performances de récupération.

Les sauvegardes incrémentielles peuvent être de niveau 0 ou 1. Une sauvegarde de niveau 0 constitue une sauvegarde complète, c'est-à-dire de tous les blocs de données de la base, qui est ensuite utilisée conjointement à des sauvegardes cumulatives de niveau 1 dans une opération de récupération.

Conseil

Il est possible d'utiliser la stratégie des sauvegardes cumulatives pour pouvoir récupérer un tablespace dans un état cohérent ou de récupérer la base de données complète sans avoir nécessairement besoin des fichiers journaux archivés.

Les sauvegardes incrémentielles peuvent éventuellement contenir tous les blocs requis.

Sauvegarde avec une base de données ouverte

Lors d'une sauvegarde avec base de données ouverte, RMAN ne requiert pas que chaque tablespace soit placé dans le mode de sauvegarde à chaud. Par conséquent, une sauvegarde à chaud avec RMAN ne conduit pas à une augmentation de la quantité d'informations de reprise, contrairement à une sauvegarde à chaud contrôlée par l'utilisateur. Les opérations de sauvegarde sont aussi plus rapides.

Sauvegarde et récupération de niveau bloc

Pour éviter les temps d'immobilisation de la base durant une opération de récupération, RMAN prend en charge la récupération de niveau bloc pour les opérations qui ne visent à restaurer ou réparer qu'un faible nombre de blocs identifiés comme altérés lors de la sauvegarde. Pendant que RMAN répare les blocs endommagés, les autres objets du tablespace peuvent rester en ligne, et les lignes de tables non concernées par la réparation demeurent même accessibles aux applications et aux utilisateurs.

Détection d'altérations des blocs

Pendant l'opération de sauvegarde, RMAN recherche les différents types d'altérations dans chaque bloc de données (altération de support, invalidation de somme de contrôle et altération de structure logique). Cette vérification peut également avoir lieu lors de la restauration. Les blocs altérés qui sont détectés lors d'une sauvegarde sont reportés dans le journal d'alertes de la base cible.

Multiples canaux d'E/S

Lors d'une sauvegarde ou d'une récupération, RMAN peut utiliser de nombreux canaux d'E/S par l'intermédiaire de processus distincts du système d'exploitation pour réaliser des E/S concurrentes. Les méthodes traditionnelles de sauvegarde sont généralement des opérations monothreads. Ainsi RMAN permet d'optimiser les performances des opérations de sauvegarde, de restauration et de récupération.

Indépendance de plate-forme

Les commandes RMAN de sauvegarde ont la même syntaxe indépendamment de la plate-forme matérielle ou logicielle utilisée, la seule différence résidant dans la configuration du canal de gestion du média de sauvegarde.

Support des scripts

Les scripts RMAN peuvent être stockés dans un catalogue de récupération et extraits durant une session de sauvegarde. L'étroite intégration du langage de script, la facilité de maintenance des scripts dans RMAN et le planificateur d'Oracle forment ensemble une solution supérieure à l'enregistrement de scripts dans un répertoire ordinaire et l'emploi d'un mécanisme de planification du système d'exploitation.

Sauvegarde des archives de fichiers journaux

Les fichiers journaux archivés peuvent facilement être sauvegardés avec RMAN ; il n y a plus besoin de créer de liste des archives à sauvegarder puis à supprimer, RMAN s'en occupe à votre place. Lors de la récupération, il détecte les fichiers journaux qui sont nécessaires, les restaure et les applique.

RMAN à l'aide d'Oracle Enterprise Manager

Vous pouvez utiliser Oracle Enterprise Manager pour effectuer des sauvegardes, restaurations et récupérations de votre base de données. Il est également possible de programmer une sauvegarde à l'aide de la stratégie de sauvegarde automatisée d'Oracle.

Le type de sauvegarde

RMAN permet de sauvegarder les fichiers de la base de données sur disque de trois manières différentes, comme suit :

Copies-images

Les copies-images sont des sauvegardes complètes créées au moyen de commandes du système d'exploitation ou à l'aide de RMAN. Avec une copie-image de RMAN, tous les fichiers de données sont automatiquement inclus dans la sauvegarde.

Jeux et éléments de sauvegarde

À la différence des copies-images qui peuvent être créées dans la plupart des stratégies de sauvegarde, les jeux de sauvegarde ne peuvent l'être qu'avec RMAN. Un jeu de sauvegarde est une sauvegarde RMAN d'une partie ou de la totalité de la base de données, composée de plusieurs éléments de sauvegarde. Chaque élément appartient à un jeu seulement et peut contenir des sauvegardes d'un ou de plusieurs fichiers de données. Tous les jeux et éléments sont enregistrés dans le référentiel de RMAN, de même que toute autre sauvegarde utilisant RMAN.

Sauvegardes compressées

Pour toute sauvegarde RMAN à partir de la version Oracle 10g faisant partie d'un jeu de sauvegarde, il est possible de recourir à la méthode de compression pour réduire l'espace requis pour enregistrer la sauvegarde. Les sauvegardes compressées ne sont utilisables que par RMAN et ne nécessitent aucun traitement spécial lors d'une opération de récupération.

L'environnement

La syntaxe de démarrage et de connexion de l'utilitaire RMAN est la suivante :

```
RMAN [TARGET[logon]]{[CATALOG]|[NOCATALOG]}[logon][AUXILIARY[logon]]
        {@|cmdfile} fichier [log journal [ append]]
```

logon	« utilisateur »[/« mot_de_passe »]@service Si le mot de passe pour les utilisateurs de la base de données n'est pas saisi, il est demandé interactivement.
@chaîne	Nom du service pour la connexion Oracle Net. Si aucun nom de base n'est spécifié, c'est la base par défaut qui est prise en compte.
fichier	Nom du fichier de commande contenant les scripts que RMAN doit exécuter. Vous pouvez soit exécuter un fichier de commandes, soit exécuter les commandes interactivement.
journal	Nom du fichier journal des messages de sortie. Lorsque vous utilisez un fichier journal, les messages de RMAN ne sont pas affichés à l'écran.
append	Indique que les messages de RMAN seront ajoutés au fichier journal, s'il existe déjà.

```
C:\>RMAN TARGET SYS/Razvanpwd3@ONYX CATALOG RMAN/RMAN@JASPE

Recovery Manager: Release 12.1.0.1.0 - Production on Sam. Mars 15 21:51:01 2014

Copyright (c) 1982, 2013, Oracle and/or its affiliates.  All rights reserved.

connecté à la base de données cible : ONYX (DBID=2554099892)
connecté à la base de données du catalogue de récupération
```

Une autre modalité de travail avec RMAN consiste à ouvrir l'application sans aucune connexion à la base, et au besoin, à effectuer les connexions par la suite.

CONNECT

L'instruction « **CONNECT** » vous permet de réaliser la connexion après le lancement de RMAN.

```
CONNECT {[TARGET]|[CATALOG]|[AUXILIARY]} [logon]
```

Attention

Il n'est pas possible d'exécuter la commande « **CONNECT** » deux fois de suite pour se connecter à la base de données cible ou deux fois de suite pour se connecter à la base de données catalogue.

Il faut sortir de l'environnement pour pouvoir se connecter à une autre base de données cible ou catalogue.

```
C:\>RMAN

RMAN> CONNECT TARGET SYS/Razvanpwd3@ONYX

Connecté à la base de données cible : ONYX (DBID=2554099892)

RMAN> CONNECT CATALOG RMAN/RMAN@JASPE

Connecté à la base de données du catalogue de récupération

RMAN> EXIT

C:\>RMAN

RMAN> CONNECT TARGET

Connecté à la base de données cible : ONYX (DBID=2554099892)
```

Comme vous pouvez le constater dans l'exemple précédent, il est également possible de se connecter directement à la base de données cible ou bien à la base de données catalogue.

HOST

Envoie toute commande au système d'exploitation hôte. Les commandes sont des chaînes de caractères délimitées par le caractère « ' ».

```
HOST ['commande'] ;
```

@

Indique à RMAN d'exécuter les instructions enregistrées dans un fichier.

SPOOL

La commande « **SPOOL** » est utilisée pour rediriger l'affichage dans un fichier. La commande « **SPOOL** » suivie par le nom du fichier récepteur mémorise ce résultat.

```
SPOOL LOG {OFF | TO fichier[.ext]} [APPEND]
```

À partir du moment où cette commande est exécutée, tout ce qui doit apparaît à l'écran est redirigé dans le fichier et les messages de RMAN ne sont plus affichés à l'écran mais directement dans le fichier.

L'authentification

L'utilisation de RMAN pour effectuer une sauvegarde ou une restauration, ou une duplication de base de données, nécessite le privilège « **SYSDBA** » ou « **SYSBACKUP** ».

Dans le cas où vous êtes approuvé par le système d'exploitation avec le privilège « **SYSBACKUP** », la syntaxe de connexion est :

```
rman target ' " / AS SYSBACKUP " '

connect target ' / AS SYSBACKUP '
```

```
[root@terra ~]# id razvan
uid=500(razvan) gid=500(razvan) groupes=500(razvan),54321(oinstall),54324(backupdba)
[root@terra ~]# su - razvan
[razvan@terra ~]$ echo $ORACLE_SID $ORACLE_HOME
topaze /u01/app/oracle/product/12.1.0/db_home
[razvan@terra ~]$ rman target ' "/ as sysbackup" '
...
connecté à la base de données cible : TOPAZE (DBID=2755728057)
RMAN> exit
Recovery Manager terminé.
[razvan@terra ~]$ rman
...
RMAN> connect target '/ as sysbackup'

connecté à la base de données cible : TOPAZE (DBID=2755728057)
```

Attention

Toutes les connexions implicites doivent avoir impérativement le privilège « **SYSDBA** ».

Un utilisateur qui a uniquement le privilège « **SYSBACKUP** » doit le préciser dans la syntaxe de connexion par l'argument « **AS SYSBACKUP** », sinon sa connexion sera rejetée.

```
[root@terra ~]# su - oracle
[oracle@terra ~]$ sqlplus / as sysdba
SYS@topaze>grant sysbackup to razvan identified by Razvanpwd3;

Autorisation de privilèges (GRANT) acceptée.

SYS@topaze>grant sysdba to radu identified by Razvanpwd3;

Autorisation de privilèges (GRANT) acceptée.

SYS@topaze>select username,sysdba,sysbackup from v$pwfile_users;

USERNAME                                 SYSDB SYSBA
---------------------------------------- ----- -----
SYS                                      TRUE  FALSE
SYSDG                                    FALSE FALSE
SYSBACKUP                                FALSE TRUE
SYSKM                                    FALSE FALSE
RAZVAN                                   FALSE TRUE
RADU                                     TRUE  FALSE
SYS@topaze>exit
[oracle@terra ~]$ rman target razvan@topaze
...
Mot de passe de la base de données cible : XXXXXX
...
ORA-01031: insufficient privileges
[oracle@terra ~]$ rman target ' "razvan@topaze as sysbackup" '
...
Mot de passe de la base de données cible : XXXXXX
connecté à la base de données cible : TOPAZE (DBID=2755728057)
[oracle@terra ~]$ rman target radu@topaze
...
Mot de passe de la base de données cible : XXXXXX
connecté à la base de données cible : TOPAZE (DBID=2755728057)
```

L'utilisation du SQL

La commande « **SQL** » permet d'exécuter une requête SQL ou un bloc PL/SQL sur la base de données cible.

```
SQL { ' | " }requête{ ' | " }
```

À partir de la version Oracle 12c, il devient possible d'utiliser la grande majorité des ordres SQL ou PL/SQL directement dans RMAN. C'est une évolution majeure de cette version car vous pouvez interroger les bases de données pendant les sauvegardes ou les restaurations.

La syntaxe d'utilisation est la suivante :

```
[SQL {CATALOG|TARGET|CHANNEL nom}] { requête SQL | block PL/SQL } ;
```

```
D:\> rman target sys@pierres catalog rman/rman@topaze
...
Mot de passe de la base de données cible : XXXXXX
connecté à la base de données cible : PIERRES (DBID=807186735)

RMAN> select name, open_mode, restricted from v$pdbs;

NAME                                     OPEN_MODE  RES
---------------------------------------- ---------- ---
PDB$SEED                                 READ ONLY  NO
JASPE                                    READ WRITE NO
AMBRE                                    READ WRITE NO
HEMATITE                                 READ WRITE NO
EMERAUDE                                 READ WRITE NO

RMAN> sql catalog select * from rc_database;
```

```
   DB_KEY  DBINC_KEY        DBID NAME      RESETLOGS_CHANGE# RESETLOG
---------- ---------- ---------- -------- ------------------ --------
        66         67  807186735 PIERRES                  1 04/03/14
       465        466 1022042757 GEMMES             1720082 05/03/14
       603        604  883750607 JADE                     1 03/03/14
       884        885 1022786265 AGATE              2255672 07/03/14
       962        963 2741237436 ONYX               2255672 07/03/14
      1121       1122 1772371706 RUBIS                    1 27/02/14
      1232       1233 2892504293 SAPHIR                   1 01/03/14
      1362       1363  420436416 SODALITE           1720082 07/03/14
      1431       1432 2755728057 TOPAZE             2244605 15/03/14
```

Le catalogue de récupération

Le référentiel RMAN est un ensemble de métadonnées concernant la base de données cible, utilisé par les opérations de sauvegarde et de récupération. Les informations peuvent être stockées dans le fichier de contrôle ou dans un catalogue de récupération.

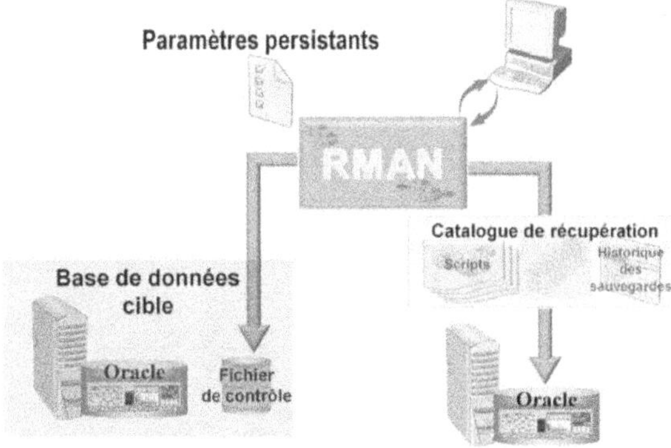

Lorsqu'on emploie une stratégie de sauvegarde et de récupération contrôlée par l'utilisateur, le DBA doit savoir précisément où sont stockées les sauvegardes et ce qu'elles contiennent. En cas de récupération, il doit pouvoir localiser et restaurer rapidement les sauvegardes appropriées et identifier les fichiers des journaux archivés qui doivent être appliqués.

L'un des gros avantages d'une récupération contrôlée par le serveur est que des informations concernant les sauvegardes sont conservées dans le fichier de contrôle et, optionnellement, dans le catalogue de récupération. Ainsi, lors de la restauration et de la récupération, il suffit d'émettre des commandes RMAN qui seront traduites par ce dernier en une liste de fichiers de données et des journaux archivés requis pour rétablir la base de données.

La comparaison de stockage du référentiel RMAN dans le fichier de contrôle de la base cible ou dans un catalogue de récupération.

Fichier de contrôle cible seulement	*Fichier de contrôle cible et catalogue de récupération*
En cas de perte de tous les fichiers de contrôle de la base cible, la récupération reste possible mais sera très difficile.	En cas de perte de tous les fichiers de contrôle de la base cible, la récupération ne nécessite que quelques commandes simples. Le catalogue à jour indique l'emplacement de sauvegarde de ces fichiers.

Le fichier de contrôle contient des informations de sauvegarde limitées dans le temps.	Le catalogue contient l'historique complet des opérations de sauvegarde réalisées par RMAN.
Le fichier de contrôle ne conserve que les informations actuelles sur les structures de la base.	Toutes les informations de structure contenues dans le catalogue sont conservées à mesure que celui-ci est mis à jour avec les informations du fichier de contrôle cible.
Les commandes RMAN peuvent être émises à partir de l'invite RMAN et via des fichiers scripts.	Les commandes RMAN peuvent être émises à partir de l'invite RMAN, via des fichiers scripts ou des scripts stockés.
En l'absence de catalogue, le fichier de contrôle cible doit être sauvegardé après chaque opération de sauvegarde effectuée par RMAN, car il contient de nouvelles informations.	Le catalogue contient toutes les informations nécessaires sur les sauvegardes, à l'instar du fichier de contrôle.

Les informations sur les sauvegardes et les fichiers journaux archivés ne sont conservés dans le fichier de contrôle qu'un nombre limité de jours, spécifié par le paramètre d'initialisation « **CONTROL_FILE_RECORD_KEEP_TIME** ».

```
RMAN> select value from v$parameter
2> where name like 'control_file_record_keep_time';

VALUE
------------------------------------------------------------------------

7
```

Le catalogue de récupération contient un historique complet de l'activité de RMAN contrairement au fichier de contrôle cible. L'emploi d'un catalogue garantit le rétablissement d'une base de données après qu'elle a été entièrement perdue, y compris tous ses fichiers de contrôle, à condition que celui-ci soit à jour.

La création d'un catalogue

Le référentiel RMAN est indispensable pour sauvegarder une base de données, mais le catalogue de récupération est indispensable pour une bonne gestion des politiques de sauvegarde.

Grâce aux fonctions de reporting dont dispose RMAN, il est possible d'interroger le catalogue pour obtenir des détails sur les sauvegardes qu'il a accomplies. Ce catalogue peut également contenir des groupes de commandes RMAN, appelés scripts stockés.

Attention

Il est vivement déconseillé, pour stocker le référentiel, d'utiliser la même base de données que la base de données cible. La perte de la base de données complique la récupération avec RMAN puisque les métadonnées nécessaires seraient également perdues.

Les étapes de création du catalogue sont :

- Préparer la base de données de catalogue.

- Créer le catalogue de récupération.

- Enregistrer une base cible dans le catalogue.
- Resynchroniser le catalogue avec le fichier de contrôle.
- Sauvegarder l'utilisateur de catalogue.

La préparation de la base

Étant donné que le catalogue est un schéma stocké dans une base de données, vous devez choisir dans quelle base l'héberger. Le schéma propriétaire du catalogue peut être créé dans n'importe quelle base Oracle, mais vous pouvez aussi créer une base qui servira exclusivement au stockage des catalogues de RMAN.

Conseil

En environnement de production, la base qui contient les catalogues de récupération doit se trouver sur un serveur différent des bases cibles.

Si votre système d'information contient plusieurs bases de données, vous pouvez utiliser l'une d'entre elles pour stocker le catalogue de récupération pour toutes les autres bases de données. Ensuite, vous pourrez employer une autre base comme support de stockage du catalogue de récupération pour la première.

Lorsque vous créez un utilisateur de catalogue, vous avez besoin d'espace pour les tables, index, vues et objets **PL/SQL** du catalogue. Bien que ce schéma puisse être associé à n'importe quel tablespace, il est préférable d'en créer un spécialement dans la base de données catalogue.

Le rôle « **RECOVERY_CATALOG_OWNER** » est un rôle spécial qui ne devrait être octroyé qu'au propriétaire du catalogue. Il attribue indirectement à son bénéficiaire un grand nombre de privilèges système.

```
D:\>sqlplus sys/Razvanpwd3@topaze as sysdba
Entrez le mot de passe : XXXXXX
SYS@topaze>create tablespace catalogue_rman
  2  datafile size 150m autoextend on next 10m;

Tablespace créé.

SYS@topaze>create user rman identified by rman temporary tablespace temp
  2  default tablespace catalogue_rman quota unlimited on catalogue_rman;

Utilisateur créé.

SYS@topaze>grant recovery_catalog_owner to rman;

Autorisation de privilèges (GRANT) acceptée.
```

La création effectuée, le nom et le mot de passe de l'utilisateur gestionnaire du référentiel sont exigés pour toute connexion au catalogue.

L'initialisation du catalogue

Maintenant que le compte utilisateur RMAN existe dans la base du référentiel, nous pouvons lancer cet utilitaire, nous connecter au catalogue et initialiser le référentiel.

CREATE CATALOG

L'instruction « **CREATE CATALOG** » permet à l'utilisateur de créer le référentiel dans la base de données catalogue.

```
D:\>rman catalog rman/rman@topaze
...
connecté à la base de données du catalogue de récupération
RMAN> create catalog;

catalogue de récupération créé

RMAN> sql catalog select object_type, count(*) from user_objects
2> group by object_type;

OBJECT_TYPE             COUNT(*)
----------------------- ----------
SEQUENCE                       1
LOB                            2
PACKAGE                        2
PACKAGE BODY                   2
TYPE BODY                      2
TRIGGER                        4
INDEX                        123
TABLE                         54
VIEW                         150
FUNCTION                       3
TYPE                           6
```

Lors de la création du catalogue, des tables, des index, des vues et des packages PL/SQL sont également créés pour stocker les métadonnées de la base cible.

L'étape suivante consiste à enregistrer la ou les bases de données cibles dans le catalogue nouvellement créé. Au cours de l'enregistrement, RMAN remplit les tables du catalogue avec les informations de structure contenues dans le fichier de contrôle de la base de données cible. Ces informations incluent, entre autres, l'identifiant et le nom de la base de données, ainsi que l'historique des tablespaces, fichiers de données, fichiers journaux et fichiers journaux archivés.

REGISTER DATABASE

L'instruction permet à l'utilisateur d'enregistrer une base de données cible dans la base de données catalogue.

```
D:\>rman target sys@sodalite catalog rman/rman@topaze
...
Mot de passe de la base de données cible : XXXXXX
connecté à la base de données cible : SODALITE (DBID=420436416)
connecté à la base de données du catalogue de récupération
RMAN> register database;

base de données inscrite dans le catalogue de récupération
lancement de la resynchronisation complète du catalogue de récupération
resynchronisation complète terminée

RMAN> sql catalog select * from RC_DATABASE;

    DB_KEY  DBINC_KEY       DBID NAME     RESETLOGS_CHANGE# RESETLOG
---------- ---------- ---------- -------- ----------------- --------
         1          2  420436416 SODALITE           1720082 07/03/14
```

UNREGISTER DATABASE

L'instruction permet à l'utilisateur de supprimer une base de données cible dans la base de données catalogue.

```
C:\>RMAN TARGET SYS/sys@ONYX CATALOG RMAN/RMAN@JASPE
...
Mot de passe de la base de données cible : XXXXXX
connecté à la base de données cible : SODALITE (DBID=420436416)
connecté à la base de données du catalogue de récupération
RMAN> unregister database;

nom de base de données : "SODALITE" ; DBID : 420436416

Voulez-vous vraiment annuler l'inscription de la base de données (YES ou NO) ? y
inscription de la base de données supprimée du catalogue de récupération
```

Attention

Attention, cette opération efface toutes les informations du catalogue, ainsi vous perdrez toutes les informations de sauvegarde, sauf celles qui se trouvent encore dans le fichier de contrôle.

Le fichier de contrôle, par défaut, ne garde que les informations des sept derniers jours.

Le contrôle du référencement

Maintenant que la base de données est référencée dans le catalogue, vous pouvez vérifier la liste des bases de données cibles ainsi que les informations concernant les fichiers constituants de la base de données cible.

LIST DB_UNIQUE_NAME

À partir de l'invite RMAN, deux commandes permettent d'obtenir des informations sur l'état courant de la base cible. Vous pouvez afficher le nom de la base de données que vous venez d'enregistrer à l'aide de cette commande. Si plusieurs bases sont présentes dans ce catalogue, elles seront toutes listées.

```
D:\> rman target sys/Razvanpwd3@pierres catalog rman/rman@topaze
...
connecté à la base de données cible : PIERRES (DBID=807186735)
connecté à la base de données du catalogue de récupération
RMAN> list db_unique_name of database;

Liste des bases de données
DB Key  DB Name  DB ID               Database Role     Db_unique_name
-------  -------  ----------------  ---------------  ---------------
66       PIERRES  807186735           PRIMARY           PIERRES


RMAN> list db_unique_name all;

Liste des bases de données
DB Key  DB Name  DB ID               Database Role     Db_unique_name
-------  -------  ----------------  ---------------  ---------------
1362     SODALITE 420436416          PRIMARY           SODALITE
66       PIERRES  807186735           PRIMARY           PIERRES
603      JADE     883750607           PRIMARY           JADE
465      GEMMES   1022042757          PRIMARY           GEMMES
```

```
884      AGATE     1022786265        PRIMARY        AGATE
1121     RUBIS     1772371706        PRIMARY        RUBIS
962      ONYX      2741237436        PRIMARY        ONYX
1431     TOPAZE    2755728057        PRIMARY        TOPAZE
1232     SAPHIR    2892504293        PRIMARY        SAPHIR
```

REPORT SCHEMA

La commande « **REPORT SCHEMA** » affiche les informations qui sont enregistrées dans le catalogue se rapportant à la base de données cible, ainsi que les fichiers de données qui nécessitent une sauvegarde.

```
RMAN> REPORT SCHEMA;

Etat du schéma de base de données dont le db_unique_name est PIERRES

Liste des fichiers de données permanents
==============================
File Size(MB) Tablespace            RB segs Datafile Name
---- -------- -------------------- ------- ------------------------
1    780      SYSTEM                YES
D:\DONNEES\ORADATA\PIERRES\DATAFILE\O1_MF_SYSTEM_9KC03HDK_.DBF
2    260      PDB$SEED:SYSTEM       NO
D:\DONNEES\ORADATA\PIERRES\9B59917F82DF4EF59C2B89D1DBDD8805\DATAFILE\O1_MF_SYSTEM_9KC03PTQ_.D
BF
3    860      SYSAUX                NO
D:\DONNEES\ORADATA\PIERRES\DATAFILE\O1_MF_SYSAUX_9KC03V55_.DBF
...
```

La synchronisation

Lorsque vous employez RMAN avec un catalogue de récupération, vous devez maintenir les informations de ce dernier, synchronisées avec le fichier de contrôle cible. RMAN prend en charge deux types de synchronisation : partielle ou complète.

Une resynchronisation partielle reporte dans le catalogue les changements intervenus dans le fichier de contrôle pour les opérations de sauvegarde, les fichiers journaux archivés, etc. ; elle n'actualise pas les métadonnées concernant les fichiers de données, les tablespaces, les fichiers journaux en ligne, etc.

Une resynchronisation complète met entièrement à jour le catalogue. Pour cela, RMAN effectue une copie, un cliché du fichier de contrôle cible courant, de façon à disposer d'informations statiques pendant la mise à jour.

RESYNC CATALOG

La commande « **RESYNC CATALOG** » est un exemple de resynchronisation complète explicite.

```
RESYNC CATALOG { [FROM CONTROLFILECOPY 'fichier_contrôle']
    | FROM DB_UNIQUE_NAME { ALL| [']nom[']}}
```

CONTROLFILECOPY	Permet la mise à jour du fichier de contrôle et du catalogue RMAN à partir d'une sauvegarde du fichier de contrôle.
fichier_contrôle	Nom du fichier de contrôle sauvegardé.
DB_UNIQUE_NAME	Synchronisation du catalogue effectuée pour une ou toutes les bases de données enregistrées dans le catalogue.
nom	Nom de la base de données choisie pour la synchronisation.

Dans Linux, cette copie se nomme « **SNAPCF_$ORACLE_SID.ORA** » et se trouve dans le répertoire « **$ORACLE_HOME/dbs** ».

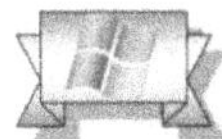

Sous Windows, il s'agit du fichier « **SNCF%ORACLE_HOME%.ORA** » dans le répertoire « **%ORACLE_HOME%\database** ».

Plusieurs opérations RMAN entraînent la resynchronisation automatique du catalogue avec le fichier de contrôle cible. RMAN déterminera dans ce cas si une mise à jour partielle ou complète est nécessaire.

Les commandes les plus utilisées qui déclenchent une resynchronisation sont : « **BACKUP** », « **CROSSCHECK** », « **LIST** », « **REPORT** », « **DELETE** », « **RESTORE** ».

```
SQL> CONNECT SYSTEM @ONYX
Entrez le mot de passe :
Connecté.
SQL> CREATE TABLESPACE GEST_DATA DATAFILE SIZE 10M
  2          AUTOEXTEND ON NEXT 10M MAXSIZE UNLIMITED;


Tablespace créé.


SQL> EXIT


C:\>RMAN TARGET SYS/sys@ONYX CATALOG RMAN/RMAN@JASPE
connecté à la base de données cible : ONYX (DBID=2554099892)
connecté à la base de données du catalogue de récupération


RMAN> REPORT SCHEMA;


lancement de la resynchronisation complète du catalogue de récupération
resynchronisation complète terminée
Etat du schéma de base de données dont le db_unique_name est ONYX


Liste des fichiers de données permanents
==============================
File Size(MB) Tablespace           RB segs Datafile Name
---- -------- -------------------- ------- ------------------------
1    710      SYSTEM               YES
D:\APP\ADMINISTRATEUR\ORADATA\ONYX\DATAFILE\O1_MF_SYSTEM_42FK11CP_.DBF
2    586      SYSAUX               NO
D:\APP\ADMINISTRATEUR\ORADATA\ONYX\DATAFILE\O1_MF_SYSAUX_42FK2LTC_.DBF
3    330      UNDOTBS1             YES
D:\APP\ADMINISTRATEUR\ORADATA\ONYX\DATAFILE\O1_MF_UNDOTBS1_42FK37M1_.DBF
4    150      EXAMPLE              NO
D:\APP\ADMINISTRATEUR\ORADATA\ONYX\DATAFILE\O1_MF_EXAMPLE_42FK964V_.DBF
5    5        USERS                NO
D:\APP\ADMINISTRATEUR\ORADATA\ONYX\DATAFILE\O1_MF_USERS_42FK9WNZ_.DBF
6    10       GEST_DATA            NO
D:\APP\ADMINISTRATEUR\ORADATA\ONYX\DATAFILE\O1_MF_GEST_DAT_42TPP8N4_.DBF


Liste des fichiers temporaires
=========================
File Size(MB) Tablespace           Maxsize(MB) Tempfile Name
---- -------- -------------------- ----------- --------------------
1    39       TEMP                 33554431
D:\APP\ADMINISTRATEUR\ORADATA\ONYX\DATAFILE\O1_MF_TEMP_42FK68RD_.TMP
```

Comme vous pouvez l'observer dans les messages qui apparaissent sous la commande « **REPORT SCHEMA** », une resynchronisation complète était nécessaire.

Avant d'afficher le rapport, RMAN vérifie que le catalogue est à jour avec le fichier de contrôle. Comme vous avez pu le remarquer dans les messages qui apparaissent sous la commande « **REPORT SCHEMA** », il a détecté ici qu'une resynchronisation complète était nécessaire. Le nom du fichier de données du tablespace GEST_DATA apparaît dans le rapport.

Conseil

Il faut planifier la resynchronisation du catalogue plusieurs fois par jour pour qu'il soit le plus actuel possible par rapport au fichier de contrôle cible. Si la base cible produit quotidiennement une grande quantité d'archives de fichiers journaux, les mises à jour du catalogue doivent inclure ces fichiers. Le catalogue pourra ainsi servir en cas de restauration et de récupération automatiques de la base suite à une défaillance.

La protection de vos bases implique de protéger également celle de catalogue. Vous avez pour cela le choix entre une approche contrôlée par l'utilisateur et une approche contrôlée par le serveur. Vous pouvez aussi régulièrement exporter l'utilisateur propriétaire du catalogue, le fichier que vous obtenez pouvant servir ultérieurement pour restaurer le catalogue.

Dans l'exemple suivant, vous trouverez la démarche complète de sauvegarde du schéma RMAN.

```
[oracle@terra ~]$ sqlplus / as sysdba
SYS@topaze>select DIRECTORY_PATH from dba_directories
  2  where DIRECTORY_NAME = 'DATA_PUMP_DIR';

DIRECTORY_PATH
--------------------------------------------------------------------------
/u01/app/oracle/admin/topaze/dpdump/

SYS@topaze>grant read,write on directory data_pump_dir to rman;

Autorisation de privilèges (GRANT) acceptée.

SYS@topaze>exit
[oracle@terra ~]$ cat exp_rman_catalog.par
USERID=rman/rman@topaze
DUMPFILE=EXPORT_UTILISATEUR_RMAN.DMP
LOGFILE=EXPORT_UTILISATEUR_RMAN.LOG
DIRECTORY=DATA_PUMP_DIR
SCHEMAS=RMAN
[oracle@terra ~]$ expdp PARFILE=exp_rman_catalog.par
...
Démarrage de "RMAN"."SYS_EXPORT_SCHEMA_01" : rman/********@topaze
PARFILE=exp_rman_catalog.par
Estimation en cours à l'aide de la méthode BLOCKS ...
Traitement du type d'objet SCHEMA_EXPORT/TABLE/TABLE_DATA
Estimation totale à l'aide le la méthode BLOCKS : 3.75 MB
Traitement du type d'objet SCHEMA_EXPORT/PRE_SCHEMA/PROCACT_SCHEMA
Traitement du type d'objet SCHEMA_EXPORT/TYPE/TYPE_SPEC
Traitement du type d'objet SCHEMA_EXPORT/SEQUENCE/SEQUENCE
Traitement du type d'objet SCHEMA_EXPORT/SEQUENCE/GRANT/OWNER_GRANT/OBJECT_GRANT
Traitement du type d'objet SCHEMA_EXPORT/TABLE/TABLE
...
. . export : "RMAN"."ROUT"                      980.8 KB   13354 lignes
. . export : "RMAN"."CFS"                       111.0 KB     209 lignes
. . export : "RMAN"."AL"                        40.02 KB     144 lignes
. . export : "RMAN"."BCF"                       13.18 KB      30 lignes
. . export : "RMAN"."BP"                        24.43 KB      30 lignes
. . export : "RMAN"."BS"                        15.48 KB      30 lignes
. . export : "RMAN"."BSF"                       9.843 KB      30 lignes
. . export : "RMAN"."CKP"                       9.359 KB       9 lignes
...
Table maître "RMAN"."SYS_EXPORT_SCHEMA_01" chargée/déchargée avec succès
**********************************************************************
L'ensemble de fichiers de vidage de RMAN.SYS_EXPORT_SCHEMA_01 est :
  /u01/app/oracle/admin/topaze/dpdump/EXPORT_UTILISATEUR_RMAN.DMP
L'exécution du travail "RMAN"."SYS_EXPORT_SCHEMA_01" a abouti à Dim. Mars 16 01:01:54 2014
elapsed 0 00:01:02
```

La zone de récupération rapide

Les paramètres d'initialisation requis pour configurer la zone de récupération rapide, vus précédemment, « **DB_RECOVERY_FILE_DEST** » et « **DB_RECOVERY_FILE_DEST_SIZE** », sont tous deux dynamiques. Ils permettant de changer la destination des sauvegardes **RMAN** ou la quantité d'espace qui leur est allouée dans la zone de récupération rapide sans avoir à redémarrer l'instance.

Attention

Lors de la configuration de votre base de données en mode « **ARCHIVELOG** », l'emplacement des fichiers de journaux archivés par défaut est le répertoire défini dans « **DB_RECOVERY_FILE_DEST** ». La structure des répertoires et le nom des fichiers s'appuient automatiquement sur le mode de gestion OMF.

L'inconvénient est que le quota de stockage par défaut dans cette zone de récupération rapide est de seulement 4G pour stocker les fichiers de journaux archivés, les sauvegardes de votre base de données et le multiplexage des fichiers de journaux.

Aussi, pour éviter une telle situation, vous devez configurer explicitement le ou les paramètres « **LOG_ARCHIVE_DEST_n** » pour un ou plusieurs emplacements de stockage des fichiers de journaux archivés.

La vue dynamique « **V$RECOVERY_FILE_DEST** » affiche des informations sur le nombre de fichiers présents dans la zone rapide, la quantité d'espace utilisée et la quantité totale d'espace disponible.

```
D:\>rman target sys/Razvanpwd3@rubis catalog rman/rman@topaze
connecté à la base de données cible : RUBIS (DBID=1772371706)
connecté à la base de données du catalogue de récupération
RMAN> select round(space_limit/1024/1024/1024) "SPACE_LIMIT Gb",
2> round(space_used/1024/1024/1024) "SPACE_USED Gb", number_of_files, name
3> from v$recovery_file_dest;

SPACE_LIMIT Gb SPACE_USED Gb NUMBER_OF_FILES
-------------- ------------- ---------------
NAME
--------------------------------------------------------------------
             4             0               1
+GD_RECUPERATIONS

RMAN> alter system set db_recovery_file_dest_size=48G;

Instruction traitée

RMAN> select value from v$parameter
2> where name = 'db_recovery_file_dest_size';

VALUE
--------------------------------------------------
51539607552

RMAN> select value from v$parameter where name = 'log_archive_dest_1';

VALUE
----------------------------------------
location=/u04/archives/oradata/rubis
```

Vous devez vous assurer qu'une quantité d'espace suffisante est disponible pour les sauvegardes.

Attention

Si la taille maximale est atteinte, RMAN supprime automatiquement les sauvegardes obsolètes. Il fait apparaître une alerte dans le fichier journal lorsque la quantité d'espace occupé par les sauvegardes non obsolètes atteint plus de 10 % de la valeur de ce paramètre.

Dans le cas où l'espace est insuffisant, même après la suppression de sauvegardes obsolètes, RMAN refuse d'effectuer la sauvegarde.

La taille du quota de stockage dans cette zone de récupération rapide doit être suffisamment grande pour contenir :

- Une copie de tous les fichiers de données ou un jeu de sauvegarde incrémentielle de niveau 0 de la base de données.

- Les sauvegardes incrémentielles pour reconstruire la base de données.

- Les fichiers journaux en ligne multiplexés.

- Les fichiers de journaux archivés depuis la dernière sauvegarde.

- Les sauvegardes automatiques du fichier de contrôle et les sauvegardes du fichier « **SPFILE** ».

Dans l'exemple suivant, la base de données est sauvegardée intégralement dans la zone de récupération rapide. Le type de sauvegarde choisi est la copie-image des tous les fichiers des données de la base.

```
D:\>rman target sys/Razvanpwd3@rubis catalog rman/rman@topaze
connecté à la base de données cible : RUBIS (DBID=1772371706)
connecté à la base de données du catalogue de recuperation
RMAN> report schema;

Etat du schéma de base de données dont le db_unique_name est RUBIS

Liste des fichiers de données permanents
=============================
File Size(MB) Tablespace      RB segs Datafile Name
---- -------- --------------- ------- ---------------------------------------------
1    760      SYSTEM          YES     +GD_DONNEES/RUBIS/DATAFILE/system.290.842347603
2    800      SYSAUX          NO      +GD_DONNEES/RUBIS/DATAFILE/sysaux.291.842347603
3    1570     UNDOTBS1        YES     +GD_DONNEES/RUBIS/DATAFILE/undotbs1.289.842347603
4    5        USERS           NO      +GD_DONNEES/RUBIS/DATAFILE/users.288.842347601
6    60       DTB_STAR        NO      +GD_DONNEES/RUBIS/DATAFILE/dtb_star.296.842347607
7    110      DTB_TRAN        NO      +GD_DONNEES/RUBIS/DATAFILE/dtb_tran.293.842347605
8    100      ITB_STAR        NO      +GD_DONNEES/RUBIS/DATAFILE/itb_star.295.842347607
9    120      ITB_TRAN        NO      +GD_DONNEES/RUBIS/DATAFILE/itb_tran.292.842347605
10   150      CATALOGUE_RMAN  NO      +GD_DONNEES/RUBIS/DATAFILE/catalogue_rman.294.842347607

Liste des fichiers temporaires
========================
File Size(MB) Tablespace      Maxsize(MB) Tempfile Name
---- -------- --------------- ----------- --------------------
1    61       TEMP            32767       +GD_DONNEES/RUBIS/TEMPFILE/temp.259.840664711
2    24       TEMP01          32767       +GD_DONNEES/RUBIS/TEMPFILE/temp01.279.842292819
3    24       TEMP02          32767       +GD_DONNEES/RUBIS/TEMPFILE/temp02.260.842292819

RMAN> backup as copy database;

Démarrage de backup dans 16/03/14
canal affecté : ORA_DISK_1
canal ORA_DISK_1 : SID=250 type d'unité=DISK
canal ORA_DISK_1 : démarrage de la copie de fichier de données
```

```
fichier de données en entrée, numéro=00003,
nom=+GD_DONNEES/RUBIS/DATAFILE/undotbs1.289.842347603
nom de fichier de sortie=+GD_RECUPERATIONS/RUBIS/DATAFILE/undotbs1.267.842348669
balise=TAG20140316T094428 RECID=31 STAMP=842348888
canal ORA_DISK_1 : copie de fichier de données terminée, temps écoulé : 00:03:41
canal ORA_DISK_1 : démarrage de la copie de fichier de données
fichier de données en entrée, numéro=00002,
nom=+GD_DONNEES/RUBIS/DATAFILE/sysaux.291.842347603
nom de fichier de sortie=+GD_RECUPERATIONS/RUBIS/DATAFILE/sysaux.258.842348891
balise=TAG20140316T094428 RECID=32 STAMP=842349039
canal ORA_DISK_1 : copie de fichier de données terminée, temps écoulé : 00:02:38
canal ORA_DISK_1 : démarrage de la copie de fichier de données
...
```

Comme vous avez pu le constater dans cet exemple, RMAN emploie la zone de récupération rapide pour les copies-images des fichiers de données de la base.

```
[oracle@saturne ~]$ . oraenv
ORACLE_SID = [rubis] ? +ASM
The Oracle base remains unchanged with value /u01/app/oracle
[oracle@saturne ~]$ asmcmd ls -l */RUBIS/DATAFILE/
Type        Redund  Striped  Time            Sys  Name

+GD_DONNEES/RUBIS/DATAFILE/:
DATAFILE    UNPROT  COARSE   MAR 16 09:00:00  Y   CATALOGUE_RMAN.294.842347607
DATAFILE    UNPROT  COARSE   MAR 16 09:00:00  Y   DTB_STAR.296.842347607
DATAFILE    UNPROT  COARSE   MAR 16 09:00:00  Y   DTB_TRAN.293.842347605
DATAFILE    UNPROT  COARSE   MAR 16 09:00:00  Y   ITB_STAR.295.842347607
DATAFILE    UNPROT  COARSE   MAR 16 09:00:00  Y   ITB_TRAN.292.842347605
DATAFILE    UNPROT  COARSE   MAR 16 09:00:00  Y   SYSAUX.291.842347603
DATAFILE    UNPROT  COARSE   MAR 16 09:00:00  Y   SYSTEM.290.842347603
DATAFILE    UNPROT  COARSE   MAR 16 09:00:00  Y   UNDOTBS1.289.842347603
DATAFILE    UNPROT  COARSE   MAR 16 09:00:00  Y   USERS.288.842347601

+GD_RECUPERATIONS/RUBIS/DATAFILE/:
DATAFILE    MIRROR  COARSE   MAR 16 09:00:00  Y   CATALOGUE_RMAN.265.842349195
DATAFILE    MIRROR  COARSE   MAR 16 09:00:00  Y   DTB_STAR.262.842349297
DATAFILE    MIRROR  COARSE   MAR 16 09:00:00  Y   DTB_TRAN.263.842349247
DATAFILE    MIRROR  COARSE   MAR 16 09:00:00  Y   ITB_STAR.257.842349271
DATAFILE    MIRROR  COARSE   MAR 16 09:00:00  Y   ITB_TRAN.264.842349221
DATAFILE    MIRROR  COARSE   MAR 16 09:00:00  Y   SYSAUX.258.842348891
DATAFILE    MIRROR  COARSE   MAR 16 09:00:00  Y   SYSTEM.266.842349049
DATAFILE    MIRROR  COARSE   MAR 16 09:00:00  Y   UNDOTBS1.267.842348669
DATAFILE    MIRROR  COARSE   MAR 16 09:00:00  Y   USERS.274.842349319
```

Dans le répertoire de destination, ORACLE structure les fichiers dans des répertoires distincts pour les fichiers journaux archivés, les jeux de sauvegarde, les copies-images et les sauvegardes automatiques du fichier de contrôle et du SPFILE. De plus, chaque sous-répertoire est subdivisé par date, facilitant la localisation d'un jeu de sauvegarde ou d'une copie-image. Plusieurs bases de données peuvent partager la même zone rapide.

Conseil

La sauvegarde complète à froid de la base de données, utilisant les copie-images, permet d'avoir une copie intégrale des fichiers de données de la base de données contrôlés dans leur intégrité bloc par bloc.

L'ensemble des fichiers peut être le point de départ pour le clonage de la base de données.

3

La configuration

Objectifs

À la fin de ce module, vous serez à même d'effectuer les tâches suivantes :

- Expliquer et modifier les paramètres persistants de RMAN.

- Optimiser, crypter et compresser les sauvegardes effectuées avec RMAN.

- Configurer la sauvegarde automatique du fichier de contrôle.

- Formater l'emplacement des fichiers de sauvegarde.

- Configurer la politique d'effacement des fichiers de journaux archivés.

- Exécuter un bloc de plusieurs commandes RMAN ainsi que des ordres SQL.

Contenu

Les paramètres d'initialisation

Il existe plusieurs paramètres de l'instance qui permettent de contrôler le fonctionnement de RMAN, les trois plus importants sont :

CONTROL_FILE_RECORD_KEEP_TIME

Dans le cas d'utilisation de RMAN avec une base de données cible, sans utiliser le catalogue de récupération, les informations concernant les sauvegardes sont conservées dans son fichier de contrôle.

Le paramètre « `CONTROL_FILE_RECORD_KEEP_TIME` » spécifie le nombre de jours pour la conservation de ces enregistrements. Tous les enregistrements ayant dépassé ce délai sont réutilisés par RMAN pour d'autres sauvegardes.

Attention

Lorsque RMAN a besoin d'écrire un nouvel enregistrement et que la durée de conservation n'a pas expiré pour les autres enregistrements qui se trouvent déjà dans le fichier de contrôle, il va étendre le fichier de contrôle. Une augmentation de volume trop importante du fichier de contrôle augmente la probabilité de perte de ce fichier.

Il est fortement conseillé de configurer ce paramètre avec une valeur dépassant de plusieurs jours votre fenêtre de récupération pour garantir la conservation des enregistrements de sauvegarde nécessaires.

DB_RECOVERY_FILE_DEST

Le paramètre « `DB_RECOVERY_FILE_DEST` » définit l'emplacement de la zone de récupération rapide qui devrait se trouver sur un système de fichiers distinct des fichiers de données, des fichiers de contrôle, des fichiers journaux en ligne et des fichiers journaux archivés de la base.

RMAN utilise automatiquement cet emplacement pour stocker l'ensemble des sauvegardes et, suivant la politique de conservation, il se charge alors de gérer l'espace de la zone de récupération rapide en supprimant, si nécessaire, les sauvegardes obsolètes ou les sauvegardes recopiées sur bande.

Attention

Il est impératif de définir l'emplacement de stockage mentionné dans ce paramètre sur un autre système de fichiers.

À défaut, si vous perdiez le disque contenant les fichiers de base de données, vous perdriez également la zone de récupération et les avantages qu'elle procure.

DB_RECOVERY_FILE_DEST_SIZE

Le paramètre « `DB_RECOVERY_FILE_DEST_SIZE` » spécifie la taille maximale de la zone de récupération rapide. Vous devez vous assurer qu'une quantité d'espace suffisante est disponible pour les sauvegardes.

Attention

Si la taille maximale est atteinte, RMAN supprime automatiquement les sauvegardes obsolètes. Il fait apparaître une alerte dans le fichier journal lorsque la quantité d'espace occupé par les sauvegardes non obsolètes atteint plus de 10 % de la valeur de ce paramètre.

Dans le cas où l'espace est insuffisant même après la suppression de sauvegardes obsolètes, RMAN refuse d'effectuer la sauvegarde.

Les deux paramètres de définition de la zone de récupération rapide « **DB_RECOVERY_FILE_DEST** » et « **DB_RECOVERY_FILE_DEST_SIZE** » sont tous deux dynamiques.

```
D:\>rman target sys/Razvanpwd3@pierres catalog rman/rman@topaze

connecté à la base de données cible : PIERRES (DBID=807186735)
connecté à la base de données du catalogue de récupération
RMAN> alter system set control_file_record_keep_time=30;

Instruction traitée

RMAN> select name, value from v$parameter
2> where name in ('control_file_record_keep_time',
3> 'db_recovery_file_dest','db_recovery_file_dest_size');

NAME
-----------------------------------------------------------
VALUE
-----------------------------------------------------------
control_file_record_keep_time
30

db_recovery_file_dest
O:\app\oracle\fast_recovery_area

db_recovery_file_dest_size
12884901888
```

La configuration RMAN

Vous pouvez configurer l'environnement RMAN pour vous faciliter les tâches de sauvegarde. En effet, plusieurs paramètres de RMAN peuvent être rendus persistants de manière à perdurer entre les sessions. Il est très facile d'accéder aux paramètres de RMAN et de les modifier dans OEM.

Dans l'exemple suivant, nous utilisons la commande « **SHOW ALL** » pour obtenir la valeur par défaut des paramètres de RMAN.

```
D:\>rman target sys/Razvanpwd3@pierres catalog rman/rman@topaze

connecté à la base de données cible : PIERRES (DBID=807186735)
connecté à la base de données du catalogue de récupération
RMAN> show all;

les paramètres de configuration RMAN de la base de données ayant le db_unique_name PIERRES sont les
suivants :
CONFIGURE RETENTION POLICY TO RECOVERY WINDOW OF 30 DAYS;
CONFIGURE BACKUP OPTIMIZATION OFF; # default
CONFIGURE DEFAULT DEVICE TYPE TO DISK; # default
CONFIGURE CONTROLFILE AUTOBACKUP ON;
CONFIGURE CONTROLFILE AUTOBACKUP FORMAT FOR DEVICE TYPE DISK TO '%F'; # default
CONFIGURE DEVICE TYPE DISK PARALLELISM 3 BACKUP TYPE TO COMPRESSED BACKUPSET;
CONFIGURE DATAFILE BACKUP COPIES FOR DEVICE TYPE DISK TO 1; # default
CONFIGURE ARCHIVELOG BACKUP COPIES FOR DEVICE TYPE DISK TO 1; # default
CONFIGURE CHANNEL DEVICE TYPE DISK FORMAT   'S:\sauvegardes01\%d_%U_%T.bkp',
 'S:\sauvegardes02\%d_%U_%T.bkp', 'S:\sauvegardes03\%d_%U_%T.bkp';
CONFIGURE MAXSETSIZE TO UNLIMITED; # default
CONFIGURE ENCRYPTION FOR DATABASE OFF; # default
CONFIGURE ENCRYPTION ALGORITHM 'AES128'; # default
```

```
CONFIGURE COMPRESSION ALGORITHM 'LOW' AS OF RELEASE 'DEFAULT' OPTIMIZE FOR LOAD TRUE;
CONFIGURE RMAN OUTPUT TO KEEP FOR 7 DAYS; # default
CONFIGURE ARCHIVELOG DELETION POLICY TO BACKED UP 3 TIMES TO DISK;
CONFIGURE SNAPSHOT CONTROLFILE NAME TO
'O:\APP\ORACLE\PRODUCT\12.1.0\DB_HOME\DATABASE\SNCFPIERRES.ORA'; # default

RMAN> show retention policy;

les paramètres de configuration RMAN de la base de données ayant le db_unique_name PIERRES sont les
suivants :
CONFIGURE RETENTION POLICY TO RECOVERY WINDOW OF 30 DAYS;

RMAN> show device type ;

les paramètres de configuration RMAN de la base de données ayant le db_unique_name PIERRES sont les
suivants :
CONFIGURE DEVICE TYPE DISK PARALLELISM 3 BACKUP TYPE TO COMPRESSED BACKUPSET;
```

Comme vous pouvez le constater dans l'exemple précédent, la commande « **SHOW** » peut avoir comme arguments chacun des paramètres persistants de la base. Ainsi vous pouvez cibler le paramètre que vous souhaitez visualiser.

Les paramètres persistants initialisés peuvent être visualisés à l'aide de la vue « **V$RMAN_CONFIGURATION** » dans la base de données cible.

L'exemple suivant fait apparaître tous les paramètres initialisés d'une base de données cible.

```
D:\>sqlplus sys/Razvanpwd3@pierres as sysdba
SYS@pierres>select name, value from v$rman_configuration;

NAME                          VALUE
----------------------------- --------------------------------------------
CONTROLFILE AUTOBACKUP        ON
RETENTION POLICY              TO RECOVERY WINDOW OF 30 DAYS
DEVICE TYPE                   DISK PARALLELISM 3 BACKUP TYPE TO COMPRESSED
                               BACKUPSET
CHANNEL                       DEVICE TYPE DISK FORMAT    'S:\sauvegardes01\
                              %d_%U_%T.bkp',    'S:\sauvegardes02\%d_%U_%T.
                              bkp',    'S:\sauvegardes03\%d_%U_%T.bkp'
COMPRESSION ALGORITHM         'LOW' AS OF RELEASE 'DEFAULT' OPTIMIZE FOR L
                              OAD TRUE
ARCHIVELOG DELETION POLICY    TO BACKED UP 3 TIMES TO DISK
```

La stratégie de conservation

Il est possible de paramétrer RMAN pour assurer la conservation et la gestion automatique des sauvegardes. Vous avez le choix entre deux méthodes :

- La gestion de la fenêtre de récupération.

- La gestion de la redondance de sauvegardes.

La commande « **CONFIGURE RETENTION POLICY** » permet de définir la manière dont RMAN gère la conservation des sauvegardes.

```
CONFIGURE RETENTION POLICY { CLEAR |
   TO { NONE | RECOVERY WINDOW OF jours DAYS | REDUNDANCY versions}}
```

        RECOVERY WINDOW   La gestion d'une fenêtre de récupération : RMAN conserve autant de sauvegardes que nécessaire pour pouvoir rétablir la base de données jusqu'à n'importe quel point dans le temps, dans les limites de cette fenêtre. Ainsi, si vous voulez garder une fenêtre de sept jours, il conservera suffisamment de copies-images, de sauvegardes incrémentielles et d'archives journaux pour garantir la reconstitution et la récupération de la base jusqu'à n'importe quel point de la fenêtre.

REDUNDANCY   La gestion de la redondance des sauvegardes ; RMAN ne conserve que le nombre spécifié de sauvegardes ou copies de chaque fichier de données et de contrôle.

```
D:\>rman target sys/Razvanpwd3@rubis catalog rman/rman@topaze


connecté à la base de données cible : RUBIS (DBID=1772371706)
connecté à la base de données du catalogue de récupération


RMAN> configure retention policy to recovery window of 30 days;


nouveaux paramètres de configuration RMAN :
CONFIGURE RETENTION POLICY TO RECOVERY WINDOW OF 30 DAYS;
les nouveaux paramètres de configuration RMAN ont été stockés avec succès
```

Toutes les sauvegardes qui ne sont plus utiles pour la restauration dans la fenêtre de temps ou qui dépassent le nombre de sauvegardes redondantes sont marquées comme OBSOLETE et sont automatiquement supprimées par RMAN lorsque la zone de récupération rapide n'a plus d'espace disponible.

```
D:\>rman target sys/Razvanpwd3@agate catalog rman/rman@topaze


connecté à la base de données cible : AGATE (DBID=1022786265)
connecté à la base de données du catalogue de récupération


RMAN> configure retention policy to redundancy 2;


nouveaux paramètres de configuration RMAN :
CONFIGURE RETENTION POLICY TO REDUNDANCY 2;
les nouveaux paramètres de configuration RMAN ont été stockés avec succès

RMAN> backup as copy tablespace users TAG 'S001';
...
RMAN> backup as copy tablespace users TAG 'S002';
...
RMAN> backup as copy tablespace users TAG 'S003';
c
RMAN> list datafilecopy all;


Liste des copies de fichier de données
======================


Key     File S Completion Time Ckp SCN     Ckp Time
------- ---- - --------------- ---------- ---------------
4103    6    A 16/03/14        2443532    16/03/14
        Name: O:\APP\ORACLE\FAST_RECOVERY_AREA\AGATE\DATAFILE\O1_MF_USERS_9LC4LFNW_.DBF
        Tag: S003


4072    6    A 16/03/14        2443494    16/03/14
        Name: O:\APP\ORACLE\FAST_RECOVERY_AREA\AGATE\DATAFILE\O1_MF_USERS_9LC4LBT8_.DBF
        Tag: S002


4043    6    A 16/03/14        2443456    16/03/14
        Name: O:\APP\ORACLE\FAST_RECOVERY_AREA\AGATE\DATAFILE\O1_MF_USERS_9LC4L80C_.DBF
        Tag: S001
```

```
RMAN> alter system set db_recovery_file_dest_size=16M;

Instruction traitée

RMAN> select space_limit,space_used,number_of_files, name
2> from v$recovery_file_dest;

SPACE_LIMIT SPACE_USED NUMBER_OF_FILES
----------- ---------- ---------------
NAME
--------------------------------------------------------------------------
   16777216   15728640                3
O:\app\oracle\fast_recovery_area

RMAN> backup as copy tablespace users TAG 'S004';
...
RMAN> list datafilecopy all;

Liste des copies de fichier de données
======================================

Key     File S Completion Time Ckp SCN    Ckp Time
------- ---- - --------------- ---------- ---------------
4170    6    A 16/03/14          2444214    16/03/14
        Name: O:\APP\ORACLE\FAST_RECOVERY_AREA\AGATE\DATAFILE\O1_MF_USERS_9LC4QX69_.DBF
        Tag: S004

4103    6    A 16/03/14          2443532    16/03/14
        Name: O:\APP\ORACLE\FAST_RECOVERY_AREA\AGATE\DATAFILE\O1_MF_USERS_9LC4LFNW_.DBF
        Tag: S003

4072    6    A 16/03/14          2443494    16/03/14
        Name: O:\APP\ORACLE\FAST_RECOVERY_AREA\AGATE\DATAFILE\O1_MF_USERS_9LC4LBT8_.DBF
        Tag: S002
```

Toutes les sauvegardes qui ne sont pas stockées dans la zone de récupération rapide marquées comme OBSOLETE ne sont pas supprimées automatiquement et vous devez les supprimer manuellement.

```
RMAN> delete obsolete;

la règle de validité RMAN sera appliquée à la commande
la règle de validité RMAN est définie à la redondance 2
utilisation du canal ORA_DISK_1
Suppression des sauvegardes et copies obsolètes suivantes :
Type                  Key    Completion Time    Filename/Handle
--------------------- ------ ------------------ --------------------
Datafile Copy         4072   16/03/14
O:\APP\ORACLE\FAST_RECOVERY_AREA\AGATE\DATAFILE\O1_MF_USERS_9LC4LBT8_.DBF

Voulez-vous vraiment supprimer les objets ci-dessus (YES ou NO) ? y
copie du fichier de données supprimée
...
```

La sauvegarde du fichier de contrôle

Le fichier de contrôle est le fichier central de la base de données ; sans les informations contenues dans ce fichier, il n'est pas possible de restaurer une base de données. En raison de l'importance du fichier de contrôle, il convient de le sauvegarder au minimum chaque fois que des modifications sont apportées à la structure de la base de données.

RMAN peut être configuré pour sauvegarder ce fichier automatiquement, soit chaque fois qu'une sauvegarde réussie doit être enregistrée dans le référentiel, soit lorsqu'un changement structurel affecte son contenu.

La commande « **CONTROLFILE AUTOBACKUP** » permet de configurer la sauvegarde automatique du fichier de contrôle.

```
CONFIGURE CONTROLFILE AUTOBACKUP {{ ON | OFF | CLEAR }
  | FORMAT FOR DEVICE TYPE{DISK|'périphérique'}{CLEAR|TO format}}
```

      format   Le chemin et le format du nom pour le ou les fichiers constitutifs de la sauvegarde.

Attention

La syntaxe comporte deux parties :

La première permet d'activer ou désactiver la sauvegarde automatique du fichier de contrôle.

La deuxième partie permet de formater et définir l'emplacement de la sauvegarde du fichier. La définition du format n'assure pas la sauvegarde automatique du fichier de contrôle.

Il fortement conseillé de ne pas définir un format pour la sauvegarde automatique du fichier de contrôle. Par défaut, il est automatiquement stocké dans la zone de récupération rapide. Ainsi, si vous devez restaurer le fichier de contrôle et que vous ne disposez pas de catalogue, il suffit de préciser que vous voulez le restaurer à partir de la sauvegarde automatique. Autrement vous devez fournir le nom du fichier de sauvegarde correspondant.

```
D:\>rman target sys/Razvanpwd3@rubis catalog rman/rman@topaze

connecté à la base de données cible : RUBIS (DBID=1772371706)
connecté à la base de données du catalogue de récupération


RMAN> configure controlfile autobackup on;

nouveaux paramètres de configuration RMAN :
CONFIGURE CONTROLFILE AUTOBACKUP ON;
les nouveaux paramètres de configuration RMAN ont été stockés avec succès


RMAN> configure controlfile autobackup format for device type disk to
2> '/u05/sauvegardes04/controle_%F.bkp';

nouveaux paramètres de configuration RMAN :
CONFIGURE CONTROLFILE AUTOBACKUP FORMAT FOR DEVICE TYPE DISK TO
'/u05/sauvegardes04/controle_%F.bkp';
les nouveaux paramètres de configuration RMAN ont été stockés avec succès


RMAN> show controlfile autobackup;

les paramètres de configuration RMAN de la base de données ayant le db_unique_name RUBIS sont les
suivants :
CONFIGURE CONTROLFILE AUTOBACKUP ON;


RMAN> show controlfile autobackup format ;

les paramètres de configuration RMAN de la base de données ayant le db_unique_name RUBIS sont les
suivants :
CONFIGURE CONTROLFILE AUTOBACKUP FORMAT FOR DEVICE TYPE DISK TO
'/u05/sauvegardes04/controle_%F.bkp';


RMAN> backup tablespace users;
...
Fin de backup dans 16/03/14
```

```
Démarrage de Control File and SPFILE Autobackup dans 16/03/14          <-----
descripteur d'élément=/u05/sauvegardes04/controle_c-1772371706-20140316-00.bkp commentaire=NONE
Fin de Control File and SPFILE Autobackup dans 16/03/14
```

Dorénavant, toutes les sauvegardes RMAN incluront automatiquement une copie du fichier de contrôle.

La copie du fichier de contrôle

Chaque fois qu'une resynchronisation complète met entièrement à jour le catalogue dans lequel une sauvegarde du fichier de contrôle est effectuée, RMAN génère une copie, un cliché du fichier de contrôle cible courant, de façon à disposer d'informations statiques pendant la mise à jour.

Dans Linux, cette copie se nomme « **SNAPCF_$ORACLE_SID.ORA** » et se trouve dans le répertoire « **$ORACLE_HOME/dbs** ».

Sous Windows, il s'agit du fichier « **SNCF%ORACLE_SID%.ORA** » dans le répertoire « **%ORACLE HOME%\database** ».

La commande « **SNAPSHOT CONTROLFILE** » permet de configurer le répertoire de sauvegarde de la copie du fichier de contrôle.

```
CONFIGURE SNAPSHOT CONTROLFILE TO format
```

> **format**   Le chemin et le format du nom pour la copie du fichier de contrôle lors de la synchronisation.

```
D:\>rman target sys/Razvanpwd3@agate catalog rman/rman@topaze


connecté à la base de données cible : AGATE (DBID=1022786265)
connecté à la base de données du catalogue de récupération


RMAN> show controlfile autobackup;

les paramètres de configuration RMAN de la base de données ayant le db_unique_name AGATE sont les
suivants :
CONFIGURE CONTROLFILE AUTOBACKUP OFF; # default

RMAN> configure snapshot controlfile name to
2>      'O:\app\oracle\admin\agate\maintenance\SNCFagate.ora';


nouveaux paramètres de configuration RMAN :
CONFIGURE SNAPSHOT CONTROLFILE NAME TO 'O:\app\oracle\admin\agate\maintenance\SNCFagate.ora';
les nouveaux paramètres de configuration RMAN ont été stockés avec succès

RMAN> host 'dir O:\app\oracle\admin\agate\maintenance';
...
16/03/2014  14:54        10 371 072 SNCFAGATE.ORA
...
la commande hôte a été exécutée


RMAN> backup current controlfile format
2>      'O:\app\oracle\admin\agate\maintenance\Cagate.ctl';


...
descripteur d'élément=O:\APP\ORACLE\ADMIN\AGATE\MAINTENANCE\CAGATE.CTL balise=TAG20140316T144744
commentaire=NONE
canal ORA_DISK_1 : ensemble de sauvegarde terminé, temps écoulé : 00:00:01
Fin de backup dans 16/03/14
```

```
RMAN> host 'dir O:\app\oracle\admin\agate\maintenance';
...
16/03/2014  14:56        10 420 224 CAGATE.CTL
16/03/2014  14:56        10 371 072 SNCFAGATE.ORA
...
la commande hôte a été exécutée
```

Suite à la modification du paramètre, une synchronisation est effectuée et une copie du fichier de contrôle est faite dans le répertoire spécifié.

Les journaux archivés

Les fichiers journaux archivés étant vitaux pour la récupération d'une base de données, il faut être attentif à la politique de sauvegarde et d'effacement de ces fichiers.

Il est possible de paramétrer le moment où les fichiers des journaux archivés sont éligibles pour la suppression. En aucun cas RMAN n'efface de lui-même les fichiers des journaux archivés. Cette politique limite également le nombre de fois qu'on sauvegarde chaque fichier.

Voici la syntaxe de configuration de la politique d'effacement des journaux archivés après les sauvegardes :

```
CONFIGURE ARCHIVELOG DELETION POLICY { CLEAR |
TO {BACKED UP 'valeur' TIMES TO {DISK|'périphérique'}
    | SHIPPED TO [ALL] STANDBY | APPLIED ON [ALL] STANDBY
    |NONE} [,...]}
```

valeur	À l'issue de la sauvegarde, les fichiers de journaux archivés sont supprimés s'ils ont été sauvegardés « **valeur** » fois sur ce périphérique.
NONE	Aucune opération n'est effectuée sur les fichiers de journaux archivés à l'issue de la sauvegarde.
SHIPPED	Les fichiers peuvent être effacés uniquement après avoir été acheminés vers une base de données de secours ou toutes (ALL).
APPLIED	Les fichiers peuvent être effacés uniquement après avoir été appliqués sur une base de données de secours ou toutes (ALL).

```
[oracle@saturne ~]$ rman target sys@rubis catalog rman/rman@topaze

Mot de passe de la base de données cible : XXXXXX
connecté à la base de données cible : RUBIS (DBID=1772371706)
connecté à la base de données du catalogue de récupération

RMAN> select value from v$parameter where name in
2> ('log_archive_dest_1','log_archive_format');

VALUE
--------------------------------------------------
location=/u04/archives/oradata/rubis
%t.%d_%s_%r.arc

RMAN> configure archivelog deletion policy to
2> backed up 2 times to device type disk;
```

```
nouveaux paramètres de configuration RMAN :
CONFIGURE ARCHIVELOG DELETION POLICY TO BACKED UP 2 TIMES TO DISK;
les nouveaux paramètres de configuration RMAN ont été stockés avec succès

RMAN> backup archivelog all;
...
thread de journal d'archivage d'entrée=1 séquence=143 RECID=41 STAMP=842370450

...
RMAN> backup archivelog all;
...
thread de journal d'archivage d'entrée=1 séquence=143 RECID=41 STAMP=842370450
thread de journal d'archivage d'entrée=1 séquence=144 RECID=42 STAMP=842370453

...
RMAN> backup archivelog all;
...
thread de journal d'archivage d'entrée=1 séquence=144 RECID=42 STAMP=842370453
thread de journal d'archivage d'entrée=1 séquence=145 RECID=43 STAMP=842370456

...
RMAN> host 'ls -l  /u04/archives/oradata/rubis';

total 356
-rw-r-----. 1 oracle asmadmin 121344 16 mars   15:47 1.69a43efa_143_840664634.arc
-rw-r-----. 1 oracle asmadmin   1024 16 mars   15:47 1.69a43efa_144_840664634.arc
-rw-r-----. 1 oracle asmadmin   1024 16 mars   15:47 1.69a43efa_145_840664634.arc
la commande hôte a été exécutée

RMAN> delete noprompt archivelog all;
...
RMAN-08138: AVERTISSEMENT : fichier d'archivage non supprimé - d'autres sauvegardes doivent être
créées
nom de fichier d'archivage=/u04/archives/oradata/rubis/1.69a43efa_145_840664634.arc, thread=1,
séquence=145
Liste des copies des journaux d'archivage dont le nom est db_unique_name RUBIS
=====================================================================

Key     Thrd Seq    S Low Time
------- ---- ------- - -------------------
41      1    143     A 16/03/2014 15:37:34
        Name: /u04/archives/oradata/rubis/1.69a43efa_143_840664634.arc

42      1    144     A 16/03/2014 15:47:30
        Name: /u04/archives/oradata/rubis/1.69a43efa_144_840664634.arc
...
RMAN> host 'ls -l  /u04/archives/oradata/rubis';

-rw-r-----. 1 oracle asmadmin 1024 16 mars   15:47 1.69a43efa_145_840664634.arc
la commande hôte a été exécutée
```

L'optimisation des sauvegardes

L'optimisation de la sauvegarde consiste à demander de sauvegarder seulement les fichiers qui ont été
modifiés depuis la dernière sauvegarde. Ce paramètre est très utile lorsque l'on souhaite sauvegarder
les journaux archivés sans vouloir les purger de leur emplacement.

La commande suivante permet d'optimiser les sauvegardes :

```
CONFIGURE BACKUP OPTIMIZATION {ON|OFF}
```

```
RMAN> CONFIGURE BACKUP OPTIMIZATION ON;

nouveaux paramètres de configuration RMAN :
CONFIGURE BACKUP OPTIMIZATION ON;
les nouveaux paramètres de configuration RMAN ont été stockés avec succès

RMAN> CONFIGURE BACKUP OPTIMIZATION OFF;

anciens paramètres de configuration RMAN :
CONFIGURE BACKUP OPTIMIZATION ON;
nouveaux paramètres de configuration RMAN :
CONFIGURE BACKUP OPTIMIZATION OFF;
les nouveaux paramètres de configuration RMAN ont été stockés avec succès
```

Dans les versions précédentes tous les blocs du tablespace UNDO sont sauvegardés. Le tablespace UNDO contient tous les blocs modifiés dans la base de données ; au gré des transactions, les modifications sont validées ou annulées. Les blocs validés sont toujours gardés dans le tablespace UNDO pendant un laps de temps spécifié dans le paramètre « **UNDO_RETENTION** ». À partir de la version ORACLE 11g, ces blocs ne sont pas sauvegardés lors de la sauvegarde du tablespace UNDO, quelle que soit la valeur du paramètre d'optimisation des sauvegardes.

La compression des sauvegardes

Il est possible de recourir à la méthode de compression afin de réduire l'espace requis pour enregistrer toute sauvegarde RMAN faisant partie d'un jeu de sauvegarde. Les sauvegardes compressées ne sont utilisables que par RMAN et ne nécessitent aucun traitement spécial lors d'une opération de récupération. Les fichiers seront automatiquement décompressés lors d'une opération de restauration ou de récupération.

La commande « **CONFIGURE COMPRESSION** » permet de compresser les sauvegardes.

```
CONFIGURE COMPRESSION ALGORITHM 'algorithme'
```

    algorithme — Il est possible d'utiliser plusieurs algorithmes de compression, « **LOW** », « **MEDIUM** » ou « **HIGH** » suivant le résultat recherché pour le degré de compression ou le temps de la sauvegarde. Les autres options sont maintenues uniquement pour des raisons de compatibilité descendante.

Vous pouvez visualiser les informations concernant la compatibilité et les types des algorithmes de compression en interrogeant la vue « **V$RMAN_COMPRESSION_ALGORITHM** ».

```
SYS@pierres>select algorithm_name,initial_release,algorithm_compatibility,
  2  algorithm_description from v$rman_compression_algorithm;

ALGORI INITIAL_RE ALGORITHM_ ALGORITHM_DESCRIPTION
------ ---------- ---------- -------------------------------------------------
BZIP2  10.0.0.0.0 9.2.0.0.0  good compression ratio
BASIC  10.0.0.0.0 9.2.0.0.0  good compression ratio
LOW    11.2.0.0.0 11.2.0.0.0 maximum possible compression speed
ZLIB   11.0.0.0.0 11.0.0.0.0 balance between speed and compression ratio
MEDIUM 11.2.0.0.0 11.0.0.0.0 balance between speed and compression ratio
HIGH   11.2.0.0.0 11.2.0.0.0 maximum possible compression ratio
```

Les traces de sessions

À partir de la version Oracle 12c, il est possible de configurer une durée de rétention de toutes les informations affichées dans RMAN. C'est une manière de tracer toutes les opérations de sauvegardes et de restaurations effectuées sur une ou plusieurs bases de données. La vue dynamique « **V$RMAN_OUTPUT** » permet pour chaque base de données d'interroger les informations journalisées. Si vous utilisez un catalogue, la vue « **RC_RMAN_OUTPUT** » permet cette fois-ci de visualiser toutes les informations journalisées, mais de toutes les bases de données.

```
D:\>rman target sys/Razvanpwd3@pierres catalog rman/rman@topaze

connecté à la base de données cible : PIERRES (DBID=807186735)
connecté à la base de données du catalogue de récupération

RMAN> configure rman output to keep for 7 days;

anciens paramètres de configuration RMAN :
CONFIGURE RMAN OUTPUT TO KEEP FOR 0 DAYS;
nouveaux paramètres de configuration RMAN :
CONFIGURE RMAN OUTPUT TO KEEP FOR 7 DAYS;
les nouveaux paramètres de configuration RMAN ont été stockés avec succès

RMAN> report schema;

Etat du schéma de base de données dont le db_unique_name est PIERRES

Liste des fichiers de données permanents
============================
File Size(MB) Tablespace          RB segs Datafile Name
---- -------- ------------------- ------- ------------------------
1    790      SYSTEM              YES
D:\DONNEES\ORADATA\PIERRES\DATAFILE\O1_MF_SYSTEM_9KC03HDK_.DBF
...
RMAN> exit ;

D:\>sqlplus sys/Razvanpwd3@pierres as sysdba

SYS@pierres> select output from v$rman_output

OUTPUT
-------------------------------------------------------------------------------
anciens paramètres de configuration RMAN :
CONFIGURE RMAN OUTPUT TO KEEP FOR 0 DAYS;
nouveaux paramètres de configuration RMAN :
CONFIGURE RMAN OUTPUT TO KEEP FOR 7 DAYS;
les nouveaux paramètres de configuration RMAN ont été stockés avec succès


Etat du schéma de base de données dont le db_unique_name est PIERRES

Liste des fichiers de données permanents
============================
File Size(MB) Tablespace          RB segs Datafile Name
---- -------- ------------------- ------- ------------------------
1    790      SYSTEM              YES
D:\DONNEES\ORADATA\PIERRES\DATAFILE\O1_MF_SYSTEM_9KC03HDK_.DBF
...
SYS@pierres>exit
D:\>rman target sys/Razvanpwd3@pierres catalog rman/rman@topaze
...
RMAN> configure rman output to keep for 0 days;
...
```

```
RMAN> select output from v$rman_output

aucune ligne sélectionnée
```

Si vous voulez arrêter cette journalisation, il suffit de mettre à zéro le temps de rétention des informations.

Le cryptage par mot de passe

Tous les jeux de sauvegarde compressés ou non peuvent être sécurisés par un algorithme de cryptage. Il existe deux options pour crypter votre sauvegarde à l'aide de RMAN : transparent à l'aide d'Oracle Encryption Wallet, ou d'un mot de passe fourni par l'utilisateur.

Vous pouvez visualiser les informations concernant les algorithmes de cryptage disponibles, en interrogeant la vue « **V$RMAN_ENCRYPTION_ALGORITHMS** ».

Il est possible de crypter les sauvegardes uniquement en utilisant un mot de passe qui est impérativement nécessaire pour la restauration de cette sauvegarde. Il faut définir un mot de passe pour le cryptage des sauvegardes et ensuite l'utiliser pour le décryptage lorsque vous voulez travailler avec les fichiers de sauvegardes.

```
SET { DECRYPTION IDENTIFIED BY password

      | ENCRYPTION { ALGORITHM 'nom'

 |IDENTIFIED BY password [ONLY] {OFF | ON} FOR ALL TABLESPACES}};
```

    ONLY   Le cryptage est effectué à l'aide du mot de passe uniquement.

```
[oracle@terra ~]$ . oraenv
ORACLE_SID = [topaze] ? sodalite
The Oracle base remains unchanged with value /u01/app/oracle
[oracle@terra ~]$ rman target sys@sodalite catalog rman/rman@topaze

Mot de passe de la base de données cible : XXXXXX
connecté à la base de données cible : SODALITE (DBID=420436416)
connecté à la base de données du catalogue de récupération

RMAN> select algorithm_name from v$rman_encryption_algorithms;

ALGORITHM_NAME
----------------------------------------------------------------
AES128
AES192
AES256

RMAN> show encryption for database;

les paramètres de configuration RMAN de la base de données ayant le db_unique_name SODALITE sont les
suivants :
CONFIGURE ENCRYPTION FOR DATABASE OFF; # default

RMAN> create tablespace tbs_test datafile size 256k;

Instruction traitée
lancement de la resynchronisation complète du catalogue de récupération
resynchronisation complète terminée

RMAN> create table nom01 tablespace tbs01
2>   as select 'Razvan BIZOÏ' nom from dual;

Instruction traitée

RMAN> backup tablespace tbs01 format
```

```
2>   '/u05/sauvegardes01/tbs01_n.bkp' TAG 'Standard';
...
descripteur d'élément=/u05/sauvegardes01/tbs01_n.bkp balise=STANDARD commentaire=NONE
canal ORA_DISK_1 : ensemble de sauvegarde terminé, temps écoulé : 00:00:01
Fin de backup dans 16/03/14

RMAN> set encryption identified by Razvanpwd3 only on for all tablespaces;

exécution de la commande : SET encryption

RMAN> backup tablespace tbs01 format
2>   '/u05/sauvegardes01/tbs01_e.bkp' TAG 'Encrypt';
...
descripteur d'élément=/u05/sauvegardes01/tbs01_e.bkp balise=ENCRYPT commentaire=NONE
canal ORA_DISK_1 : ensemble de sauvegarde terminé, temps écoulé : 00:00:01
Fin de backup dans 16/03/14
RMAN> host;
[oracle@terra ~]$ find /u05/*01/tbs01_*.bkp | xargs grep 'Razvan BIZO' -sl
/u05/sauvegardes01/tbs01_n.bkp
```

Le seul fichier de sauvegarde dans lequel on retrouve mon prénom est celui de la sauvegarde qui n'a pas été cryptée.

```
RMAN> list backupset summary;

Liste des sauvegardes
================
Key     TY LV S Device Type Completion Time #Pieces #Copies Compressed Tag
------- -- -- - ----------- --------------- ------- ------- ---------- ---
6597    B  F  A DISK        16/03/14        1       1       NO         STANDARD
6736    B  F  A DISK        16/03/14        1       1       NO         ENCRYPT          <-----

RMAN> validate backupset 6736;
...
ORA-19870: erreur lors de la restauration de l'élément de sauvegarde /u05/sauvegardes01/tbs01_e.bkp
ORA-19913: impossible de décrypter la sauvegarde
ORA-28365: le portefeuille n'est pas ouvert

RMAN> set decryption identified by Razvanpwd3;

exécution de la commande : SET decryption

RMAN> validate backupset 6736;
...
canal ORA_DISK_1 : descripteur d'élément=/u05/sauvegardes01/tbs01_e.bkp balise=ENCRYPT
canal ORA_DISK_1 : restauration de l'élément de sauvegarde 1
canal ORA_DISK_1 : validation terminée, temps écoulé : 00:00:01
Fin de validate dans 16/03/14
```

Les sauvegardes cryptées ne peuvent être interrogées que si le mot de passe est déjà connu dans votre session. La commande « **SET DECRIPT** » permet l'utilisation du mot de passe pour le décryptage des sauvegardes.

Le cryptage transparent

Le cryptage transparent ne nécessite aucun traitement spécial lors d'une opération de récupération, les fichiers seront automatiquement décryptés lors d'une opération de restauration ou de récupération. La commande suivante permet de crypter les sauvegardes et de définir l'algorithme de cryptage.

```
CONFIGURE ENCRYPTION FOR DATABASE {ON|OFF};

CONFIGURE ENCRYPTION ALGORITHM 'algorithme'
```

        algorithme   Il est possible d'utiliser plusieurs algorithmes.

Pour pouvoir mettre en place le cryptage transparent, il faut d'abord configurer « Oracle Encryption Wallet » s'il n'a pas déjà été initialisé pour votre base de données. Ceci consiste à créer un fichier « **WALLET** » portefeuille dans le répertoire par défaut pour ce fichier de la base de données :

```
$ORACLE_BASE/admin/SID/wallet ou %ORACLE_BASE%\admin\SID\wallet
```

Le répertoire doit exister, sinon la création par défaut du fichier est impossible. Vous pouvez visualiser l'emplacement du fichier « **WALLET** » portefeuille et le statut, en interrogeant la vue « **V$ENCRYPTION_WALLET** ».

La syntaxe de création du portefeuille est la suivante :

```
ALTER SYSTEM SET ENCRYPTION KEY IDENTIFIED BY "mot de passe";
```

        mot de passe   Le mot de passe pour l'activation du cryptage une fois le fichier portefeuille créé.

```
SYS@topaze>select algorithm_name "Nom",
  2  algorithm_description "Description",is_default "Déf"
  3  from v$rman_encryption_algorithms;

Nom       Description       Déf
--------  ----------------  ---
AES128    AES 128-bit key   YES
AES192    AES 192-bit key   NO
AES256    AES 256-bit key   NO

SYS@topaze>!mkdir /u01/app/oracle/admin/topaze/wallet
...
drwxr-xr-x. 2 oracle oinstall  4096  8 mars  18:51 wallet

SYS@topaze>alter system set encryption key identified by "Razvanpwd3";

Système modifié.
```

Attention

Il est impératif, après chaque démarrage de la base, d'ouvrir le fichier portefeuille pour pouvoir bénéficier des fonctionnalités de cryptage. La syntaxe d'ouverture ou de la fermeture du fichier portefeuille est la suivante :

```
ALTER SYSTEM SET WALLET { OPEN | CLOSE } IDENTIFIED BY "password";
```

Vous pouvez utiliser un déclencheur de base de données pour exécuter ce script chaque fois que la base de données est redémarrée.

Le mécanisme de cryptage peut être utilisé dans le cadre d'un jeu de sauvegarde RMAN, même pour les tablespaces qui ne sont pas cryptés.

```
SYS@topaze>CREATE OR REPLACE TRIGGER STARTUP_WALLET
  2   AFTER STARTUP ON DATABASE DECLARE
  3   BEGIN
  4    EXECUTE IMMEDIATE
  5      'alter system set wallet open identified by "Razvanpwd3"';
  6   END;
  7  /

Déclencheur créé.

SYS@topaze>startup force
Instance ORACLE lancée.
```

```
Base de données montée.
Base de données ouverte.
SYS@topaze>select wrl_type, wrl_parameter, status from v$encryption_wallet;

WRL_TYPE      WRL_PARAMETER                                    STATUS
------------  ---------------------------------------------    -------------
FILE          /u01/app/oracle/admin/topaze/wallet    OPEN            <-----
SYS@topaze> exit ;
[oracle@terra ~]$ . oraenv
ORACLE_SID = [topaze] ?
The Oracle base remains unchanged with value /u01/app/oracle
[oracle@terra ~]$ rman target /


connecté à la base de données cible : TOPAZE (DBID=2755728057)


RMAN> create tablespace tbs01 datafile size 256k;


Instruction traitée


RMAN> create table nom01 tablespace tbs01
2> as select 'Razvan BIZOÏ' nom from dual;


Instruction traitée


RMAN> show encryption for database;


les paramètres de configuration RMAN de la base de données ayant le db_unique_name TOPAZE sont les
suivants :
CONFIGURE ENCRYPTION FOR DATABASE OFF; # default


RMAN> backup tablespace tbs01 format
2> '/u05/sauvegardes02/tbs01_n.bkp' TAG 'Standard';
...
RMAN> configure encryption for database on;

nouveaux paramètres de configuration RMAN :
CONFIGURE ENCRYPTION FOR DATABASE ON;
les nouveaux paramètres de configuration RMAN ont été stockés avec succès


RMAN> backup tablespace tbs01 format
2> '/u05/sauvegardes02/tbs01_e.bkp' TAG 'Encrypt';
...
RMAN> host;
[oracle@terra ~]$ find /u05/*02/tbs01_*.bkp | xargs grep 'Razvan BIZO' -sl
/u05/sauvegardes02/tbs01_n.bkp
[oracle@terra ~]$exit


RMAN> list backupset summary;


Liste des sauvegardes
===============
Key     TY LV S Device Type Completion Time #Pieces #Copies Compressed Tag
------- -- -- - ----------- --------------- ------- ------- ---------- ---
1       B  F  A DISK        16/03/14        1       1       NO         STANDARD
2       B  F  A DISK        16/03/14        1       1       NO         ENCRYPT


RMAN> validate backupset 2;
...
canal ORA_DISK_1 : descripteur d'élément=/u05/sauvegardes02/tbs01_e.bkp balise=ENCRYPT
canal ORA_DISK_1 : restauration de l'élément de sauvegarde 1
```

```
canal ORA_DISK_1 : validation terminée, temps écoulé : 00:00:01
Fin de validate dans 16/03/14
```

Le deuxième mode de cryptage s'applique uniquement aux tablespaces et il ne peut pas être utilisé pour tous les tablespaces à la fois. Il faut décrire quels sont les tablespaces qui vont bénéficier du cryptage lors de la prochaine sauvegarde. Tous les jeux de sauvegarde compressés ou non peuvent être sécurisés par ce type de cryptage. Chaque fois que le tablespace est sauvegardé, le cryptage des données du tablespace est effectué dans le jeu de sauvegarde.

La commande « **CONFIGURE ENCRYPTION** » permet de crypter les sauvegardes des données d'un tablespace.

```
CONFIGURE ENCRYPTION FOR DATABASE OFF ;

CONFIGURE ENCRYPTION FOR TABLESPACE 'tablespace' {ON|OFF}
```

      tablespace   Le nom du tablespace.

```
RMAN> CONFIGURE ENCRYPTION FOR DATABASE OFF;


anciens paramètres de configuration RMAN :
CONFIGURE ENCRYPTION FOR DATABASE ON;
nouveaux paramètres de configuration RMAN :
CONFIGURE ENCRYPTION FOR DATABASE OFF;
les nouveaux paramètres de configuration RMAN ont été stockés avec succès


RMAN> CONFIGURE ENCRYPTION FOR TABLESPACE TBS_NE ON;


Le tablespace TBS_NE sera crypté dans les futurs ensembles de sauvegarde
les nouveaux paramètres de configuration RMAN ont été stockés avec succès
```

Le type d'unité

Vous pouvez configurer le type d'unité de sauvegarde par défaut. Lorsque votre fenêtre de récupération est grande ; il est laborieux de conserver toutes vos sauvegardes sur disque. Vous pouvez alors faire des copies de vos fichiers de sauvegarde sur bande et laisser RMAN garder trace de leur emplacement pour pouvoir si nécessaire restaurer ou récupérer les composants de la base.

Le périphérique utilisé par défaut est le disque, la destination par défaut des sauvegardes étant la zone de récupération rapide. Si cette dernière n'est pas définie, RMAN utilise une destination par défaut qui dépend de la plate-forme.

La commande « **CONFIGURE DEFAULT DEVICE TYPE** » permet de configurer le périphérique utilisé par défaut.

```
CONFIGURE DEFAULT DEVICE TYPE { CLEAR | { TO DISK |[']média['] }} ;
```

      TO DISK   Le périphérique utilisé par défaut est le disque.

      média   La configuration d'une unité de bande est propre à chaque installation. Le type d'unité « **SBT** » doit être utilisé pour n'importe quel type de système de sauvegarde sur bande, indépendamment du fabricant.

```
C:\> RMAN TARGET SYS/sys@AMBRE CATALOG RMAN/RMAN@JASPE

RMAN> CONFIGURE DEFAULT DEVICE TYPE TO DISK;

nouveaux paramètres de configuration RMAN :
CONFIGURE DEFAULT DEVICE TYPE TO DISK;
les nouveaux paramètres de configuration RMAN ont été stockés avec succès

RMAN> SHOW DEFAULT DEVICE TYPE ;
```

les paramètres de configuration RMAN de la base de données ayant le db_unique_name **AMBRE** sont les suivants :
```
CONFIGURE DEFAULT DEVICE TYPE TO DISK;
```

```
RMAN> EXIT;
```

```
C:\>RMAN TARGET SYS/sys@DIAMANT CATALOG RMAN/RMAN@JASPE
```

```
RMAN> CONFIGURE DEFAULT DEVICE TYPE TO SBT;
```

nouveaux paramètres de configuration RMAN :
```
CONFIGURE DEFAULT DEVICE TYPE TO 'SBT_TAPE';
...
```

```
RMAN> SHOW DEFAULT DEVICE TYPE;
```

les paramètres de configuration RMAN de la base de données ayant le db_unique_name DIAMANT sont les suivants :
```
CONFIGURE DEFAULT DEVICE TYPE TO 'SBT_TAPE';
```

```
RMAN> CONFIGURE DEFAULT DEVICE TYPE CLEAR;
```

anciens paramètres de configuration RMAN :
```
CONFIGURE DEFAULT DEVICE TYPE TO 'SBT_TAPE';
```
les paramètres de configuration RMAN ont été réinitialisés avec succès aux valeurs par défaut

```
RMAN> SHOW DEFAULT DEVICE TYPE;
```

les paramètres de configuration RMAN de la base de données ayant le db_unique_name DIAMANT sont les suivants :
```
CONFIGURE DEFAULT DEVICE TYPE TO DISK; # default
```

Attention

Il est fortement conseillé de garder autant de sauvegardes que nécessaire, sur disque, pour pouvoir rétablir la base de données jusqu'à n'importe quel point dans le temps, dans les limites de votre fenêtre de récupération. Vous pouvez utiliser la zone de récupération rapide pour stocker ces sauvegardes.

L'espace de stockage ainsi perdu peut s'avérer très intéressant dans le cas d'une restauration rapide, ces sauvegardes ainsi gardées sur disques pouvant être directement utilisées. En revanche, les sauvegardes sur bandes nécessitent généralement un temps plus long de récupération.

Le type de sauvegarde

RMAN permet de sauvegarder les fichiers de la base de données sur disque de trois manières différentes : les copies-images, les jeux de sauvegarde et les jeux de sauvegarde compressés.

La commande suivante permet de configurer le type de sauvegarde que vous souhaitez utiliser par défaut.

```
CONFIGURE DEVICE TYPE DISK BACKUP TYPE TO {   CLEAR |
       { [COMPRESSED] BACKUPSET | COPY } PARALLELISM 'valeur'};
```

BACKUPSET   Les sauvegardes sont effectuées sous la forme des jeux de sauvegarde.

COMPRESSED   Les sauvegardes sont effectuées sous la forme des jeux de sauvegarde compressés.

`COPY`	Les sauvegardes sont effectuées sous la forme des copies-images.
`valeur`	Le niveaux de parallélisme du traitement pour le périphérique utilisé. La valeur par défaut est 1.

```
D:\>rman target sys/Razvanpwd3@agate catalog rman/rman@topaze

connecté à la base de données cible : AGATE (DBID=1022786265)
connecté à la base de données du catalogue de récupération


RMAN> CONFIGURE DEVICE TYPE DISK BACKUP TYPE TO COPY;
...
RMAN> backup tablespace DTB_TRAN format 'S:\sauvegardes01\DTB_TRAN_CO.bkp';
...
nom de fichier de sortie=S:\SAUVEGARDES01\DTB_TRAN_CO.BKP balise=TAG20140316T204012 RECID=21
STAMP=842388018
canal ORA_DISK_1 : copie de fichier de données terminée, temps écoulé : 00:00:07
Fin de backup dans 16/03/14


RMAN> CONFIGURE DEVICE TYPE DISK BACKUP TYPE TO BACKUPSET;
...
RMAN> backup tablespace DTB_TRAN format 'S:\sauvegardes01\DTB_TRAN_BK.bkp';
...
descripteur d'élément=S:\SAUVEGARDES01\DTB_TRAN_BK.BKP balise=TAG20140316T204023 commentaire=NONE
canal ORA_DISK_1 : ensemble de sauvegarde terminé, temps écoulé : 00:00:07
Fin de backup dans 16/03/14


RMAN> CONFIGURE DEVICE TYPE DISK BACKUP TYPE TO COMPRESSED BACKUPSET;
...
RMAN> backup tablespace DTB_TRAN format 'S:\sauvegardes01\DTB_TRAN_CB.bkp';
...
descripteur d'élément=S:\SAUVEGARDES01\DTB_TRAN_CB.BKP balise=TAG20140316T204035 commentaire=NONE
canal ORA_DISK_1 : ensemble de sauvegarde terminé, temps écoulé : 00:00:07
Fin de backup dans 16/03/14


RMAN> host 'dir S:\sauvegardes01' ;
...
16/03/2014  20:40      100 982 784 DTB_TRAN_BK.BKP
16/03/2014  20:40       31 850 496 DTB_TRAN_CB.BKP
16/03/2014  20:40      115 351 552 DTB_TRAN_CO.BKP
```

Lors d'une sauvegarde, il est possible d'utiliser plusieurs canaux d'E/S pour augmenter les performances des opérations de sauvegarde ou de restauration. La valeur choisie pour le parallélisme est utilisée pour ouvrir autant de canaux de sauvegarde, qui sont autant de sessions sur la base de données. Chaque canal sauvegarde un ou plusieurs fichiers de la base de données, ainsi un fichier ne peut être sauvegardé que par un seul canal à la fois.

```
D:\>rman target sys/Razvanpwd3@agate catalog rman/rman@topaze

connecté à la base de données cible : AGATE (DBID=1022786265)
connecté à la base de données du catalogue de récupération

RMAN> CONFIGURE DEVICE TYPE DISK BACKUP TYPE TO COMPRESSED BACKUPSET
2> PARALLELISM 2;
...
RMAN> backup tablespace DTB_TRAN, DTB_STAR;

Démarrage de backup dans 16/03/14
canal affecté : ORA_DISK_1
canal ORA_DISK_1 : SID=370 type d'unité=DISK
canal affecté : ORA_DISK_2
canal ORA_DISK_2 : SID=355 type d'unité=DISK
canal ORA_DISK_1 : démarrage de l'ensemble de sauvegarde compressé de tous les fichiers de données
canal ORA_DISK_1 : insertion du(des) fichier(s) de données dans l'ensemble de sauvegarde
```

```
fichier de données en entrée, numéro=00004,
nom=D:\DONNEES\ORADATA\AGATE\DATAFILE\O1_MF_DTB_TRAN_9L92HC8J_.DBF
canal ORA_DISK_1 : démarrage de l'élément 1 dans 16/03/14
canal ORA_DISK_2 : démarrage de l'ensemble de sauvegarde compressé de tous les fichiers de données
canal ORA_DISK_2 : insertion du(des) fichier(s) de données dans l'ensemble de sauvegarde
fichier de données en entrée, numéro=00002,
nom=D:\DONNEES\ORADATA\AGATE\DATAFILE\O1_MF_DTB_STAR_9L92HBYY_.DBF
canal ORA_DISK_2 : démarrage de l'élément 1 dans 16/03/14
canal ORA_DISK_1 : élément 1 terminé dans 16/03/14
descripteur
d'élément=O:\APP\ORACLE\FAST_RECOVERY_AREA\AGATE\BACKUPSET\2014_03_16\O1_MF_NNNDF_TAG20140316T211821
_9LD1RFBR_.BKP balise=TAG20140316T211821 commentaire=NONE
canal ORA_DISK_1 : ensemble de sauvegarde terminé, temps écoulé : 00:00:15
canal ORA_DISK_2 : élément 1 terminé dans 16/03/14
descripteur
d'élément=O:\APP\ORACLE\FAST_RECOVERY_AREA\AGATE\BACKUPSET\2014_03_16\O1_MF_NNNDF_TAG20140316T211821
_9LD1RFP0_.BKP balise=TAG20140316T211821 commentaire=NONE
canal ORA_DISK_2 : ensemble de sauvegarde terminé, temps écoulé : 00:00:15
Fin de backup dans 16/03/14
```

Les copies de sauvegardes

Il est possible de configurer le nombre de copies de la sauvegarde que vous souhaitez avoir dans les emplacements que vous avez définis. Ainsi, si vous avez défini plusieurs formats pour les destinations de sauvegardes, chaque destination contiendra une copie. Sinon, c'est-à-dire si vous n'avez pas défini plusieurs destinations, les copies des sauvegardes seront contenues dans la même destination sur le même périphérique. La commande suivante permet de configurer le nombre de copies du jeu de sauvegarde :

```
CONFIGURE {DATAFILE| ARCHIVELOG} BACKUP COPIES
            FOR DEVICE TYPE { DISK | 'média'} TO 'nombre';
```

nombre   Le nombre de copies du jeux de sauvegarde.

```
D:\>rman target sys/Razvanpwd3@onyx catalog rman/rman@topaze

connecté à la base de données cible : ONYX (DBID=2741237436)
connecté à la base de données du catalogue de récupération

RMAN> backup tablespace users format 'S:\sauvegardes01\%U.bkp'
2> 'S:\sauvegardes02\%U.bkp';
...
fichier de données en entrée, numéro=00006,
nom=O:\APP\ORACLE\ORADATA\ONYX\DATAFILE\O1_MF_USERS_9KM4LS5S_.DBF
canal ORA_DISK_1 : démarrage de l'élément 1 dans 16/03/14
canal ORA_DISK_1 : élément 1 terminé dans 16/03/14 avec 2 copies et étiquette TAG20140316T220330
descripteur d'élément=S:\SAUVEGARDES01\03P3BPDI_1_1.BKP commentaire=NONE
descripteur d'élément=S:\SAUVEGARDES02\03P3BPDI_1_2.BKP commentaire=NONE
canal ORA_DISK_1 : ensemble de sauvegarde terminé, temps écoulé : 00:00:02
Fin de backup dans 16/03/14
RMAN> CONFIGURE ARCHIVELOG BACKUP COPIES FOR DEVICE TYPE DISK TO 2;

anciens paramètres de configuration RMAN :
CONFIGURE ARCHIVELOG BACKUP COPIES FOR DEVICE TYPE DISK TO 1;
nouveaux paramètres de configuration RMAN :
CONFIGURE ARCHIVELOG BACKUP COPIES FOR DEVICE TYPE DISK TO 2;
les nouveaux paramètres de configuration RMAN ont été stockés avec succès

RMAN> backup archivelog all format 'S:\sauvegardes01\%U.bkp',
2> 'S:\sauvegardes02\%U.bkp';
```

```
Démarrage de backup dans 16/03/14
journal en cours archivé
canal affecté : ORA_DISK_1
canal ORA_DISK_1 : SID=247 type d'unité=DISK
canal ORA_DISK_1 : démarrage de l'ensemble de sauvegarde compressé de journal d'archivage
canal ORA_DISK_1 : insertion du(des) journal(aux) d'archivage dans l'ensemble de sauvegarde
thread de journal d'archivage d'entrée=1 séquence=19 RECID=7 STAMP=842259107
...
thread de journal d'archivage d'entrée=1 séquence=50 RECID=38 STAMP=842300580
canal ORA_DISK_1 : démarrage de l'élément 1 dans 16/03/14
canal ORA_DISK_1 : élément 1 terminé dans 16/03/14 avec 2 copies et étiquette TAG20140316T220747
descripteur d'élément=S:\SAUVEGARDES01\04P3BPLK_1_1.BKP commentaire=NONE
descripteur d'élément=S:\SAUVEGARDES02\04P3BPLK_1_2.BKP commentaire=NONE
canal ORA_DISK_1 : ensemble de sauvegarde terminé, temps écoulé : 00:02:16
canal ORA_DISK_1 : démarrage de l'ensemble de sauvegarde compressé de journal d'archivage
canal ORA_DISK_1 : insertion du(des) journal(aux) d'archivage dans l'ensemble de sauvegarde
thread de journal d'archivage d'entrée=1 séquence=51 RECID=39 STAMP=842300597
...
thread de journal d'archivage d'entrée=1 séquence=83 RECID=71 STAMP=842393266
canal ORA_DISK_1 : démarrage de l'élément 1 dans 16/03/14
canal ORA_DISK_1 : élément 1 terminé dans 16/03/14 avec 2 copies et étiquette TAG20140316T220747
descripteur d'élément=S:\SAUVEGARDES01\05P3BPPS_1_1.BKP commentaire=NONE
descripteur d'élément=S:\SAUVEGARDES02\05P3BPPS_1_2.BKP commentaire=NONE
canal ORA_DISK_1 : ensemble de sauvegarde terminé, temps écoulé : 00:02:16
Fin de backup dans 16/03/14
```

La taille d'un fichier

Vous pouvez définir la taille maximale de chaque pièce du jeu de sauvegarde par canal. Par défaut cette taille est illimitée. La valeur donnée doit être supérieure à la taille du plus petit fichier sauvegardé par ce canal.

```
D:\>rman target sys/Razvanpwd3@agate catalog rman/rman@topaze

connecté à la base de données cible : AGATE (DBID=1022786265)
connecté à la base de données du catalogue de récupération

RMAN> configure maxsetsize to 50M;
...
RMAN> backup tablespace dtb_tran,dtb_star format 'S:\sauvegardes01\%U.bkp';
...
RMAN-06183: taille du fichier de données ou de la copie de fichier de données
D:\DONNEES\ORADATA\AGATE\DATAFILE\O1_MF_DTB_TRAN_9L92HC8J_.DBF (numéro de fichier 4) supérieure à
MAXSETSIZE

RMAN> configure maxsetsize to 150M;
...
RMAN> backup tablespace dtb_tran,dtb_star format 'S:\sauvegardes01\%U.bkp';
...
RMAN> host 'dir S:\sauvegardes01';
...
16/03/2014  23:14       100 982 784 2CP3BTI4_1_1.BKP
16/03/2014  23:14        54 050 816 2DP3BTIJ_1_1.BKP
```

Configurer le format des canaux de sauvegarde

Lorsque vous exécutez une commande de sauvegarde, RMAN crée un ou plusieurs fichiers qui enregistrent ses informations de contrôle en plus des blocs de données sauvegardées. Il est important de leur attribuer des noms descriptifs pour éviter d'avoir par la suite des fichiers sur bande ou sur disque dont personne ne connaîtra le contenu ou l'origine. Pour cela, il faut configurer le format des canaux de sauvegarde.

La commande « **CONFIGURE CHANNEL** » permet de configurer la destination de sauvegarde ainsi que les noms descriptifs des fichiers sur bande ou sur disque, pour éviter d'avoir des fichiers dont personne ne connaîtra le contenu ou l'origine.

```
CONFIGURE CHANNEL DEVICE TYPE { CLEAR |
   [FORMAT format [,...]] [MAXPIECESIZE taille] [PARMS ' paramètres ']}
```

format	Le chemin et le format du nom pour le ou les fichiers constitutifs de la sauvegarde.
taille	La taille maximale d'un fichier d'un jeu de sauvegarde.
paramètres	La configuration d'une unité de bande est propre à chaque installation.

Un certain nombre de variables de substitution peuvent être utilisées dans la chaîne pour participer à la création d'un nom. Celui-ci doit être unique pour les sauvegardes sur disque et il devrait, idéalement, l'être également pour les sauvegardes sur bande.

Attention

La commande « **CONFIGURE CHANNEL** » permet de configurer les formats pour tous les types de sauvegardes. Les formats utilisés doivent être très génériques et prendre en compte aussi bien le parallélisme, les copies et tous les types de fichiers sauvegardés.

Il est fortement conseillé d'utiliser « **%U** » car il permet d'assurer une unicité des noms de sauvegardes. Par exemple le format **%U = %u_%p_%c** pour les jeux de sauvegarde.

Voici les variables utilisables :

%U	Un nom de fichier unique dont la composition dépend de la nature de la sauvegarde. Si vous ne spécifiez pas de format pour le nom de l'élément de sauvegarde, « **%U** » est utilisé par défaut.
%d	Le nom de la base de données. %n = rpad(%d,8,'x')
%c	Le numéro de copie de l'élément de sauvegarde dans le jeu de sauvegarde. Ce numéro sera à 1, à moins de spécifier le duplexage de sauvegarde.
%s	Le numéro du jeu de sauvegarde. Il provient du fichier de contrôle cible. La séquence commence à 1 et le numéro est incrémenté de 1 pour chaque jeu. Si le fichier de contrôle est recréé, la séquence recommence à 1.
%p	Le numéro d'élément de sauvegarde dans le jeu de sauvegarde. La séquence commence à 1 et le numéro est incrémenté de 1 pour chaque élément du même jeu.
%t	L'estampille de temps de la sauvegarde. Cette valeur dérive du nombre de secondes écoulées depuis un moment de référence

	défini. Une combinaison de « **%s** » et « **%t** » peut être utilisée pour donner un nom unique à un jeu de sauvegarde.
%N	Le nom du tablespace.
%f	Le numéro du fichier de données.
%I	L'identifiant de la base de données DBID.
%T	La date formatée de la sorte « **YYYYMMDD** ».
%F	Un numéro unique composé du « **%I** » du « **%T** » et d'une séquence hexadécimale sur deux caractères. C'est le seul format utilisé pour la sauvegarde des fichiers de contrôle.
%e	Le numéro de la séquence du fichier de journalisation archivé.
%u	Une chaîne unique de 8 caractères basée sur le numéro du jeu de sauvegarde ou de la copie image et de la date/heure de la sauvegarde.

```
D:\>rman target sys/Razvanpwd3@rubis catalog rman/rman@topaze

connecté à la base de données cible : RUBIS (DBID=1772371706)
connecté à la base de données du catalogue de récupération

RMAN> configure channel device type disk format
2> '/u05/sauvegardes01/%d_%p_%t_%u.bkp' ;
...
RMAN> backup datafile 6,7;


...
canal ORA_DISK_1 : élément 1 terminé dans 16/03/14
descripteur d'élément=/u05/sauvegardes01/RUBIS_1_842399279_1hp3bvhf.bkp
...
RMAN> configure channel device type disk format
2>  '/u05/sauvegardes01/%d_%p_%t_%u.bkp' maxpiecesize 50m;
...
RMAN> backup datafile 6,7;
...
canal ORA_DISK_1 : élément 1 terminé dans 16/03/14
descripteur d'élément=/u05/sauvegardes01/RUBIS_1_842399667_1mp3bvtj.bkp
...
descripteur d'élément=/u05/sauvegardes01/RUBIS_2_842399667_1mp3bvtj.bkp
...
```

Le format « **%p** » permet d'identifier les pièces qui constituent un jeu de sauvegarde unique, il peut être combiné avec « **%s** » dans le cas où la sauvegarde génère plusieurs jeux de sauvegarde.

```
RMAN> configure device type disk parallelism 2 backup type
2> to compressed backupset;
...
RMAN> configure channel device type disk format
2> '/u05/sauvegardes01/%s_%p_%u.bkp' maxpiecesize 20m;
...
RMAN> backup datafile 6,7;
...
canal ORA_DISK_2 : élément 1 terminé dans 17/03/14
descripteur d'élément=/u05/sauvegardes01/60_1_1sp3c0rf.bkp balise=TAG20140317T001023
commentaire=NONE
canal ORA_DISK_2 : démarrage de l'élément 2 dans 17/03/14
canal ORA_DISK_1 : élément 1 terminé dans 17/03/14
descripteur d'élément=/u05/sauvegardes01/59_1_1rp3c0rf.bkp balise=TAG20140317T001023
commentaire=NONE
canal ORA_DISK_1 : démarrage de l'élément 2 dans 17/03/14
canal ORA_DISK_2 : élément 2 terminé dans 17/03/14
```

```
descripteur d'élément=/u05/sauvegardes01/60_2_1sp3c0rf.bkp balise=TAG20140317T001023
commentaire=NONE
canal ORA_DISK_2 : ensemble de sauvegarde terminé, temps écoulé : 00:00:04
canal ORA_DISK_1 : élément 2 terminé dans 17/03/14
descripteur d'élément=/u05/sauvegardes01/59_2_1rp3c0rf.bkp balise=TAG20140317T001023
commentaire=NONE
canal ORA_DISK_1 : ensemble de sauvegarde terminé, temps écoulé : 00:00:06
Fin de backup dans 17/03/14
...
```

Il est possible de donner plusieurs formats pour les destinations de sauvegardes ; ainsi pour chaque destination, il est possible d'avoir une copie de la sauvegarde.

```
RMAN> configure datafile backup copies for device type disk to 3;
...
RMAN> configure channel device type disk format
2>'/u05/sauvegardes01/%s_%p_%c_%u.bkp','/u05/sauvegardes02/%s_%p_%c_%u.bkp'
3> ,'/u05/sauvegardes03/%s_%p_%c_%u.bkp' maxpiecesize 20m;
...
RMAN> backup datafile 6,7;
...
descripteur d'élément=/u05/sauvegardes01/61_1_1_1tp3c1d7.bkp commentaire=NONE
descripteur d'élément=/u05/sauvegardes02/61_1_2_1tp3c1d7.bkp commentaire=NONE
descripteur d'élément=/u05/sauvegardes03/61_1_3_1tp3c1d7.bkp commentaire=NONE
...
descripteur d'élément=/u05/sauvegardes01/62_1_1_1up3c1d7.bkp commentaire=NONE
descripteur d'élément=/u05/sauvegardes02/62_1_2_1up3c1d7.bkp commentaire=NONE
descripteur d'élément=/u05/sauvegardes03/62_1_3_1up3c1d7.bkp commentaire=NONE
...
descripteur d'élément=/u05/sauvegardes01/62_2_1_1up3c1d7.bkp commentaire=NONE
descripteur d'élément=/u05/sauvegardes02/62_2_2_1up3c1d7.bkp commentaire=NONE
descripteur d'élément=/u05/sauvegardes03/62_2_3_1up3c1d7.bkp commentaire=NONE
...
descripteur d'élément=/u05/sauvegardes01/61_2_1_1tp3c1d7.bkp commentaire=NONE
descripteur d'élément=/u05/sauvegardes02/61_2_2_1tp3c1d7.bkp commentaire=NONE
descripteur d'élément=/u05/sauvegardes03/61_2_3_1tp3c1d7.bkp commentaire=NONE
...
RMAN> configure channel device type disk format
2> '/u05/sauvegardes01/%U.bkp', '/u05/sauvegardes02/%U.bkp',
3> '/u05/sauvegardes03/%U.bkp' maxpiecesize 20m;
...
RMAN> backup datafile 6;
...
descripteur d'élément=/u05/sauvegardes01/21p3c1t7_1_1.bkp commentaire=NONE
descripteur d'élément=/u05/sauvegardes02/21p3c1t7_1_2.bkp commentaire=NONE
descripteur d'élément=/u05/sauvegardes03/21p3c1t7_1_3.bkp commentaire=NONE
...
descripteur d'élément=/u05/sauvegardes01/21p3c1t7_2_1.bkp commentaire=NONE
descripteur d'élément=/u05/sauvegardes02/21p3c1t7_2_2.bkp commentaire=NONE
descripteur d'élément=/u05/sauvegardes03/21p3c1t7_2_3.bkp commentaire=NONE
```

La commande RUN

La commande « **RUN** » permet de réunir dans un bloc plusieurs commandes et de les exécuter dans un traitement unique.

```
RUN { 'commande' ; [...] }
```

    commande   Toute commande que vous pouvez exécuter dans RMAN.

```
D:\>rman target sys/Razvanpwd3@saphir catalog rman/rman@topaze

connecté à la base de données cible : SAPHIR (DBID=2892504293)
connecté à la base de données du catalogue de récupération

RMAN> run{
2>   shutdown immediate;
3>   startup mount;
4>   alter database archivelog;
5>   alter system set log_archive_dest_1=
6>        'location=+GD_ARCHIVES';
7>   alter database open;
8>   backup database;}
...
```

Le bloc de commandes peut aussi configurer des paramètres qui remplacent les paramètres par défaut de RMAN pour la durée de l'exécution du bloc. L'opérateur « **SET BACKUP COPIES** » permet de modifier, dans le bloc des commandes, le nombre des copies par défaut.

```
RMAN> show datafile backup copies;

les paramètres de configuration RMAN de la base de données ayant le db_unique_name SAPHIR sont les
suivants :
CONFIGURE DATAFILE BACKUP COPIES FOR DEVICE TYPE DISK TO 1; # default

RMAN> run{
2>   set backup copies  3;
3>   backup tablespace users format
4>   '/u05/sauvegardes01/%N_%c_%u.bkp',
5>   '/u05/sauvegardes02/%N_%c_%u.bkp',
6>   '/u05/sauvegardes03/%N_%c_%u.bkp'; }

exécution de la commande : SET BACKUP COPIES

...
descripteur d'élément=/u05/sauvegardes01/USERS_1_03p3d179.bkp commentaire=NONE
descripteur d'élément=/u05/sauvegardes02/USERS_2_03p3d179.bkp commentaire=NONE
descripteur d'élément=/u05/sauvegardes03/USERS_3_03p3d179.bkp commentaire=NONE
canal ORA_DISK_1 : ensemble de sauvegarde terminé, temps écoulé : 00:00:01
Fin de backup dans 17/03/14
```

La commande RUN et le format des canaux

Tous les paramètres persistants peuvent être modifiés dans un bloc de commandes introduit par la commande « **RUN** ». Ainsi il est possible de configurer le périphérique utilisé par défaut, le format et le nombre des canaux de sauvegarde. La syntaxe d'allocation d'un canal est semblable à celle définissant le paramètre persistant :

```
ALLOCATE CHANNEL ['nom'] DEVICE TYPE { TO DISK | 'média' }

[FORMAT format [,...]][MAXPIECESIZE taille][PARMS ' paramètres '] ;
```

Voici la syntaxe d'allocation d'un canal pour la destination des sauvegardes ainsi que les noms descriptifs des fichiers.

```
D:\>rman target sys/Razvanpwd3@saphir catalog rman/rman@topaze

connecté à la base de données cible : SAPHIR (DBID=2892504293)
connecté à la base de données du catalogue de récupération

RMAN> show datafile backup copies;
```

les paramètres de configuration RMAN de la base de données ayant le db_unique_name SAPHIR sont les
suivants :
CONFIGURE DATAFILE BACKUP COPIES FOR DEVICE TYPE DISK TO 3;

```
RMAN> show device type ;
```

les paramètres de configuration RMAN de la base de données ayant le db_unique_name SAPHIR sont les
suivants :
CONFIGURE DEVICE TYPE DISK PARALLELISM 3 BACKUP TYPE TO COMPRESSED BACKUPSET;

```
RMAN> run{
2>      set backup copies 1;
3>      allocate channel canal01 type disk format
4>        '/u05/sauvegardes01/%N_%c_%u.bkp';
5>      backup tablespace users;}
```

exécution de la commande : SET BACKUP COPIES

canal affecté : **canal01**   <-----
canal canal01 : SID=251 type d'unité=DISK
...
descripteur d'élément=/u05/sauvegardes01/**USERS_1_04p3d220.bkp** balise=TAG20140317T093704
commentaire=NONE
canal canal01 : ensemble de sauvegarde terminé, temps écoulé : 00:00:01
Fin de backup dans 17/03/14
canal libéré : **canal01**   <-----

```
RMAN> configure datafile backup copies for device type disk to 1;
...
RMAN> configure device type disk parallelism 1 backup type
2>    to compressed backupset;
...
RMAN> configure channel device type disk format
2>  '/u05/sauvegardes01/%d_%s_%p_%c_%u.bkp';
...
RMAN> run{
2>      allocate channel canal01 type disk;
3>      allocate channel canal02 type disk;
4>      allocate channel canal03 type disk;
5>      allocate channel canal04 type disk;
6>      backup tablespace dtb_star,dtb_tran,
7>            itb_star,itb_tran;}
```

canal affecté : **canal01**
canal canal01 : SID=25 type d'unité=DISK

canal affecté : **canal02**
canal canal02 : SID=237 type d'unité=DISK

canal affecté : **canal03**
canal canal03 : SID=22 type d'unité=DISK

canal affecté : **canal04**
canal canal04 : SID=268 type d'unité=DISK

Démarrage de backup dans 17/03/14
...
canal libéré : **canal01**
canal libéré : **canal02**
canal libéré : **canal03**
canal libéré : **canal04**

- *REPORT*

- *BACKUP*

- *PLUS ARCHIVELOG*

- *PARALLELISM*

4

La sauvegarde

Objectifs

À la fin de ce module, vous serez à même d'effectuer les tâches suivantes :

- Interroger le catalogue pour retrouver les fichiers qui nécessitent une sauvegarde suivant la politique de rétention définie.

- Gérer les sauvegardes des fichiers journaux archivés et effacer du disque les fichiers qui ne sont plus nécessaires.

- Décrire le rôle de la zone de récupération rapide et les fichiers qui sont stockés dans cette zone.

- Optimiser des sauvegardes utilisant des canaux multiples pour augmenter la vitesse de lecture-écriture sur les différents périphériques.

Contenu

La commande REPORT

Le module précédent nous a permis de comprendre les caractéristiques, les composants et la configuration de l'utilitaire RMAN.

Dans ce module, nous étudierons les différents types de sauvegardes disponibles pour une base cible et notamment les sauvegardes complètes, les copies-images de fichiers de bases de données spécifiques et les sauvegardes incrémentielles.

Il sera également question de compression de sauvegardes, optimisation des sauvegardes incrémentielles et utilisation de la zone de récupération rapide.

Pour déterminer quels sont les composants de la base de données qui nécessitent une sauvegarde, vous pouvez utiliser les fonctionnalités de récupération des reports.

REPORT

La commande « **REPORT** » affiche les informations qui sont enregistrées dans le catalogue concernant les sauvegardes de la base de données cible, ainsi que les fichiers de données qui nécessitent une sauvegarde.

```
REPORT {
          NEED BACKUP [{ {DAYS | INCREMENTAL} entier
                         | RECOVERY WINDOW OF entier DAYS
                         | REDUNDANCY entier}]
                  { DATABASE
                    | DATAFILE fichier[,...]
                    | TABLESPACE tablespace[,...]}
          | OBSOLETE { RECOVERY WINDOW OF entier DAYS
                     | REDUNDANCY entier}
          | SCHEMA [ { AT SCN nombre
                     | AT SEQUENCE séquence_journal
                     | AT TIME date}]
          | UNRECOVERABLE
                  { DATABASE
                    | DATAFILE fichier[,...]
                    | TABLESPACE tablespace[,...]}}
```

NEED BACKUP	La liste des fichiers qui nécessitent une sauvegarde suivant les options que vous spécifiez. Si vous ne spécifiez pas d'arguments, RMAN se base sur les informations de conservation et de gestion automatique des sauvegardes.
OBSOLETE	La liste des sauvegardes, des copies de fichiers et des fichiers de journaux archivés enregistrés dans le catalogue, qui ne sont plus nécessaires pour la sauvegarde.
SCHEMA	La liste des tous les fichiers permanents ou temporaires, les tablespaces de la base de données cible à un moment spécifié dans le temps.
UNRECOVERABLE	La liste de tous les fichiers qui ne peuvent pas être restaurés.

```
D:\>rman target sys/Razvanpwd3@agate catalog rman/rman@topaze

connecté à la base de données cible : AGATE (DBID=1022786265)
connecté à la base de données du catalogue de récupération

RMAN> create tablespace tp01 datafile size 10m;

Instruction traitée
lancement de la resynchronisation complète du catalogue de récupération
resynchronisation complète terminée

RMAN> select current_scn from v$database;

CURRENT_SCN
-----------
    2529385

RMAN> report need backup;

la règle de validité RMAN sera appliquée à la commande
la règle de validité RMAN est définie à la redondance 2
Etat des fichiers ayant moins de 2 sauvegardes redondantes
File #bkps Name
---- ----- ----------------------------------------------------------
10   0     D:\DONNEES\ORADATA\AGATE\DATAFILE\O1_MF_TP01_9LGJJSN7_.DBF
```

Comme vous pouvez le constater dans l'exemple précédent, la commande
« **REPORT NEED BACKUP** » affiche la liste des fichiers qui nécessitent une sauvegarde, en tenant
compte de la politique de conservation configurée ou par défaut.

```
RMAN> drop tablespace tp01 including contents;

Instruction traitée
lancement de la resynchronisation complète du catalogue de récupération
resynchronisation complète terminée

RMAN> report schema;

Etat du schéma de base de données dont le db_unique_name est AGATE

Liste des fichiers de données permanents
===============================
File Size(MB) Tablespace           RB segs Datafile Name
---- -------- -------------------- ------- ------------------------
1    780      SYSTEM               YES
D:\DONNEES\ORADATA\AGATE\DATAFILE\O1_MF_SYSTEM_9KM35Y3J_.DBF
2    60       DTB_STAR             NO
D:\DONNEES\ORADATA\AGATE\DATAFILE\O1_MF_DTB_STAR_9L92HBYY_.DBF
3    770      SYSAUX               NO
D:\DONNEES\ORADATA\AGATE\DATAFILE\O1_MF_SYSAUX_9KM338N5_.DBF
4    110      DTB_TRAN             NO
D:\DONNEES\ORADATA\AGATE\DATAFILE\O1_MF_DTB_TRAN_9L92HC8J_.DBF
5    1580     UNDOTBS1             YES
D:\DONNEES\ORADATA\AGATE\DATAFILE\O1_MF_UNDOTBS1_9KM39LT7_.DBF
6    5        USERS                NO
D:\DONNEES\ORADATA\AGATE\DATAFILE\O1_MF_USERS_9KM39KV6_.DBF
7    100      ITB_STAR             NO
D:\DONNEES\ORADATA\AGATE\DATAFILE\O1_MF_ITB_STAR_9L92HCJS_.DBF
8    120      ITB_TRAN             NO
D:\DONNEES\ORADATA\AGATE\DATAFILE\O1_MF_ITB_TRAN_9L92HCT2_.DBF
9    150      CATALOGUE_RMAN       NO
D:\DONNEES\ORADATA\AGATE\DATAFILE\O1_MF_CATALOGU_9L9OTLSZ_.DBF
...
```

```
RMAN> report schema at scn 2529385;

Etat du schéma de base de données dont le db_unique_name est AGATE

Liste des fichiers de données permanents
===============================
File Size(MB) Tablespace          RB segs Datafile Name
---- -------- ------------------- ------- ------------------------
...
10   10       TP01                NO
D:\DONNEES\ORADATA\AGATE\DATAFILE\O1_MF_TP01_9LGJJSN7_.DBF
...
```

Dans l'exemple précédent, après l'effacement du tablespace « **TP01** », la commande
« **REPORT SCHEMA** » affiche la liste des fichiers constituant la base de données à l'exception des
fichiers du tablespace effacé. Il est toutefois possible de visualiser la liste des fichiers constituants de
la base à un moment dans le temps, ou fournissant le SCN correspondant.

Il est en outre possible de préciser le critère que la commande « **REPORT** » doit utiliser pour
déterminer si un fichier doit être sauvegardé. L'exemple suivant vous montre une utilisation d'un
autre critère concernant la politique de rétention que celui du paramètre persistant de RMAN pour la
base de données.

```
C:\> RMAN TARGET SYS/sys@AMBRE CATALOG RMAN/RMAN@JASPE

RMAN> SHOW RETENTION POLICY;

les paramètres de configuration RMAN de la base de données ayant le db_unique_name AMBRE sont
les suivants :
CONFIGURE RETENTION POLICY TO RECOVERY WINDOW OF 14 DAYS;

RMAN> REPORT OBSOLETE;

la règle de validité RMAN sera appliquée à la commande
la règle de validité RMAN est définie à la fenêtre de récupération de 14 jours
Etat des sauvegardes et des copies obsolètes
Type                   Key    Completion Time    Filename/Handle
-------------------- ------ ------------------ --------------------
Ensemble de sauvegarde          2648   25/05/08
  Backup Piece        2652   25/05/08
/u02/app/oracle/oradata/AMBRE/sauvegardes/14jh9kan_1_1

RMAN> REPORT OBSOLETE RECOVERY WINDOW OF 2 DAYS;

Etat des sauvegardes et des copies obsolètes
Type                   Key    Completion Time    Filename/Handle
-------------------- ------ ------------------ --------------------
Ensemble de sauvegarde          2648   25/05/08
  Backup Piece        2652   25/05/08
/u02/app/oracle/oradata/AMBRE/sauvegardes/14jh9kan_1_1
Ensemble de sauvegarde          2649   25/05/08
  Backup Piece        2653   25/05/08
/u02/app/oracle/oradata/AMBRE/sauvegardes/15jh9kj3_1_1
Ensemble de sauvegarde          2650   25/05/08
  Backup Piece        2654   25/05/08
/u02/app/oracle/oradata/AMBRE/sauvegardes/control_filec-825672743-20080525-0a

RMAN> REPORT NEED BACKUP;

la règle de validité RMAN sera appliquée à la commande
la règle de validité RMAN est définie à la fenêtre de récupération de 14 jours
Etat des fichiers devant être sauvegardés pour que la fenêtre de récupération puisse être de
14 jours
```

```
File Days  Name
---- ----- -------------------------------------------------------


RMAN> REPORT NEED BACKUP REDUNDANCY 10;


Etat des fichiers ayant moins de 10 sauvegardes redondantes
File #bkps Name
---- ----- -------------------------------------------------------
1    8     /u02/app/oracle/oradata/AMBRE/datafile/o1_mf_system_42jbcl1b_.dbf
2    8     /u02/app/oracle/oradata/AMBRE/datafile/o1_mf_sysaux_42jbqs9d_.dbf
3    8     /u02/app/oracle/oradata/AMBRE/datafile/o1_mf_undotbs1_42jbr39z_.dbf
4    8     /u02/app/oracle/oradata/AMBRE/datafile/o1_mf_users_42jbsjb5_.dbf
5    8     /u02/app/oracle/oradata/AMBRE/datafile/tp01_d01.dbf
6    8     /u02/app/oracle/oradata/AMBRE/datafile/o1_mf_example_4302ztmx_.dbf
7    7     /u02/app/oracle/oradata/AMBRE/datafile/o1_mf_catalogu_4764htwc_.dbf
```

La sauvegarde

La sauvegarde à l'aide de l'utilitaire RMAN est une sauvegarde physique de la base de données. Ainsi, vous pouvez effectuer des sauvegardes lorsque la base est fermée ou ouverte.

La sauvegarde base ouverte

Comme dans le cas d'une opération manuelle, la base de données est ouverte. La principale différence est que RMAN ne place pas les tablespaces dans le mode de sauvegarde et ne provoque pas la génération d'entrées supplémentaires dans le journal de reprise.

La sauvegarde base fermée

Comme dans le cas d'une opération manuelle, la base de données est fermée. RMAN attend toutefois qu'elle soit montée, car pour ce type de sauvegarde, il doit accéder au fichier de contrôle de la base de données cible pour recueillir des informations structurelles.

```
C:\> RMAN TARGET SYS/sys@JASPE


RMAN> SHUTDOWN IMMEDIATE;

...


RMAN> STARTUP MOUNT;


RMAN-00571: =========================================================
RMAN-00569: =============== ERROR MESSAGE STACK FOLLOWS ===============
RMAN-00571: =========================================================
RMAN-03002: échec de la commande startup à 05/18/2008 14:40:14
ORA-12514: TNS : le processus d'écoute ne connaît pas actuellement le service demandé dans le
descripteur de connexion
```

Lorsque vous effectuez des opérations d'arrêt et redémarrage à distance, vous devez vous assurer que la liste des définitions d'instances pour le module d'écoute utilisé est configurée. Si vous oubliez de faire cette modification lorsque vous avez arrêté la base, il est impossible de la redémarrer à distance ; vous avez perdu le canal de communication.

Toute connexion est impossible pendant que la base de données est arrêtée. Vous devez démarrer la base de données directement de la console.

La commande BACKUP

La commande « **BACKUP** » vous permet d'effectuer une sauvegarde en copiant les blocs des fichiers de données, de contrôle et du journal de reprise.

Dans le cas d'une sauvegarde avec une base de données ouverte, il faut que la base de données cible fonctionne en mode « **ARCHIVELOG** ». Si la base de données fonctionne en mode « **NOARCHIVELOG** », il faut au préalable arrêter la base de données cible proprement, au moins avec l'option « **IMMEDIATE** », puis l'ouvrir en état « **MOUNT** ».

La syntaxe de la commande « **BACKUP** » est assez complexe ; nous commencerons par détailler les options qui déterminent quels sont les fichiers de la base de données cible à inclure dans le jeu de sauvegarde.

```
BACKUP {DATABASE [INCLUDE CURRENT CONTROLFILE] [PLUS ARCHIVELOG ...]
       | DATAFILE fichier[,...] | TABLESPACE tablespace[,...]
       | CURRENT CONTROLFILE | SPFILE } TAG 'libellé' ;
```

DATABASE	Les blocs de données de tous les fichiers de données et de contrôle de la base cible sont inclus dans le jeu de sauvegarde.
DATAFILE	Les blocs de données du ou des fichiers de données spécifiées sont copiés dans le jeu de sauvegarde.
TABLESPACE	Les blocs de données de tous les fichiers de données du (ou des) tablespace(s) spécifiés sont copiés dans le jeu de sauvegarde.
CONTROLFILE	Tous les blocs du fichier de contrôle indiqué sont copiés dans le jeu de sauvegarde. Lors d'une sauvegarde du tablespace « **SYSTEM** », le fichier de contrôle actuel est automatiquement inclus. Une sauvegarde de la base entière comprend par conséquent le fichier de contrôle actuel.

La personnalisation

La syntaxe de la commande « **BACKUP** » peut être accompagnée par la définition du type de sauvegarde, différent des paramètres persistants, que vous souhaitez effectuer. Ainsi le type de sauvegarde, le nombre de copies ainsi que le format des fichiers de sauvegardes peuvent être personnalisés dans la syntaxe de la sauvegarde. La syntaxe est la suivante :

```
BACKUP [ AS {[COMPRESSED] BACKUPSET | COPY}] [COPIES valeur] ...
       FORMAT formatSpec TAG [']libellé['] ;
```

```
D:\>rman target sys/Razvanpwd3@agate catalog rman/rman@topaze

connecté à la base de données cible : AGATE (DBID=1022786265)
connecté à la base de données du catalogue de récupération

RMAN> show device type;

les paramètres de configuration RMAN de la base de données ayant le db_unique_name AGATE sont
les suivants :
CONFIGURE DEVICE TYPE DISK BACKUP TYPE TO BACKUPSET PARALLELISM 3;

RMAN> show channel;
```

```
les paramètres de configuration RMAN de la base de données ayant le db_unique_name AGATE sont
les suivants :
CONFIGURE CHANNEL DEVICE TYPE DISK FORMAT 'S:\sauvegardes04\%U';

RMAN> backup as compressed backupset copies 2 database
2> format 'S:\sauvegardes01\%d_%U.bkp',
3>         'S:\sauvegardes02\%d_%U.bkp';
...
canal ORA_DISK_1 : démarrage de l'ensemble de sauvegarde compressé de tous les fichiers de
données
canal ORA_DISK_1 : insertion du(des) fichier(s) de données dans l'ensemble de sauvegarde
fichier de données en entrée, numéro=00005,
nom=D:\DONNEES\ORADATA\AGATE\DATAFILE\O1_MF_UNDOTBS1_9KM39LT7_.DBF
fichier de données en entrée, numéro=00002,
nom=D:\DONNEES\ORADATA\AGATE\DATAFILE\O1_MF_DTB_STAR_9L92HBYY_.DBF
fichier de données en entrée, numéro=00006,
nom=D:\DONNEES\ORADATA\AGATE\DATAFILE\O1_MF_USERS_9KM39KV6_.DBF
canal ORA_DISK_1 : démarrage de l'élément 1 dans 17/03/14
canal ORA_DISK_2 : démarrage de l'ensemble de sauvegarde compressé de tous les fichiers de
données
canal ORA_DISK_2 : insertion du(des) fichier(s) de données dans l'ensemble de sauvegarde
fichier de données en entrée, numéro=00001,
nom=D:\DONNEES\ORADATA\AGATE\DATAFILE\O1_MF_SYSTEM_9KM35Y3J_.DBF
fichier de données en entrée, numéro=00008,
nom=D:\DONNEES\ORADATA\AGATE\DATAFILE\O1_MF_ITB_TRAN_9L92HCT2_.DBF
fichier de données en entrée, numéro=00004,
nom=D:\DONNEES\ORADATA\AGATE\DATAFILE\O1_MF_DTB_TRAN_9L92HC8J_.DBF
canal ORA_DISK_2 : démarrage de l'élément 1 dans 17/03/14
canal ORA_DISK_3 : démarrage de l'ensemble de sauvegarde compressé de tous les fichiers de
données
canal ORA_DISK_3 : insertion du(des) fichier(s) de données dans l'ensemble de sauvegarde
fichier de données en entrée, numéro=00003,
nom=D:\DONNEES\ORADATA\AGATE\DATAFILE\O1_MF_SYSAUX_9KM338N5_.DBF
fichier de données en entrée, numéro=00009,
nom=D:\DONNEES\ORADATA\AGATE\DATAFILE\O1_MF_CATALOGU_9L9OTLSZ_.DBF
fichier de données en entrée, numéro=00007,
nom=D:\DONNEES\ORADATA\AGATE\DATAFILE\O1_MF_ITB_STAR_9L92HCJS_.DBF
canal ORA_DISK_3 : démarrage de l'élément 1 dans 17/03/14
canal ORA_DISK_1 : élément 1 terminé dans 17/03/14 avec 2 copies et étiquette
TAG20140317T112656
descripteur d'élément=S:\SAUVEGARDES01\AGATE_2EP3D8G0_1_1.BKP commentaire=NONE
descripteur d'élément=S:\SAUVEGARDES02\AGATE_2EP3D8G0_1_2.BKP commentaire=NONE
...
descripteur d'élément=S:\SAUVEGARDES01\AGATE_2HP3D8GI_1_1.BKP commentaire=NONE
descripteur d'élément=S:\SAUVEGARDES02\AGATE_2HP3D8GI_1_2.BKP commentaire=NONE
...
```

La sauvegarde comporte deux copies, chacune stockée dans un emplacement distinct du format du
canal des paramètres permanents.

La sauvegarde à froid

La commande « **BACKUP** » vous permet d'effectuer une sauvegarde en copiant les blocs des
fichiers de données, de contrôle et du journal de reprise.

L'exemple suivant montre une sauvegarde de base de données fermée. La base de données cible est
« **DIAMANT** » ; elle est sauvegardée avec les paramètres de configuration **RMAN** persistants.

```
D:\>rman target sys/Razvanpwd3@rubis catalog rman/rman@topaze

connecté à la base de données cible : RUBIS (DBID=1772371706)
connecté à la base de données du catalogue de récupération
```

```
RMAN> show device type;

les paramètres de configuration RMAN de la base de données ayant le db_unique_name RUBIS sont
les suivants :
CONFIGURE DEVICE TYPE DISK PARALLELISM 2 BACKUP TYPE TO COMPRESSED BACKUPSET;

RMAN> show datafile backup copies;

les paramètres de configuration RMAN de la base de données ayant le db_unique_name RUBIS sont
les suivants :
CONFIGURE DATAFILE BACKUP COPIES FOR DEVICE TYPE DISK TO 1;

RMAN> run{
2>    shutdown immediate;
3>    startup mount;
4>    backup database include current controlfile
5>         format '/u05/sauvegardes04/%d_%U_froid.bkp'
6>      tag 'a froid complete 01';
7>    alter database open;}

base de données fermée
base de données démontée
instance Oracle arrêtée

connecté à la base de données cible (non démarrée)
instance Oracle démarrée
base de données montée

Total System Global Area (SGA)    1336176640 octets

Fixed Size                    2288104 octets
Variable Size              1224738328 octets
Database Buffers            100663296 octets
Redo Buffers                 8486912 octets

Démarrage de backup dans 17/03/14
canal affecté : ORA_DISK_1
canal ORA_DISK_1 : SID=14 type d'unité=DISK
canal affecté : ORA_DISK_2
canal ORA_DISK_2 : SID=250 type d'unité=DISK
canal ORA_DISK_1 : démarrage de l'ensemble de sauvegarde compressé de tous les fichiers de
données
canal ORA_DISK_1 : insertion du(des) fichier(s) de données dans l'ensemble de sauvegarde
fichier de données en entrée, numéro=00003,
nom=+GD_DONNEES/RUBIS/DATAFILE/undotbs1.289.842347603
fichier de données en entrée, numéro=00010,
nom=+GD_DONNEES/RUBIS/DATAFILE/catalogue_rman.294.842347607
fichier de données en entrée, numéro=00008,
nom=+GD_DONNEES/RUBIS/DATAFILE/itb_star.295.842347607
fichier de données en entrée, numéro=00006,
nom=+GD_DONNEES/RUBIS/DATAFILE/dtb_star.296.842347607
canal ORA_DISK_1 : démarrage de l'élément 1 dans 17/03/14
canal ORA_DISK_2 : démarrage de l'ensemble de sauvegarde compressé de tous les fichiers de
données
canal ORA_DISK_2 : insertion du(des) fichier(s) de données dans l'ensemble de sauvegarde
fichier de données en entrée, numéro=00002,
nom=+GD_DONNEES/RUBIS/DATAFILE/sysaux.291.842347603
fichier de données en entrée, numéro=00001,
nom=+GD_DONNEES/RUBIS/DATAFILE/system.290.842347603
fichier de données en entrée, numéro=00009,
nom=+GD_DONNEES/RUBIS/DATAFILE/itb_tran.292.842347605
```

```
fichier de données en entrée, numéro=00007,
nom=+GD_DONNEES/RUBIS/DATAFILE/dtb_tran.293.842347605
fichier de données en entrée, numéro=00004,
nom=+GD_DONNEES/RUBIS/DATAFILE/users.288.842347601
canal ORA_DISK_2 : démarrage de l'élément 1 dans 17/03/14
canal ORA_DISK_1 : élément 1 terminé dans 17/03/14
descripteur d'élément=/u05/sauvegardes04/RUBIS_2cp3dbcu_1_1_froid.bkp balise=A FROID COMPLETE
01 commentaire=NONE
...
descripteur d'élément=/u05/sauvegardes04/RUBIS_2ep3dbdp_1_1_froid.bkp balise=A FROID COMPLETE
01 commentaire=NONE
...
descripteur d'élément=/u05/sauvegardes04/RUBIS_2fp3dbeh_1_1_froid.bkp balise=A FROID COMPLETE
01 commentaire=NONE
...
descripteur d'élément=/u05/sauvegardes04/RUBIS_2dp3dbcu_1_1_froid.bkp balise=A FROID COMPLETE
01 commentaire=NONE
canal ORA_DISK_2 : ensemble de sauvegarde terminé, temps écoulé : 00:02:07
Fin de backup dans 17/03/14


Instruction traitée


RMAN> list backup;


Liste des ensembles de sauvegarde
===================

BS Key  Type LV Size       Device Type Elapsed Time Completion Time
------- ---- -- ---------- ----------- ------------ ---------------
12374   Full    45.67M     DISK        00:00:21     17/03/14
        BP Key: 12378   Status: AVAILABLE  Compressed: YES  Tag: A FROID COMPLETE 01
        Piece Name: /u05/sauvegardes04/RUBIS_2cp3dbcu_1_1_froid.bkp
  Liste des fichiers de données dans l'ensemble de sauvegarde 12374
  File LV Type Ckp SCN    Ckp Time Name
  ---- -- ---- ---------- -------- ----
  3       Full 1166536    17/03/14 +GD_DONNEES/RUBIS/DATAFILE/undotbs1.289.842347603
  6       Full 1166536    17/03/14 +GD_DONNEES/RUBIS/DATAFILE/dtb_star.296.842347607
  8       Full 1166536    17/03/14 +GD_DONNEES/RUBIS/DATAFILE/itb_star.295.842347607
  10      Full 1166536    17/03/14 +GD_DONNEES/RUBIS/DATAFILE/catalogue_rman.294.842347607

BS Key  Type LV Size       Device Type Elapsed Time Completion Time
------- ---- -- ---------- ----------- ------------ ---------------
12375   Full    1.06M      DISK        00:00:23     17/03/14
        BP Key: 12379   Status: AVAILABLE  Compressed: YES  Tag: A FROID COMPLETE 01
        Piece Name: /u05/sauvegardes04/RUBIS_2ep3dbdp_1_1_froid.bkp
  Control File Included: Ckp SCN: 1166536      Ckp time: 17/03/14


BS Key  Type LV Size       Device Type Elapsed Time Completion Time
------- ---- -- ---------- ----------- ------------ ---------------
12376   Full    80.00K     DISK        00:00:00     17/03/14
        BP Key: 12380   Status: AVAILABLE  Compressed: YES  Tag: A FROID COMPLETE 01
        Piece Name: /u05/sauvegardes04/RUBIS_2fp3dbeh_1_1_froid.bkp
  SPFILE inclus : temps de modification : 17/03/14
  SPFILE db_unique_name: RUBIS


BS Key  Type LV Size       Device Type Elapsed Time Completion Time
------- ---- -- ---------- ----------- ------------ ---------------
12377   Full    349.73M    DISK        00:01:59     17/03/14
        BP Key: 12381   Status: AVAILABLE  Compressed: YES  Tag: A FROID COMPLETE 01
        Piece Name: /u05/sauvegardes04/RUBIS_2dp3dbcu_1_1_froid.bkp
  Liste des fichiers de données dans l'ensemble de sauvegarde 12377
```

```
   File LV Type Ckp SCN     Ckp Time Name
   ---- -- ---- ---------- -------- ----
    1       Full 1166536    17/03/14 +GD_DONNEES/RUBIS/DATAFILE/system.290.842347603
    2       Full 1166536    17/03/14 +GD_DONNEES/RUBIS/DATAFILE/sysaux.291.842347603
    4       Full 1166536    17/03/14 +GD_DONNEES/RUBIS/DATAFILE/users.288.842347601
    7       Full 1166536    17/03/14 +GD_DONNEES/RUBIS/DATAFILE/dtb_tran.293.842347605
    9       Full 1166536    17/03/14 +GD_DONNEES/RUBIS/DATAFILE/itb_tran.292.842347605
```

Il convient de remarquer que les jeux de sauvegarde ont le format défini directement dans la syntaxe de sauvegarde. Le fichier de contrôle et le fichier « **spfile** » sont sauvegardés et sont placés dans deux jeux de sauvegarde séparés.

La commande « **ALTER DATABASE OPEN** » modifie le fichier de contrôle ; ainsi RMAN force une synchronisation automatique du catalogue et une copie du fichier de contrôle est, de la sorte, effectuée.

```
[oracle@saturne ~]$ ls -l /u05/sauvegardes04
total 406108
-rw-r-----. 1 oracle asmadmin  47898624 17 mars  12:16 RUBIS_2cp3dbcu_1_1_froid.bkp
-rw-r-----. 1 oracle asmadmin 366723072 17 mars  12:18 RUBIS_2dp3dbcu_1_1_froid.bkp
-rw-r-----. 1 oracle asmadmin   1130496 17 mars  12:17 RUBIS_2ep3dbdp_1_1_froid.bkp
-rw-r-----. 1 oracle asmadmin     98304 17 mars  12:17 RUBIS_2fp3dbeh_1_1_froid.bkp
```

Dans l'exemple précédent vous pouvez voir la liste des trois fichiers dans le répertoire de sauvegarde défini dans les paramètres persistants.

La sauvegarde à chaud

Une base de données configurée dans le mode « **ARCHIVELOG** » permet de sauvegarder une version de chaque fichier journal avant qu'il soit écrasé. Ainsi il est possible de restaurer la base de données sans qu'aucune donnée validée ne soit perdue.

Attention

Pour pouvoir sauvegarder une base de données ouverte, il faut impérativement qu'elle soit configurée dans le mode « **ARCHIVELOG** ».

Une base de données configurée dans le mode « **NOARCHIVELOG** » ne peut pas être sauvegardée à chaud.

Pour toute base de données configurée dans le mode « **NOARCHIVELOG** », il est impossible de reconstruire, suite à une perte des fichiers, les modifications de la base de données effectuées depuis la dernière sauvegarde.

La base de données cible est sauvegardée avec les paramètres persistants de configuration RMAN. La syntaxe de sauvegarde change seulement le type de sauvegarde en copies des fichiers de données.

```
D:\>rman target sys/Razvanpwd3@agate catalog rman/rman@topaze

connecté à la base de données cible : AGATE (DBID=1022786265)
connecté à la base de données du catalogue de récupération

RMAN> configure channel device type disk format
2>   'S:\sauvegardes01\%n_%T_%U.cpy';
...
RMAN> backup as copy database tag 'a chaud complete 01';

...
nom de fichier de sortie=S:\SAUVEGARDES01\AGATEXXX_20140317_DATA_D-AGATE_I-1022786265_TS-
SYSTEM_FNO-1_2PP3DGCN.CPY balise=A CHAUD COMPLETE 01 RECID=23 STAMP=842449441
```

```
...
nom de fichier de sortie=S:\SAUVEGARDES01\AGATEXXX_20140317_DATA_D-AGATE_I-1022786265_TS-
SYSAUX_FNO-3_2QP3DGCN.CPY balise=A CHAUD COMPLETE 01 RECID=22 STAMP=842449441
...
nom de fichier de sortie=S:\SAUVEGARDES01\AGATEXXX_20140317_DATA_D-AGATE_I-1022786265_TS-
CATALOGUE_RMAN_FNO-9_2RP3DGH5.CPY balise=A CHAUD COMPLETE 01 RECID=24 STAMP=842449467
...
RMAN> list copy tag 'A CHAUD COMPLETE 01';

Liste des copies de fichier de données
======================

Key     File S Completion Time Ckp SCN    Ckp Time
------- ---- - --------------- ---------- ---------------
12426   1    A 17/03/14        2501458    17/03/14
        Name: S:\SAUVEGARDES01\AGATEXXX_20140317_DATA_D-AGATE_I-1022786265_TS-SYSTEM_FNO-
1_2PP3DGCN.CPY
        Tag: A CHAUD COMPLETE 01

12432   2    A 17/03/14        2501647    17/03/14
        Name: S:\SAUVEGARDES01\AGATEXXX_20140317_DATA_D-AGATE_I-1022786265_TS-DTB_STAR_FNO-
2_2VP3DGJ3.CPY
        Tag: A CHAUD COMPLETE 01

12425   3    A 17/03/14        2501459    17/03/14
        Name: S:\SAUVEGARDES01\AGATEXXX_20140317_DATA_D-AGATE_I-1022786265_TS-SYSAUX_FNO-
3_2QP3DGCN.CPY
        Tag: A CHAUD COMPLETE 01
...

Liste des copies des fichiers de contrôle
============================

Key     S Completion Time Ckp SCN    Ckp Time
------- - --------------- ---------- ---------------
12431   A 17/03/14        2501650    17/03/14
        Name: S:\SAUVEGARDES01\AGATEXXX_20140317_CF_D-AGATE_ID-1022786265_30P3DGJ6.CPY
        Tag: A CHAUD COMPLETE 01
```

Le fichier de contrôle

Le fichier de contrôle peut être sauvegardé de deux manières, implicitement en configurant la sauvegarde automatique, ou explicitement à l'aide de la commande « **BACKUP** ».

```
BACKUP { CURRENT CONTROLFILE |
        CONTROLFILECOPY {'fichier' | ALL | LIKE ' string_pattern '}};
```

La syntaxe introduite par l'argument « **CONTROLFILECOPY** » permet de sauvegarder une ou plusieurs copies du fichier de contrôle.

```
D:\>rman target sys/Razvanpwd3@onyx catalog rman/rman@topaze

connecté à la base de données cible : ONYX (DBID=2741237436)
connecté à la base de données du catalogue de recuperation

RMAN> backup current controlfile format 'S:\sauvegardes01\%n_%I_%T_%s.bkp'
2> TAG 'Fichier controle 01';
...
```

```
descripteur d'élément=S:\SAUVEGARDES01\ONYXXXXX_2741237436_20140317_32.BKP balise=FICHIER
CONTROLE 01 commentaire=NONE
...
RMAN> backup as copy current controlfile
2> format 'S:\sauvegardes02\controle_onyx.ctl' TAG 'Fichier controle 02';
...
nom de fichier de sortie=S:\SAUVEGARDES02\CONTROLE_ONYX.CTL balise=FICHIER CONTROLE 02
RECID=12 STAMP=842454017
...
RMAN> backup controlfilecopy all TAG 'Fichier controle 03';
...
nom de copie de fichier de contrôle d'entrée = S:\SAUVEGARDES02\CONTROLE_ONYX.CTL
canal ORA_DISK_1 : démarrage de l'élément 1 dans 17/03/14
canal ORA_DISK_1 : élément 1 terminé dans 17/03/14
descripteur
d'élément=O:\APP\ORACLE\FAST_RECOVERY_AREA\ONYX\BACKUPSET\2014_03_17\O1_MF_NCNNF_FICHIER_CONT
ROLE_03_9LFZZN5Q_.BKP balise=FICHIER CONTROLE 03 commentaire=NONE
...
RMAN> list backup;

Liste des ensembles de sauvegarde
===================

BS Key  Type LV Size       Device Type Elapsed Time Completion Time
------- ---- -- ---------- ----------- ------------ ---------------
13704   Full 1.05M         DISK        00:00:01     17/03/14
        BP Key: 13705    Status: AVAILABLE  Compressed: YES  Tag: FICHIER CONTROLE 01
        Piece Name: S:\SAUVEGARDES01\ONYXXXXX_2741237436_20140317_32.BKP
   Control File Included: Ckp SCN: 2725185      Ckp time: 17/03/14

BS Key  Type LV Size       Device Type Elapsed Time Completion Time
------- ---- -- ---------- ----------- ------------ ---------------
13734   Full 1.05M         DISK        00:00:00     17/03/14
        BP Key: 13736    Status: AVAILABLE  Compressed: YES  Tag: FICHIER CONTROLE 03
        Piece Name:
O:\APP\ORACLE\FAST_RECOVERY_AREA\ONYX\BACKUPSET\2014_03_17\O1_MF_NCNNF_FICHIER_CONTROLE_03_9L
FZZN5Q_.BKP
   Control File Included: Ckp SCN: 2725222      Ckp time: 17/03/14

RMAN> list copy ;

la valeur indiquée ne correspond à aucune copie de fichier de données dans le référentiel
la spécification ne concorde avec aucun journal d'archivage dans le référentiel
Liste des copies des fichiers de contrôle
==========================

Key     S Completion Time Ckp SCN    Ckp Time
------- - --------------- ---------- ---------------
13719   A 17/03/14        2725222    17/03/14
        Name: S:\SAUVEGARDES02\CONTROLE_ONYX.CTL
        Tag: FICHIER CONTROLE 02
```

Les journaux archivés

Les fichiers journaux archivés étant vitaux, même lorsqu'ils sont envoyés vers plusieurs destinations, y compris la zone de récupération rapide, il est préférable de les sauvegarder sur bande. À l'issue de la sauvegarde, nous pouvons laisser toutes les archives en place, supprimer uniquement celles qui ont servi à l'opération de sauvegarde ou supprimer toutes les copies.

La syntaxe de la commande « **BACKUP** » peut être utilisée pour une sauvegarde accompagnée par la sauvegarde des fichiers journaux archivés, ou pour exécuter uniquement la sauvegarde des fichiers journaux archivés.

```
BACKUP [ ... PLUS] ARCHIVELOG { ALL
 |{FROM SCN | SCN BETWEEN nombre AND | UNTIL SCN } nombre
 |{FROM SEQUENCE|SEQUENCE BETWEEN nombre AND | UNTIL SEQUENCE}nombre
 |{FROM TIME | TIME BETWEEN 'date' AND | UNTIL TIME} 'date'} ;
```

... PLUS	Si la commande de sauvegarde est accompagnée par la sauvegarde des fichiers de journaux archivés, il faut préciser le mot-clé « **PLUS** ». Les trois points représentent la syntaxe de la sauvegarde classique.
ALL	La sauvegarde d'ensemble des fichiers de journaux archivés.
FROM SCN	Le filtre de sélection des fichiers de journaux est basé sur le SCN.
FROM SEQUENCE	Le filtre de sélection des fichiers de journaux est basé sur la séquence des fichiers.
FROM TIME	Le filtre de sélection des fichiers de journaux est basé sur la date.

```
SQL> desc V$ARCHIVED_LOG

 Nom                                     NULL ?    Type
 --------------------------------------- --------  ---------------
 RECID                                             NUMBER
 STAMP                                             NUMBER
 NAME                                              VARCHAR2(513)
 DEST_ID                                           NUMBER
 THREAD#                                           NUMBER
 SEQUENCE#                                         NUMBER
 RESETLOGS_CHANGE#                                 NUMBER
 RESETLOGS_TIME                                    DATE
 RESETLOGS_ID                                      NUMBER
 FIRST_CHANGE#                                     NUMBER
 FIRST_TIME                                        DATE
 NEXT_CHANGE#                                      NUMBER
 NEXT_TIME                                         DATE
 ...
```

L'ensemble des filtres est basé sur les colonnes de la vue dynamique « **V$ARCHIVED_LOG** ».

SEQUENCE#	La séquence du fichier journal archivé.
FIRST_TIME	La date et l'heure de la première modification effectuée dans le fichier journal archivé.
NEXT_TIME	La date et l'heure de la dernière modification effectuée dans le fichier journal archivé.
FIRST_CHANGE#	Le premier **SCN** (**S**ystem **C**hange **N**umber) du fichier journal archivé. Oracle assigne à chaque transaction un numéro, le **SCN**.
NEXT_CHANGE#	Le dernier **SCN** du fichier journal archivé.

```
SQL> CONNECT SYS/sys@ONYX AS SYSDBA
Connecté.

SQL> SELECT SEQUENCE#, FIRST_CHANGE#, NEXT_CHANGE#,
  2        TO_CHAR(FIRST_TIME,'DD/MM/YYYY HH24:MI:SS') FIRST_TIME,
  3        TO_CHAR(NEXT_TIME,'DD/MM/YYYY HH24:MI:SS')  NEXT_TIME
  4  FROM V$ARCHIVED_LOG;
```

```
SEQUENCE# FIRST_CHANGE# NEXT_CHANGE# FIRST_TIME           NEXT_TIME
--------- ------------- ------------ ------------------- -------------------
      105       1873231      1897057 15/06/2008 16:05:14 05/07/2008 10:42:25
      106       1897057      1902990 05/07/2008 10:42:25 05/07/2008 10:49:10
      107       1902990      1906487 05/07/2008 10:49:10 05/07/2008 10:49:56
      108       1906487      1909602 05/07/2008 10:49:56 05/07/2008 14:36:13
      109       1909602      1910038 05/07/2008 14:36:13 05/07/2008 14:41:34
      110       1910038      1916428 05/07/2008 14:41:34 05/07/2008 15:00:16
      111       1916428      1939786 05/07/2008 15:00:16 05/07/2008 15:39:03
      112       1939786      1961099 05/07/2008 15:39:03 05/07/2008 15:47:40
      113       1961099      1999007 05/07/2008 15:47:40 05/07/2008 23:21:24
      114       1999007      2043104 05/07/2008 23:21:24 06/07/2008 00:03:41
      115       2043104      2051634 06/07/2008 00:03:41 06/07/2008 00:17:50
      116       2051634      2054834 06/07/2008 00:17:50 06/07/2008 00:18:31
      117       2054834      2058720 06/07/2008 00:18:31 06/07/2008 00:19:14
      118       2058720      2097035 06/07/2008 00:19:14 06/07/2008 06:07:30
      119       2097035      2122399 06/07/2008 06:07:30 06/07/2008 10:09:17
      120       2122399      2154331 06/07/2008 10:09:17 06/07/2008 16:11:16
      121       2154331      2186079 06/07/2008 16:11:16 06/07/2008 22:02:17
      122       2186079      2219540 06/07/2008 22:02:17 07/07/2008 04:00:03
      123       2219540      2268106 07/07/2008 04:00:03 07/07/2008 16:50:14
      124       2268106      2306030 07/07/2008 16:50:14 07/07/2008 22:06:00
      125       2306030      2343007 07/07/2008 22:06:00 08/07/2008 09:05:11
      126       2343007      2376730 08/07/2008 09:05:11 08/07/2008 15:55:55
      127       2376730      2417847 08/07/2008 15:55:55 08/07/2008 22:06:03
      128       2417847      2437280 08/07/2008 22:06:03 09/07/2008 00:12:29
      129       2437280      2455875 09/07/2008 00:12:29 09/07/2008 04:12:25
      130       2455875      2473648 09/07/2008 04:12:25 09/07/2008 08:12:02
      131       2473648      2495496 09/07/2008 08:12:02 09/07/2008 08:45:46
      132       2495496      2514936 09/07/2008 08:45:46 09/07/2008 12:10:55
      133       2514936      2554911 09/07/2008 12:10:55 09/07/2008 16:15:50
      134       2554911      2594596 09/07/2008 16:15:50 09/07/2008 22:07:43
      135       2594596      2617063 09/07/2008 22:07:43 10/07/2008 00:55:47
      136       2617063      2655256 10/07/2008 00:55:47 10/07/2008 08:51:17
      137       2655256      2676442 10/07/2008 08:51:17 10/07/2008 14:54:19
      138       2676442      2709009 10/07/2008 14:54:19 10/07/2008 22:17:27
      139       2709009      2750867 10/07/2008 22:17:27 11/07/2008 09:25:19
      140       2750867      2774541 11/07/2008 09:25:19 11/07/2008 10:40:33
      141       2774541      2794929 11/07/2008 10:40:33 11/07/2008 12:07:55
      142       2794929      2821499 11/07/2008 12:07:55 11/07/2008 17:00:08
```

Le filtre sur SCN

Filtre basé sur SCN	*FIRST_SCN*	*NEXT_SCN*
FROM SCN nombre1	$\geq$ nombre1	> nombre1
FROM SCN nombre1 UNTIL SCN nombre2	$\leq$ nombre2	> nombre1
UNTIL SCN nombre2	$\leq$ nombre2	

Dans l'exemple suivant, nous sauvegardons tous les fichiers journaux à partir du SCN '2709009'.

```
C:\> RMAN TARGET SYS/sys@ONYX CATALOG RMAN/RMAN@JASPE
Connecté.
RMAN> BACKUP ARCHIVELOG FROM SCN 2709009;
...
```

```
thread de journal d'archivage d'entrée=1 séquence=139 RECID=83 STAMP=659784331
thread de journal d'archivage d'entrée=1 séquence=140 RECID=84 STAMP=659788837
thread de journal d'archivage d'entrée=1 séquence=141 RECID=85 STAMP=659794077
thread de journal d'archivage d'entrée=1 séquence=142 RECID=86 STAMP=659811622
thread de journal d'archivage d'entrée=1 séquence=143 RECID=87 STAMP=659814059
thread de journal d'archivage d'entrée=1 séquence=144 RECID=88 STAMP=659814225
canal ORA_DISK_1 : démarrage de l'élément 1 dans 11/07/08
canal ORA_DISK_1 : élément 1 terminé dans 11/07/08
descripteur d'élément=C:\SAUVEGARDES\1NJL7TQI_1_1 balise=TAG20080711T174346 commentaire=NONE
...
```

Dans l'exemple suivant, nous sauvegardons tous les fichiers journaux à partir du SCN '2455875' jusqu'au SCN '2554911'.

```
RMAN> BACKUP ARCHIVELOG FROM SCN 2455875 UNTIL SCN 2554911;
...
thread de journal d'archivage d'entrée=1 séquence=130 RECID=74 STAMP=659607199
thread de journal d'archivage d'entrée=1 séquence=131 RECID=75 STAMP=659609149
thread de journal d'archivage d'entrée=1 séquence=132 RECID=76 STAMP=659621463
thread de journal d'archivage d'entrée=1 séquence=133 RECID=77 STAMP=659636156
...
```

Le filtre sur temps

Filtre basé sur date	*FIRST_TIME*	*NEXT_TIME*
FROM TIME date1	$\geq$ date1	> date1
FROM TIME date1 UNTIL TIME date2	$\leq$ date2	> date1
UNTIL TIME date2	$\leq$ date2	

Dans l'exemple suivant, nous sauvegardons tous les fichiers journaux à partir de la date '11/07/2008'.

```
RMAN> BACKUP ARCHIVELOG FROM TIME '11/07/2008';
...
thread de journal d'archivage d'entrée=1 séquence=139 RECID=83 STAMP=659784331
thread de journal d'archivage d'entrée=1 séquence=140 RECID=84 STAMP=659788837
thread de journal d'archivage d'entrée=1 séquence=141 RECID=85 STAMP=659794077
thread de journal d'archivage d'entrée=1 séquence=142 RECID=86 STAMP=659811622
thread de journal d'archivage d'entrée=1 séquence=143 RECID=87 STAMP=659814059
thread de journal d'archivage d'entrée=1 séquence=144 RECID=88 STAMP=659814225
thread de journal d'archivage d'entrée=1 séquence=145 RECID=89 STAMP=659815193
thread de journal d'archivage d'entrée=1 séquence=146 RECID=90 STAMP=659815234
...
```

Dans l'exemple suivant, nous sauvegardons tous les fichiers journaux d'aujourd'hui et d'hier.

```
RMAN> BACKUP ARCHIVELOG FROM TIME 'TRUNC(SYSDATE) - 1'
2>                      UNTIL TIME 'SYSDATE';
...
thread de journal d'archivage d'entrée=1 séquence=135 RECID=79 STAMP=659667354
thread de journal d'archivage d'entrée=1 séquence=136 RECID=80 STAMP=659695893
thread de journal d'archivage d'entrée=1 séquence=137 RECID=81 STAMP=659717661
thread de journal d'archivage d'entrée=1 séquence=138 RECID=82 STAMP=659744266
thread de journal d'archivage d'entrée=1 séquence=139 RECID=83 STAMP=659784331
thread de journal d'archivage d'entrée=1 séquence=140 RECID=84 STAMP=659788837
thread de journal d'archivage d'entrée=1 séquence=141 RECID=85 STAMP=659794077
thread de journal d'archivage d'entrée=1 séquence=142 RECID=86 STAMP=659811622
thread de journal d'archivage d'entrée=1 séquence=143 RECID=87 STAMP=659814059
thread de journal d'archivage d'entrée=1 séquence=144 RECID=88 STAMP=659814225
```

```
thread de journal d'archivage d'entrée=1 séquence=145 RECID=89 STAMP=659815193
thread de journal d'archivage d'entrée=1 séquence=146 RECID=90 STAMP=659815234
...
```

Le filtre sur séquence

Le type de filtre le plus simple est basé sur le numéro de la séquence des fichiers journaux archivés.

```
RMAN> BACKUP ARCHIVELOG SEQUENCE BETWEEN 135 AND 137;
...
thread de journal d'archivage d'entrée=1 séquence=135 RECID=79 STAMP=659667354
thread de journal d'archivage d'entrée=1 séquence=136 RECID=80 STAMP=659695893
thread de journal d'archivage d'entrée=1 séquence=137 RECID=81 STAMP=659717661
...
```

L'effacement des journaux

RMAN vous permet aussi d'exécuter les tâches de maintenance sur les fichiers de journaux archivés. Vous savez que les activités dans la base de données provoquent la génération d'entrées de reprise, le remplissage du journal de reprise en ligne, puis son archivage. Les fichiers de journaux archivés créés finissent par occuper beaucoup d'espace dans l'emplacement de destination défini.

Les fichiers journaux archivés peuvent être supprimés une fois qu'ils ont été sauvegardés. La syntaxe de la commande « **BACKUP** » est la suivante :

```
BACKUP [ ... PLUS] ARCHIVELOG ... DELETE [ALL] INPUT ;
```

ALL   Le mot-clé « **ALL** » vous permet d'effacer toutes les copies des fichiers journaux archivés.

```
RMAN> BACKUP DATABASE PLUS ARCHIVELOG DELETE ALL INPUT;
...
canal ORA_DISK_1 : démarrage de l'ensemble de sauvegarde compressé de journal d'archivage
canal ORA_DISK_1 : insertion du(des) journal(aux) d'archivage dans l'ensemble de sauvegarde
thread de journal d'archivage d'entrée=1 séquence=136 RECID=99 STAMP=659755304
thread de journal d'archivage d'entrée=1 séquence=137 RECID=100 STAMP=659758256
thread de journal d'archivage d'entrée=1 séquence=138 RECID=101 STAMP=659772101
thread de journal d'archivage d'entrée=1 séquence=139 RECID=102 STAMP=659788445
thread de journal d'archivage d'entrée=1 séquence=140 RECID=103 STAMP=659819872
...
canal ORA_DISK_1 : suppression du(des) journal(aux) d'archivage
nom de journal d'archivage=/u02/app/oracle/oradata/AMBRE/archives/1_136_654528359.dbf
RECID=99 STAMP=659755304
nom de journal d'archivage=/u02/app/oracle/oradata/AMBRE/archives/1_137_654528359.dbf
RECID=100 STAMP=659758256
nom de journal d'archivage=/u02/app/oracle/oradata/AMBRE/archives/1_138_654528359.dbf
RECID=101 STAMP=659772101
nom de journal d'archivage=/u02/app/oracle/oradata/AMBRE/archives/1_139_654528359.dbf
RECID=102 STAMP=659788445
nom de journal d'archivage=/u02/app/oracle/oradata/AMBRE/archives/1_140_654528359.dbf
RECID=103 STAMP=659819872
...
canal ORA_DISK_1 : démarrage de l'ensemble de sauvegarde compressé de tous les fichiers de
données
canal ORA_DISK_1 : insertion du(des) fichier(s) de données dans l'ensemble de sauvegarde
fichier de données en entrée, numéro=00001,
nom=/u02/app/oracle/oradata/AMBRE/datafile/o1_mf_system_42jbcl1b_.dbf
fichier de données en entrée, numéro=00002,
nom=/u02/app/oracle/oradata/AMBRE/datafile/o1_mf_sysaux_42jbqs9d_.dbf
fichier de données en entrée, numéro=00003,
nom=/u02/app/oracle/oradata/AMBRE/datafile/o1_mf_undotbs1_42jbr39z_.dbf
```

```
fichier de données en entrée, numéro=00006,
nom=/u02/app/oracle/oradata/AMBRE/datafile/o1_mf_example_4302ztmx_.dbf
fichier de données en entrée, numéro=00007,
nom=/u02/app/oracle/oradata/AMBRE/datafile/o1_mf_catalogu_4764htwc_.dbf
fichier de données en entrée, numéro=00005,
nom=/u02/app/oracle/oradata/AMBRE/datafile/tp01_d01.dbf
fichier de données en entrée, numéro=00004,
nom=/u02/app/oracle/oradata/AMBRE/datafile/o1_mf_users_42jbsjb5_.dbf
canal ORA_DISK_1 : démarrage de l'élément 1 dans 11/07/08
canal ORA_DISK_1 : élément 1 terminé dans 11/07/08
descripteur d'élément=/u02/app/sav01/30jl83cn_1_1 balise=TAG20080711T191847 commentaire=NONE
...
```

Dans l'exemple ci-avant, vous pouvez voir la sauvegarde à chaud de la base de données, accompagnée de la sauvegarde et l'effacement des fichiers de journaux archivés.

Attention

RMAN offre cette option très pratique qui permet de supprimer les fichiers journaux archivés une fois qu'ils ont été sauvegardés.

Utilisez cette option avec beaucoup de prudence dans le cadre d'une stratégie de sauvegarde bien pensée. L'objectif est de s'assurer avec certitude de disposer au minimum d'une copie, de préférence de deux, de chaque fichier journal archivé.

Vous devez aussi vider l'emplacement d'archivage pour éviter une saturation de l'espace disque et une immobilisation de la base de données.

Rappelez-vous que les fichiers de journaux archivés peuvent bénéficier d'une politique d'effacement qui contrôle le nombre des sauvegardes avant l'effacement.

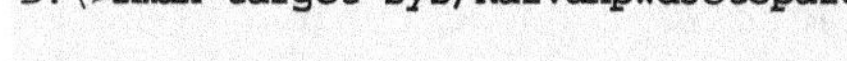

```
D:\>rman target sys/Razvanpwd3@topaze

connecté à la base de données cible : TOPAZE (DBID=2755728057)
...
RMAN> configure archivelog deletion policy to backed up 3 times to disk;
...
RMAN> configure channel device type disk format
2>      '/u02/sauvegardes01/%n_%T_%U.bkp';
...
RMAN> backup archivelog all delete input;
...
thread de journal d'archivage d'entrée=1 séquence=29 RECID=29 STAMP=842294651
thread de journal d'archivage d'entrée=1 séquence=30 RECID=30 STAMP=842294688
...
thread de journal d'archivage d'entrée=1 séquence=40 RECID=40 STAMP=842455900
...
RMAN-08138: AVERTISSEMENT : fichier d'archivage non supprimé - d'autres sauvegardes doivent
être créées
nom de fichier d'archivage=/u04/archives/oradata/topaze/1_29_842281014.arc, thread=1,
séquence=29
...
RMAN> backup archivelog all delete input;
...
thread de journal d'archivage d'entrée=1 séquence=29 RECID=29 STAMP=842294651
...
thread de journal d'archivage d'entrée=1 séquence=41 RECID=41 STAMP=842456034
...
RMAN-08138: AVERTISSEMENT : fichier d'archivage non supprimé - d'autres sauvegardes doivent
être créées
nom de fichier d'archivage=/u04/archives/oradata/topaze/1_29_842281014.arc, thread=1,
séquence=29
...
RMAN> backup archivelog all delete input;
```

```
...
thread de journal d'archivage d'entrée=1 séquence=29 RECID=29 STAMP=842294651

...
thread de journal d'archivage d'entrée=1 séquence=40 RECID=40 STAMP=842455900
thread de journal d'archivage d'entrée=1 séquence=41 RECID=41 STAMP=842456034
thread de journal d'archivage d'entrée=1 séquence=42 RECID=42 STAMP=842456172

...
canal ORA_DISK_1 : suppression du(des) journal(aux) d'archivage
nom de journal d'archivage=/u04/archives/oradata/topaze/1_29_842281014.arc RECID=29
STAMP=842294651

...
nom de journal d'archivage=/u04/archives/oradata/topaze/1_40_842281014.arc RECID=40
STAMP=842455900
RMAN-08138: AVERTISSEMENT : fichier d'archivage non supprimé - d'autres sauvegardes doivent
être créées
nom de fichier d'archivage=/u04/archives/oradata/topaze/1_41_842281014.arc, thread=1,
séquence=41
RMAN-08138: AVERTISSEMENT : fichier d'archivage non supprimé - d'autres sauvegardes doivent
être créées
nom de fichier d'archivage=/u04/archives/oradata/topaze/1_42_842281014.arc, thread=1,
séquence=42
Fin de backup dans 17/03/14
```

Les tablespaces

La sauvegarde d'un tablespace permet de le restaurer dans le cas d'une défaillance de matériel. Il est également intéressant de pouvoir sauvegarder des tablespaces individuellement dans une base qui est trop grande pour pouvoir être sauvegardée en une seule fois. Là encore, la création d'un jeu de sauvegarde ou d'une copie-image des tablespaces à intervalles réguliers réduira le volume d'informations de journaux devant être appliqué à une sauvegarde plus ancienne, dans le cas d'une défaillance matérielle.

```
C:\> RMAN TARGET SYS/sys@DIAMANT CATALOG RMAN/RMAN@JASPE
...

RMAN> REPORT SCHEMA;

Etat du schéma de base de données dont le db_unique_name est DIAMANT

Liste des fichiers de données permanents
=============================
File Size(MB) Tablespace   RB segs Datafile Name
---- -------- ------------ ------- --------------------
...
5    10       GVDATA       NO      +DONNEES_01/diamant/datafile/gvdata.267.659967727
6    10       GVINDX       NO      +DONNEES_01/diamant/datafile/gvindx.266.659967733
7    10       GVEDATA      NO      +DONNEES_01/diamant/datafile/gvedata.265.659967735
8    10       GVEINDX      NO      +DONNEES_01/diamant/datafile/gveindx.264.659967741
9    20       GVCLOB       NO      +DONNEES_01/diamant/datafile/gvclob.263.659967743

Liste des fichiers temporaires
========================
File Size(MB) Tablespace  Maxsize(MB) Tempfile Name
---- -------- ----------- ----------- --------------------
1    39       TEMP        33554431    +DONNEES_01/diamant/tempfile/temp.259.654522429

RMAN> BACKUP TABLESPACE GVDATA, GVINDX TAG 'TAB_GVDATA_GVINDX'
2>             FORMAT '/u02/sav/%d_%T_%u';
```

```
Démarrage de backup dans 13/07/08
canal affecté : ORA_DISK_1
canal ORA_DISK_1 : SID=149 type d'unité=DISK
canal ORA_DISK_1 : démarrage de l'ensemble de sauvegarde compressé de tous les fichiers de
données
canal ORA_DISK_1 : insertion du(des) fichier(s) de données dans l'ensemble de sauvegarde
fichier de données en entrée, numéro=00005,
nom=+DONNEES_01/diamant/datafile/gvdata.267.659967727
fichier de données en entrée, numéro=00006,
nom=+DONNEES_01/diamant/datafile/gvindx.266.659967733
canal ORA_DISK_1 : démarrage de l'élément 1 dans 13/07/08
canal ORA_DISK_1 : élément 1 terminé dans 13/07/08
descripteur d'élément=/u02/sav/DIAMANT_20080713_1fjlcoun balise=TAB_GVDATA_GVINDX
commentaire=NONE
canal ORA_DISK_1 : ensemble de sauvegarde terminé, temps écoulé : 00:00:01
Fin de backup dans 13/07/08
```

Dans l'exemple précédent, vous pouvez voir les fichiers constitutifs de la base de données cible « **DIAMANT** », ainsi que la sauvegarde des deux tablespaces « **GVDATA** » et « **GVINDX** » dans un jeu de sauvegarde.

Dans l'exemple suivant, vous observerez la syntaxe de création d'une copie-image des deux tablespaces « **GVEDATA** » et « **GVEINDX** ».

```
RMAN> BACKUP AS COPY TABLESPACE GVEDATA, GVEINDX
2>                 FORMAT '/u02/sav/%d_%N_%T_%u';
Démarrage de backup dans 13/07/08
utilisation du canal ORA_DISK_1
canal ORA_DISK_1 : démarrage de la copie de fichier de données
fichier de données en entrée, numéro=00007,
nom=+DONNEES_01/diamant/datafile/gvedata.265.659967735
nom de fichier de sortie=/u02/sav/DIAMANT_GVEDATA_20080713_1hjlcovl balise=TAG20080713T135148
RECID=3 STAMP=659973116
canal ORA_DISK_1 : copie de fichier de données terminée, temps écoulé : 00:00:02
canal ORA_DISK_1 : démarrage de la copie de fichier de données
fichier de données en entrée, numéro=00008,
nom=+DONNEES_01/diamant/datafile/gveindx.264.659967741
nom de fichier de sortie=/u02/sav/DIAMANT_GVEINDX_20080713_1ijlcovt balise=TAG20080713T135148
RECID=4 STAMP=659973124
canal ORA_DISK_1 : copie de fichier de données terminée, temps écoulé : 00:00:02
Fin de backup dans 13/07/08
```

L'exclusion des tablespaces

La configuration des paramètres persistants de RMAN permet d'exclure de toute sauvegarde globale de la base de données le tablespace respectif à l'aide de la syntaxe suivante :

```
CONFIGURE EXCLUDE FOR TABLESPACE nom_tablespace [CLEAR] ;
```

Il est possible de sauvegarder ce tablespace directement à l'aide de la syntaxe « **BACKUP TABLESPACE** » ou utilisant l'option « **NOEXCLUDE** » dans la sauvegarde complète de la base de données.

```
RMAN> REPORT SCHEMA ;
...
File Size(MB) Tablespace      RB segs Datafile Name
---- -------- --------------- ------- ------------------------------------------------
...
5    10       USERS           NO      +DONNEES_01/jaspe/datafile/users.261.654399907
...
RMAN> CONFIGURE EXCLUDE FOR TABLESPACE USERS;
```

```
Le tablespace USERS sera exclu des sauvegardes globales futures de la base de données
les nouveaux paramètres de configuration RMAN ont été stockés avec succès
lancement de la resynchronisation complète du catalogue de récupération
resynchronisation complète terminée

RMAN> BACKUP DATABASE;
...
le fichier 5 est exclu de la sauvegarde de la base de données
...

RMAN> BACKUP DATABASE NOEXCLUDE;

...
fichier de données en entrée, numéro=00005,
nom=+DONNEES_01/jaspe/datafile/users.261.654399907
...
```

L'exclusion des fichiers

Les tablespaces qui sont en lecture seule ainsi que ceux qui sont hors ligne ne peuvent pas être modifiés, ainsi une seule sauvegarde est nécessaire. Dans le cas ou vous avez un ou plusieurs fichiers inaccessibles, la sauvegarde complète de la base de données est impossible.

Pour pouvoir exécuter la sauvegarde vous devez utiliser la syntaxe suivante :

```
BACKUP ... SKIP { INACCESSIBLE | OFFLINE | READONLY } ;
```

```
RMAN> BACKUP DATABASE;

Démarrage de backup dans 27/07/08
utilisation du canal ORA_DISK_1
RMAN-06169: impossible de lire l'en-tête du fichier de données 11 motif erreur 6
RMAN-00571: ===========================================================
RMAN-00569: =============== ERROR MESSAGE STACK FOLLOWS ===============
RMAN-00571: ===========================================================
RMAN-03002: échec de la commande backup à 07/27/2008 11:53:58
RMAN-06056: impossible d'accéder au fichier de données 11

RMAN> BACKUP DATABASE SKIP INACCESSIBLE SKIP OFFLINE SKIP READONLY;

Démarrage de backup dans 27/07/08
canal affecté : ORA_DISK_1
canal ORA_DISK_1 : SID=123 type d'unité=DISK
fichier hors ligne 4 ignoré
fichier en lecture seule 6 non pris en compte
impossible d'accéder au fichier de données 11
fichier inaccessible 11 ignoré
...
```

Le parallélisme des sauvegardes

Le nombre de canaux indique le niveau de parallélisme. Plus il y aura de canaux de communication, plus y aura de lectures sur les fichiers de données de la base. Deux canaux de communication pour les sauvegardes lanceront deux tâches de travail en parallèle. Il est impératif d'avoir au moins le même nombre de lecteurs physiques que de canaux alloués par la sauvegarde RMAN lors des sauvegardes vers des lecteurs de bandes.

```
D:\> rman target sys/Razvanpwd3@rubis catalog rman/rman@topaze

connecté à la base de données cible : RUBIS (DBID=1772371706)
connecté à la base de données du catalogue de récupération

RMAN> configure channel device type disk format
2>    '/u05/sauvegardes01/%n_%T_%U.bkp', '/u05/sauvegardes02/%n_%T_%U.bkp',
3>    '/u05/sauvegardes03/%n_%T_%U.bkp';
...
RMAN> configure device type disk parallelism 4 backup
2>    type to compressed backupset;
...
RMAN> backup datafile 6,7,8,9 TAG 'Parallelisme';

Démarrage de backup dans 17/03/14
canal affecté : ORA_DISK_1
canal ORA_DISK_1 : SID=21 type d'unité=DISK
canal affecté : ORA_DISK_2
canal ORA_DISK_2 : SID=267 type d'unité=DISK
canal affecté : ORA_DISK_3
canal ORA_DISK_3 : SID=261 type d'unité=DISK
canal affecté : ORA_DISK_4
canal ORA_DISK_4 : SID=12 type d'unité=DISK
canal ORA_DISK_1 : démarrage de l'ensemble de sauvegarde compressé de tous les fichiers de
données
canal ORA_DISK_1 : insertion du(des) fichier(s) de données dans l'ensemble de sauvegarde
fichier de données en entrée, numéro=00009,
nom=+GD_DONNEES/RUBIS/DATAFILE/itb_tran.292.842347605
canal ORA_DISK_1 : démarrage de l'élément 1 dans 17/03/14
canal ORA_DISK_2 : démarrage de l'ensemble de sauvegarde compressé de tous les fichiers de
données
canal ORA_DISK_2 : insertion du(des) fichier(s) de données dans l'ensemble de sauvegarde
fichier de données en entrée, numéro=00007,
nom=+GD_DONNEES/RUBIS/DATAFILE/dtb_tran.293.842347605
canal ORA_DISK_2 : démarrage de l'élément 1 dans 17/03/14
canal ORA_DISK_3 : démarrage de l'ensemble de sauvegarde compressé de tous les fichiers de
données
canal ORA_DISK_3 : insertion du(des) fichier(s) de données dans l'ensemble de sauvegarde
fichier de données en entrée, numéro=00008,
nom=+GD_DONNEES/RUBIS/DATAFILE/itb_star.295.842347607
canal ORA_DISK_3 : démarrage de l'élément 1 dans 17/03/14
canal ORA_DISK_4 : démarrage de l'ensemble de sauvegarde compressé de tous les fichiers de
données
canal ORA_DISK_4 : insertion du(des) fichier(s) de données dans l'ensemble de sauvegarde
fichier de données en entrée, numéro=00006,
nom=+GD_DONNEES/RUBIS/DATAFILE/dtb_star.296.842347607
canal ORA_DISK_4 : démarrage de l'élément 1 dans 17/03/14
canal ORA_DISK_1 : élément 1 terminé dans 17/03/14
descripteur d'élément=/u05/sauvegardes01/RUBISxxx_20140317_30p3dpel_1_1.bkp
balise=PARALLELISME commentaire=NONE
canal ORA_DISK_1 : ensemble de sauvegarde terminé, temps écoulé : 00:00:16
canal ORA_DISK_2 : élément 1 terminé dans 17/03/14
descripteur d'élément=/u05/sauvegardes01/RUBISxxx_20140317_31p3dpel_1_1.bkp
balise=PARALLELISME commentaire=NONE
canal ORA_DISK_2 : ensemble de sauvegarde terminé, temps écoulé : 00:00:16
canal ORA_DISK_3 : élément 1 terminé dans 17/03/14
descripteur d'élément=/u05/sauvegardes01/RUBISxxx_20140317_32p3dpel_1_1.bkp
balise=PARALLELISME commentaire=NONE
canal ORA_DISK_3 : ensemble de sauvegarde terminé, temps écoulé : 00:00:16
```

```
canal ORA_DISK_4 : élément 1 terminé dans 17/03/14
descripteur d'élément=/u05/sauvegardes01/RUBISxxx_20140317_33p3dpel_1_1.bkp
balise=PARALLELISME commentaire=NONE
canal ORA_DISK_4 : ensemble de sauvegarde terminé, temps écoulé : 00:00:16
Fin de backup dans 17/03/14
```

Une fois configuré le niveau de parallélisme, l'ensemble des fichiers a été distribué dans ces canaux. RMAN définit pour chaque canal un jeu de sauvegarde correspondant, et chaque jeu de sauvegarde peut contenir plusieurs fichiers.

Lorsque vous allouez plusieurs canaux, **RMAN** tente de créer plusieurs fichiers de jeux de sauvegarde d'une taille approchante. L'objectif est de répartir uniformément le débit entre tous les canaux assignés. **RMAN** suppose que tous les blocs des fichiers sauvegardés seront inclus dans le jeu de sauvegarde. Si, en réalité, il y a moins de blocs copiés, les jeux seront de différentes tailles.

```
D:\>rman target sys/Razvanpwd3@sodalite catalog rman/rman@topaze


connecté à la base de données cible : SODALITE (DBID=420436416)
connecté à la base de données du catalogue de récupération


RMAN> run{
2>    allocate channel disque01 device type disk
3>        format '/u02/sauvegardes01/%n_%T_%U.bkp';
4>    allocate channel disque02 device type disk
5>        format '/u05/sauvegardes01/%n_%T_%U.bkp';
6>    backup database  TAG 'a chaud parallelisme de 2';}


canal affecté : disque01
canal disque01 : SID=37 type d'unité=DISK


canal affecté : disque02
canal disque02 : SID=263 type d'unité=DISK


Démarrage de backup dans 17/03/14
canal disque01 : démarrage de l'ensemble de sauvegarde de tous les fichiers de données
canal disque01 : insertion du(des) fichier(s) de données dans l'ensemble de sauvegarde
fichier de données en entrée, numéro=00004,
nom=/u01/app/oracle/oradata/SODALITE/datafile/o1_mf_undotbs1_9km8pvbn_.dbf
fichier de données en entrée, numéro=00008,
nom=/u01/app/oracle/oradata/SODALITE/datafile/o1_mf_itb_tran_9192m2m5_.dbf
fichier de données en entrée, numéro=00005,
nom=/u01/app/oracle/oradata/SODALITE/datafile/o1_mf_dtb_tran_9192m11p_.dbf
fichier de données en entrée, numéro=00002,
nom=/u01/app/oracle/oradata/SODALITE/datafile/o1_mf_dtb_star_9192lzy7_.dbf
canal disque01 : démarrage de l'élément 1 dans 17/03/14
canal disque02 : démarrage de l'ensemble de sauvegarde de tous les fichiers de données
canal disque02 : insertion du(des) fichier(s) de données dans l'ensemble de sauvegarde
fichier de données en entrée, numéro=00001,
nom=/u01/app/oracle/oradata/SODALITE/datafile/o1_mf_system_9km8ns4j_.dbf
fichier de données en entrée, numéro=00003,
nom=/u01/app/oracle/oradata/SODALITE/datafile/o1_mf_sysaux_9km8lqm4_.dbf
fichier de données en entrée, numéro=00009,
nom=/u01/app/oracle/oradata/SODALITE/datafile/o1_mf_catalogu_9l9oy4sz_.dbf
fichier de données en entrée, numéro=00007,
nom=/u01/app/oracle/oradata/SODALITE/datafile/o1_mf_itb_star_9192m1qj_.dbf
fichier de données en entrée, numéro=00006,
nom=/u01/app/oracle/oradata/SODALITE/datafile/o1_mf_users_9km8pt8j_.dbf
canal disque02 : démarrage de l'élément 1 dans 17/03/14
canal disque01 : élément 1 terminé dans 17/03/14
...
canal libéré : disque01
canal libéré : disque02


RMAN> list backup tag 'a chaud parallelisme de 2';
```

```
Liste des ensembles de sauvegarde
====================

BS Key  Type LV Size       Device Type Elapsed Time Completion Time
------- ---- -- ---------- ----------- ------------ ---------------
14576   Full    70.09M     DISK          00:00:14     17/03/14
        BP Key: 14580   Status: AVAILABLE  Compressed: YES  Tag: A CHAUD PARALLELISME DE 2
        Piece Name: /u02/sauvegardes01/SODALITE_20140317_1gp3druu_1_1.bkp
...
BS Key  Type LV Size       Device Type Elapsed Time Completion Time
------- ---- -- ---------- ----------- ------------ ---------------
14577   Full    1.05M      DISK          00:00:01     17/03/14
        BP Key: 14581   Status: AVAILABLE  Compressed: YES  Tag: A CHAUD PARALLELISME DE 2
        Piece Name: /u02/sauvegardes01/SODALITE_20140317_1ip3drvn_1_1.bkp
   Control File Included: Ckp SCN: 2021202      Ckp time: 17/03/14

BS Key  Type LV Size       Device Type Elapsed Time Completion Time
------- ---- -- ---------- ----------- ------------ ---------------
14578   Full    80.00K     DISK          00:00:00     17/03/14
        BP Key: 14582   Status: AVAILABLE  Compressed: YES  Tag: A CHAUD PARALLELISME DE 2
        Piece Name: /u02/sauvegardes01/SODALITE_20140317_1jp3drvp_1_1.bkp
   SPFILE inclus : temps de modification : 17/03/14
   SPFILE db_unique_name: SODALITE

BS Key  Type LV Size       Device Type Elapsed Time Completion Time
------- ---- -- ---------- ----------- ------------ ---------------
14579   Full    384.41M    DISK          00:01:23     17/03/14
        BP Key: 14583   Status: AVAILABLE  Compressed: YES  Tag: A CHAUD PARALLELISME DE 2
        Piece Name: /u05/sauvegardes01/SODALITE_20140317_1hp3druv_1_1.bkp
...
```

Le parallélisme effectué automatiquement par Oracle ne peut pas équilibrer les volumes sauvegardés par chaque canal de sauvegarde. Il est possible de cibler les éléments que vous souhaitez sauvegarder dans chaque canal. Ainsi vous pouvez créer plusieurs jeux de sauvegarde à l'aide d'une seule commande de sauvegarde en ciblant le contenu de chaque jeu de sauvegarde, comme dans l'exemple suivant.

```
D:\>rman target sys/Razvanpwd3@jade catalog rman/rman@topaze

connecté à la base de données cible : JADE (DBID=883750607)
connecté à la base de données du catalogue de récupération

RMAN> report schema;

Etat du schéma de base de données dont le db_unique_name est JADE

Liste des fichiers de données permanents
========================================
File Size(MB) Tablespace           RB segs Datafile Name
---- -------- -------------------- ------- ------------------------
1    780      SYSTEM               YES     +GD_DONNEES/JADE/DATAFILE/system.256.841235471
2    260      PDB$SEED:SYSTEM      NO
+GD_DONNEES/JADE/37688DCDE3464A70A8197BB38C8B451E/DATAFILE/system.257.841235481
3    820      SYSAUX               NO      +GD_DONNEES/JADE/DATAFILE/sysaux.258.841235485
4    635      PDB$SEED:SYSAUX      NO
+GD_DONNEES/JADE/37688DCDE3464A70A8197BB38C8B451E/DATAFILE/sysaux.259.841235493
5    1440     UNDOTBS1             YES     +GD_DONNEES/JADE/DATAFILE/undotbs1.260.841235497
6    5        USERS                NO      +GD_DONNEES/JADE/DATAFILE/users.263.841235521
9    10       DTB_STAR             NO
D:\DONNEES\ORADATA\JADE\DATAFILE\O1_MF_DTB_STAR_9L92H42M_.DBF
10   10       DTB_TRAN             NO
D:\DONNEES\ORADATA\JADE\DATAFILE\O1_MF_DTB_TRAN_9L92H49G_.DBF
11   10       ITB_STAR             NO
D:\DONNEES\ORADATA\JADE\DATAFILE\O1_MF_ITB_STAR_9L92H4FC_.DBF
```

```
12    10      ITB_TRAN             NO
D:\DONNEES\ORADATA\JADE\DATAFILE\O1_MF_ITB_TRAN_9L92H4M7_.DBF
...
RMAN> run{
2>    allocate channel disque01 device type disk
3>      format 's:\sauvegardes01\%n_%t_%u.bkp';
4>    allocate channel disque02 device type disk
5>      format 's:\sauvegardes01\%n_%t_%u.bkp';
6>    allocate channel disque03 device type disk
7>      format 's:\sauvegardes03\%n_%t_%u.bkp';
8>    allocate channel disque04 device type disk
9>      format 's:\sauvegardes02\%n_%t_%u.bkp';
10>   allocate channel disque05 device type disk
11>     format 's:\sauvegardes04\%n_%t_%u.arch';
12>
13>   backup
14>   ( tablespace system,sysaux channel disque01
15>       tag 'parallelisme perso systeme')
16>   ( tablespace undotbs1       channel disque02
17>       tag 'parallelisme perso undo')
18>   ( datafile 2,4             channel disque03
19>       tag 'parallelisme perso systeme pdb')
20>   ( datafile 6,9,10,11,12    channel disque04
21>       tag 'parallelisme perso données')
22>   ( archivelog all           channel disque05
23>       tag 'parallelisme perso archives'); }

canal affecté : disque01
canal disque01 : SID=355 type d'unité=DISK

canal affecté : disque02
canal disque02 : SID=20 type d'unité=DISK

canal affecté : disque03
canal disque03 : SID=135 type d'unité=DISK

canal affecté : disque04
canal disque04 : SID=253 type d'unité=DISK

canal affecté : disque05
canal disque05 : SID=365 type d'unité=DISK


Démarrage de backup dans 17/03/14
canal disque01 : démarrage de l'ensemble de sauvegarde de tous les fichiers de données
canal disque01 : insertion du(des) fichier(s) de données dans l'ensemble de sauvegarde
fichier de données en entrée, numéro=00003,
nom=+GD_DONNEES/JADE/DATAFILE/sysaux.258.841235485
fichier de données en entrée, numéro=00001,
nom=+GD_DONNEES/JADE/DATAFILE/system.256.841235471
canal disque01 : démarrage de l'élément 1 dans 17/03/14
canal disque02 : démarrage de l'ensemble de sauvegarde de tous les fichiers de données
canal disque02 : insertion du(des) fichier(s) de données dans l'ensemble de sauvegarde
fichier de données en entrée, numéro=00005,
nom=+GD_DONNEES/JADE/DATAFILE/undotbs1.260.841235497
canal disque02 : démarrage de l'élément 1 dans 17/03/14
canal disque03 : démarrage de l'ensemble de sauvegarde de tous les fichiers de données
canal disque03 : insertion du(des) fichier(s) de données dans l'ensemble de sauvegarde
fichier de données en entrée, numéro=00004,
nom=+GD_DONNEES/JADE/37688DCDE3464A70A8197BB38C8B451E/DATAFILE/sysaux.259.841235493
fichier de données en entrée, numéro=00002,
nom=+GD_DONNEES/JADE/37688DCDE3464A70A8197BB38C8B451E/DATAFILE/system.257.841235481
canal disque03 : démarrage de l'élément 1 dans 17/03/14
canal disque04 : démarrage de l'ensemble de sauvegarde de tous les fichiers de données
```

```
canal disque04 : insertion du(des) fichier(s) de données dans l'ensemble de sauvegarde
fichier de données en entrée, numéro=00009,
nom=D:\DONNEES\ORADATA\JADE\DATAFILE\O1_MF_DTB_STAR_9L92H42M_.DBF
fichier de données en entrée, numéro=00010,
nom=D:\DONNEES\ORADATA\JADE\DATAFILE\O1_MF_DTB_TRAN_9L92H49G_.DBF
fichier de données en entrée, numéro=00011,
nom=D:\DONNEES\ORADATA\JADE\DATAFILE\O1_MF_ITB_STAR_9L92H4FC_.DBF
fichier de données en entrée, numéro=00012,
nom=D:\DONNEES\ORADATA\JADE\DATAFILE\O1_MF_ITB_TRAN_9L92H4M7_.DBF
fichier de données en entrée, numéro=00006, nom=+GD_DONNEES/JADE/DATAFILE/users.263.841235521
canal disque04 : démarrage de l'élément 1 dans 17/03/14
canal disque05: démarrage de l'ensemble de sauvegarde du journal d'archivage
canal disque05 : insertion du(des) journal(aux) d'archivage dans l'ensemble de sauvegarde
thread de journal d'archivage d'entrée=1 séquence=186 RECID=31 STAMP=842462337
...
thread de journal d'archivage d'entrée=1 séquence=215 RECID=30 STAMP=842428652
canal disque05 : démarrage de l'élément 1 dans 17/03/14
canal disque04 : élément 1 terminé dans 17/03/14
descripteur d'élément=S:\SAUVEGARDES02\JADEXXXX_842462340_09P3DT44.BKP balise=PARALLELISME
PERSO DONNÉES commentaire=NONE
canal disque04 : ensemble de sauvegarde terminé, temps écoulé : 00:00:04
canal disque02 : élément 1 terminé dans 17/03/14
descripteur d'élément=S:\SAUVEGARDES01\JADEXXXX_842462340_07P3DT44.BKP balise=PARALLELISME
PERSO UNDO commentaire=NONE
canal disque02 : ensemble de sauvegarde terminé, temps écoulé : 00:00:06
canal disque03 : élément 1 terminé dans 17/03/14
descripteur d'élément=S:\SAUVEGARDES03\JADEXXXX_842462340_08P3DT44.BKP balise=PARALLELISME
PERSO SYSTEME PDB commentaire=NONE
canal disque03 : ensemble de sauvegarde terminé, temps écoulé : 00:01:12
canal disque05 : élément 1 terminé dans 17/03/14
descripteur d'élément=S:\SAUVEGARDES04\JADEXXXX_842462341_0AP3DT45.ARCH balise=PARALLELISME
PERSO ARCHIVES commentaire=NONE
canal disque05 : ensemble de sauvegarde terminé, temps écoulé : 00:01:18
canal disque01 : élément 1 terminé dans 17/03/14
descripteur d'élément=S:\SAUVEGARDES01\JADEXXXX_842462339_06P3DT43.BKP balise=PARALLELISME
PERSO SYSTEME commentaire=NONE
canal disque01 : ensemble de sauvegarde terminé, temps écoulé : 00:01:33
Fin de backup dans 17/03/14
canal libéré : disque01
canal libéré : disque02
canal libéré : disque03
canal libéré : disque04
canal libéré : disque05
```

Les sauvegardes multisections

Le tablespace type « `BIGFILE` » est un tablespace avec un seul fichier de données qui peut contenir jusqu'à 2^{32} blocs de données. Ainsi un fichier de données pour un tablespace construit avec des blocs de 32KB peut stocker jusqu'à 128TB.

Note

Les tablespaces de type « `BIGFILE` » sont utilisés dans des architectures ASM. La fonctionnalité ASM subdivise les fichiers de données en extents et répartit ces derniers sur tous les disques d'un groupe, afin d'améliorer les performances et la fiabilité.

Dans une telle architecture, les fichiers de données sont devenus des structures logiques, et les tablespaces de type « `BIGFILE` » sont alors généralement la règle.

Dans la version Oracle 10g, l'unité de sauvegarde la plus petite est le fichier pour un canal de sauvegarde. Il n'est pas possible de découper un fichier pour le sauvegarder en parallèle dans plusieurs canaux. Mais avec des fichiers qui peuvent avoir des tailles avoisinant les téraoctets, il devient pratiquement impossible de les sauvegarder et les récupérer dans des délais raisonnables.

La commande « **SECTION SIZE** » permet de découper le jeu de sauvegarde d'un fichier de la base de données en plusieurs sections stockées chacune dans un canal distinct. Ainsi la notion de multisection est directement liée au niveau de parallélisme des sauvegardes.

À partir de la version Oracle 12c l'utilisation de la sauvegarde multisection est possible pour les sauvegardes de type copie ainsi que pour les sauvegardes incrémentielles.

```
BACKUP [ AS { [COMPRESSED] BACKUPSET | COPY}]
   { DATABASE | DATAFILE fichier | TABLESPACE tablespace }
                  SECTION SIZE taille [G | K | M];
```

```
D:\>rman target sys/Razvanpwd3@pierres catalog rman/rman@topaze

connecté à la base de données cible : PIERRES (DBID=807186735)
connecté à la base de données du catalogue de récupération

RMAN> configure device type disk parallelism 4 backup type to copy;
...
RMAN> select sum(blocks) "Total Blocs",
2>         round(sum(bytes)/1024/1024/1024) "Taille Gb",
3>         round(sum(bytes)/1024/1024/4) "Section Mb",
4>         sum(blocks)/4 "Section blocs"
5> from cdb_segments;

Total Blocs  Taille Gb Section Mb Section blocs
-----------  --------- ---------- -------------
    870328           7       1700        217582

RMAN> backup database section size 1700M;

Démarrage de backup dans 17/03/14
canal affecté : ORA_DISK_1
canal ORA_DISK_1 : SID=434 type d'unité=DISK
canal affecté : ORA_DISK_2
canal ORA_DISK_2 : SID=22 type d'unité=DISK
canal affecté : ORA_DISK_3
canal ORA_DISK_3 : SID=172 type d'unité=DISK
canal affecté : ORA_DISK_4
canal ORA_DISK_4 : SID=300 type d'unité=DISK
canal ORA_DISK_1 : démarrage de la copie de fichier de données
fichier de données en entrée, numéro=00005,
nom=D:\DONNEES\ORADATA\PIERRES\DATAFILE\O1_MF_UNDOTBS1_9KC0433P_.DBF
sauvegarde des blocs 1 à 217600                                            <-----
canal ORA_DISK_2 : démarrage de la copie de fichier de données
fichier de données en entrée, numéro=00003,
nom=D:\DONNEES\ORADATA\PIERRES\DATAFILE\O1_MF_SYSAUX_9KC03V55_.DBF
canal ORA_DISK_3 : démarrage de la copie de fichier de données
fichier de données en entrée, numéro=00001,
nom=D:\DONNEES\ORADATA\PIERRES\DATAFILE\O1_MF_SYSTEM_9KC03HDK_.DBF
canal ORA_DISK_4 : démarrage de la copie de fichier de données
fichier de données en entrée, numéro=00042,
nom=D:\DONNEES\ORADATA\PIERRES\JASPE\SYSAUX_JASPE.DBF
nom de fichier de sortie=S:\SAUVEGARDES01\PIERRES_DATA_D-PIERRES_I-807186735_TS-SYSAUX_FNO-
42_0TP3E122_20140317.BKP balise=TAG20140317T182608 RECID=2 STAMP=842466438
canal ORA_DISK_4 : copie de fichier de données terminée, temps écoulé : 00:01:16
canal ORA_DISK_4 : démarrage de la copie de fichier de données
fichier de données en entrée, numéro=00005,
nom=D:\DONNEES\ORADATA\PIERRES\DATAFILE\O1_MF_UNDOTBS1_9KC0433P_.DBF
```

```
sauvegarde des blocs 217601 à 433920                                      <-----
nom de fichier de sortie=S:\SAUVEGARDES01\PIERRES_DATA_D-PIERRES_I-807186735_TS-SYSTEM_FNO-
1_0SP3E121_20140317.BKP balise=TAG20140317T182608 RECID=3 STAMP=842466449
...
RMAN> host 'dir S:\Sauvegardes01 /b' ;
PIERRES_DATA_D-PIERRES_I-807186735_TS-CATALOGUE_RMAN_FNO-92_18P3E18M_20140317.BKP
PIERRES_DATA_D-PIERRES_I-807186735_TS-DONNES_ONYX_FNO-60_1SP3E1AM_20140317.BKP
PIERRES_DATA_D-PIERRES_I-807186735_TS-DTB_STAR_FNO-70_1MP3E1AK_20140317.BKP
PIERRES_DATA_D-PIERRES_I-807186735_TS-DTB_STAR_FNO-74_1GP3E1AF_20140317.BKP
PIERRES_DATA_D-PIERRES_I-807186735_TS-DTB_STAR_FNO-77_1IP3E1AF_20140317.BKP
PIERRES_DATA_D-PIERRES_I-807186735_TS-DTB_STAR_FNO-80_1HP3E1AF_20140317.BKP
PIERRES_DATA_D-PIERRES_I-807186735_TS-DTB_STAR_FNO-84_1FP3E1A7_20140317.BKP
PIERRES_DATA_D-PIERRES_I-807186735_TS-DTB_TRAN_FNO-44_1QP3E1AL_20140317.BKP
PIERRES_DATA_D-PIERRES_I-807186735_TS-DTB_TRAN_FNO-47_1RP3E1AM_20140317.BKP
...
```

L'interrogation permet de récupérer une taille de section suivant la volumétrie de la base de données et le parallélisme fixé au niveau de 4.

```
D:\>rman target sys/Razvanpwd3@rubis catalog rman/rman@topaze


connecté à la base de données cible : RUBIS (DBID=1772371706)
connecté à la base de données du catalogue de récupération


RMAN> configure device type disk parallelism 4 backup type to copy;
...
RMAN> select sum(blocks) "Total Blocs",
2>        round(sum(bytes)/1024/1024/1024) "Taille Gb",
3>        round(sum(bytes)/1024/1024/4) "Section Mb",
4>        sum(blocks)/4 "Section blocs"
5> from cdb_segments;

Total Blocs  Taille Gb Section Mb Section blocs
----------- ---------- ---------- -------------
     241624          2        315         40271

RMAN> backup database section size 315M;
...
canal ORA_DISK_1 : insertion du(des) fichier(s) de données dans l'ensemble de sauvegarde
fichier de données en entrée, numéro=00003,
nom=+GD_DONNEES/RUBIS/DATAFILE/undotbs1.289.842347603
sauvegarde des blocs 1 à 40960
canal ORA_DISK_1 : démarrage de l'élément 1 dans 17/03/14
canal ORA_DISK_2 : démarrage de l'ensemble de sauvegarde compressé de tous les fichiers de
données
canal ORA_DISK_2 : insertion du(des) fichier(s) de données dans l'ensemble de sauvegarde
fichier de données en entrée, numéro=00002,
nom=+GD_DONNEES/RUBIS/DATAFILE/sysaux.291.842347603
sauvegarde des blocs 1 à 40960
canal ORA_DISK_2 : démarrage de l'élément 1 dans 17/03/14
canal ORA_DISK_3 : démarrage de l'ensemble de sauvegarde compressé de tous les fichiers de
données
canal ORA_DISK_3 : insertion du(des) fichier(s) de données dans l'ensemble de sauvegarde
fichier de données en entrée, numéro=00001,
nom=+GD_DONNEES/RUBIS/DATAFILE/system.290.842347603
sauvegarde des blocs 1 à 40960
...
RMAN> select f.file#, f.blocks, f.section_size, s.pieces, s.multi_section
2> from v$backup_datafile f, v$backup_set s
3> where f.set_stamp = s.set_stamp order by file#;

     FILE#     BLOCKS SECTION_SIZE     PIECES MUL
---------- ---------- ------------ ---------- ---
         0        802            0          1 NO
```

```
        0         802            0      1 NO
        1       82314        40320      3 YES
        2       80666        40320      3 YES
        3         361        40320      5 YES
        4         168            0      1 NO
        6        6594            0      1 NO
        7       12323            0      1 NO
        8       11186            0      1 NO
        9       13064            0      1 NO
       10         129            0      1 NO

RMAN> report schema;

Etat du schéma de base de données dont le db_unique_name est RUBIS

Liste des fichiers de données permanents
==============================
File Size(MB) Tablespace       RB segs Datafile Name
---- -------- ---------------- ------- --------------------------------
1    760      SYSTEM           YES     +GD_DONNEES/RUBIS/DATAFILE/system.290.842347603
2    810      SYSAUX           NO      +GD_DONNEES/RUBIS/DATAFILE/sysaux.291.842347603
3    1570     UNDOTBS1         YES     +GD_DONNEES/RUBIS/DATAFILE/undotbs1.289.842347603
4    5        USERS            NO      +GD_DONNEES/RUBIS/DATAFILE/users.288.842347601
6    60       DTB_STAR         NO      +GD_DONNEES/RUBIS/DATAFILE/dtb_star.296.842347607
7    110      DTB_TRAN         NO      +GD_DONNEES/RUBIS/DATAFILE/dtb_tran.293.842347605
8    100      ITB_STAR         NO      +GD_DONNEES/RUBIS/DATAFILE/itb_star.295.842347607
9    120      ITB_TRAN         NO      +GD_DONNEES/RUBIS/DATAFILE/itb_tran.292.842347605
10   150      CATALOGUE_RMAN   NO      +GD_DONNEES/RUBIS/DATAFILE/catalogue_rman.294.842347607
```

Vous pouvez voir toutes les informations concernant les sauvegardes multisections dans deux vues dynamiques « **V$BACKUP_DATAFILE** » et « **V$BACKUP_SET** ».

La colonne « **SECTION_SIZE** » est à 0 et « **MULTI_SECTION** » est à NO si la sauvegarde est sans multisection. Seuls les fichiers qui sont plus grands que la taille de la section vont bénéficier d'une sauvegarde multisection.

```
RMAN> select tablespace_name,
2>        sum(blocks) "Total Blocs",
3>        round(sum(bytes)/1024/1024/1024) "Taille Gb",
4>        round(sum(bytes)/1024/1024/6) "Section Mb",
5>        round(sum(blocks)/6) "Section blocs"
6> from dba_segments where tablespace_name = 'DTB_TRAN'
7> group by tablespace_name;

TABLESPACE_NAME             Total Blocs  Taille Gb Section Mb Section blocs
--------------------------- ----------- ---------- ---------- -------------
DTB_TRAN                          12192          0         16          2032

RMAN> backup tablespace dtb_tran section size 16m
2>    tag 'multi section dtb_tran';
...
canal ORA_DISK_1 : insertion du(des) fichier(s) de données dans l'ensemble de sauvegarde
fichier de données en entrée, numéro=00007,
nom=+GD_DONNEES/RUBIS/DATAFILE/dtb_tran.293.842347605
sauvegarde des blocs 1 à 2048
canal ORA_DISK_1 : démarrage de l'élément 1 dans 17/03/14
canal ORA_DISK_2 : démarrage de l'ensemble de sauvegarde compressé de tous les fichiers de
données
canal ORA_DISK_2 : insertion du(des) fichier(s) de données dans l'ensemble de sauvegarde
fichier de données en entrée, numéro=00007,
nom=+GD_DONNEES/RUBIS/DATAFILE/dtb_tran.293.842347605
sauvegarde des blocs 2049 à 4096
...
```

```
RMAN> select f.file#, f.blocks, f.section_size, s.pieces, s.multi_section
2> from v$backup_datafile f, v$backup_set s
3> where f.set_stamp = s.set_stamp and f.file# = 7;

     FILE#     BLOCKS SECTION_SIZE     PIECES MUL
---------- ---------- ------------ ---------- ---
         7      12323         2048          7 YES

RMAN> list backup tag 'multi section dtb_tran';

Liste des ensembles de sauvegarde
===================

BS Key  Type LV Size       Device Type Elapsed Time Completion Time
------- ---- -- ---------- ----------- ------------ ---------------
15407   Full    37.15M     DISK          00:00:03   17/03/14
  Liste des fichiers de données dans l'ensemble de sauvegarde 15407
  File LV Type Ckp SCN    Ckp Time Name
  ---- -- ---- ---------- -------- ----
  7       Full 1189994    17/03/14 +GD_DONNEES/RUBIS/DATAFILE/dtb_tran.293.842347605

  Backup Set Copy #1 of backup set 15407
  Device Type Elapsed Time Completion Time Compressed Tag
  ----------- ------------ --------------- ---------- ---
  DISK          00:00:03   17/03/14            YES        MULTI SECTION DTB_TRAN

    Liste des éléments de sauvegarde pour l'ensemble de sauvegarde 15407, Copie #1
    BP Key  Pc# Status      Piece Name
    ------- --- ----------- ----------
    15408   1   AVAILABLE   /u05/sauvegardes01/RUBISxxx_20140317_4tp3e3on_1_1.bkp
    15413   2   AVAILABLE   /u05/sauvegardes01/RUBISxxx_20140317_4tp3e3on_2_1.bkp
    15410   3   AVAILABLE   /u05/sauvegardes01/RUBISxxx_20140317_4tp3e3on_3_1.bkp
    15414   4   AVAILABLE   /u05/sauvegardes01/RUBISxxx_20140317_4tp3e3on_4_1.bkp
    15412   5   AVAILABLE   /u05/sauvegardes01/RUBISxxx_20140317_4tp3e3on_5_1.bkp
    15411   6   AVAILABLE   /u05/sauvegardes01/RUBISxxx_20140317_4tp3e3on_6_1.bkp
    15409   7   AVAILABLE   /u05/sauvegardes01/RUBISxxx_20140317_4tp3e3on_7_1.bkp
```

L'architecture mutualisée

Lorsque vous avez une architecture mutualisée, il faut adapter la syntaxe suivant les besoins de sauvegarde. Vous pouvez travailler directement avec la base de données conteneur pour effectuer les sauvegardes, en choisissant les bases de données insérées que vous voulez ou non sauvegarder.

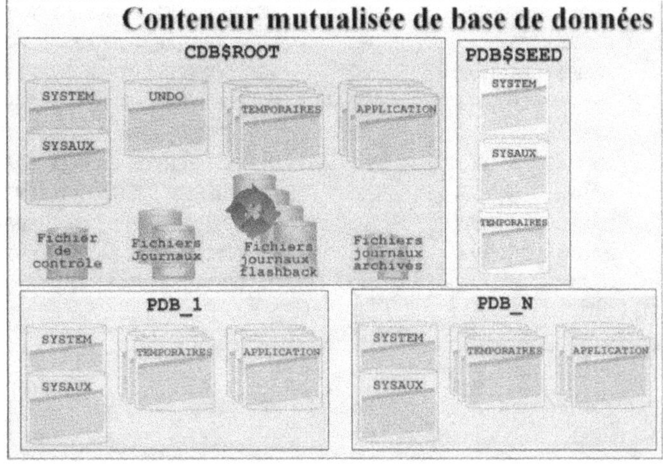

```
BACKUP ... {DATABASE [ROOT] | PLUGGABLE DATABASE nom [,...]} ;
```

     ROOT   L'argument permet de sauvegarder uniquement la base de données conteneur sans les bases de données insérées.

```
D:\>rman target sys/Razvanpwd3@pierres catalog rman/rman@topaze

connecté à la base de données cible : PIERRES (DBID=807186735)
connecté à la base de données du catalogue de récupération


RMAN> select name, open_mode, restricted from v$pdbs;
NAME                              OPEN_MODE  RES
--------------------------------- ---------- ---
PDB$SEED                          READ ONLY  NO
JASPE                             READ WRITE NO
AMBRE                             READ WRITE NO
EMERAUDE                          READ WRITE NO


RMAN> report schema;

Etat du schéma de base de données dont le db_unique_name est PIERRES


Liste des fichiers de données permanents
============================
File Size(MB) Tablespace              RB segs Datafile Name
---- -------- ----------------------- ------- -----------------------------------
1    790      SYSTEM                  YES     D:\DONNEES\ORADATA\PIERRES\DATAFILE\O1_MF_SYSTE...
2    260      PDB$SEED:SYSTEM         NO      D:\DONNEES\ORADATA\PIERRES\9B59917F82DF4EF59C2B...
3    900      SYSAUX                  NO      D:\DONNEES\ORADATA\PIERRES\DATAFILE\O1_MF_SYSAU...
4    625      PDB$SEED:SYSAUX         NO      D:\DONNEES\ORADATA\PIERRES\9B59917F82DF4EF59C2B...
5    3390     UNDOTBS1                YES     D:\DONNEES\ORADATA\PIERRES\DATAFILE\O1_MF_UNDOT...
6    5        USERS                   NO      D:\DONNEES\ORADATA\PIERRES\DATAFILE\O1_MF_USERS...
41   270      JASPE:SYSTEM            NO      D:\DONNEES\ORADATA\PIERRES\JASPE\SYSTEM_JASPE.D...
42   645      JASPE:SYSAUX            NO      D:\DONNEES\ORADATA\PIERRES\JASPE\SYSAUX_JASPE.D...
44   10       JASPE:DTB_TRAN          NO      D:\DONNEES\ORADATA\PIERRES\JASPE\DTB_TRAN.DBF  ...
45   260      AMBRE:SYSTEM            NO      D:\DONNEES\ORADATA\PIERRES\ONYX\SYSTEM_JASPE.DB...
46   635      AMBRE:SYSAUX            NO      D:\DONNEES\ORADATA\PIERRES\ONYX\SYSAUX_JASPE.DB...
47   10       AMBRE:DTB_TRAN          NO      D:\DONNEES\ORADATA\PIERRES\ONYX\DTB_TRAN.DBF   ...
60   10       AMBRE:DONNES_ONYX       NO      +GD_DONNEES/PIERRES/FE26B26E3197438FB4F51769189...
67   270      EMERAUDE:SYSTEM         NO      +GD_DONNEES/PIERRES/o1_mf_system_9kfx07dd_.dbf ...
68   635      EMERAUDE:SYSAUX         NO      +GD_DONNEES/PIERRES/o1_mf_sysaux_9kfx07cw_.dbf ...
69   10       EMERAUDE:DTB_TRAN       NO      +GD_DONNEES/PIERRES/o1_mf_dtb_tran_9kfx07dd_.db...
70   10       DTB_STAR                NO      D:\DONNEES\ORADATA\PIERRES\DATAFILE\O1_MF_DTB_S...
71   10       DTB_TRAN                NO      D:\DONNEES\ORADATA\PIERRES\DATAFILE\O1_MF_DTB_T...
72   10       ITB_STAR                NO      D:\DONNEES\ORADATA\PIERRES\DATAFILE\O1_MF_ITB_S...
73   10       ITB_TRAN                NO      D:\DONNEES\ORADATA\PIERRES\DATAFILE\O1_MF_ITB_T...
74   60       AMBRE:DTB_STAR          NO      +GD_DONNEES/PIERRES/FE26B26E3197438FB4F51769189...
75   100      AMBRE:ITB_STAR          NO      +GD_DONNEES/PIERRES/FE26B26E3197438FB4F51769189...
76   20       AMBRE:ITB_TRAN          NO      +GD_DONNEES/PIERRES/FE26B26E3197438FB4F51769189...
77   60       EMERAUDE:DTB_STAR       NO      D:\DONNEES\ORADATA\PIERRES\BF1A900C778844A99EF6...
78   100      EMERAUDE:ITB_STAR       NO      D:\DONNEES\ORADATA\PIERRES\BF1A900C778844A99EF6...
79   20       EMERAUDE:ITB_TRAN       NO      D:\DONNEES\ORADATA\PIERRES\BF1A900C778844A99EF6...
84   60       JASPE:DTB_STAR          NO      D:\DONNEES\ORADATA\PIERRES\2EBA1C5AA90341449960...
85   100      JASPE:ITB_STAR          NO      D:\DONNEES\ORADATA\PIERRES\2EBA1C5AA90341449960...
86   20       JASPE:ITB_TRAN          NO      D:\DONNEES\ORADATA\PIERRES\2EBA1C5AA90341449960...
92   150      JASPE:CATALOGUE_RMAN    NO      D:\DONNEES\ORADATA\PIERRES\2EBA1C5AA90341449960...

Liste des fichiers temporaires
=======================
File Size(MB) Tablespace            Maxsize(MB) Tempfile Name
---- -------- --------------------- ----------- ---------------------
```

```
1     66       TEMP                     32767      D:\DONNEES\ORADATA\PIERRES\DATAFILE\O1_MF_T...
2     61       PDB$SEED:TEMP            32767      D:\DONNEES\ORADATA\PIERRES\9B59917F82DF4EF5...
3     20       JASPE:TEMP               32767      D:\DONNEES\ORADATA\PIERRES\JASPE\TEMP_JASPE...
4     24       JASPE:TEMP01             32767      D:\DONNEES\ORADATA\PIERRES\2EBA1C5AA9034144...
5     20       AMBRE:TEMP               32767      D:\DONNEES\ORADATA\PIERRES\ONYX\TEMP_JASPE....
6     24       AMBRE:TEMP01             32767      +GD_DONNEES/PIERRES/FE26B26E3197438FB4F5176...
9     20       EMERAUDE:TEMP            32767      +GD_DONNEES/PIERRES/o1_mf_temp_9kfx0shb_.db...
10    24       TEMP01                   32767      D:\DONNEES\ORADATA\PIERRES\DATAFILE\O1_MF_T...
11    24       TEMP02                   32767      D:\DONNEES\ORADATA\PIERRES\DATAFILE\O1_MF_T...
12    24       AMBRE:TEMP02             32767      +GD_DONNEES/PIERRES/FE26B26E3197438FB4F5176...
13    24       EMERAUDE:TEMP01          32767      D:\DONNEES\ORADATA\PIERRES\BF1A900C778844A9...
14    24       EMERAUDE:TEMP02          32767      D:\DONNEES\ORADATA\PIERRES\BF1A900C778844A9...
16    24       JASPE:TEMP02             32767      D:\DONNEES\ORADATA\PIERRES\2EBA1C5AA9034144...


RMAN> backup database root tag 'conteneur pierres uniquement';
...
fichier de données en entrée, numéro=00005, nom=...\PIERRES\...\O1_MF_UNDOTBS1_9KC0433P_.DBF
fichier de données en entrée, numéro=00003, nom=...\PIERRES\...\O1_MF_SYSAUX_9KC03V55_.DBF
fichier de données en entrée, numéro=00001, nom=...\PIERRES\...\O1_MF_SYSTEM_9KC03HDK_.DBF
fichier de données en entrée, numéro=00070, nom=...\PIERRES\...\O1_MF_DTB_STAR_9L92G3LP_.DBF
fichier de données en entrée, numéro=00071, nom=...\PIERRES\...\O1_MF_DTB_TRAN_9L92G3TK_.DBF
fichier de données en entrée, numéro=00072, nom=...\PIERRES\...\O1_MF_ITB_STAR_9L92G414_.DBF
fichier de données en entrée, numéro=00073, nom=...\PIERRES\...\O1_MF_ITB_TRAN_9L92G470_.DBF
fichier de données en entrée, numéro=00006, nom=...\PIERRES\...\O1_MF_USERS_9KC04PQP_.DBF
...
descripteur d'élément=S:\SAUVEGARDES01\PIERRES_2VP3ECHK_1_1_20140317.BKP balise=CONTENEUR
PIERRES UNIQUEMENT commentaire=NONE
canal ORA_DISK_1 : ensemble de sauvegarde terminé, temps écoulé : 00:00:45
Fin de backup dans 17/03/14


Démarrage de Control File and SPFILE Autobackup dans 17/03/14
descripteur
d'élément=O:\APP\ORACLE\FAST_RECOVERY_AREA\PIERRES\AUTOBACKUP\2014_03_17\O1_MF_S_842478178_9L
GQLLSX_.BKP commentaire=NONE
Fin de Control File and SPFILE Autobackup dans 17/03/14


RMAN> backup database tag 'conteneur pierres complet';
...
canal ORA_DISK_1 : insertion du(des) fichier(s) de données dans l'ensemble de sauvegarde
fichier de données en entrée, numéro=00005, nom=...\PIERRES\...\O1_MF_UNDOTBS1_9KC0433P_.DBF
fichier de données en entrée, numéro=00003, nom=...\PIERRES\...\O1_MF_SYSAUX_9KC03V55_.DBF
fichier de données en entrée, numéro=00001, nom=...\PIERRES\...\O1_MF_SYSTEM_9KC03HDK_.DBF
fichier de données en entrée, numéro=00070, nom=...\PIERRES\...\O1_MF_DTB_STAR_9L92G3LP_.DBF
fichier de données en entrée, numéro=00071, nom=...\PIERRES\...\O1_MF_DTB_TRAN_9L92G3TK_.DBF
fichier de données en entrée, numéro=00072, nom=...\PIERRES\...\O1_MF_ITB_STAR_9L92G414_.DBF
fichier de données en entrée, numéro=00073, nom=...\PIERRES\...\O1_MF_ITB_TRAN_9L92G470_.DBF
fichier de données en entrée, numéro=00006, nom=...\PIERRES\...\O1_MF_USERS_9KC04PQP_.DBF
...
canal ORA_DISK_1 : insertion du(des) fichier(s) de données dans l'ensemble de sauvegarde
fichier de données en entrée, numéro=00042, nom=...\PIERRES\JASPE\SYSAUX_JASPE.DBF
fichier de données en entrée, numéro=00041, nom=...\PIERRES\JASPE\SYSTEM_JASPE.DBF
fichier de données en entrée, numéro=00092, nom=...\PIERRES\2...\O1_MF_CATALOGU_9L9P96WN_.DBF
fichier de données en entrée, numéro=00085, nom=...\PIERRES\2...\O1_MF_ITB_STAR_9L9FPBTP_.DBF
fichier de données en entrée, numéro=00084, nom=...\PIERRES\2...\O1_MF_DTB_STAR_9L9FP4RF_.DBF
fichier de données en entrée, numéro=00086, nom=...\PIERRES\2...\O1_MF_ITB_TRAN_9L9FPCTP_.DBF
fichier de données en entrée, numéro=00044, nom=...\PIERRES\JASPE\DTB_TRAN.DBF
...
canal ORA_DISK_1 : insertion du(des) fichier(s) de données dans l'ensemble de sauvegarde
fichier de données en entrée, numéro=00046, nom=D:\...\ORADATA\PIERRES\ONYX\SYSAUX_JASPE.DBF
fichier de données en entrée, numéro=00045, nom=D:\...\ORADATA\PIERRES\ONYX\SYSTEM_JASPE.DBF
fichier de données en entrée, numéro=00075, nom=+GD_DONNEES/.../itb_star.285.842299181
```

```
fichier de données en entrée, numéro=00074, nom=+GD_DONNEES/.../dtb_star.288.842299181
fichier de données en entrée, numéro=00076, nom=+GD_DONNEES/.../itb_tran.284.842299181
fichier de données en entrée, numéro=00047, nom=D:\DONNEES\ORADATA\PIERRES\ONYX\DTB_TRAN.DBF
fichier de données en entrée, numéro=00060, nom=+GD_DONNEES/.../donnes_onyx.294.841422653
...
canal ORA_DISK_1 : insertion du(des) fichier(s) de données dans l'ensemble de sauvegarde
fichier de données en entrée, numéro=00068, nom=+GD_DONNEES/.../o1_mf_sysaux_9kfx07cw_.dbf
fichier de données en entrée, numéro=00067, nom=+GD_DONNEES/.../o1_mf_system_9kfx07dd_.dbf
fichier de données en entrée, numéro=00078, nom=D:\...\O1_MF_ITB_STAR_9L990D4W_.DBF
fichier de données en entrée, numéro=00077, nom=D:\...\O1_MF_DTB_STAR_9L990CW9_.DBF
fichier de données en entrée, numéro=00079, nom=D:\...\O1_MF_ITB_TRAN_9L990DH3_.DBF
fichier de données en entrée, numéro=00069, nom=+GD_DONNEES/.../o1_mf_dtb_tran_9kfx07dd_.dbf
...
canal ORA_DISK_1 : insertion du(des) fichier(s) de données dans l'ensemble de sauvegarde
fichier de données en entrée, numéro=00004, nom=D:\...\O1_MF_SYSAUX_9KC040NJ_.DBF
fichier de données en entrée, numéro=00002, nom=D:\...\O1_MF_SYSTEM_9KC03PTQ_.DBF
...


RMAN> list backup tag 'conteneur pierres complet';

Liste des ensembles de sauvegarde
=====================

BS Key  Type LV Size       Device Type Elapsed Time Completion Time
------- ---- -- ---------- ----------- ------------ ---------------
16290   Full    351.36M    DISK        00:00:41     17/03/14
        BP Key: 16297   Status: AVAILABLE  Compressed: YES  Tag: CONTENEUR PIERRES COMPLET
        Piece Name: S:\SAUVEGARDES01\PIERRES_31P3ECLC_1_1_20140317.BKP
  Liste des fichiers de données dans l'ensemble de sauvegarde 16290
  File LV Type Ckp SCN    Ckp Time Name
  ---- -- ---- ---------- -------- ----
  1       Full 3114519    17/03/14 ...\O1_MF_SYSTEM_9KC03HDK_.DBF
  3       Full 3114519    17/03/14 ...\O1_MF_SYSAUX_9KC03V55_.DBF
  5       Full 3114519    17/03/14 ...\O1_MF_UNDOTBS1_9KC0433P_.DBF
  6       Full 3114519    17/03/14 ...\O1_MF_USERS_9KC04PQP_.DBF
  70      Full 3114519    17/03/14 ...\O1_MF_DTB_STAR_9L92G3LP_.DBF
  71      Full 3114519    17/03/14 ...\O1_MF_DTB_TRAN_9L92G3TK_.DBF
  72      Full 3114519    17/03/14 ...\O1_MF_ITB_STAR_9L92G414_.DBF
  73      Full 3114519    17/03/14 ...\O1_MF_ITB_TRAN_9L92G470_.DBF

BS Key  Type LV Size       Device Type Elapsed Time Completion Time
------- ---- -- ---------- ----------- ------------ ---------------
16291   Full    242.94M    DISK        00:00:27     17/03/14
        BP Key: 16298   Status: AVAILABLE  Compressed: YES  Tag: CONTENEUR PIERRES COMPLET
        Piece Name: S:\SAUVEGARDES01\PIERRES_32P3ECMQ_1_1_20140317.BKP
  Liste des fichiers de données dans l'ensemble de sauvegarde 16291
  Container ID: 3, PDB Name: JASPE
  File LV Type Ckp SCN    Ckp Time Name
  ---- -- ---- ---------- -------- ----
  41      Full 3114535    17/03/14 ...\SYSTEM_JASPE.DBF
  42      Full 3114535    17/03/14 ...\SYSAUX_JASPE.DBF
  44      Full 3114535    17/03/14 ...\DTB_TRAN.DBF
  84      Full 3114535    17/03/14 ...\O1_MF_DTB_STAR_9L9FP4RF_.DBF
  85      Full 3114535    17/03/14 ...\O1_MF_ITB_STAR_9L9FPBTP_.DBF
  86      Full 3114535    17/03/14 ...\O1_MF_ITB_TRAN_9L9FPCTP_.DBF
  92      Full 3114535    17/03/14 ...\O1_MF_CATALOGU_9L9P96WN_.DBF

BS Key  Type LV Size       Device Type Elapsed Time Completion Time
------- ---- -- ---------- ----------- ------------ ---------------
16292   Full    234.02M    DISK        00:00:28     17/03/14
```

```
        BP Key: 16299   Status: AVAILABLE  Compressed: YES  Tag: CONTENEUR PIERRES COMPLET
        Piece Name: S:\SAUVEGARDES01\PIERRES_33P3ECNT_1_1_20140317.BKP
  Liste des fichiers de données dans l'ensemble de sauvegarde 16292
  Container ID: 4, PDB Name: AMBRE

  File LV Type Ckp SCN    Ckp Time Name
  ---- -- ---- ---------- -------- ----
   45     Full 3114577    17/03/14 ...\SYSTEM_JASPE.DBF
   46     Full 3114577    17/03/14 ...\SYSAUX_JASPE.DBF
   47     Full 3114577    17/03/14 ...\DTB_TRAN.DBF
   60     Full 3114577    17/03/14 .../donnes_onyx.294.841422653
   74     Full 3114577    17/03/14 .../dtb_star.288.842299181
   75     Full 3114577    17/03/14 .../itb_star.285.842299181
   76     Full 3114577    17/03/14 .../itb_tran.284.842299181


BS Key  Type LV Size       Device Type Elapsed Time Completion Time
------- ---- -- ---------- ----------- ------------ ---------------
16293   Full    234.16M    DISK           00:00:29    17/03/14
        BP Key: 16300   Status: AVAILABLE  Compressed: YES  Tag: CONTENEUR PIERRES COMPLET
        Piece Name: S:\SAUVEGARDES01\PIERRES_34P3ECP0_1_1_20140317.BKP
  Liste des fichiers de données dans l'ensemble de sauvegarde 16293
  Container ID: 6, PDB Name: EMERAUDE

  File LV Type Ckp SCN    Ckp Time Name
  ---- -- ---- ---------- -------- ----
   67     Full 3114613    17/03/14 .../o1_mf_system_9kfx07dd_.dbf
   68     Full 3114613    17/03/14 .../o1_mf_sysaux_9kfx07cw_.dbf
   69     Full 3114613    17/03/14 .../o1_mf_dtb_tran_9kfx07dd_.dbf
   77     Full 3114613    17/03/14 ...\O1_MF_DTB_STAR_9L990CW9_.DBF
   78     Full 3114613    17/03/14 ...\O1_MF_ITB_STAR_9L990D4W_.DBF
   79     Full 3114613    17/03/14 ...\O1_MF_ITB_TRAN_9L990DH3_.DBF


BS Key  Type LV Size       Device Type Elapsed Time Completion Time
------- ---- -- ---------- ----------- ------------ ---------------
16294   Full    191.73M    DISK           00:00:20    17/03/14
        BP Key: 16301   Status: AVAILABLE  Compressed: YES  Tag: CONTENEUR PIERRES COMPLET
        Piece Name: S:\SAUVEGARDES01\PIERRES_35P3ECQ4_1_1_20140317.BKP
  Liste des fichiers de données dans l'ensemble de sauvegarde 16294
  Container ID: 2, PDB Name: PDB$SEED
  File LV Type Ckp SCN    Ckp Time Name
  ---- -- ---- ---------- -------- ----
   2      Full 2011308    04/03/14 ...\O1_MF_SYSTEM_9KC03PTQ_.DBF
   4      Full 2011308    04/03/14 ...\O1_MF_SYSAUX_9KC040NJ_.DBF
```

Vous pouvez choisir de sauvegarder une ou plusieurs bases de données insérées à partir de la base conteneur.

```
RMAN> backup pluggable database emeraude tag 'pdb emeraude';
...
RMAN> list backup tag 'pdb emeraude';


Liste des ensembles de sauvegarde
==================


BS Key  Type LV Size       Device Type Elapsed Time Completion Time
------- ---- -- ---------- ----------- ------------ ---------------
16695   Full    234.16M    DISK           00:00:30    17/03/14
        BP Key: 16698   Status: AVAILABLE  Compressed: YES  Tag: PDB EMERAUDE
        Piece Name: S:\SAUVEGARDES01\PIERRES_3DP3EE5D_1_1_20140317.BKP
  Liste des fichiers de données dans l'ensemble de sauvegarde 16695
  Container ID: 6, PDB Name: EMERAUDE
  File LV Type Ckp SCN    Ckp Time Name
  ---- -- ---- ---------- -------- ----
```

```
  67       Full 3124878     17/03/14 .../o1_mf_system_9kfx07dd_.dbf
  68       Full 3124878     17/03/14 .../o1_mf_sysaux_9kfx07cw_.dbf
  69       Full 3124878     17/03/14 .../o1_mf_dtb_tran_9kfx07dd_.dbf
  77       Full 3124878     17/03/14 ...\O1_MF_DTB_STAR_9L990CW9_.DBF
  78       Full 3124878     17/03/14 ...\O1_MF_ITB_STAR_9L990D4W_.DBF
  79       Full 3124878     17/03/14 ...\O1_MF_ITB_TRAN_9L990DH3_.DBF
canal ORA_DISK_1 : démarrage de l'élément 1 dans 17/03/14
```

Il est possible de sauvegarder un tablespace qui appartient à une base de données insérée avec la syntaxe suivante : BACKUP TABLESPACE nomPDB:nom_tablespace ;

```
RMAN> backup tablespace jaspe:dtb_tran,ambre:dtb_tran,emeraude:dtb_tran,
2>  ambre:dtb_star,emeraude:dtb_star tag 'tous les tablespaces dtb_tran';
...
RMAN> list backup tag 'tous les tablespaces dtb_tran';


Liste des ensembles de sauvegarde
====================

BS Key  Type LV Size       Device Type Elapsed Time Completion Time
------- ---- -- ---------- ----------- ------------ ---------------
16455   Full    24.38M     DISK        00:00:02     17/03/14
        BP Key: 16460   Status: AVAILABLE  Compressed: YES  Tag: TOUS LES TABLESPACES
DTB_TRAN
        Piece Name: S:\SAUVEGARDES01\PIERRES_37P3EDO9_1_1_20140317.BKP
  Liste des fichiers de données dans l'ensemble de sauvegarde 16455
  Container ID: 4, PDB Name: AMBRE
  File LV Type Ckp SCN    Ckp Time Name
  ---- -- ---- ---------- -------- ----
  47       Full 3124078   17/03/14 ...\DTB_TRAN.DBF
  74       Full 3124078   17/03/14 .../dtb_star.288.842299181


BS Key  Type LV Size       Device Type Elapsed Time Completion Time
------- ---- -- ---------- ----------- ------------ ---------------
16456   Full    24.38M     DISK        00:00:02     17/03/14
        BP Key: 16461   Status: AVAILABLE  Compressed: YES  Tag: TOUS LES TABLESPACES
DTB_TRAN
        Piece Name: S:\SAUVEGARDES01\PIERRES_38P3EDOC_1_1_20140317.BKP
  Liste des fichiers de données dans l'ensemble de sauvegarde 16456
  Container ID: 6, PDB Name: EMERAUDE
  File LV Type Ckp SCN    Ckp Time Name
  ---- -- ---- ---------- -------- ----
  69       Full 3124080   17/03/14 .../o1_mf_dtb_tran_9kfx07dd_.dbf
  77       Full 3124080   17/03/14 ...\O1_MF_DTB_STAR_9L990CW9_.DBF


BS Key  Type LV Size       Device Type Elapsed Time Completion Time
------- ---- -- ---------- ----------- ------------ ---------------
16457   Full    2.85M      DISK        00:00:00     17/03/14
        BP Key: 16462   Status: AVAILABLE  Compressed: YES  Tag: TOUS LES TABLESPACES
DTB_TRAN
        Piece Name: S:\SAUVEGARDES01\PIERRES_39P3EDOF_1_1_20140317.BKP
  Liste des fichiers de données dans l'ensemble de sauvegarde 16457
  Container ID: 3, PDB Name: JASPE
  File LV Type Ckp SCN    Ckp Time Name
  ---- -- ---- ---------- -------- ----
  44       Full 3124082   17/03/14 D:\DONNEES\ORADATA\PIERRES\JASPE\DTB_TRAN.DBF
```

De la même manière, si vous vous connectez à une de base de données insérée, vous pouvez la sauvegarder, ainsi que le fichier de contrôle de la base de données conteneur. Il n'est pas possible de se connecter avec le catalogue de sauvegarde à une base de données insérée.

```
RMAN> backup database tag 'pdb jaspe';
...
RMAN> list backup tag 'pdb jaspe';

Liste des ensembles de sauvegarde
===================

BS Key  Type LV Size         Device Type Elapsed Time Completion Time
------- ---- -- ---------- ----------- ------------ ----------------
60      Full   243.08M    DISK        00:00:27    17/03/14
        BP Key: 60   Status: AVAILABLE  Compressed: YES  Tag: PDB JASPE
        Piece Name: S:\SAUVEGARDES01\PIERRES_3FP3EEGO_1_1_20140317.BKP
  Liste des fichiers de données dans l'ensemble de sauvegarde 60
  File LV Type Ckp SCN    Ckp Time Name
  ---- -- ---- ---------- -------- ----
    41     Full 3125216    17/03/14 ...\SYSTEM_JASPE.DBF
    42     Full 3125216    17/03/14 ...\SYSAUX_JASPE.DBF
    44     Full 3125216    17/03/14 ...\DTB_TRAN.DBF
    84     Full 3125216    17/03/14 ...\O1_MF_DTB_STAR_9L9FP4RF_.DBF
    85     Full 3125216    17/03/14 ...\O1_MF_ITB_STAR_9L9FPBTP_.DBF
    86     Full 3125216    17/03/14 ...\O1_MF_ITB_TRAN_9L9FPCTP_.DBF
    92     Full 3125216    17/03/14 ...\O1_MF_CATALOGU_9L9P96WN_.DBF
```

5

La sauvegarde avancée

Objectifs

À la fin de ce module, vous serez à même d'effectuer les tâches suivantes :

- Décrire la manière dont RMAN effectue des sauvegardes.
- Mettre en place une stratégie de sauvegarde incrémentielle propre à votre système d'information.
- Mettre en place une stratégie de sauvegarde incrémentielle avec mise à jour, pour optimiser la place occupée par les sauvegardes et le temps de restauration d'une base de données.
- Optimiser les sauvegardes incrémentielles en utilisant un fichier de suivi de modifications.
- Décrire les méthodes utilisées par ORACLE pour détecter les blocs altérés.
- Gérer une stratégie de détection proactive des blocs altérés.

Contenu

La sauvegarde incrémentielle

À la place des sauvegardes complètes, il est possible de réaliser des sauvegardes incrémentielles. Cette méthode de sauvegarde permet de copier uniquement les blocs de données qui ont subi des modifications depuis la dernière sauvegarde incrémentielle. Elle permet de réduire considérablement la quantité de données sauvegardées, réduisant ainsi l'espace et le temps requis pour exécuter l'opération et enregistrer les fichiers.

Les sauvegardes incrémentielles utilisent la notion de niveau de sauvegarde. Celui-ci est indiqué sous forme d'un nombre entier compris entre 0 et 4. Lors d'une sauvegarde de ce type, le SCN de point de contrôle du fichier de données concerné est consigné dans le fichier de contrôle cible avec le niveau de sauvegarde. Les sauvegardes incrémentielles successives déterminent ensuite les blocs à copier en se référant au niveau de sauvegarde incrémentielle précédent et au SCN.

Attention

Une sauvegarde incrémentielle de niveau 0 demande la copie de tous les blocs utilisés des fichiers de données à sauvegarder. Seuls les blocs qui n'ont jamais servi sont ignorés. Elle est identique à une sauvegarde complète de la base de données.

Une sauvegarde complète ne peut pas être utilisée comme base de départ pour les sauvegardes incrémentielles.

Les sauvegardes de niveau supérieur à 0 ne concernent que les blocs qui ont été modifiés dans l'intervalle et demandent par conséquent moins de temps et de place.

Une sauvegarde incrémentielle se fonde sur une autre sauvegarde incrémentielle pour déterminer les blocs à copier, et non sur une sauvegarde complète. Ces sauvegardes peuvent être de deux types : cumulatif ou différentiel.

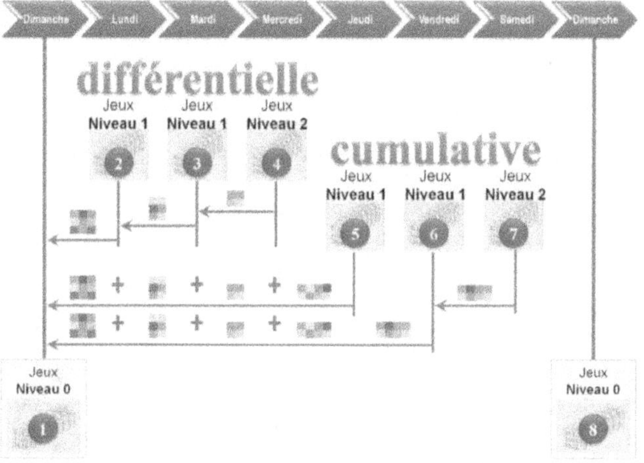

La syntaxe de mise en œuvre de la sauvegarde incrémentielle est :

```
BACKUP INCREMENTAL LEVEL valeur [CUMULATIVE] ...

        TAG 'nom_sauvegarde_niveau' ;
```

valeur   Le niveau de la sauvegarde compris entre 0 et 4.

Conseil

Dans un environnement de type informatique décisionnelle où les changements sont rares, des sauvegardes différentielles peuvent être plus appropriées.

Dans tous les cas, l'emploi d'une approche incrémentielle permet d'accélérer considérablement le processus de récupération.

La sauvegarde différentielle

Pour mieux comprendre la technique de sauvegarde différentielle, jetez un coup d'œil sur l'image précédente qui illustre une succession de sauvegardes de ce type sur une semaine. Lors d'une sauvegarde différentielle de niveau 1, tous les blocs qui ont changé depuis la dernière sauvegarde de niveau 1 sont copiés. S'il n'y a pas eu de sauvegarde de ce niveau, tous les blocs modifiés depuis la dernière sauvegarde de niveau 0 sont alors copiés. La sauvegarde différentielle est le type par défaut choisi par RMAN lorsque qu'il s'agit d'une sauvegarde incrémentielle.

La sauvegarde différentielle copie tous les blocs de données qui ont changé depuis la dernière sauvegarde incrémentielle de niveau égal ou inférieur.

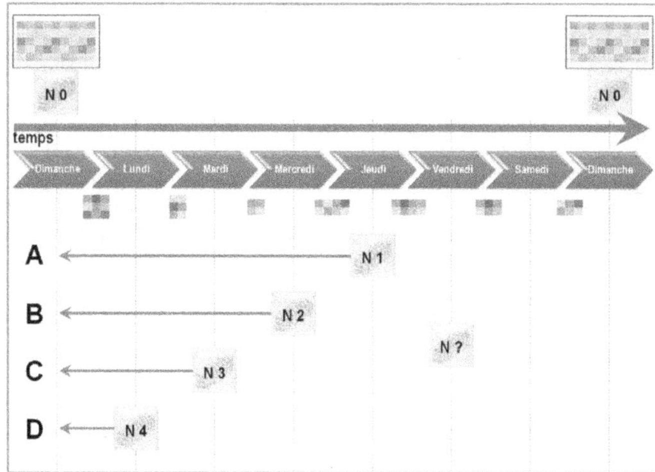

Dans l'image précédente vous sont présentés quatre cas de sauvegardes représentées par les lettres de A à D. Vendredi vous avez la possibilité d'effectuer une sauvegarde ; le tableau suivant récapitule depuis quand les blocs modifiés sont sauvegardés, suivant le niveau possible de votre sauvegarde.

	N1	*N2*	*N3*	*N4*
A	Jeudi	Jeudi	Jeudi	Jeudi
B	Dimanche	Mercredi	Mercredi	Mercredi
C	Dimanche	Dimanche	Mardi	Mardi
D	Dimanche	Dimanche	Dimanche	Lundi

```
RMAN> BACKUP INCREMENTAL LEVEL 1 DATABASE TAG 'JEU_INC_N1_DIF';

Démarrage de backup dans 13/07/08
utilisation du canal ORA_DISK_1
canal ORA_DISK_1 : démarrage de l'ensemble de sauvegarde compressé de fichiers de données de niveau
incrémentiel 1
canal ORA_DISK_1 : insertion du(des) fichier(s) de données dans l'ensemble de sauvegarde
fichier de données en entrée, numéro=00002, nom=+DONNEES_01/diamant/datafile/sysaux.257.654522287
fichier de données en entrée, numéro=00001, nom=+DONNEES_01/diamant/datafile/system.256.654522245
fichier de données en entrée, numéro=00003, nom=+DONNEES_01/diamant/datafile/undotbs1.258.654522411
fichier de données en entrée, numéro=00009, nom=+DONNEES_01/diamant/datafile/gvclob.263.659967743
fichier de données en entrée, numéro=00005, nom=+DONNEES_01/diamant/datafile/gvdata.267.659967727
fichier de données en entrée, numéro=00006, nom=+DONNEES_01/diamant/datafile/gvindx.266.659967733
```

```
fichier de données en entrée, numéro=00007, nom=+DONNEES_01/diamant/datafile/gvedata.265.659967735
fichier de données en entrée, numéro=00008, nom=+DONNEES_01/diamant/datafile/gveindx.264.659967741
fichier de données en entrée, numéro=00004, nom=+DONNEES_01/diamant/datafile/users.260.654522555
canal ORA_DISK_1 : démarrage de l'élément 1 dans 13/07/08
canal ORA_DISK_1 : élément 1 terminé dans 13/07/08
descripteur d'élément=/u02/sav/1mjlcp53_1_1 balise=JEU_INC_N1_DIF commentaire=NONE
canal ORA_DISK_1 : ensemble de sauvegarde terminé, temps écoulé : 00:01:26
Fin de backup dans 13/07/08

Démarrage de Control File and SPFILE Autobackup dans 13/07/08
descripteur d'élément=/u02/sav/ctl_c-3227550863-20080713-05 commentaire=NONE
Fin de Control File and SPFILE Autobackup dans 13/07/08
```

La sauvegarde cumulative

Une sauvegarde cumulative copie tous les blocs modifiés depuis la dernière sauvegarde incrémentielle de niveau strictement inférieur.

Par exemple, lors d'une sauvegarde cumulative de niveau 2, tous les blocs utilisés depuis la dernière sauvegarde de niveau 1 sont copiés. S'il n'y a pas de niveau 1, tous les blocs modifiés depuis la dernière sauvegarde de niveau 0 sont copiés.

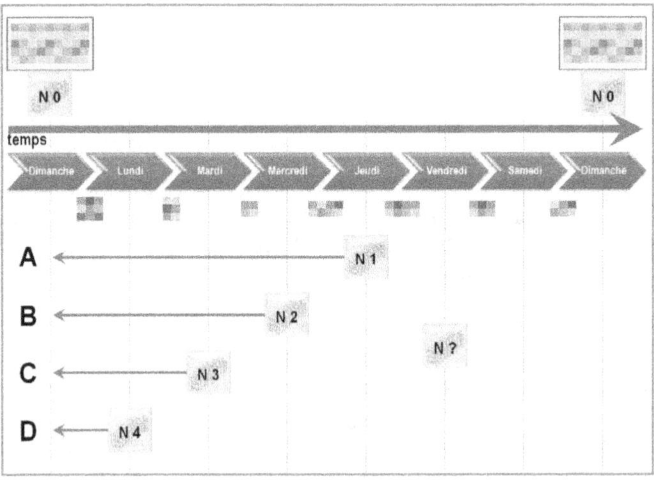

Voici le tableau récapitulatif pour les sauvegardes figurées par l'image précédente, dans le cas d'une sauvegarde cumulative.

	N1	*N2*	*N3*	*N4*
A	Dimanche	Jeudi	Jeudi	Jeudi
B	Dimanche	Dimanche	Mercredi	Mercredi
C	Dimanche	Dimanche	Dimanche	Mardi
D	Dimanche	Dimanche	Dimanche	Dimanche

Les sauvegardes cumulatives sont plus volumineuses et prendront plus de temps processeur que les sauvegardes différentielles, mais lors d'une opération de restauration et de récupération, seuls deux jeux de sauvegarde seront requis.

```
RMAN> BACKUP INCREMENTAL LEVEL 1 CUMULATIVE DATABASE
2>                 TAG 'JEU_INC_N1_CUM';


Démarrage de backup dans 13/07/08
utilisation du canal ORA_DISK_1
canal ORA_DISK_1 : démarrage de l'ensemble de sauvegarde compressé de fichiers de données de niveau
incrémentiel 1
canal ORA_DISK_1 : insertion du(des) fichier(s) de données dans l'ensemble de sauvegarde
fichier de données en entrée, numéro=00002, nom=+DONNEES_01/diamant/datafile/sysaux.257.654522287
fichier de données en entrée, numéro=00001, nom=+DONNEES_01/diamant/datafile/system.256.654522245
fichier de données en entrée, numéro=00003, nom=+DONNEES_01/diamant/datafile/undotbs1.258.654522411
fichier de données en entrée, numéro=00009, nom=+DONNEES_01/diamant/datafile/gvclob.263.659967743
fichier de données en entrée, numéro=00005, nom=+DONNEES_01/diamant/datafile/gvdata.267.659967727
fichier de données en entrée, numéro=00006, nom=+DONNEES_01/diamant/datafile/gvindx.266.659967733
fichier de données en entrée, numéro=00007, nom=+DONNEES_01/diamant/datafile/gvedata.265.659967735
fichier de données en entrée, numéro=00008, nom=+DONNEES_01/diamant/datafile/gveindx.264.659967741
fichier de données en entrée, numéro=00004, nom=+DONNEES_01/diamant/datafile/users.260.654522555
canal ORA_DISK_1 : démarrage de l'élément 1 dans 13/07/08
canal ORA_DISK_1 : élément 1 terminé dans 13/07/08
descripteur d'élément=/u02/sav/1ojlcpah_1_1 balise=JEU_INC_N1_CUM commentaire=NONE
canal ORA_DISK_1 : ensemble de sauvegarde terminé, temps écoulé : 00:00:16
Fin de backup dans 13/07/08


Démarrage de Control File and SPFILE Autobackup dans 13/07/08
descripteur d'élément=/u02/sav/ctl_c-3227550863-20080713-06 commentaire=NONE
Fin de Control File and SPFILE Autobackup dans 13/07/08


RMAN> LIST BACKUP;


Liste des ensembles de sauvegarde
===================
...
BS Key  Type LV Size       Device Type Elapsed Time Completion Time
------- ---- -- ---------- ----------- ------------ ---------------
8094    Incr 0  336.24M    DISK        00:01:30     13/07/08
        BP Key: 8097    Status: AVAILABLE  Compressed: YES  Tag: JEU_INC_N0
        Piece Name: /u02/sav/1kjlcp14_1_1
  Liste des fichiers de données dans l'ensemble de sauvegarde 8094
  File LV Type Ckp SCN   Ckp Time Name
  ---- -- ---- --------- -------- ----
  1    0  Incr 2768586   13/07/08 +DONNEES_01/diamant/datafile/system.256.654522245
  2    0  Incr 2768586   13/07/08 +DONNEES_01/diamant/datafile/sysaux.257.654522287
  3    0  Incr 2768586   13/07/08 +DONNEES_01/diamant/datafile/undotbs1.258.654522411
  4    0  Incr 2768586   13/07/08 +DONNEES_01/diamant/datafile/users.260.654522555
  5    0  Incr 2768586   13/07/08 +DONNEES_01/diamant/datafile/gvdata.267.659967727
  6    0  Incr 2768586   13/07/08 +DONNEES_01/diamant/datafile/gvindx.266.659967733
  7    0  Incr 2768586   13/07/08 +DONNEES_01/diamant/datafile/gvedata.265.659967735
  8    0  Incr 2768586   13/07/08 +DONNEES_01/diamant/datafile/gveindx.264.659967741
  9    0  Incr 2768586   13/07/08 +DONNEES_01/diamant/datafile/gvclob.263.659967743
...


BS Key  Type LV Size       Device Type Elapsed Time Completion Time
------- ---- -- ---------- ----------- ------------ ---------------
8167    Incr 1  712.00K    DISK        00:01:20     13/07/08
        BP Key: 8170    Status: AVAILABLE  Compressed: YES  Tag: JEU_INC_N1_DIF
        Piece Name: /u02/sav/1mjlcp53_1_1
  Liste des fichiers de données dans l'ensemble de sauvegarde 8167
  File LV Type Ckp SCN   Ckp Time Name
  ---- -- ---- --------- -------- ----
  1    1  Incr 2768748   13/07/08 +DONNEES_01/diamant/datafile/system.256.654522245
```

```
     2    1  Incr 2768748    13/07/08 +DONNEES_01/diamant/datafile/sysaux.257.654522287
     3    1  Incr 2768748    13/07/08 +DONNEES_01/diamant/datafile/undotbs1.258.654522411
     4    1  Incr 2768748    13/07/08 +DONNEES_01/diamant/datafile/users.260.654522555
     5    1  Incr 2768748    13/07/08 +DONNEES_01/diamant/datafile/gvdata.267.659967727
     6    1  Incr 2768748    13/07/08 +DONNEES_01/diamant/datafile/gvindx.266.659967733
     7    1  Incr 2768748    13/07/08 +DONNEES_01/diamant/datafile/gvedata.265.659967735
     8    1  Incr 2768748    13/07/08 +DONNEES_01/diamant/datafile/gveindx.264.659967741
     9    1  Incr 2768748    13/07/08 +DONNEES_01/diamant/datafile/gvclob.263.659967743

...

BS Key  Type LV Size       Device Type Elapsed Time Completion Time
------- ---- -- ---------- ----------- ------------ ----------------
8246      Incr 1  760.00K    DISK        00:00:17     13/07/08
          BP Key: 8249   Status: AVAILABLE  Compressed: YES  Tag: JEU_INC_N1_CUM
          Piece Name: /u02/sav/1ojlcpah_1_1
  Liste des fichiers de données dans l'ensemble de sauvegarde 8246
  File LV Type Ckp SCN    Ckp Time Name
  ---- -- ---- ---------- -------- ----
     1    1  Incr 2768889    13/07/08 +DONNEES_01/diamant/datafile/system.256.654522245
     2    1  Incr 2768889    13/07/08 +DONNEES_01/diamant/datafile/sysaux.257.654522287
     3    1  Incr 2768889    13/07/08 +DONNEES_01/diamant/datafile/undotbs1.258.654522411
     4    1  Incr 2768889    13/07/08 +DONNEES_01/diamant/datafile/users.260.654522555
     5    1  Incr 2768889    13/07/08 +DONNEES_01/diamant/datafile/gvdata.267.659967727
     6    1  Incr 2768889    13/07/08 +DONNEES_01/diamant/datafile/gvindx.266.659967733
     7    1  Incr 2768889    13/07/08 +DONNEES_01/diamant/datafile/gvedata.265.659967735
     8    1  Incr 2768889    13/07/08 +DONNEES_01/diamant/datafile/gveindx.264.659967741
     9    1  Incr 2768889    13/07/08 +DONNEES_01/diamant/datafile/gvclob.263.659967743

...
```

La sauvegarde différentielle ou cumulative

Votre décision d'utiliser des sauvegardes cumulatives ou différentielles dépend en partie du temps processeur que vous pouvez y consacrer et de l'espace disque dont vous disposez.

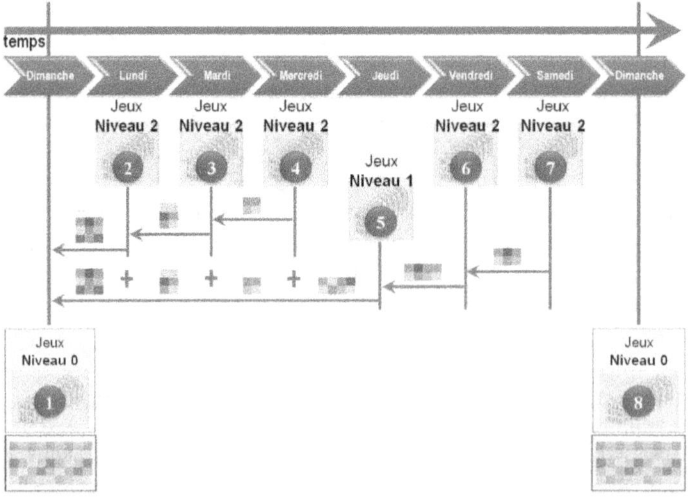

Les sauvegardes différentielles

Elles copient moins de blocs de données que les sauvegardes cumulatives ; elles créent par conséquent des éléments de sauvegarde plus petits qui nécessitent moins de temps. L'inconvénient en cas de panne est que la restauration prend plus de temps, car davantage de jeux de sauvegarde doivent être utilisés.

Les sauvegardes cumulatives

Elles sont plus rapides à restaurer car elles nécessitent moins de jeux de sauvegarde. Par contre, les mêmes blocs de données sont copiés plusieurs fois dans les sauvegardes de même niveau. En résultent des fichiers ou éléments de sauvegarde plus gros qui nécessitent un temps de sauvegarde plus long.

Une solution peut être la combinaison des deux méthodes dans un jeu de sauvegarde, pour optimiser les ressources du serveur. Reprenons notre exemple de stratégie différentielle, illustré à la figure précédente. Si le fichier de données sauvegardé est perdu le samedi, les sauvegardes suivantes seront nécessaires pour restaurer le fichier par RMAN :

– La sauvegarde incrémentielle de niveau 0 du dimanche. Elle contient tous les blocs qui ont déjà été utilisés dans le fichier de données. Une sauvegarde de ce niveau doit être restaurée comme base pour les restaurations à venir.

– La sauvegarde différentielle de niveau 1 du jeudi. Elle permet de récupérer tous les blocs modifiés depuis dimanche et non inclus dans la sauvegarde du dimanche.

– La sauvegarde différentielle de niveau 2 du vendredi. Elle permet de récupérer les modifications intervenues depuis la sauvegarde du jeudi.

La sauvegarde incrémentielle avec mise à jour

Il est possible de combiner une sauvegarde de type copie-image de la base de données avec les sauvegardes incrémentielles successives de la base de données.

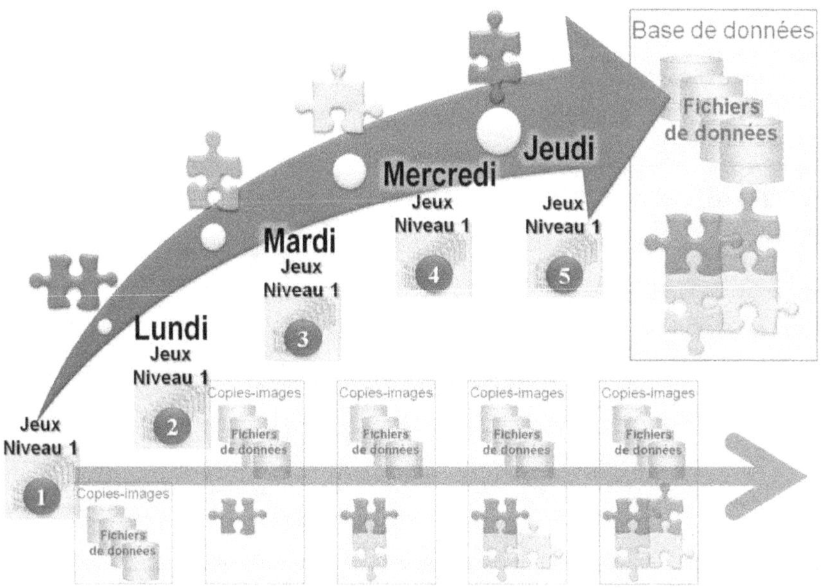

La syntaxe qui permet d'effectuer une sauvegarde incrémentielle avec mise à jour est :

```
BACKUP INCREMENTAL LEVEL valeur FOR RECOVER OF COPY
        WITH TAG 'nom_sauvegarde_niveau' ;
```

`FOR RECOVER OF COPY`	Cette option spécifie que la sauvegarde incrémentielle doit contenir tous les changements jusqu'au SCN du fichier dans la base de données cible. Cette option crée automatiquement la sauvegarde copie-image de tous les fichiers s'ils n'existent pas. Si les fichiers existent déjà, cette option crée un jeu de sauvegarde qui est utilisé pour appliquer les changements à la sauvegarde copie-image précédemment créée.
`valeur`	Le niveau de la sauvegarde doit être automatiquement 1 ou supérieur.
`TAG`	L'emploi d'un libellé avec une sauvegarde RMAN permet de se référer plus facilement à des sauvegardes spécifiques lors d'opérations de récupération.

Attention

L'emploi d'un libellé avec une sauvegarde RMAN nous permet d'appliquer la sauvegarde incrémentielle à la bonne sauvegarde copie-image.

Si la commande backup ne contient pas de libellé, RMAN en génère un automatiquement pour le jeu de sauvegarde qui est unique dans la base cible.

La syntaxe de sauvegarde incrémentielle doit être accompagnée par la mise en place des changements dans la sauvegarde copie-image précédemment créée.

```
RECOVER COPY OF [WITH TAG 'libellé']

          { DATABASE | DATAFILE | TABLESPACE} ;
```

Pour aboutir, la commande de récupération précédente n'exige pas une sauvegarde de type copie-image. Si la sauvegarde n'existe pas, alors un message est affiché sans effet sur le déroulement la commande.

Il est possible de créer un script avec les deux commandes, qui permet de sauvegarder et de mettre à jour les fichiers de la sauvegarde de copie-image. Il faut commencer par la commande « **RECOVER** » et continuer avec la commande « **BACKUP** ». Ainsi pour la première exécution, la commande « **RECOVER** » est sans effet et la commande « **BACKUP** » crée automatiquement la sauvegarde copie-image initiale.

```
RMAN> RUN
2> {
3>      RECOVER COPY OF DATABASE
4>             WITH TAG 'INC_COPY_MAJOUR';
5>      BACKUP INCREMENTAL LEVEL 1
6>             FOR RECOVER OF COPY WITH
7>             TAG 'INC_COPY_MAJOUR'
8>      DATABASE;
9> }
Démarrage de recover dans 14/07/08
canal affecté : ORA_DISK_1
canal ORA_DISK_1 : SID=111 type d'unité=DISK
aucune copie du fichier de données 1 n'a été trouvée pour la récupération
...
Fin de recover dans 14/07/08


Démarrage de backup dans 14/07/08
utilisation du canal ORA_DISK_1
aucun sauvegarde ou copie parent du fichier de données 2 n'a été trouvée
...
canal ORA_DISK_1 : démarrage de la copie de fichier de données
fichier de données en entrée, numéro=00002, nom=+DONNEES_01/diamant/datafile/sysaux.257.654522287
nom de fichier de sortie=+DONNEES_03/diamant/datafile/sysaux.281.660012221 balise=INC_COPY_MAJOUR
RECID=5 STAMP=660012605
canal ORA_DISK_1 : copie de fichier de données terminée, temps écoulé : 00:06:48
```

```
canal ORA_DISK_1 : démarrage de la copie de fichier de données
fichier de données en entrée, numéro=00001, nom=+DONNEES_01/diamant/datafile/system.256.654522245
nom de fichier de sortie=+DONNEES_03/diamant/datafile/system.277.660012653 balise=INC_COPY_MAJOUR
RECID=6 STAMP=660012757
canal ORA_DISK_1 : copie de fichier de données terminée, temps écoulé : 00:03:17
...
```

Conseil

La mise en place d'une sauvegarde incrémentielle avec des mises à jour quotidiennes permet de s'assurer de n'avoir besoin pour la récupération que de la sauvegarde copie-image mise à jour de la dernière sauvegarde incrémentielle de niveau 1, des fichiers journaux en ligne et des fichiers des fichiers journaux archivés depuis la sauvegarde incrémentielle.

Pour la deuxième exécution ; la commande « **RECOVER** » n'a toujours pas de sauvegarde pour effectuer la mise en place des changements. La commande « **BACKUP** » effectue le premier jeu de sauvegarde qui permettra d'appliquer les changements à la sauvegarde copie-image par la commande « **RECOVER** » au pas suivant.

```
RMAN> RUN
2> {
3>      RECOVER COPY OF DATABASE
4>              WITH TAG 'INC_COPY_MAJOUR';
5>      BACKUP INCREMENTAL LEVEL 1
6>              FOR RECOVER OF COPY WITH
7>              TAG 'INC_COPY_MAJOUR'
8>      DATABASE;
9> }

Démarrage de recover dans 14/07/08
lancement de la resynchronisation complète du catalogue de récupération
resynchronisation complète terminée
utilisation du canal ORA_DISK_1
aucune copie du fichier de données 1 n'a été trouvée pour la récupération
...
Fin de recover dans 14/07/08


Démarrage de backup dans 14/07/08
utilisation du canal ORA_DISK_1
canal ORA_DISK_1 : démarrage de l'ensemble de sauvegarde compressé de fichiers de données de niveau
incrémentiel 1
canal ORA_DISK_1 : insertion du(des) fichier(s) de données dans l'ensemble de sauvegarde
fichier de données en entrée, numéro=00002, nom=+DONNEES_01/diamant/datafile/sysaux.257.654522287
...
canal ORA_DISK_1 : démarrage de l'élément 1 dans 14/07/08
canal ORA_DISK_1 : élément 1 terminé dans 14/07/08
descripteur
d'élément=+DONNEES_03/diamant/backupset/2008_07_14/nnndn1_tag20080714t032415_0.287.660021883
balise=TAG20080714T032415 commentaire=NONE
canal ORA_DISK_1 : ensemble de sauvegarde terminé, temps écoulé : 00:11:43
Fin de backup dans 14/07/08
...


RMAN> RUN
2> {
3>      RECOVER COPY OF DATABASE
4>              WITH TAG 'INC_COPY_MAJOUR';
5>      BACKUP INCREMENTAL LEVEL 1
6>              FOR RECOVER OF COPY WITH
7>              TAG 'INC_COPY_MAJOUR'
```

```
8>      DATABASE;
9> }


Démarrage de recover dans 14/07/08
utilisation du canal ORA_DISK_1
canal ORA_DISK_1 : démarrage de la restauration incrémentielle de l'ensemble de sauvegarde des
fichiers de données
canal ORA_DISK_1 : définition des copies de fichier de données à récupérer
récupération de la copie du fichier de sauvegarde, numéro=00001,
nom=+DONNEES_03/diamant/datafile/system.277.660012653
récupération de la copie du fichier de sauvegarde, numéro=00002,
nom=+DONNEES_03/diamant/datafile/sysaux.281.660012221
...
```

Le suivi de changements de blocs

Lors d'une sauvegarde incrémentielle traditionnelle, RMAN doit inspecter tous les blocs du tablespace ou des fichiers de données sauvegardés afin de déterminer ceux qui ont changé depuis la dernière sauvegarde. Mais lorsque la base de données est très grande, le temps requis pour examiner les blocs peut excéder de loin celui requis pour réaliser la sauvegarde.

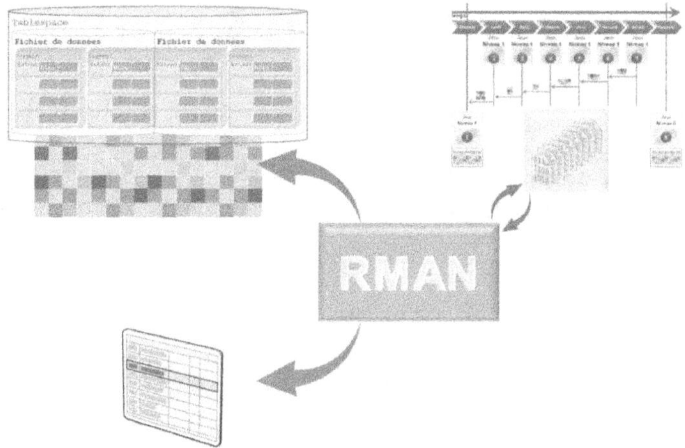

Fichier de suivi de modifications

Un moyen d'améliorer les performances des sauvegardes incrémentielles consiste à activer le suivi des changements de blocs. Ainsi, pour le suivi des changements de blocs, RMAN utilise un fichier recensant ces changements, qui lui permet de savoir d'emblée quels blocs ont été modifiés.

Conseil

Il faut noter que cette approche implique une légère surcharge en termes d'utilisation de l'espace et de maintenance du fichier qui doit être mis à jour chaque fois qu'un bloc change ; elle est très avantageuse lorsque des sauvegardes incrémentielles fréquentes sont nécessaires.

Oracle démarre le processus d'arrière-plan « **CTWR** » pour effectuer l'écriture des blocs dans le fichier de suivi des modifications.

L'espace occupé par ce fichier est égal à environ 1/250 000 de la taille de la base de données.

La syntaxe de mise en œuvre d'un fichier recensant les changements des blocs est la suivante :

```
ALTER DATABASE{ ENABLE BLOCK CHANGE TRACKING

    [ USING FILE 'fichier' [ REUSE ] ]

    | DISABLE BLOCK CHANGE TRACKING } ;
```

USING FILE	Vous devez utiliser cette option si vous n'utilisez pas OMF. Sinon la clause est superflue.
REUSE	Si vous utilisez l'option « **USING FILE** » et que le fichier existe déjà, vous devez utiliser cette option.

La vue dynamique de performances « **V$BLOCK_CHANGE_TRACKING** » contient le nom et la taille de ce fichier et indique si cette fonctionnalité a été activée.

```
[oracle@jupiter ~]$ . oraenv
ORACLE_SID = [gemmes] ? +ASM
[oracle@jupiter ~]$ rman target sys/Razvanpwd3@gemmes catalog rman/rman@topaze


Mot de passe de la base de données cible : XXXXXX
connecté à la base de données cible : GEMMES (DBID=1022042757)
connecté à la base de données du catalogue de récupération

RMAN> alter database enable block change tracking;


Instruction traitée

RMAN> select status, round(bytes/1024/1024) "Taille Mb", filename
2>      from v$block_change_tracking;


STATUS      Taille Mb
---------- ----------
FILENAME
------------------------------------------------------------------
ENABLED          11
+GD_DONNEES/GEMMES/CHANGETRACKING/ctf.284.842488053

RMAN> host 'asmcmd ls -s +GD_DONNEES/GEMMES/CHANGETRACKING';


Block_Size  Blocks      Bytes      Space  Name
      512   22657   11600384   12582912  ctf.284.842488053
la commande hôte a été execute

RMAN> host 'ps -ef |grep ctwr | grep -v grep';


oracle   18852     1  0 00:27 ?          00:00:03 ora_ctwr_gemmes
la commande hôte a été exécutée
```

La détection d'altérations

Le fait de disposer de plusieurs sauvegardes images ou de suffisamment de fichiers journaux archivés pour prendre en charge une fenêtre de récupération, n'a que peu d'intérêt si les fichiers de base de données ou les fichiers de contrôle sauvegardés présentent des altérations.

Oracle utilise plusieurs méthodes pour détecter les blocs corrompus dans l'ensemble des fichiers de la base de données.

Le contrôle implicite

Durant le fonctionnement normal de la base de données, Oracle vérifie toujours que certaines structures dans la partie en-tête du bloc correspondent à celles de la fin du bloc. Si elles ne sont pas cohérentes, et après des tentatives réitérées de lecture, le bloc sera signalé comme étant corrompu.

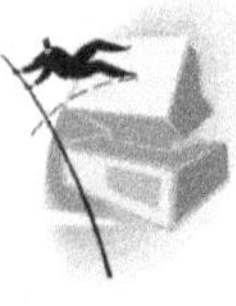

```
C:\> SQLPLUS STAGIAIRE/PWD@JASPE

SQL> CREATE TABLESPACE GVBLOC DATAFILE 'C:\APP\GVBLOC.DBF' SIZE 1M;

Tablespace créé.

SQL> CREATE TABLE EMP TABLESPACE GVBLOC AS SELECT * FROM EMPLOYES;

Table créée.

SQL> SELECT * FROM EMP;
SELECT * FROM EMP
              *
ERREUR à la ligne 1 :
ORA-01578: bloc de données ORACLE altéré (fichier # 12, bloc # 20)
ORA-01110: fichier de données 12 : 'C:\APP\GVBLOC.DBF'
```

Dans l'exemple précédent, le fichier de données « **C:\APP\GVBLOC.DBF** » a été modifié à l'aide d'un éditeur hexadécimal, ce qui permet de corrompre uniquement un bloc sans rendre le fichier complètement inutilisable. Le même message d'erreur est signalé dans le fichier de trace de la session et dans le fichier d'alerte.

La sauvegarde RMAN

Toute commande de sauvegarde à l'aide de **RMAN**, qui inclut le fichier de données « **C:\APP\GVBLOC.DBF** », est arrêtée dès qu'un bloc de données corrompu est détecté. Ce comportement peut être modifié en utilisant l'option « **SET MAXCORRUPT** » dans la commande de sauvegarde (la valeur 0 indique qu'elle s'applique à tous les fichiers). Cette option peut être définie avec une valeur différente pour chaque fichier spécifié. Lorsque le seuil défini est atteint, le prochain bloc altéré détecté provoque l'arrêt de l'opération.

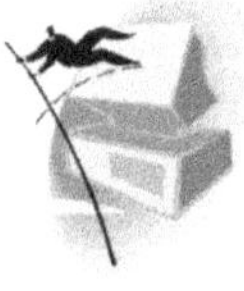

```
C:\> RMAN TARGET SYS/sys@JASPE CATALOG RMAN/RMAN@AMBRE

RMAN> BACKUP DATAFILE 12;

Démarrage de backup dans 14/07/08
lancement de la resynchronisation complète du catalogue de récupération
resynchronisation complète terminée
canal affecté : ORA_DISK_1
canal ORA_DISK_1 : SID=170 type d'unité=DISK
canal ORA_DISK_1 : démarrage de l'ensemble de sauvegarde compressé de tous les fichiers de données
canal ORA_DISK_1 : insertion du(des) fichier(s) de données dans l'ensemble de sauvegarde
fichier de données en entrée, numéro=00012, nom=C:\APP\GVBLOC.DBF
canal ORA_DISK_1 : démarrage de l'élément 1 dans 14/07/08
RMAN-00571: ===========================================================
RMAN-00569: =============== ERROR MESSAGE STACK FOLLOWS ===============
RMAN-00571: ===========================================================
RMAN-03009: échec de la commande backup sur le canal ORA_DISK_1 à 07/14/2008 20:23:21
ORA-19566: la limite de 0 blocs altérés pour le fichier C:\APP\GVBLOC.DBF est dépassée

RMAN> RUN
2> {
3>     SET MAXCORRUPT FOR DATAFILE 12 TO 1;
4>     BACKUP DATAFILE 12 ;
5> }

exécution de la commande : SET MAX CORRUPT

Démarrage de backup dans 14/07/08
...
fichier de données en entrée, numéro=00012, nom=C:\APP\GVBLOC.DBF
canal ORA_DISK_1 : démarrage de l'élément 1 dans 14/07/08
```

```
canal ORA_DISK_1 : élément 1 terminé dans 14/07/08
descripteur
d'élément=+DONNEES_03/jaspe/backupset/2008_07_14/nnndf0_tag20080714t204739_0.285.660084465
balise=TAG20080714T204739 commentaire=NONE
canal ORA_DISK_1 : ensemble de sauvegarde terminé, temps écoulé : 00:00:01
Fin de backup dans 14/07/08
```

Note

Utilisez « **SET MAXCORRUPT** » avec beaucoup de précaution pour éviter d'avoir des fichiers contenant trop de blocs erronés. Lorsque des blocs sont restaurés à partir d'une sauvegarde qui contient des blocs corrompus, une erreur « **ORA-1578** » se produit quand une requête tente de les lire.

Tous les blocs corrompus détectés sont consignés dans la vue dynamique de performances « **V$DATABASE_BLOCK_CORRUPTION** ».

FILE#	Le numéro du fichier de données.
BLOCK#	Le numéro du premier bloc altéré.
BLOCKS	Le nombre de blocs altérés.
CORRUPTION_TYPE	Identifie le type de corruption, tel que « **FRACTURED** », « **CHECKSUM** » ou « **CORRUPT** ».

```
SQL> DESC V$DATABASE_BLOCK_CORRUPTION

Nom                                      NULL ?   Type
---------------------------------------- -------- -----------
FILE#                                             NUMBER
BLOCK#                                            NUMBER
BLOCKS                                            NUMBER
CORRUPTION_CHANGE#                                NUMBER
CORRUPTION_TYPE                                   VARCHAR2(9)

SQL> SELECT * FROM V$DATABASE_BLOCK_CORRUPTION;

     FILE#     BLOCK#     BLOCKS CORRUPTION_CHANGE# CORRUPTIO
---------- ---------- ---------- ------------------ ---------
        12         20          1                  0 CHECKSUM
```

Le paramètre DB_BLOCK_CHECKING

Le paramètre « **DB_BLOCK_CHECKING** » force le contrôle des blocs corrompus chaque fois qu'ils sont modifiés au niveau du tablespace. C'est un paramètre dynamique. Pour la mise en œuvre, vous pouvez utiliser la commande « **ALTER SYSTEM SET** ». Comme pour toute procédure de contrôle, il faut tenir compte du coût du traitement nécessaire ; heureusement le paramètre est initialisé par défaut à « **FALSE** ».

La commande ANALYZE

La commande « **ANALYZE ... VALIDATE STRUCTURE** » contrôle l'intégrité de la structure de l'objet. Si l'objet est stocké dans des blocs altérés, la commande n'aboutit pas. Il peut être un bon point de départ pour l'analyse de l'intégrité de la base de données.

```
SQL> ANALYZE TABLE EMP VALIDATE STRUCTURE;

ANALYZE TABLE EMP VALIDATE STRUCTURE
*
ERREUR à la ligne 1 :
ORA-01578: bloc de données ORACLE altéré (fichier # 12, bloc # 20)
ORA-01110: fichier de données 12 : 'C:\APP\GVBLOC.DBF'
```

La validation des données

La commande « **BACKUP VALIDATE** » permet de contrôler tous les fichiers de la base de données cible ainsi que les fichiers de journaux archivés. RMAN effectue une simulation de sauvegarde afin de vérifier l'existence des fichiers spécifiés et s'assurer qu'ils ne sont pas corrompus. Aucun fichier de sauvegarde n'est généré.

La syntaxe d'utilisation de la commande est :

```
BACKUP VALIDATE [CHECK LOGICAL] { DATABASE | DATAFILE | TABLESPACE }
        [INCLUDE CURRENT CONTROLFILE] [PLUS ARCHIVELOG] ;
```

    CHECK LOGICAL   Cette option permet de contrôler, en plus des altérations physiques, les altérations logiques.

```
C:\> RMAN TARGET SYS/sys@ONYX CATALOG RMAN/RMAN@JASPE

RMAN> RUN{
2>  BACKUP VALIDATE CHECK LOGICAL DATABASE
3>      INCLUDE CURRENT CONTROLFILE PLUS ARCHIVELOG; }

Démarrage de backup dans 15/07/08
journal en cours archivé
...
thread de journal d'archivage d'entrée=1 séquence=150 RECID=94 STAMP=659829916
thread de journal d'archivage d'entrée=1 séquence=151 RECID=95 STAMP=659849156
...
canal ORA_DISK_1 : ensemble de sauvegarde terminé, temps écoulé : 00:00:04
Liste des journaux archivés
=====================
Thrd Seq    Status Blocks Failing Blocks Examined Name
---- ------ ------ -------------- --------------- ---------------
1    150    OK     0              94535           C:\ARCHIVES\ARC00150_0654436660.001
1    151    OK     0              94535           C:\ARCHIVES\ARC00151_0654436660.001
...
Fin de backup dans 15/07/08

Démarrage de backup dans 15/07/08
...
fichier de données en entrée, numéro=00001,
nom=D:\APP\ADMINISTRATEUR\ORADATA\ONYX\DATAFILE\O1_MF_SYSTEM_42FK11CP_.DBF
...
canal ORA_DISK_1 : ensemble de sauvegarde terminé, temps écoulé : 00:00:46
Liste des fichiers de données
=================
File Status Marked Corrupt Empty Blocks Blocks Examined High SCN
---- ------ -------------- ------------ --------------- ----------
1    OK     0              13442        92160           3307918
   Nom de fichier : D:\APP\ADMINISTRATEUR\ORADATA\ONYX\DATAFILE\O1_MF_SYSTEM_42FK11CP_.DBF
   Block Type Blocks Failing Blocks Processed
   ---------- --------------- ----------------
   Data       0               64895
   Index      0               11522
   Other      0               2301

...
insertion du fichier SPFILE en cours dans l'ensemble de sauvegarde
canal ORA_DISK_1 : ensemble de sauvegarde terminé, temps écoulé : 00:00:01
Liste des fichiers de contrôle et des fichiers SPFILE
=============================
```

```
File Type     Status Blocks Failing Blocks Examined
----------- ------ -------------- ---------------
SPFILE        OK      0               2
Control File OK       0               1082
Fin de backup dans 15/07/08

Démarrage de backup dans 15/07/08
...
Liste des journaux archivés
=====================
Thrd Seq    Status Blocks Failing Blocks Examined Name
---- ------ ------ -------------- --------------- ---------------
1   168    OK      0               162             C:\ARCHIVES\ARC00168_0654436660.001
Fin de backup dans 15/07/08

Démarrage de Control File and SPFILE Autobackup dans 15/07/08
descripteur d'élément=C:\SAUVEGARDES\CONTROLE_C-2554099892-20080715-00 commentaire=NONE
Fin de Control File and SPFILE Autobackup dans 15/07/08
```

Conseil

Les commandes « **BACKUP VALIDATE** » ou « **VALIDATE** » peuvent être utiles pour identifier et corriger les problèmes d'altération des blocs des fichiers constitutifs de la base de données ou des fichiers journaux archivés.

Toutes les analyses qui permettent d'identifier très rapidement les altérations des blocs permettent également leur récupération rapide à l'aide des fichiers journaux ou des fichiers journaux archivés, sans forcément utiliser les sauvegardes.

11g La commande permet de contrôler tous les fichiers de la base de données cible ainsi que les fichiers de journaux archivés. Elle permet de valider au même point que la commande « **BACKUP VALIDATE** », mais le niveau de détail est sensiblement augmenté ; il peut aller jusqu'au niveau du bloc.

```
VALIDATE [ CHECK LOGICAL ]{ DATABASE   | SPFILE   |
          { CORRUPTION LIST
          | DATAFILE {nom|numéro} BLOCK entier [TO entier] [,...]
          | TABLESPACE nom DBA entier [,...]}
      [INCLUDE CURRENT CONTROLFILE] [PLUS ARCHIVELOG] ;
```

    CORRUPTION LIST La validation porte sur tous les blocs corrompus consignés dans « **V$DATABASE_BLOCK_CORRUPTION** », la vue dynamique de performances.

    DBA « **Data Block Adress** » le paramètre spécifié que la validation du tablespace porte uniquement sur la liste des blocs suivants.

Vous pouvez combiner plusieurs options de détail « **CORRUPTION LIST** », « **DATAFILE** » ou « **TABLESPACE** » à condition de ne pas demander l'analyse des mêmes fichiers de données.

```
RMAN> VALIDATE CORRUPTION LIST;

Démarrage de validate dans 15/07/08
utilisation du canal ORA_DISK_1
canal ORA_DISK_1 : démarrage de la validation du fichier de données
canal ORA_DISK_1 : indication du ou des fichiers de données pour la validation
fichier de données en entrée, numéro=00012, nom=C:\APP\GVBLOC.DBF
canal ORA_DISK_1 : validation terminée, temps écoulé : 00:00:01
Liste des fichiers de données
```

```
==================
File Status Marked Corrupt Empty Blocks Blocks Examined High SCN
---- ------ -------------- ------------ ---------------- ----------
12  FAILED 0              0            1                0
  Nom de fichier : C:\APP\GVBLOC.DBF
  Block Type Blocks Failing Blocks Processed
  ---------- -------------- ----------------
  Data       1              1
  Index      0              0
  Other      0              0

un ou plusieurs blocs endommagés ont été trouvés lors de la validation
Pour plus d'informations, reportez-vous au fichier trace
c:\app\administrateur\diag\rdbms\jaspe\jaspe\trace\jaspe_ora_1404.trc
Fin de validate dans 15/07/08

RMAN> VALIDATE CHECK LOGICAL DATAFILE 12 BLOCK 20 TO 24
2>             TABLESPACE GVDATA DBA  25,26;

Démarrage de validate dans 15/07/08
utilisation du canal ORA_DISK_1
canal ORA_DISK_1 : démarrage de la validation du fichier de données
canal ORA_DISK_1 : indication du ou des fichiers de données pour la validation
fichier de données en entrée, numéro=00007, nom=+DONNEES_01/jaspe/datafile/gvdata.265.659967467
fichier de données en entrée, numéro=00012, nom=C:\APP\GVBLOC.DBF
canal ORA_DISK_1 : validation terminée, temps écoulé : 00:00:01
Liste des fichiers de données

==================
File Status Marked Corrupt Empty Blocks Blocks Examined High SCN
---- ------ -------------- ------------ ---------------- ----------
7   OK     0              0            2                3101978
  Nom de fichier : +DONNEES_01/jaspe/datafile/gvdata.265.659967467
  Block Type Blocks Failing Blocks Processed
  ---------- -------------- ----------------
  Data       0              0
  Index      0              0
  Other      0              2

File Status Marked Corrupt Empty Blocks Blocks Examined High SCN
---- ------ -------------- ------------ ---------------- ----------
12  FAILED 0              4            5                0
  Nom de fichier : C:\APP\GVBLOC.DBF
  Block Type Blocks Failing Blocks Processed
  ---------- -------------- ----------------
  Data       1              1
  Index      0              0
  Other      0              0

un ou plusieurs blocs endommagés ont été trouvés lors de la validation
Pour plus d'informations, reportez-vous au fichier trace
c:\app\administrateur\diag\rdbms\jaspe\jaspe\trace\jaspe_ora_1404.trc
Fin de validate dans 15/07/08
```

La validation des sauvegardes

La commande « **CROSSCHECK** » permet de vérifier l'existence de sauvegardes du catalogue RMAN, mais elle ne vous fournit aucune information concernant la validité des ces jeux de sauvegarde.

Les commandes « **VALIDATE** » ou « **BACKUP VALIDATE** » permettent de déterminer si un ou plusieurs jeux de sauvegarde ont été altérés. Lorsque la commande « **VALIDATE** » est exécutée, **RMAN** trouve tous les éléments de sauvegarde sur le support et examine chaque fichier. Il lit chaque bloc d'un élément, puis recalcule et valide la somme de contrôle stockée lors de la sauvegarde. Si ce total est correct pour chaque fichier, **RMAN** confirme que tous les éléments du jeu de sauvegarde sont présents et valides.

La syntaxe d'utilisation de la commande est :

```
VALIDATE [ CHECK LOGICAL ] { BACKUPSET clé[,...]
         | CONTROLFILECOPY { ALL | 'fichier' }
         | COPY OF ...
         | { RECOVERY AREA | RECOVERY FILES}} ;
```

RECOVERY AREA La validation concerne tous les fichiers de sauvegarde qui se trouvent dans la zone de récupération rapide.

RECOVERY FILES La validation de tous les fichiers de sauvegarde stockés sur disque dans la zone de récupération rapide ou non.

Les erreurs de validation sont consignées dans le journal d'alertes, un fichier de trace serveur, ou bien dans l'une des vues « **V$BACKUP_CORRUPTION** » ou « **V$COPY_CORRUPTION** ».

```
RMAN> LIST BACKUP SUMMARY ;

Liste des sauvegardes
================
Key     TY LV S Device Type Completion #Pieces #Copies Compressed Tag
------- -- -- - ----------- ---------- ------- ------- ---------- ---
4662    B  F  A DISK       19/07/08   1       1       NO         TAG20080719T231520
4695    B  1  A DISK       19/07/08   1       2       YES        TAG20080719T231539
4727    B  F  A DISK       19/07/08   1       1       NO         TAG20080719T231629
4811    B  F  A DISK       19/07/08   1       1       NO         TAG20080719T232539
4953    B  F  A DISK       20/07/08   1       1       NO         TAG20080720T015317
5018    B  1  A DISK       20/07/08   1       2       YES        TAG20080720T021311
5065    B  F  A DISK       20/07/08   1       1       NO         TAG20080720T021421


RMAN> VALIDATE BACKUPSET 5065;


Démarrage de validate dans 20/07/08
utilisation du canal ORA_DISK_1
canal ORA_DISK_1 : démarrage de la validation de l'ensemble de sauvegarde des fichiers de données
canal ORA_DISK_1 : lecture de l'élément de sauvegarde
+DONNEES_03/jaspe/autobackup/2008_07_20/s_660536061.298.660536069
canal ORA_DISK_1 : descripteur
d'élément=+DONNEES_03/jaspe/autobackup/2008_07_20/s_660536061.298.660536069
balise=TAG20080720T021421
canal ORA_DISK_1 : restauration de l'élément de sauvegarde 1
canal ORA_DISK_1 : validation terminée, temps écoulé : 00:00:07
Fin de validate dans 20/07/08
```

La gestion des sauvegardes

Objectifs

À la fin de ce module, vous serez à même d'effectuer les tâches suivantes :

- Créer des scripts RMAN et les stocker dans le catalogue.
- Rechercher des sauvegardes effectuées sur votre serveur.
- Rechercher les objets de votre base de données qui ont besoin d'être sauvegardés.
- Rechercher les sauvegardes expirées et obsolètes dans le catalogue RMAN.
- Effacer une ou plusieurs sauvegardes et rattacher les sauvegardes effacées.
- Contrôler et valider les sauvegardes existantes.

Contenu

La sauvegarde du catalogue

La protection de vos bases implique de protéger également celle du catalogue. Vous pouvez aussi régulièrement exporter l'utilisateur propriétaire du catalogue, le fichier que vous obtenez pouvant servir ultérieurement pour restaurer le catalogue.

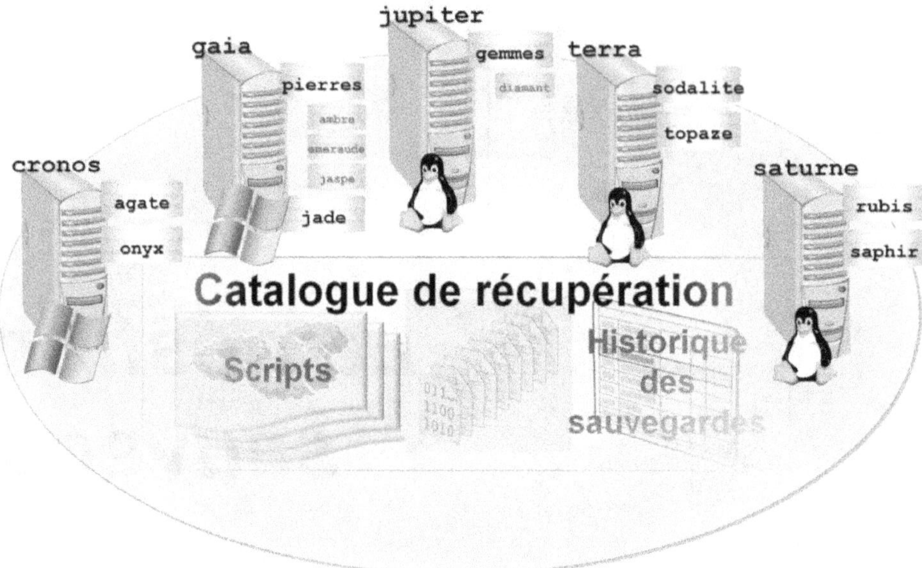

Actuellement le catalogue est stocké dans la base de données « **topaze** » mais il peut être déplacé ou dupliqué dans n'importe quelle autre base, y compris dans une des bases de données insérées.

```
[oracle@terra ~]$ . oraenv
ORACLE_SID = [topaze] ?
The Oracle base remains unchanged with value /u01/app/oracle
[oracle@terra ~]$ mkdir -p $ORACLE_BASE/admin/topaze/export_catalogue
[oracle@terra ~]$ sqlplus / as sysdba
SYS@topaze>create or replace directory export_catalogue
  2  as '/u01/app/oracle/admin/topaze/export_catalogue';

Répertoire créé.

SYS@topaze>select directory_path from dba_directories
  2    where directory_name = 'EXPORT_CATALOGUE';

DIRECTORY_PATH
-------------------------------------------------------
/u01/app/oracle/admin/topaze/export_catalogue

SYS@topaze>exit
[oracle@terra ~]$ cat /u01/app/oracle/admin/topaze/export_catalogue.par
USERID=system/Razvanpwd3@topaze
DUMPFILE=EXPORT_CATALOGUE.DMP
LOGFILE=EXPORT_CATALOGUE.LOG
DIRECTORY=EXPORT_CATALOGUE
SCHEMAS=RMAN
...
[oracle@terra ~]$ expdp parfile=/u01/app/oracle/admin/topaze/export_catalogue.par
...
Démarrage de "SYSTEM"."SYS_EXPORT_SCHEMA_01" : system/********@topaze
parfile=/u01/app/oracle/admin/topaze/export_catalogue.par
```

```
Estimation en cours à l'aide de la méthode BLOCKS ...
Traitement du type d'objet SCHEMA_EXPORT/TABLE/TABLE_DATA
Estimation totale à l'aide le la méthode BLOCKS : 6.25 MB
Traitement du type d'objet SCHEMA_EXPORT/USER
Traitement du type d'objet SCHEMA_EXPORT/ROLE_GRANT
Traitement du type d'objet SCHEMA_EXPORT/DEFAULT_ROLE
Traitement du type d'objet SCHEMA_EXPORT/TABLESPACE_QUOTA
Traitement du type d'objet SCHEMA_EXPORT/PRE_SCHEMA/PROCACT_SCHEMA
Traitement du type d'objet SCHEMA_EXPORT/TYPE/TYPE_SPEC
...
. . export : "RMAN"."ROUT"                    2.598 MB   33461 lignes
. . export : "RMAN"."CFS"                     111.0 KB     209 lignes
. . export : "RMAN"."RSR"                     117.1 KB     786 lignes
. . export : "RMAN"."BP"                      41.28 KB     117 lignes
. . export : "RMAN"."AL"                      41.51 KB     145 lignes
. . export : "RMAN"."BCF"                     12.96 KB      27 lignes
. . export : "RMAN"."BDF"                     36.97 KB     177 lignes
. . export : "RMAN"."BRL"                     13.34 KB      39 lignes
. . export : "RMAN"."BS"                      21.20 KB     101 lignes
. . export : "RMAN"."BSF"                     9.765 KB      27 lignes
. . export : "RMAN"."CCF"                     15.17 KB       6 lignes
. . export : "RMAN"."CDF"                     42.73 KB      94 lignes
...
Table maître "SYSTEM"."SYS_EXPORT_SCHEMA_01" chargée/déchargée avec succès
****************************************************************************
L'ensemble de fichiers de vidage de SYSTEM.SYS_EXPORT_SCHEMA_01 est :
  /u01/app/oracle/admin/topaze/export_catalogue/EXPORT_CATALOGUE.DMP
L'exécution du travail "SYSTEM"."SYS_EXPORT_SCHEMA_01" a abouti à Mar. Mars 18 11:04:43 2014 elapsed
0 00:01:54
```

Une fois que le fichier d'export est copié sur une autre machine, vous pouvez importer le catalogue en créant une copie du catalogue qui peut être directement utilisée par la suite.

```
C:\>set ORACLE_SID=agate
C:\>sqlplus / as sysdba
SYS@agate>$dir O:\app\oracle\admin\agate\export_catalogue /b
EXPORT_CATALOGUE.DMP

SYS@agate>create or replace directory export_catalogue
  2    as 'O:\app\oracle\admin\agate\export_catalogue';

Répertoire créé.

SYS@agate>select directory_path from dba_directories
  2     where directory_name = 'EXPORT_CATALOGUE';

DIRECTORY_PATH
-------------------------------------------------------
O:\app\oracle\admin\agate\export_catalogue

SYS@agate>exit
C:\>type O:\app\oracle\admin\agate\import_catalogue.par
USERID=system/Razvanpwd3@agate
DUMPFILE=EXPORT_CATALOGUE.DMP
LOGFILE=IMPORT_CATALOGUE.LOG
DIRECTORY=EXPORT_CATALOGUE
SCHEMAS=RMAN

C:\>impdp parfile=O:\app\oracle\admin\agate\import_catalogue.par
...
Table maître "SYSTEM"."SYS_IMPORT_SCHEMA_01" chargée/déchargée avec succès
```

```
Démarrage de "SYSTEM"."SYS_IMPORT_SCHEMA_01" : system/********@agate
parfile=O:\app\oracle\admin\agate\import_catalogue.par
Traitement du type d'objet SCHEMA_EXPORT/USER
Traitement du type d'objet SCHEMA_EXPORT/ROLE_GRANT
Traitement du type d'objet SCHEMA_EXPORT/DEFAULT_ROLE
Traitement du type d'objet SCHEMA_EXPORT/TABLESPACE_QUOTA
Traitement du type d'objet SCHEMA_EXPORT/PRE_SCHEMA/PROCACT_SCHEMA
Traitement du type d'objet SCHEMA_EXPORT/TYPE/TYPE_SPEC
Traitement du type d'objet SCHEMA_EXPORT/SEQUENCE/SEQUENCE
Traitement du type d'objet SCHEMA_EXPORT/SEQUENCE/GRANT/OWNER_GRANT/OBJECT_GRANT
Traitement du type d'objet SCHEMA_EXPORT/TABLE/TABLE
Traitement du type d'objet SCHEMA_EXPORT/TABLE/TABLE_DATA
. . import : "RMAN"."ROUT"                       2.599 MB   33469 lignes
. . import : "RMAN"."CFS"                        111.0 KB     209 lignes
. . import : "RMAN"."RSR"                        117.1 KB     786 lignes
. . import : "RMAN"."BP"                         41.28 KB     117 lignes
. . import : "RMAN"."AL"                         43.30 KB     155 lignes
. . import : "RMAN"."BCF"                        12.96 KB      27 lignes
...
Traitement du type d'objet SCHEMA_EXPORT/PACKAGE/PACKAGE_SPEC
Traitement du type d'objet SCHEMA_EXPORT/PACKAGE/GRANT/OWNER_GRANT/OBJECT_GRANT
Traitement du type d'objet SCHEMA_EXPORT/FUNCTION/FUNCTION
Traitement du type d'objet SCHEMA_EXPORT/FUNCTION/GRANT/OWNER_GRANT/OBJECT_GRANT
...
L'exécution du travail "SYSTEM"."SYS_IMPORT_SCHEMA_01" a abouti à Mar. Mars 18 11:56:18 2014 elapsed
0 00:00:53
```

La base de données « **agate** » contient actuellement un catalogue de récupération identique au catalogue stocké dans la base de données « **topaze** ».

```
D:\>rman target sys/Razvanpwd3@rubis catalog rman/rman@agate

connecté à la base de données cible : RUBIS (DBID=1772371706)
connecté à la base de données du catalogue de récupération

RMAN> list db_unique_name all;
Liste des bases de données
DB Key  DB Name  DB ID       Database Role    Db_unique_name
-------  -------  ----------  ---------------  ---------------
1362     SODALITE 420436416   PRIMARY          SODALITE
66       PIERRES  807186735   PRIMARY          PIERRES
603      JADE     883750607   PRIMARY          JADE
465      GEMMES   1022042757  PRIMARY          GEMMES
884      AGATE    1022786265  PRIMARY          AGATE
1121     RUBIS    1772371706  PRIMARY          RUBIS
962      ONYX     2741237436  PRIMARY          ONYX
1431     TOPAZE   2755728057  PRIMARY          TOPAZE
1232     SAPHIR   2892504293  PRIMARY          SAPHIR
```

Vous pouvez également créer un script de synchronisation automatique de l'ensemble des bases de données avec le catalogue de sauvegarde. L'exécution d'un tel script avec des intervalles réguliers entre les sauvegardes permet d'avoir un catalogue au plus près des schémas de base de données.

```
D:\>type resync_catalog.cmd
echo list db_unique_name of database;resync catalog;exit;|rman target sys/Razvanpwd3@pierres catalog
rman/rman@agate
echo list db_unique_name of database;resync catalog;exit;|rman target sys/Razvanpwd3@pierres catalog
rman/rman@topaze
...

D:\>resync_catalog.cmd

D:\>echo list db_unique_name of database;resync catalog;exit;   | rman target sys/Razvanpwd3@pierres
catalog rman/rman@agate
```



```
connecté à la base de données cible : PIERRES (DBID=807186735)
connecté à la base de données du catalogue de récupération

Liste des bases de données
DB Key  DB Name  DB ID             Database Role      Db_unique_name
-------  -------  ----------------  ---------------    ------------------
66       PIERRES  807186735         PRIMARY            PIERRES

lancement de la resynchronisation complète du catalogue de récupération
resynchronisation complète terminée

Recovery Manager terminé.
...
```

L'import du catalogue

Une autre manière de travailler est d'avoir plusieurs catalogues distincts. Une base de données peut être inscrite dans l'un ou l'autre catalogue de récupération. Le problème se pose quand vous voulez insérer une base de données dans un nouveau catalogue, les sauvegardes de la base de données qui ne sont plus référencées dans le fichier de contrôle ne seront pas disponibles dans le nouveau catalogue.

Vous avez la possibilité d'importer les métadonnées d'un catalogue de récupération si la base de données n'a pas été déjà inscrite dans ce catalogue, à l'aide de la syntaxe suivante :

```
IMPORT CATALOGUE nom/password[@service]
    [DBID = <dbid>[, ... ]][DB_NAME=<dbname>[,...]][NO UNREGISTER];
```

```
D:\>rman catalog rman/rman@topaze

connecté à la base de données du catalogue de récupération

RMAN> list db_unique_name all;

Liste des bases de données
DB Key  DB Name   DB ID             Database Role      Db_unique_name
-------  -------  ----------------  ---------------    ------------------
1362     SODALITE  420436416         PRIMARY            SODALITE
66       PIERRES   807186735         PRIMARY            PIERRES
603      JADE      883750607         PRIMARY            JADE
465      GEMMES    1022042757        PRIMARY            GEMMES
884      AGATE     1022786265        PRIMARY            AGATE
1121     RUBIS     1772371706        PRIMARY            RUBIS
962      ONYX      2741237436        PRIMARY            ONYX
1431     TOPAZE    2755728057        PRIMARY            TOPAZE
1232     SAPHIR    2892504293        PRIMARY            SAPHIR

RMAN> exit;


D:\>sqlplus sys/Razvanpwd3@rubis as sysdba
SYS@rubis>create tablespace catalogue_rman datafile size 150m
  2   autoextend on next 10m;

Tablespace créé.

SYS@rubis>create user rman identified by rman temporary tablespace temp
  2  default tablespace catalogue_rman quota unlimited on catalogue_rman;
```

```
Utilisateur créé.

SYS@rubis>grant recovery_catalog_owner to rman;

Autorisation de privilèges (GRANT) acceptée.

SYS@rubis>exit;
D:\>rman catalog rman/rman@rubis

connecté à la base de données du catalogue de récupération

RMAN> create catalog;

catalogue de récupération créé

RMAN> import catalog rman/rman@topaze dbid=807186735,1022042757;

Démarrage de import catalog dans 18/03/14
connecté à la base de données du catalogue de récupération source
validation d'import terminée
inscription de la base de données supprimée du catalogue de récupération source
Fin de import catalog dans 18/03/14

RMAN> list db_unique_name all;


Liste des bases de données
DB Key  DB Name  DB ID             Database Role    Db_unique_name
-------  -------  ----------------  ---------------  ------------------
67       PIERRES  807186735         PRIMARY          PIERRES
466      GEMMES   1022042757        PRIMARY          GEMMES
```

Attention

Attention, si vous ne précisez pas l'argument « **NO UNREGISTER** », les bases de données sont automatiquement effacées du catalogue source pour être insérées dans le catalogue cible.

Si toutefois vous vous êtes trompé, il est possible par la suite d'effectuer l'opération en sens inverse pour remettre la base de données dans les deux catalogues.

```
RMAN> import catalog rman/rman@topaze db_name=agate no unregister;

Démarrage de import catalog dans 18/03/14
connecté à la base de données du catalogue de récupération source
validation d'import terminée
Fin de import catalog dans 18/03/14

RMAN> list db_unique_name all;


Liste des bases de données
DB Key  DB Name  DB ID             Database Role    Db_unique_name
-------  -------  ----------------  ---------------  ------------------
67       PIERRES  807186735         PRIMARY          PIERRES
466      GEMMES   1022042757        PRIMARY          GEMMES
19279    AGATE    1022786265        PRIMARY          AGATE

RMAN> exit

Recovery Manager terminé.
```

```
D:\>rman catalog rman/rman@topaze

connecté à la base de données du catalogue de récupération

RMAN> list db_unique_name all;

Liste des bases de données
DB Key  DB Name  DB ID             Database Role    Db_unique_name
------- -------- ----------------- ---------------- ------------------
1362    SODALITE 420436416         PRIMARY          SODALITE
603     JADE     883750607         PRIMARY          JADE
884     AGATE    1022786265        PRIMARY          AGATE
1121    RUBIS    1772371706        PRIMARY          RUBIS
962     ONYX     2741237436        PRIMARY          ONYX
1431    TOPAZE   2755728057        PRIMARY          TOPAZE
1232    SAPHIR   2892504293        PRIMARY          SAPHIR

RMAN> import catalog rman/rman@rubis
2>     dbid=807186735,1022042757 no unregister;

Démarrage de import catalog dans 18/03/14
connecté à la base de données du catalogue de récupération source
validation d'import terminée
Fin de import catalog dans 18/03/14
```

Si vous ne précisez pas quelles bases de données vous voulez importer, alors le catalogue complet est importé.

```
D:\>rman catalog rman/rman@rubis

connecté à la base de données du catalogue de récupération

RMAN> unregister database pierres;
RMAN> unregister database gemmes;
RMAN> unregister database agate;

RMAN> import catalog rman/rman@topaze no unregister;

Démarrage de import catalog dans 18/03/14
connecté à la base de données du catalogue de récupération source
validation d'import terminée
Fin de import catalog dans 18/03/14

RMAN> list db_unique_name all;

Liste des bases de données
DB Key  DB Name  DB ID             Database Role    Db_unique_name
------- -------- ----------------- ---------------- ------------------
38153   SODALITE 420436416         PRIMARY          SODALITE
55253   PIERRES  807186735         PRIMARY          PIERRES
37394   JADE     883750607         PRIMARY          JADE
55652   GEMMES   1022042757        PRIMARY          GEMMES
37675   AGATE    1022786265        PRIMARY          AGATE
37912   RUBIS    1772371706        PRIMARY          RUBIS
37753   ONYX     2741237436        PRIMARY          ONYX
38222   TOPAZE   2755728057        PRIMARY          TOPAZE
38023   SAPHIR   2892504293        PRIMARY          SAPHIR
```

Le catalogue privé virtuel

Travailler avec plusieurs bases de données catalogue multiplie les risques d'erreurs et le temps de maintenance des catalogues. Il est fortement conseillé de travailler avec un catalogue unique qui englobe l'ensemble des bases de données de votre système d'informations, car vous aurez un seul schéma à sauvegarder d'une seule base. Toutefois du point de vue de la sécurité, les opérateurs qui sauvegardent certaines bases de données ne doivent pas pouvoir sauvegarder d'autres bases plus sensibles.

Il est possible de mettre en place des catalogues privés virtuels qui permettent de filtrer l'accès aux seules bases de données pour lesquelles le propriétaire a reçu les privilèges.

La démarche de mise en œuvre d'un catalogue privé virtuel est la suivante :

- La création de l'utilisateur propriétaire du catalogue privé virtuel. Il doit avoir le privilège « `RECOVERY_CATALOG_OWNER` » comme un propriétaire du catalogue classique.

- L'octroi des privilèges pour le propriétaire du catalogue privé virtuel, de sauvegarder les bases de données enregistrées dans le catalogue principal.

- L'octroi des privilèges d'enregistrer une base de données non enregistrée dans le catalogue principal. Le catalogue privé virtuel n'est pas un catalogue à part entière, il est seulement une vue sur le catalogue principal. Ainsi les bases de données insérées sont directement enregistrées dans le catalogue principal.

- La création du catalogue privé virtuel.

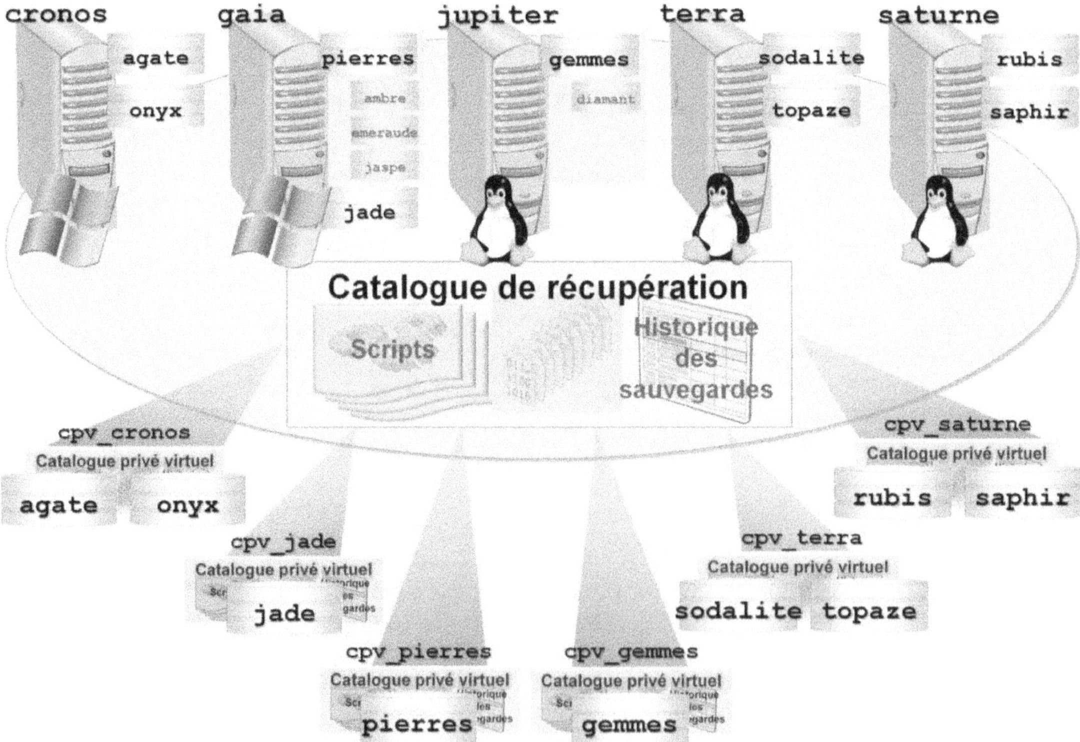

La syntaxe pour accorder le privilège de sauvegarde ou d'enregistrement dans le catalogue privé virtuel est :

```
GRANT { CATALOG FOR DATABASE {['] db_name ['] | dbid }
      | REGISTER DATABASE } TO utilisateur ;
```

```
D:\>rman target sys/Razvanpwd3@topaze catalog rman/rman@topaze

connecté à la base de données cible : TOPAZE (DBID=2755728057)
connecté à la base de données du catalogue de récupération

RMAN> list db_unique_name all;

Liste des bases de données
DB Key  DB Name  DB ID              Database Role    Db_unique_name
-------  -------  -----------------  ---------------  --------------

1362    SODALITE 420436416          PRIMARY          SODALITE
18462   PIERRES  807186735          PRIMARY          PIERRES
603     JADE     883750607          PRIMARY          JADE
18861   GEMMES   1022042757         PRIMARY          GEMMES
884     AGATE    1022786265         PRIMARY          AGATE
1121    RUBIS    1772371706         PRIMARY          RUBIS
962     ONYX     2741237436         PRIMARY          ONYX
1431    TOPAZE   2755728057         PRIMARY          TOPAZE
1232    SAPHIR   2892504293         PRIMARY          SAPHIR

RMAN> grant recovery_catalog_owner to cpv_cronos  identified by rman;
RMAN> grant catalog for database agate     to cpv_cronos;
RMAN> grant catalog for database onyx      to cpv_cronos;
RMAN> grant recovery_catalog_owner to cpv_jade     identified by rman;
RMAN> grant catalog for database jade      to cpv_jade;
RMAN> grant recovery_catalog_owner to cpv_pierres identified by rman;
RMAN> grant catalog for database pierres   to cpv_pierres;
RMAN> grant recovery_catalog_owner to cpv_gemmes   identified by rman;
RMAN> grant catalog for database gemmes    to cpv_gemmes;
RMAN> grant recovery_catalog_owner to cpv_terra    identified by rman;
RMAN> grant catalog for database sodalite to cpv_terra;
RMAN> grant catalog for database topaze    to cpv_terra;
RMAN> grant recovery_catalog_owner to cpv_saturne identified by rman;
RMAN> grant catalog for database rubis     to cpv_saturne;
RMAN> grant catalog for database saphir    to cpv_saturne;
RMAN> exit;
D:\>rman catalog cpv_cronos/rman@topaze
RMAN> create virtual catalog;
RMAN> list db_unique_name all;

Liste des bases de données
DB Key  DB Name  DB ID              Database Role    Db_unique_name
-------  -------  -----------------  ---------------  ------------------

884     AGATE    1022786265         PRIMARY          AGATE
962     ONYX     2741237436         PRIMARY          ONYX
RMAN> exit;
D:\>rman catalog cpv_jade/rman@topaze
RMAN> create virtual catalog;
RMAN> list db_unique_name all;

Liste des bases de données
DB Key  DB Name  DB ID              Database Role    Db_unique_name
-------  -------  -----------------  ---------------  ------------------

603     JADE     883750607          PRIMARY          JADE

RMAN> exit;
D:\>rman catalog cpv_pierres/rman@topaze
RMAN> create virtual catalog;
RMAN> list db_unique_name all;
```

```
Liste des bases de données
DB Key  DB Name  DB ID              Database Role      Db_unique_name
-------  -------  -----------------  ----------------   ------------------
18462    PIERRES  807186735          PRIMARY            PIERRES


RMAN> exit;
D:\>rman catalog cpv_gemmes/rman@topaze
RMAN> create virtual catalog;
RMAN> list db_unique_name all;

Liste des bases de données
DB Key  DB Name  DB ID              Database Role      Db_unique_name
-------  -------  -----------------  ----------------   ------------------
18861    GEMMES   1022042757         PRIMARY            GEMMES


RMAN> exit;
D:\>rman catalog cpv_terra/rman@topaze
RMAN> create virtual catalog;
RMAN> list db_unique_name all;
Liste des bases de données
DB Key  DB Name  DB ID              Database Role      Db_unique_name
-------  -------  -----------------  ----------------   ------------------
1362     SODALITE 420436416          PRIMARY            SODALITE
1431     TOPAZE   2755728057         PRIMARY            TOPAZE


RMAN> exit;
D:\>rman catalog cpv_saturne/rman@topaze
RMAN> create virtual catalog;
RMAN> list db_unique_name all;


Liste des bases de données
DB Key  DB Name  DB ID              Database Role      Db_unique_name
-------  -------  -----------------  ----------------   ------------------
1121     RUBIS    1772371706         PRIMARY            RUBIS
1232     SAPHIR   2892504293         PRIMARY            SAPHIR


RMAN> connect target sys/Razvanpwd3@topaze

connecté à la base de données cible : TOPAZE  (DBID=2755728057)


RMAN> backup database;

Démarrage de backup dans 18/03/14
RMAN-00571: ===========================================================
RMAN-00569: =============== ERROR MESSAGE STACK FOLLOWS ===============
RMAN-00571: ===========================================================
RMAN-03002: échec de la commande backup à 03/18/2014 16:59:42
RMAN-03014: échec de la resynchronisation implicite du catalogue de récupération
RMAN-06004: erreur ORACLE de la base de données du catalogue de récupération : RMAN-20001: target
database not found in recovery catalog
RMAN> exit;
D:\>rman catalog cpv_saturne/rman@topaze target sys/Razvanpwd3@rubis

connecté à la base de données cible : RUBIS  (DBID=1772371706)
connecté à la base de données du catalogue de récupération

RMAN> backup database;
...
```

La connexion à la base de données cible est acceptée tant que vous avez les privilèges nécessaires pour créer une session. La sauvegarde n'est autorisée que si le catalogue privé virtuel a les privilèges des sauvegardes pour cette base de données.

Les cibles multiversions

Il est possible d'utiliser avec un catalogue d'une version Oracle 12c des bases de données d'une version antérieure à condition que l'enregistrement de ces bases et les opérations de sauvegarde et restauration soient effectuées à partir d'un client identique à la version de la base de données cible.

```
D:\>rman target sys/oracle@opale

Recovery Manager: Release 12.1.0.1.0 - Production on Mer. Mars 19 10:36:38 2014

RMAN-00571: ===========================================================
RMAN-00569: =============== ERROR MESSAGE STACK FOLLOWS ===============
RMAN-00571: ===========================================================
RMAN-00554: échec de l'initialisation du gestionnaire de récupération interne
RMAN-06429: la base de données TARGET est incompatible avec cette version de RMAN
RMAN-06618: Non-concordance du client RMAN et de la version de base de données ; version de base de
données indiquée : 11.2.0.1
...
D:\>rman target sys/oracle@opale catalog rman/rman@topaze

Recovery Manager: Release 11.2.0.1.0 - Production on Mer. Mars 19 10:37:04 2014

connecté à la base de données cible : OPALE (DBID=2756016016)
connecté à la base de données du catalogue de récupération

RMAN> register database;

base de données inscrite dans le catalogue de récupération
lancement de la resynchronisation complète du catalogue de récupération
resynchronisation complète terminée
```

Les scripts RMAN

Le catalogue de récupération permet d'utiliser les scripts stockés. Les commandes RMAN sont exécutées à partir de l'invite de commande RMAN ou bien au moyen de scripts. Ces scripts peuvent aussi être stockés dans le catalogue et être exécutés à partir de l'invite de commandes RMAN.

La syntaxe de création des scripts stockés est la suivante :

```
CREATE [GLOBAL]  SCRIPT [']nom['] [COMMENT ' comment ']
                    { 'script' | FROM FILE 'fichier'} ;
```

script	Le bloc de commandes que vous souhaitez exécuter ; il ne doit pas contenir le mot-clé « **RUN** ».
global	Le script est accessible à travers le catalogue. Attention avec les catalogues privés virtuels, le script est en lecture seule.
fichier	Le fichier contenant le bloc de commandes ; il faut préciser le nom complet avec l'arborescence si celui-ci ne se trouve pas dans le répertoire courant.

```
D:\>rman target sys/Razvanpwd3@rubis catalog rman/rman@topaze

connecté à la base de données cible : RUBIS (DBID=1772371706)
connecté à la base de données du catalogue de récupération

RMAN> create global script s_incrmentale_majour{
2>    recover copy of database with tag 'bcp_maj';
3>    backup incremental level 1 for recover of copy
4>         with tag 'bcp_maj' database;}

script global s_incrmentale_majour créé

RMAN> list script names;

Liste des scripts enregistrés dans le catalogue de récupération

    Scripts globaux

      Nom de script
      Description
      --------------------------------------------------------------------
      s_incrmentale_majour

RMAN> print script s_incrmentale_majour;

impression du script global stocké : s_incrmentale_majour
{
  recover copy of database with tag 'bcp_maj';
  backup incremental level 1 for recover of copy
       with tag 'bcp_maj' database;}

RMAN> run { execute script s_incrmentale_majour;}

exécution du script global : s_incrmentale_majour

Démarrage de recover dans 18/03/14
canal affecté : ORA_DISK_1
canal ORA_DISK_1 : SID=250 type d'unité=DISK
aucune copie du fichier de données 1 n'a été trouvée pour la récupération
aucune copie du fichier de données 2 n'a été trouvée pour la récupération
...
D:\>rman catalog cpv_saturne/rman@topaze target sys/Razvanpwd3@rubis

connecté à la base de données cible : RUBIS (DBID=1772371706)
connecté à la base de données du catalogue de récupération

RMAN> print script s_incrmentale_majour;

impression du script global stocké : s_incrmentale_majour
{
  recover copy of database with tag 'bcp_maj';
  backup incremental level 1 for recover of copy
       with tag 'bcp_maj' database;}

RMAN> delete global script s_incrmentale_majour;

RMAN-00571: ===========================================================
RMAN-00569: =============== ERROR MESSAGE STACK FOLLOWS ===============
RMAN-00571: ===========================================================
RMAN-03002: échec de la commande delete script à 03/18/2014 17:43:47
```

RMAN-06004: erreur ORACLE de la base de données du catalogue de récupération : RMAN-20016: virtual private catalog user cannot modify global scripts
RMAN-06710: script s_incrmentale_majour introuvable dans le catalogue

La commande « **LIST** » permet d'afficher tous les scripts stockés dans le catalogue pour la base de données cible.

Attention

Attention, si vous utilisez plusieurs catalogues pour la même base de données, il faut stocker les scripts dans chaque catalogue.

Il est également impossible d'exécuter la commande « **CREATE SCRIPT** » deux fois de suite pour le même script. Dans ce cas vous pouvez utiliser la commande « **REPLACE SCRIPT** » avec la même syntaxe.

La commande « **PRINT SCRIPT** » exécutée à partir de l'invite RMAN permet d'afficher le contenu d'un script stocké.

Vous disposez également de la commande « **EXECUTE** » pour exécuter le script et « **DELETE SCRIPT** » pour effacer un script du catalogue.

```
D:\>rman catalog cpv_cronos/rman@topaze target sys/Razvanpwd3@agate


connecté à la base de données cible : AGATE (DBID=1022786265)
connecté à la base de données du catalogue de récupération

RMAN> host 'type F:\Oracle12c\scripts\sauvegarde_parallelise.rcv';

run{
  allocate channel disque01 device type disk
   format 's:\sauvegardes01\%n_%t_%u.bkp';
  allocate channel disque02 device type disk
   format 's:\sauvegardes01\%n_%t_%u.bkp';
  allocate channel disque03 device type disk
   format 's:\sauvegardes03\%n_%t_%u.bkp';
  allocate channel disque04 device type disk
   format 's:\sauvegardes02\%n_%t_%u.bkp';
  allocate channel disque05 device type disk
   format 's:\sauvegardes04\%n_%t_%u.arch';

  backup
  ( tablespace system,sysaux channel disque01
       tag 'parallelisme perso systeme')
  ( tablespace undotbs1        channel disque02
       tag 'parallelisme perso undo')
  ( datafile 2,4              channel disque03
       tag 'parallelisme perso systeme pdb')
  ( datafile 6,9,10,11,12     channel disque04
       tag 'parallelisme perso donnees')
  ( archivelog all            channel disque05
       tag 'parallelisme perso archives');}
la commande hôte a été exécutée

RMAN> create script sauvegarde_parallelise from file
2>      'F:\Oracle12c\scripts\sauvegarde_parallelise.rcv';

les commandes de script vont être chargées à partir du fichier
F:\Oracle12c\scripts\sauvegarde_parallelis
script sauvegarde_parallelise créé

RMAN> list script names;

Liste des scripts enregistrés dans le catalogue de récupération
```

```
    Scripts de la base de données cible AGATE

      Nom de script
      Description
      -----------------------------------------------------------------------
      sauvegarde_parallelise

    Scripts globaux

      Nom de script
      Description
      -----------------------------------------------------------------------
      s_incrmentale_majour
```

Les scripts peuvent être exécutés à partir des fichiers de scripts au démarrage de RMAN ou à partir de l'invite. RMAN permet, lors de l'exécution, la création d'un fichier de log pour tracer le parcours.

```
D:\>rman catalog cpv_cronos/rman@topaze target sys/Razvanpwd3@agate @sauvegarde_parallelise.rcv log
sauvegarde_parallelise.log
RMAN> 2> 3> 4> 5> 6> 7> 8> 9> 10> 11> 12> 13> 14> 15> 16> 17> 18> 19> 20> 21> 22> 23> 24>
D:\>type sauvegarde_parallelise.log

Recovery Manager: Release 12.1.0.1.0 - Production on Mar. Mars 18 18:16:49 2014

Copyright (c) 1982, 2013, Oracle and/or its affiliates.  All rights reserved.

connecté à la base de données cible : AGATE (DBID=1022786265)
connecté à la base de données du catalogue de récupération

RMAN> run{
2>    allocate channel disque01 device type disk
3>      format 's:\sauvegardes01\%n_%t_%u.bkp';
4>    allocate channel disque02 device type disk
5>      format 's:\sauvegardes01\%n_%t_%u.bkp';
6>    allocate channel disque03 device type disk
7>      format 's:\sauvegardes03\%n_%t_%u.bkp';
8>    allocate channel disque04 device type disk
9>      format 's:\sauvegardes02\%n_%t_%u.bkp';
10>   allocate channel disque05 device type disk
11>     format 's:\sauvegardes04\%n_%t_%u.arch';
12>
13>   backup
14>   ( tablespace system,sysaux channel disque01
15>        tag 'parallelisme perso systeme')
16>   ( tablespace undotbs1       channel disque02
17>        tag 'parallelisme perso undo')
18>   ( datafile 2,4             channel disque03
19>        tag 'parallelisme perso systeme pdb')
20>   ( datafile 6,7,8,9    channel disque04
21>        tag 'parallelisme perso donnees')
22>   ( archivelog all       channel disque05
23>        tag 'parallelisme perso archives');}
...
```

Une autre manière d'exécuter un script en environnement Linux/Unix est d'utiliser la commande « **tee** » qui permet de rediriger la sortie dans un fichier.

L'argument « **CHECKSYNTAX** » permet de contrôler la syntaxe d'un script sans l'exécuter.

```
[oracle@terra ~]$ rman @sauvegarde_parallelise.rcv checksyntax | tee sauvegarde_parallelise.log
...
RMAN> connect target *
2>
3> run{
```

```
4>    allocate channel disque01 device type disk
5>     format 's:\sauvegardes01\%n_%t_%u.bkp';
6>    allocate channel disque02 device type disk
7>     format 's:\sauvegardes01\%n_%t_%u.bkp';
8>    allocate channel disque03 device type disk
9>     format 's:\sauvegardes03\%n_%t_%u.bkp';
10>    allocate channel disque04 device type disk
11>     format 's:\sauvegardes02\%n_%t_%u.bkp';
12>    allocate channel disque05 device type disk
13>     format 's:\sauvegardes04\%n_%t_%u.arch';
14>
15>    backup
16>    ( tablespace system,sysaux channel disque01
17>         tag 'parallelisme perso systeme')
18>    ( tablespace undotbs1       channel disque02
19>         tag 'parallelisme perso undo')
20>    ( datafile 2,4              channel disque03
21>         tag 'parallelisme perso systeme pdb')
22>    ( datafile 6,7,8,9     channel disque04
23>         tag 'parallelisme perso donnees')
24>    ( archivelog all           channel disque05
25>         tag 'parallelisme perso archives');}
26>
L'option CMDFILE ne comporte pas d'erreurs de syntaxe

Recovery Manager terminé.
[oracle@terra ~]$ ls -l sauvegarde_parallelise.log
-rw-r--r--. 1 oracle oinstall 1267 18 mars  18:32 sauvegarde_parallelise.log
```

Rappelez-vous que vous pouvez utiliser la commande « **SPOOL LOG TO** » pour rediriger l'affichage vers un fichier de log.

```
C:\>rman target sys/sys@topaze catalog rman/rman@agate
connecté à la base de données cible : TOPAZE (DBID=3991015565)
connecté à la base de données du catalogue de récupération

RMAN> spool log to 'sav_topaze.txt';
RMAN> bakup database plus archivelog ;
RMAN> backup database;
RMAN> spool log off;

Envoi pour traitement différé du journal désactivé

Recovery Manager11.2.0.1.0

RMAN> spool log to 'sav_topaze.txt' append;
RMAN> backup archivelog all delete all input;
RMAN> spool log off;
RMAN> exit ;

Recovery Manager terminé.

C:\>type sav_topaze.txt
...
Démarrage de backup dans 03/08/10
canal affecté : ORA_DISK_1
canal ORA_DISK_1 : SID=39 type d'unité=DISK
...
```

Les variables de substitution

À partir de la version ORACLE 11g, RMAN prévoit l'utilisation des variables de substitution pour créer des scripts paramétrables. La déclaration des variables de substitution peut être réalisée par un simple « **&** » accompagné du nom qui est son numéro d'ordre en tant que variable de substitution. La procédure de remplacement de la variable de substitution par la valeur entrée est accomplie par RMAN avant l'exécution du bloc ; la syntaxe d'exécution du script est :

```
EXECUTE SCRIPT nom_script USING valeur[,..] ;
```

```
C:\> RMAN TARGET SYS/sys@JASPE CATALOG RMAN/RMAN@AMBRE

connecté à la base de données cible : JASPE (DBID=1948295541)
connecté à la base de données du catalogue de récupération

RMAN> CREATE SCRIPT S_TBS_NOM_LIB
2>      { BACKUP TABLESPACE &1 TAG &2_SCRIPT;}

Entrer la valeur de 1 :  GVDATA

Entrer la valeur de 2 :  GVDATA

lancement de la resynchronisation complète du catalogue de récupération
resynchronisation complète terminée
script S_TBS_NOM_LIB créé

RMAN> PRINT SCRIPT S_TBS_NOM_LIB;

impression du script stocké : S_TBS_NOM_LIB
{ BACKUP TABLESPACE &1 TAG &2_SCRIPT;}

RMAN> RUN { EXECUTE SCRIPT S_TBS_NOM_LIB USING GVDATA GVDATA;}

exécution du script : S_TBS_NOM_LIB
...
```

Attention

Il est impératif de renseigner toutes les variables de substitution dans la commande d'exécution du script. Sinon, une erreur se produit et votre script n'est pas exécuté.

Dans un traitement interactif, vous n'êtes pas obligé de fournir ces variables dans le script d'exécution qui, dans ce cas, vous sont demandées lors de l'exécution.

```
RMAN> RUN { EXECUTE SCRIPT S_TBS_NOM_LIB ;}

exécution du script : S_TBS_NOM_LIB

Entrer la valeur de 1 :  GVDATA

Entrer la valeur de 2 :  GVDATA

Démarrage de backup dans 20/07/08
...
```

Conseil

À l'aide des variables de substitution, il est possible de créer des scripts qui sont également valables pour plusieurs bases de données à la fois, tout en respectant les différents systèmes d'exploitation et la distribution des sauvegardes suivant des architectures complètement différentes.

La liste des ensembles de sauvegarde

Votre base de données est-elle protégée contre les défaillances ? Êtes-vous en mesure de rétablir votre base avec les sauvegardes de **RMAN** en satisfaisant à vos exigences de gestion ? Pour donner une réponse affirmative à ces deux questions, vous devez vérifier les sauvegardes. Les sauvegardes peuvent être contrôlées de nombreuses manières avec RMAN.

La commande « **LIST** » comporte plusieurs syntaxes ; nous allons commencer par décrire la syntaxe qui permet d'afficher les informations sur les sauvegardes effectuées avec RMAN :

```
LIST {
        DB_UNIQUE_NAME { ALL | OF DATABASE nom_base_de_données }
        | INCARNATION OF DATABASE nom_base_de_données
        | { BACKUP | COPY  } [ OF { DATABASE
                | DATAFILE fichier[,...]| TABLESPACE nom [,...]
                | CONTROLFILE | ARCHIVELOG {ALL | ...} ]
        | ARCHIVELOG {ALL | ...}};
```

INCARNATION	Les incarnations de la base de données avec le **SCN** et la date de réinitialisation des fichiers journaux pour chacune d'elles. La clé de base de données et la clé d'incarnation identifient de façon unique chaque incarnation.
DB_UNIQUE_NAME	La liste des noms uniques de bases de données avec la clé de base de données.
BACKUP	Les sauvegardes des fichiers de base de données avec le type de sauvegarde (complète ou incrémentielle). La clé qui identifie de façon unique chaque jeu de sauvegarde est également listée.
COPY	Les copies-images des fichiers de base de données avec le SCN et la date du point de contrôle, le nom du fichier, et la date de fin de l'opération. La clé qui identifie de façon unique chaque copie-image est également listée.
DATABASE	Les sauvegardes ou les copies-images de tous les fichiers de la base cible.
TABLESPACE	Les sauvegardes ou les copies-images de tous les fichiers de données des tablespaces spécifiés.
DATAFILE	Les sauvegardes ou les copies-images des fichiers de données spécifiés par numéros ou par noms.
CONTROLFILE	Les sauvegardes ou les copies-images du fichier de contrôle de la base cible.
ARCHIVELOG	Les sauvegardes, les copies-images ou l'ensemble des fichiers journaux archivés suivant le filtre défini.

```
C:\> RMAN TARGET SYS/sys@DIAMANT CATALOG RMAN/RMAN@JASPE

connecté à la base de données cible : DIAMANT (DBID=3227550863)
connecté à la base de données du catalogue de récupération

RMAN> LIST DB_UNIQUE_NAME OF DATABASE DIAMANT;
```

```
Liste des bases de données
DB Key  DB Name  DB ID            Database Role    Db_unique_name
-------  -------  ---------------- ---------------- ------------------
2074     DIAMANT  3227550863       PRIMARY          DIAMANT


RMAN> LIST INCARNATION;


Liste des incarnations de base de données
DB Key  Inc Key DB Name  DB ID            STATUS  Reset SCN  Reset Time
-------  ------- -------  ---------------- --- ---------- ----------
2382     2383    AMBRE    825672743        CURRENT 1          12/05/08
2932     2933    JASPE    1948295541       CURRENT 1          11/05/08
2694     2695    ONYX     2554099892       CURRENT 1          11/05/08
2074     2075    DIAMANT  3227550863       CURRENT 1          12/05/08


RMAN> LIST BACKUP OF DATABASE;


Liste des ensembles de sauvegarde
===================


BS Key  Type LV Size        Device Type Elapsed Time Completion Time
------- ---- -- ----------- ----------- ------------ ---------------
7899    Full    1.68G       DISK        00:02:27     13/07/08
        BP Key: 7900   Status: AVAILABLE  Compressed: NO  Tag: JEU_COMPLET_A_FROID
        Piece Name: /u02/sav/1bjlcod4_1_1
    Liste des fichiers de données dans l'ensemble de sauvegarde 7899
    File LV Type Ckp SCN   Ckp Time Name
    ---- -- ---- --------- -------- ----
    1       Full 2767385   13/07/08 +DONNEES_01/diamant/datafile/system.256.654522245
    2       Full 2767385   13/07/08 +DONNEES_01/diamant/datafile/sysaux.257.654522287
    3       Full 2767385   13/07/08 +DONNEES_01/diamant/datafile/undotbs1.258.654522411
    4       Full 2767385   13/07/08 +DONNEES_01/diamant/datafile/users.260.654522555
    5       Full 2767385   13/07/08 +DONNEES_01/diamant/datafile/gvdata.267.659967727
    6       Full 2767385   13/07/08 +DONNEES_01/diamant/datafile/gvindx.266.659967733
    7       Full 2767385   13/07/08 +DONNEES_01/diamant/datafile/gvedata.265.659967735
    8       Full 2767385   13/07/08 +DONNEES_01/diamant/datafile/gveindx.264.659967741
    9       Full 2767385   13/07/08 +DONNEES_01/diamant/datafile/gvclob.263.659967743


BS Key  Type LV Size        Device Type Elapsed Time Completion Time
------- ---- -- ----------- ----------- ------------ ---------------
7938    Full    335.94M     DISK        00:02:17     13/07/08
        BP Key: 7941   Status: AVAILABLE  Compressed: YES  Tag: JEU_COMPLET_A_CHAUD
        Piece Name: /u02/sav/1djlcoos_1_1
    Liste des fichiers de données dans l'ensemble de sauvegarde 7938
    File LV Type Ckp SCN   Ckp Time Name
    ---- -- ---- --------- -------- ----
    1       Full 2767753   13/07/08 +DONNEES_01/diamant/datafile/system.256.654522245
    2       Full 2767753   13/07/08 +DONNEES_01/diamant/datafile/sysaux.257.654522287
    3       Full 2767753   13/07/08 +DONNEES_01/diamant/datafile/undotbs1.258.654522411
...
```

Conseil

Concernant les fichiers journaux archivés, vous avez la possibilité de visualiser les sauvegardes, mais également les fichiers journaux archivés de la base, qu'ils aient été sauvegardés ou non.

Une telle démarche permet de trouver rapidement quels sont les fichiers journaux archivés candidats à être sauvegardés.

```
RMAN> list backup of archivelog from
2>        time 'trunc(sysdate)' until time 'sysdate';

Liste des ensembles de sauvegarde
=====================

BS Key  Size        Device Type Elapsed Time Completion Time
------- ----------  ----------- ------------ ---------------
55329   193.50M     DISK          00:01:11     18/03/14
        BP Key: 55336    Status: AVAILABLE  Compressed: NO  Tag: PARALLELISME PERSO ARCHIVES
        Piece Name: S:\SAUVEGARDES04\AGATEXXX_842552219_3JP3GKSR.ARCH

  Liste des journaux archivés dans l'ensemble de sauvegarde 55329
  Thrd Seq    Low SCN    Low Time Next SCN   Next Time
  ---- ------ ---------- -------- ---------- ---------
  1    72     2538581    17/03/14 2552254    18/03/14
  1    73     2552254    18/03/14 2569547    18/03/14
  1    74     2569547    18/03/14 2576307    18/03/14
  1    75     2576307    18/03/14 2583637    18/03/14
```

Le contrôle révèle que tous les fichiers de journaux archivés depuis minuit n'ont pas été sauvegardés.

Comme dans l'exemple précédent, vous pouvez également cibler un ou plusieurs objets pour n'afficher que les sauvegardes des objets en question.

```
RMAN> LIST COPY OF TABLESPACE GVDATA, GVINDX;

Liste des copies de fichier de données
========================

Key     File S Completion Time Ckp SCN    Ckp Time
------- ---- - --------------- ---------- ---------------
9749    5    A 16/07/08        3504413    16/07/08
        Name: +DONNEES_03/diamant/datafile/gvdata.278.660012965
        Tag: INC_COPY_MAJOUR

9750    6    A 16/07/08        3504413    16/07/08
        Name: +DONNEES_03/diamant/datafile/gvindx.271.660012987
        Tag: INC_COPY_MAJOUR

RMAN> LIST COPY OF DATAFILE
2>        5, "+DONNEES_01/diamant/datafile/gvindx.266.659967733";

Liste des copies de fichier de données
========================

Key     File S Completion Time Ckp SCN    Ckp Time
------- ---- - --------------- ---------- ---------------
9749    5    A 16/07/08        3504413    16/07/08
        Name: +DONNEES_03/diamant/datafile/gvdata.278.660012965
        Tag: INC_COPY_MAJOUR

9750    6    A 16/07/08        3504413    16/07/08
        Name: +DONNEES_03/diamant/datafile/gvindx.271.660012987
        Tag: INC_COPY_MAJOUR
```

Attention

Attention un seul type d'objet peut être spécifié à la fois avec la commande « **LIST** ».

Vous ne pouvez pas obtenir un listing incluant en même temps des sauvegardes de fichiers de données et de fichiers de contrôle.

Les mots-cléss « **DATAFILE** », « **CONTROLFILE** » et « **ARCHIVELOG** » s'excluent donc mutuellement.

L'option « **SUMMARY** » permet d'afficher un résumé organisé par jeu de sauvegarde. La liste retourne les informations suivantes :

KEY	La clé de la sauvegarde.
TY	Le type de la sauvegarde jeu de sauvegarde « **B** » ou copies-images « **P** ».
LV	Le niveau des sauvegardes incrémentielles ou « **F** » pour les sauvegardes complétées.
S	Le statut de la sauvegarde : « **A** » pour disponible, « **U** » pour non disponible, « **E** » pour expirée.

```
RMAN> LIST BACKUP OF DATABASE SUMMARY;

Liste des sauvegardes
=================
Key     TY LV S Device Type Completion #Pieces #Copies Compressed Tag
------- -- -- - ----------- ---------- ------- ------- ---------- --------------------
7899    B  F  A DISK        13/07/08   1       1       NO         JEU_COMPLET_A_FROID
7938    B  F  A DISK        13/07/08   1       1       YES        JEU_COMPLET_A_CHAUD
7998    B  F  A DISK        13/07/08   1       1       YES        TAB_GVDATA_GVINDX
8094    B  0  A DISK        13/07/08   1       1       YES        JEU_INC_N0
8167    B  1  A DISK        13/07/08   1       1       YES        JEU_INC_N1_DIF
8246    B  1  A DISK        13/07/08   1       1       YES        JEU_INC_N1_CUM
...
```

L'option « **BY FILE** » permet d'afficher un résumé organisé par fichier de sauvegarde.

```
RMAN> LIST BACKUP OF DATAFILE 5, 6 BY FILE ;

Liste des sauvegardes de fichier de données
========================================
File Key     TY LV S Ckp SCN    Ckp Time #Pieces #Copies Comp  Tag
---- ------- -  -- - ---------- -------- ------- ------- ----- --------------------
5    9892    B  1  A 3531496    16/07/08 1       1       YES   TAG20080716T170023
     9819    B  1  A 3519654    16/07/08 1       1       YES   TAG20080716T150022
     8953    B  1  A 3154514    14/07/08 1       1       YES   JEU_TAB_INC_N1_DIF
     8927    B  0  A 3154097    14/07/08 1       1       YES   JEU_TAB_INC_N0
     8834    B  1  A 3106096    14/07/08 1       1       YES   TAG20080714T033920
     8564    B  1  A 3053245    13/07/08 1       1       YES   JEU_INC_DIF_N1
     8562    B  2  A 3042557    13/07/08 1       1       YES   JEU_INC_DIF_N1
     8560    B  2  A 3031915    13/07/08 1       1       YES   JEU_INC_DIF_N1
...
6    9892    B  1  A 3531496    16/07/08 1       1       YES   TAG20080716T170023
     9819    B  1  A 3519654    16/07/08 1       1       YES   TAG20080716T150022
     8953    B  1  A 3154514    14/07/08 1       1       YES   JEU_TAB_INC_N1_DIF
     8927    B  0  A 3154097    14/07/08 1       1       YES   JEU_TAB_INC_N0
     8564    B  1  A 3053245    13/07/08 1       1       YES   JEU_INC_DIF_N1
...
```

Filtrer les ensembles de sauvegarde

Après détermination des objets dont vous souhaitez afficher les informations de sauvegarde, il est possible de filtrer le résultat de la commande « **LIST** » en fonction de plusieurs critères. Si vous avez utilisé **RMAN** pendant un certain temps sans éliminer les sauvegardes obsolètes, vous risquez d'obtenir une sortie trop volumineuse. Voici les critères acceptés :

```
LIST ... { COMPLETED { AFTER | BEFORE | BETWEEN 'date' AND} 'date'
          | DEVICE TYPE périphérique[,...]
          | LIKE 'modèle'
          | BACKED UP nombre TIMES TO DEVICE TYPE périphérique
          | TAG [']nom[']
          | RECOVERABLE { UNTIL SCN nombre2
             | UNTIL SEQUENCE } nombre2 | UNTIL TIME} 'date2'};
```

COMPLETED	Limite le listing aux sauvegardes ou aux copies-images qui ont été accomplies pendant la période indiquée.
DEVICE TYPE	Limite le listing aux sauvegardes ou aux copies-images stockées sur disque « **DISK** » ou sur bande « **SBT** ».
LIKE	Limite le listing aux copies-images qui contiennent des fichiers de données correspondant à l'expression spécifiée. Le caractère générique « **%** » fait correspondre n'importe quel caractère, et le caractère « **_** » fait correspondre un seul caractère.
TAG	Limite le listing aux sauvegardes ou aux copies-images dont l'étiquette de l'élément de sauvegarde est spécifiée.
RECOVERABLE	Limite le listing aux sauvegardes ou aux copies-images qui peuvent servir à des fins de récupération.
BACKED UP ... TIMES	Limite le listing des fichiers journaux archivés uniquement aux fichiers journaux archivés sauvegardés au moins « **nombre** » de fois.

```
RMAN> LIST  BACKUP OF DATABASE COMPLETED AFTER 'SYSDATE -3/24';

Liste des ensembles de sauvegarde
====================

BS Key  Type LV Size        Device Type Elapsed Time Completion Time
------- ---- -- ---------- ----------- ------------ ---------------
9819    Incr 1 11.14M       DISK         00:00:34     16/07/08
        BP Key: 9823   Status: AVAILABLE  Compressed: YES  Tag: TAG20080716T150022
        Piece Name: +DONNEES_03/diamant/backupset/2008_07_16/nnndn1_tag20080716t15002
  Liste des fichiers de données dans l'ensemble de sauvegarde 9819
  File LV Type Ckp SCN    Ckp Time Name
  ---- -- ---- ---------- -------- ----
  1    1  Incr 3519654    16/07/08 +DONNEES_01/diamant/datafile/system.256.654522245
  2    1  Incr 3519654    16/07/08 +DONNEES_01/diamant/datafile/sysaux.257.654522287
  3    1  Incr 3519654    16/07/08 +DONNEES_01/diamant/datafile/undotbs1.258.654522411
  4    1  Incr 3519654    16/07/08 +DONNEES_01/diamant/datafile/users.260.654522555
  5    1  Incr 3519654    16/07/08 +DONNEES_01/diamant/datafile/gvdata.267.659967727
  6    1  Incr 3519654    16/07/08 +DONNEES_01/diamant/datafile/gvindx.266.659967733
  7    1  Incr 3519654    16/07/08 +DONNEES_01/diamant/datafile/gvedata.265.659967735
  8    1  Incr 3519654    16/07/08 +DONNEES_01/diamant/datafile/gveindx.264.659967741
```

Voici toutes les sauvegardes accomplies depuis trois heures ; il s'agit d'une seule sauvegarde de type incrémental de niveau 1 compressée.

```
RMAN> LIST BACKUP OF TABLESPACE GVDATA SUMMARY
2>              RECOVERABLE UNTIL TIME 'SYSDATE - 6/24';

Liste des sauvegardes
===============
Key     TY LV S Device Type Completion #Pieces #Copies Compressed Tag
------- -- -- - ----------- ---------- ------- ------- ---------- ---
```

```
7899    B  F  A DISK      13/07/08  1         1       NO          JEU_COMPLET_A_FROID
7938    B  F  A DISK      13/07/08  1         1       YES         JEU_COMPLET_A_CHAUD
8094    B  0  A DISK      13/07/08  1         1       YES         JEU_INC_N0
8167    B  1  A DISK      13/07/08  1         1       YES         JEU_INC_N1_DIF
8246    B  1  A DISK      13/07/08  1         1       YES         JEU_INC_N1_CUM
8545    B  F  A DISK      13/07/08  1         1       YES         TAG20080713T155319
8550    B  0  A DISK      13/07/08  1         1       YES         JEU_INC_CUM_N0
8552    B  1  A DISK      13/07/08  1         1       YES         JEU_INC_CUM_N1
8554    B  1  A DISK      13/07/08  1         1       YES         JEU_INC_CUM_N1
8556    B  2  A DISK      13/07/08  1         1       YES         JEU_INC_CUM_N1
8558    B  0  A DISK      13/07/08  1         1       YES         JEU_INC_DIF_N0
8560    B  2  A DISK      13/07/08  1         1       YES         JEU_INC_DIF_N1
8562    B  2  A DISK      13/07/08  1         1       YES         JEU_INC_DIF_N1
8564    B  1  A DISK      13/07/08  1         1       YES         JEU_INC_DIF_N1
8927    B  0  A DISK      14/07/08  1         1       YES         JEU_TAB_INC_N0
8953    B  1  A DISK      14/07/08  1         1       YES         JEU_TAB_INC_N1_DIF


RMAN> LIST BACKUP OF DATABASE SUMMARY
2>          COMPLETED BETWEEN 'TRUNC(SYSDATE-3)' AND 'TRUNC(SYSDATE-2)';


Liste des sauvegardes
===============
Key     TY LV S Device Type Completion #Pieces #Copies Compressed Tag
------- -- -- - ----------- ---------- ------- ------- ---------- ---
7899    B  F  A DISK      13/07/08  1         1       NO          JEU_COMPLET_A_FROID
7938    B  F  A DISK      13/07/08  1         1       YES         JEU_COMPLET_A_CHAUD
7998    B  F  A DISK      13/07/08  1         1       YES         TAB_GVDATA_GVINDX
8550    B  0  A DISK      13/07/08  1         1       YES         JEU_INC_CUM_N0
8552    B  1  A DISK      13/07/08  1         1       YES         JEU_INC_CUM_N1
8554    B  1  A DISK      13/07/08  1         1       YES         JEU_INC_CUM_N1
8556    B  2  A DISK      13/07/08  1         1       YES         JEU_INC_CUM_N1
8558    B  0  A DISK      13/07/08  1         1       YES         JEU_INC_DIF_N0
8560    B  2  A DISK      13/07/08  1         1       YES         JEU_INC_DIF_N1
8562    B  2  A DISK      13/07/08  1         1       YES         JEU_INC_DIF_N1
8564    B  1  A DISK      13/07/08  1         1       YES         JEU_INC_DIF_N1


RMAN> LIST BACKUP OF DATABASE SUMMARY
2>    COMPLETED AFTER 'TRUNC(SYSDATE-2)'
3>    RECOVERABLE UNTIL TIME 'SYSDATE - 6/24';


Liste des sauvegardes
===============
Key     TY LV S Device Type Completion #Pieces #Copies Compressed Tag
------- -- -- - ----------- ---------- ------- ------- ---------- ---
8927    B  0  A DISK      14/07/08  1         1       YES         JEU_TAB_INC_N0
8953    B  1  A DISK      14/07/08  1         1       YES         JEU_TAB_INC_N1_DIF
9598    B  1  A DISK      16/07/08  1         1       YES         TAG20080716T010024
9600    B  1  A DISK      16/07/08  1         1       YES         TAG20080716T030034


RMAN> LIST BACKUP OF DATABASE SUMMARY TAG 'TAB_GVDATA_GVINDX';


Liste des sauvegardes
===============
Key     TY LV S Device Type Completion #Pieces #Copies Compressed Tag
------- -- -- - ----------- ---------- ------- ------- ---------- ---
7998    B  F  A DISK      13/07/08  1         1       YES         TAB_GVDATA_GVINDX
```

Choisir une sauvegarde spécifique

Vous pouvez choisir de rechercher une sauvegarde spécifique et ainsi retrouver le jeu de sauvegarde ou la copie-image du fichier de données. Voici les critères acceptés :

```
LIST { BACKUPSET clé[,...]
   | BACKUPPIECE { clé[,...] | TAG [']nom['][,...] }
   | { CONTROLFILECOPY | DATAFILECOPY }
        'fichier'[,...] | clé[,...] | TAG[']nom['] [,...]} ;
```

BACKUPSET	Le ou les jeux de sauvegarde spécifiés par une liste de clés des sauvegardes.
BACKUPPIECE	Le ou les fichiers des jeux de sauvegarde spécifiés par une liste de clés des fichiers de sauvegardes ou par le ou les noms des sauvegardes.
CONTROLFILECOPY	La ou les copies-images du fichier de contrôle spécifiées par une liste : des clés des sauvegardes, des noms de sauvegardes ou des noms de fichiers de données correspondant à l'expression spécifiée.
DATAFILECOPY	La ou les copies-images des fichiers de données spécifiés par une liste : des clés des sauvegardes, des noms de sauvegardes ou des noms de fichiers de données correspondant à l'expression spécifiée.

```
RMAN> LIST BACKUPPIECE TAG 'TAB_GVDATA_GVINDX';

Liste des éléments de sauvegarde
BP Key  BS Key  Pc# Cp# Status      Device Type Piece Name
------- ------- --- --- ----------- ----------- ----------
8001    7998    1   1   AVAILABLE   DISK        /u02/sav/DIAMANT_20080713_1fjlcoun

RMAN> LIST BACKUPSET 8550,8552;

Liste des ensembles de sauvegarde
====================
BS Key  Type LV Size       Device Type Elapsed Time Completion Time
------- ---- -- ----------- ----------- ------------ ---------------
8550    Incr 0  1.27M       DISK        00:00:09     13/07/08
        BP Key: 8575    Status: AVAILABLE  Compressed: YES  Tag: JEU_INC_CUM_N0
        Piece Name: /u02/sav/INC_DIAMANT_20080713_23j1ldack
  Liste des fichiers de données dans l'ensemble de sauvegarde 8550
  File LV Type Ckp SCN    Ckp Time Name
  ---- -- ---- ---------- -------- ----
  5    0  Incr 2967137    13/07/08 +DONNEES_01/diamant/datafile/gvdata.267.659967727
  6    0  Incr 2967137    13/07/08 +DONNEES_01/diamant/datafile/gvindx.266.659967733
  9    0  Incr 2967137    13/07/08 +DONNEES_01/diamant/datafile/gvclob.263.659967743

BS Key  Type LV Size       Device Type Elapsed Time Completion Time
------- ---- -- ----------- ----------- ------------ ---------------
8552    Incr 1  200.00K     DISK        00:00:20     13/07/08
        BP Key: 8577    Status: AVAILABLE  Compressed: YES  Tag: JEU_INC_CUM_N1
        Piece Name: /u02/sav/INC_DIAMANT_20080713_25jldae9
  Liste des fichiers de données dans l'ensemble de sauvegarde 8552
  File LV Type Ckp SCN    Ckp Time Name
```

```
---- -- ---- --------- -------- ----
   5    1  Incr 2977842      13/07/08  +DONNEES_01/diamant/datafile/gvdata.267.659967727
   6    1  Incr 2977842      13/07/08  +DONNEES_01/diamant/datafile/gvindx.266.659967733
   9    1  Incr 2977842      13/07/08  +DONNEES_01/diamant/datafile/gvclob.263.659967743


RMAN> LIST BACKUPPIECE '/u02/sav/INC_DIAMANT_20080713_25jldae9',
2>                      '/u02/sav/INC_DIAMANT_20080713_23jldack';


Liste des éléments de sauvegarde
BP Key  BS Key  Pc# Cp# Status      Device Type Piece Name
-------  -------  --- --- ---------- ----------- ----------
8577     8552     1   1   AVAILABLE   DISK        /u02/sav/INC_DIAMANT_20080713_25jldae9
8575     8550     1   1   AVAILABLE   DISK        /u02/sav/INC_DIAMANT_20080713_23jldack


RMAN> LIST BACKUPPIECE 8575;


Liste des éléments de sauvegarde
BP Key  BS Key  Pc# Cp# Status      Device Type Piece Name
-------  -------  --- --- ---------- ----------- ----------
8575     8550     1   1   AVAILABLE   DISK        /u02/sav/INC_DIAMANT_20080713_23jldack
```

Attention

Il faut prendre garde au fait que la clé du jeu de sauvegarde « **BS Key** » n'est pas la même que celle du fichier physique du jeu de sauvegarde « **BP Key** ».

La clé du jeu de sauvegarde « **BS Key** » est unique, mais pas la clé du fichier.

La liste avec SQL

Plusieurs vues dynamiques de performances et vues du dictionnaire de données contiennent des informations spécifiques aux opérations de RMAN.

Il est possible d'utiliser des commandes SQL pour obtenir des résultats analogues à ceux produits par la commande « **LIST** ». Vous pouvez examiner les jeux de sauvegarde, les éléments de sauvegarde et les fichiers de base de données qui constituent les sauvegardes courantes. Pour trouver l'information que vous recherchez, spécifiez l'étiquette ou la clé du jeu de sauvegarde. La sortie de la commande « **LIST** » possède un format fixe, alors que SQL permet de mettre en forme les réponses de différentes manières.

Vous pouvez choisir d'interroger uniquement les informations concernant les sauvegardes contenues dans le fichier de contrôle, auquel cas vous utilisez le vues préfixées par « **V$** » en vous connectant avec un utilisateur qui a le rôle « **SELECT_CATALOG_ROLE** » sur la base de données cible. Sinon vous pouvez interroger les vues préfixées par « **RC_** » en vous connectant avec le compte « **RMAN** » sur la base de données où est stocké le catalogue de récupération.

```
C:\> SQLPLUS SYS/sys@JASPE AS SYSDBA

SQL> GRANT SELECT_CATALOG_ROLE TO RMAN;

SQL> EXIT ;

C:\> RMAN TARGET SYS/sys@DIAMANT CATALOG RMAN/RMAN@JASPE

RMAN> LIST INCARNATION OF DATABASE DIAMANT;

Liste des incarnations de base de données
```

```
DB Key   Inc Key DB Name  DB ID             STATUS  Reset SCN  Reset Time
-------  ------- --------  ----------------  ---  ----------  ----------
2074     2075    DIAMANT   3227550863        CURRENT 1          12/05/08

RMAN> RESYNC CATALOG;
```

Les colonnes et les données des vues du fichier de contrôle ressemblent beaucoup à celles des vues du catalogue. Il existe cependant quelques différences importantes :

- Les vues du catalogue incluent une colonne servant à identifier la base de données et l'incarnation, contrairement aux vues de la base cible. Un fichier de contrôle ne contient que le numéro de l'incarnation courante.

- Les vues du catalogue incluent une clé de sauvegarde qui sert à RMAN de numéro de référence interne pour les sauvegardes et les copies. Un fichier de contrôle ne contient pas cette clé.

- Le fichier de contrôle cible et le catalogue ne contiennent pas forcément les mêmes lignes. Avec le temps, les entrées de sauvegarde sont éliminées du fichier de contrôle cible et n'apparaissent donc plus dans les vues « V$ ». Quand vous supprimez des entrées de sauvegarde du catalogue, elles n'existent plus dans les vues du catalogue, mais figureront peut-être toujours dans le fichier de contrôle cible.

Conseil

Pour comparer les éléments de sauvegarde référencés dans le fichier de contrôle cible avec ceux présents dans le catalogue, exécutez des requêtes identiques sur les vues « **V$** » et « **RC_** ».

Un deuxième jeu des vues existe avec le même nom que les vue dynamiques « **V$** » ou « **RC_** » et avec un suffixe « **_DETAILS** », fournissant plus de détails que les vues classiques.

V$BACKUP_SET

Les vues « **V$BACKUP_SET** » et « **RC_BACKUP_SET** » permettent d'afficher les informations sur les jeux de sauvegarde.

```
SQL> SELECT  BS_KEY, SD.DB_NAME, S.BACKUP_TYPE, S.INCREMENTAL_LEVEL,
  2             S.PIECES, SD.NUM_COPIES, SD.DEVICE_TYPE, SD.STATUS,
  3             SD.CONTROLFILE_INCLUDED, SD.COMPRESSED, SD.ENCRYPTED
  4  FROM RC_BACKUP_SET S
  5       JOIN RC_BACKUP_SET_DETAILS SD USING ( BS_KEY)
  6  WHERE S.COMPLETION_TIME BETWEEN SYSDATE - 6/24 AND SYSDATE AND
  7       S.DB_ID = '3227550863' ORDER BY 1;

  BS_KEY DB_NAME B INCREMENTAL_LEVEL     PIECES NUM_COPIES DEVI S CONTROL COM ENC
---------- ------- - ----------------- ---------- ---------- ---- - ------- --- ---
    9892 DIAMANT I            1            1        1 DISK A NONE    YES NO
    9893 DIAMANT D                         1        1 DISK A BACKUP  NO  NO
   10269 DIAMANT I            1            1        1 DISK A NONE    YES NO
   10595 DIAMANT D                         1        1 DISK A BACKUP  NO  NO
   10845 DIAMANT D                         1        1 DISK A BACKUP  NO  NO
   11259 DIAMANT I            1            1        1 DISK A NONE    YES NO
   11260 DIAMANT D                         1        1 DISK A BACKUP  NO  NO

RMAN> LIST BACKUP SUMMARY COMPLETED AFTER 'SYSDATE-6/24';

Liste des sauvegardes
===============
Key     TY LV S Device Type Completion #Pieces #Copies Compressed Tag
------- -- -- - ----------- ---------- ------- ------- ---------- ---
9892    B  1  A DISK        16/07/08   1       1       YES        TAG20080716T170023
9893    B  F  A DISK        16/07/08   1       1       NO         TAG20080716T170113
```

```
10269   B  1  A DISK       16/07/08  1        1        YES   TAG20080716T190023
10595   B  F  A DISK       16/07/08  1        1        NO    TAG20080716T190122
```

V$BACKUP_PIECE

Les vues « **V$BACKUP_PIECE** » et « **RC_BACKUP_PIECE** » permettent d'afficher les informations sur les éléments de sauvegardes.

```
SQL> SELECT BS_KEY, BACKUP_TYPE, INCREMENTAL_LEVEL "N",
  2          BYTES/1024/1024 "MB", TAG, HANDLE
  3  FROM RC_BACKUP_PIECE_DETAILS
  4  WHERE  DB_NAME = 'DIAMANT' AND TAG LIKE 'JEU%';

BS_KEY B N        MB TAG                HANDLE
------ - - --------- ------------------ -----------------------------------------
  8167 I 1  ,6953125 JEU_INC_N1_DIF     /u02/sav/1mjlcp53_1_1
  8558 D 0 1,265625  JEU_INC_DIF_N0     /u02/sav/INC_DIAMANT_20080713_2bjldih3
  8562 I 2  ,1953125 JEU_INC_DIF_N1     /u02/sav/INC_DIAMANT_20080713_2fjldijt
  7938 D    335,9375 JEU_COMPLET_A_CHAUD /u02/sav/1djlcoos_1_1
  8550 D 0 1,265625  JEU_INC_CUM_N0     /u02/sav/INC_DIAMANT_20080713_23jldack
  8554 I 1  ,1953125 JEU_INC_CUM_N1     /u02/sav/INC_DIAMANT_20080713_27jldag4
  8564 I 1  ,1953125 JEU_INC_DIF_N1     /u02/sav/INC_DIAMANT_20080713_2hjldilc
  8246 I 1  ,7421875 JEU_INC_N1_CUM     /u02/sav/1ojlcpah_1_1
  7899 D 1715,46875  JEU_COMPLET_A_FROID /u02/sav/1bjlcod4_1_1
...
```

Conseil

Les vues « **V$BACKUP_PIECE** » et « **RC_BACKUP_PIECE** » contiennent des colonnes importantes, telles que « **HANDLE** », le nom de l'élément de sauvegarde pour une sauvegarde sur disque ou bande et « **TAG** », l'étiquette de l'élément de sauvegarde.

La commande « **LIST** » ne permet pas de filtrer sur l'étiquette de l'élément de sauvegarde avec un critère de type « **LIKE** », alors qu'à l'aide des vues dynamiques cette opération est aisée.

Vous pouvez également combiner les filtres sur ces deux colonnes avec les filtres sur toutes les autres colonnes pour cibler les résultats au plus près de vos besoins.

V$BACKUP_DATAFILE

Les vues « **V$BACKUP_DATAFILE** » et « **RC_BACKUP_DATAFILE** » permettent d'afficher les informations sur les sauvegardes des fichiers de données.

```
SQL> SELECT DB_NAME, FILE#,
  2
  3          CHECKPOINT_CHANGE#,
  4          CASE STATUS WHEN 'A' THEN 'Disponible'
  5                      WHEN 'U' THEN 'Non disponible'
  6                      WHEN 'D' THEN 'Effacée' END STATUS,
  7          CASE BACKUP_TYPE WHEN 'D' THEN 'Compète'
  8                           WHEN 'I' THEN 'Incrémentielle'
  9                           WHEN 'L' THEN 'Journaux'
 10          END BACKUP_TYPE
 11  FROM RC_BACKUP_DATAFILE
 12  WHERE COMPLETION_TIME BETWEEN '14/07/2008' AND '16/07/2008'
 13  ORDER BY DB_NAME,FILE#,CHECKPOINT_CHANGE#;

DB_NAME       FILE# CHECKPOINT_CHANGE# STATUS         BACKUP_TYPE
--------- --------- ------------------ -------------- ------------
AMBRE             1            3240030                Compete
AMBRE             2            3240026                Compete
```

```
AMBRE        3      3240044              Compete
AMBRE        6      3236643 Disponible   Compete
AMBRE        6      3237610 Disponible   Compete
AMBRE        6      3239768 Disponible   Compete
AMBRE        6      3240416 Disponible   Compete
DIAMANT      1      3105029 Disponible   Incrementale
DIAMANT      1      3106096 Disponible   Incrementale
DIAMANT      2      3105029 Disponible   Incrementale
DIAMANT      2      3106096 Disponible   Incrementale
...
DIAMANT      9      3105029 Disponible   Incrementale
DIAMANT      9      3106096 Disponible   Incrementale
JASPE        12     3322432 Disponible   Compete
```

V$DATAFILE_COPY

Les vues « `V$BACKUP_COPY` » et « `RC_BACKUP_COPY` » permettent d'afficher les informations sur les copies-images des fichiers de données.

V$BACKUP_CONTROLFILE

Les vues « `V$BACKUP_CONTROLFILE` » et « `RC_BACKUP_CONTROLFILE` » permettent d'afficher les informations sur les sauvegardes du fichier de contrôle.

V$CONTROLFILE_COPY

Les vues « `V$CONTROLFILE_COPY` » et « `RC_CONTROLFILE_COPY` » permettent d'afficher les informations sur les copies-images du fichier de contrôle.

V$BACKUP_REDO

Les vues « `V$BACKUP_REDO` » et « `RC_BACKUP_REDO` » permettent d'afficher les informations sur les sauvegardes des fichiers de journaux archivés.

Conseil

La mise en place d'une base de données catalogue qui administre l'ensemble des cibles à travers votre système d'information vous permet d'avoir un point unique d'interrogation.

Ainsi, pour l'ensemble des incarnations enregistrées dans votre catalogue, il est possible de récupérer les informations concernant les sauvegardes effectuées sur toutes les bases de données. Il suffit d'interroger uniquement les vues préfixées par « `RC_` ».

RC_STORED_SCRIPT

La vue « `RC_STORED_SCRIPT` » permet d'afficher les scripts stockés dans la base de données catalogue.

```
SQL> SELECT DB_NAME, SCRIPT_NAME  FROM RC_STORED_SCRIPT;

DB_NAME   SCRIPT_NAME
--------  --------------------
DIAMANT   S_TBS_NOM
JASPE     S_INCRMENTALE_MAJOUR
AGATE     BACKUP_A_FROID
DIAMANT   BACKUP_PLUS_ARCHIVELOG
```

RC_STORED_SCRIPT_LIGNE

La vue « `RC_STORED_SCRIPT_LINE` » permet d'afficher le contenu des scripts stockés dans la base de données catalogue.

```
SQL> SELECT DB_NAME, SELECT SCRIPT_NAME, LINE, TEXT
  2  FROM RC_STORED_SCRIPT_LINE
  3  WHERE SCRIPT_NAME = 'S_INCRMENTALE_MAJOUR';

SCRIPT_NAME                   LINE TEXT
-------------------- ---------- ----------------------------------------
S_INCRMENTALE_MAJOUR            1 {
S_INCRMENTALE_MAJOUR            2     RECOVER COPY OF DATABASE
S_INCRMENTALE_MAJOUR            3            WITH TAG 'BCP_MAJ';
S_INCRMENTALE_MAJOUR            4     BACKUP INCREMENTAL LEVEL 1 FOR
S_INCRMENTALE_MAJOUR            5            RECOVER OF COPY
S_INCRMENTALE_MAJOUR            6            WITH TAG 'BCP_MAJ' DATABASE;
S_INCRMENTALE_MAJOUR            7 }
```

L'existence des sauvegardes

Les commandes « `LIST` » ou « `REPORT` » permettent de visualiser les sauvegardes qui ont été effectuées sur une base de données. Toutefois, si un jeu de sauvegarde est supprimé du système d'exploitation, cette information n'est reportée ni dans le fichier de contrôle cible, ni dans le catalogue de récupération.

La commande « `CROSSCHECK` » permet de vérifier l'existence de toutes les sauvegardes référencées dans le fichier de contrôle cible ou le catalogue, qui respectent les filtres spécifiés. La syntaxe des filtre de recherche des sauvegardes qui doivent être vérifiées est identique à celle utilisée pour la commande « `LIST` ».

Attention

Il peut être utile d'exécuter la commande « `CROSSCHECK` » régulièrement pour vous assurer que le fichier de contrôle et le catalogue contiennent des informations correctes sur les jeux de sauvegarde.

Mais attention, une telle opération peut être coûteuse en ressources, surtout si vos sauvegardes sont stockées sur bande.

Les statuts des éléments de sauvegardes après la vérification peuvent être :

EXPIRED	La ou les sauvegardes spécifiées n'ont pas été trouvées dans l'emplacement prévu.
AVAILABLE	La ou les sauvegardes spécifiées sont disponibles.

```
[oracle@jupiter ~]$ export ORACLE_SID=+ASM
[oracle@jupiter ~]$ asmcmd -p
ASMCMD [+] > cd +DONNEES_03/DIAMANT/BACKUPSET
ASMCMD [+DONNEES_03/DIAMANT/BACKUPSET] > ls
2008_07_16/
2008_07_17/
ASMCMD [+DONNEES_03/DIAMANT/BACKUPSET] > rm 2008_07_16/*
You may delete multiple files and/or directories.
Are you sure? (y/n) y

ASMCMD [+DONNEES_03/DIAMANT/BACKUPSET] >exit

[oracle@jupiter ~]$RMAN TARGET SYS/@DIAMANT CATALOG RMAN/@JASPE
```

```
Mot de passe de la base de données cible :
connecté à la base de données cible : DIAMANT (DBID=3227550863)
Mot de passe de la base de données du catalogue de récupération :
connecté à la base de données du catalogue de récupération

RMAN> LIST BACKUP OF DATABASE SUMMARY
2>            COMPLETED AFTER 'SYSDATE-6/24';

Liste des sauvegardes
===============
Key      TY LV S Device Type Completion #Pieces #Copies Compressed Tag
-------  -- -- - ----------- ---------- ------- ------- ---------- --------------------
11259    B  1  A DISK        16/07/08   1       1       YES        TAG20080716T210021
11313    B  1  A DISK        16/07/08   1       1       YES        TAG20080716T230019
11363    B  1  A DISK        17/07/08   1       1       YES        TAG20080717T010023


RMAN> CROSSCHECK BACKUP OF DATABASE
2>                   COMPLETED AFTER 'SYSDATE-6/24';

utilisation du canal ORA_DISK_1
élément de sauvegarde vérifié : repéré comme étant 'EXPIRED'
descripteur d'élément de
sauvegarde=+DONNEES_03/diamant/backupset/2008_07_16/nnndn1_tag20080716t210021_0.316.660258041
RECID=107 STAMP=660258041
élément de sauvegarde vérifié : repéré comme étant 'EXPIRED'
descripteur d'élément de
sauvegarde=+DONNEES_03/diamant/backupset/2008_07_16/nnndn1_tag20080716t230019_0.318.660265239
RECID=109 STAMP=660265236
élément de sauvegarde vérifié : repéré comme étant 'AVAILABLE'
descripteur d'élément de
sauvegarde=+DONNEES_03/diamant/backupset/2008_07_17/nnndn1_tag20080717t010023_0.320.660272441
RECID=111 STAMP=660272439
3 objets contre-vérifiés

RMAN> LIST EXPIRED BACKUP SUMMARY;

lancement de la resynchronisation complète du catalogue de récupération
resynchronisation complète terminée

Liste des sauvegardes
===============
Key      TY LV S Device Type Completion #Pieces #Copies Compressed Tag
-------  -- -- - ----------- ---------- ------- ------- ---------- --------------------
11259    B  1  X DISK        16/07/08   1       1       YES        TAG20080716T210021
11313    B  1  X DISK        16/07/08   1       1       YES        TAG20080716T230019
```

Dans l'exemple précédent, les deux fichiers du `'16/07/2008'` ont été effacés avant de démarrer RMAN. Le contrôle par la commande « **CROSSCHECK** » marque les deux fichiers comme « **EXPIRED** ».

Les sauvegardes expirées

La commande « **LIST** » permet de lister les sauvegardes qui n'ont pas été validées par la commande « **CROSSCHECK** ». Ainsi vous pouvez lister tous les fichiers de sauvegarde qui ont été effacés du disque grâce au filtre « **EXPIRED** ».

```
C:\> RMAN TARGET SYS/sys@ONYX CATALOG RMAN/RMAN@JASPE

connecté à la base de données cible : ONYX (DBID=2554099892)
connecté à la base de données du catalogue de récupération

RMAN> LIST BACKUPSET 12423;

Liste des ensembles de sauvegarde
===================
BS Key  Type LV Size        Device Type Elapsed Time Completion Time
------- ---- -- ---------- ----------- ------------ ----------------
12423   Full    248.46M    DISK           00:02:35     17/07/08
        BP Key: 12424    Status: AVAILABLE Compressed: YES  Tag: TAG20080717T191652
        Piece Name: C:\SAV\ONYX_3HJLNTH5_1_1
...


RMAN> HOST 'REN C:\SAV\ONYX_3HJLNTH5_1_1 ONYX_3HJLNTH5_1_1.OLD';

la commande hôte a été exécutée

RMAN> CROSSCHECK BACKUPSET 12423;

utilisation du canal ORA_DISK_1
élément de sauvegarde vérifié : repéré comme étant 'EXPIRED'
descripteur d'élément de sauvegarde=C:\SAV\ONYX_3HJLNTH5_1_1 RECID=78 STAMP=660338221
1 objets contre-vérifiés

RMAN> LIST EXPIRED BACKUPSET 12423;

Liste des ensembles de sauvegarde
===================
BS Key  Type LV Size        Device Type Elapsed Time Completion Time
------- ---- -- ---------- ----------- ------------ ----------------
12423   Full    248.46M    DISK           00:02:35     17/07/08
        BP Key: 12424    Status: EXPIRED  Compressed: YES  Tag: TAG20080717T191652
        Piece Name: C:\SAV\ONYX_3HJLNTH5_1_1

RMAN> CROSSCHECK BACKUPSET 12423;

utilisation du canal ORA_DISK_1
élément de sauvegarde vérifié : repéré comme étant 'AVAILABLE'
descripteur d'élément de sauvegarde=C:\SAV\ONYX_3HJLNTH5_1_1 RECID=78 STAMP=660338221
1 objets contre-vérifiés

RMAN> LIST BACKUPSET 12423;

Liste des ensembles de sauvegarde
===================
BS Key  Type LV Size        Device Type Elapsed Time Completion Time
------- ---- -- ---------- ----------- ------------ ----------------
12423   Full    248.46M    DISK           00:02:35     17/07/08
        BP Key: 12424    Status: AVAILABLE Compressed: YES  Tag: TAG20080717T191652
        Piece Name: C:\SAV\ONYX_3HJLNTH5_1_1
```

Note

Il convient de noter que l'enregistrement qui a été marqué comme « **EXPIRED** » lors d'une validation « **CROSSCHECK** » peut repasser « **AVAILABLE** » lors d'un nouveau « **CROSSCHECK** » si le fichier physique est à nouveau accessible.

La suppression des sauvegardes

Vous pouvez utiliser la commande « **DELETE** » pour supprimer les fichiers de journaux archivés ou des sauvegardes avec la syntaxe suivante :

```
DELETE [FORCE][NOPROMPT] { EXPIRED | OBSOLETE }
    { BACKUP | BACKUPPIECE ... | COPY OF ...
    | ARCHIVELOG { ALL |   ...};
```

```
D:\>rman target sys/Razvanpwd3@agate catalog rman/rman@topaze
.


connecté à la base de données cible : AGATE (DBID=1022786265)
connecté à la base de données du catalogue de récupération


RMAN> report obsolete redundancy 3;


Etat des sauvegardes et des copies obsolètes
Type                      Key    Completion Time     Filename/Handle
-------------------- ------ ------------------ --------------------
Ensemble de sauvegarde          9199   16/03/14
  Backup Piece        9201   16/03/14            S:\SAUVEGARDES01\2CP3BTI4_1_1.BKP
Archive Log           11896  17/03/14            A:\ARCHIVES\AGATE\ARC0000000069_0841572893.0001
Ensemble de sauvegarde          9200   16/03/14
  Backup Piece        9202   16/03/14            S:\SAUVEGARDES01\2DP3BTIJ_1_1.BKP
Ensemble de sauvegarde          11926  17/03/14
  Backup Piece        11932  17/03/14            S:\SAUVEGARDES01\AGATE_2EP3D8G0_1_1.BKP
...
RMAN> delete obsolete redundancy 3;


canal affecté : ORA_DISK_1
canal ORA_DISK_1 : SID=249 type d'unité=DISK
Suppression des sauvegardes et copies obsolètes suivantes :
Type                      Key    Completion Time     Filename/Handle
-------------------- ------ ------------------ --------------------
Ensemble de sauvegarde          9199   16/03/14
  Backup Piece        9201   16/03/14            S:\SAUVEGARDES01\2CP3BTI4_1_1.BKP
Archive Log           11896  17/03/14            A:\ARCHIVES\AGATE\ARC0000000069_0841572893.0001
Ensemble de sauvegarde          9200   16/03/14
  Backup Piece        9202   16/03/14            S:\SAUVEGARDES01\2DP3BTIJ_1_1.BKP
Ensemble de sauvegarde          11926  17/03/14
  Backup Piece        11932  17/03/14            S:\SAUVEGARDES01\AGATE_2EP3D8G0_1_1.BKP
...
Voulez-vous vraiment supprimer les objets ci-dessus (YES ou NO) ? y
élément de sauvegarde supprimé
descripteur d'élément de sauvegarde=S:\SAUVEGARDES01\2CP3BTI4_1_1.BKP RECID=44 STAMP=842397252
...
RMAN> report need backup redundancy 3;


Etat des fichiers ayant moins de 3 sauvegardes redondantes
File #bkps Name
---- ----- -----------------------------------------------------


RMAN> report need backup redundancy 5;


Etat des fichiers ayant moins de 5 sauvegardes redondantes
File #bkps Name
```

```
---- ----- -------------------------------------------------------
1    4      D:\DONNEES\ORADATA\AGATE\DATAFILE\O1_MF_SYSTEM_9KM35Y3J_.DBF
2    4      D:\DONNEES\ORADATA\AGATE\DATAFILE\O1_MF_DTB_STAR_9L92HBYY_.DBF
3    4      D:\DONNEES\ORADATA\AGATE\DATAFILE\O1_MF_SYSAUX_9KM338N5_.DBF
4    4      D:\DONNEES\ORADATA\AGATE\DATAFILE\O1_MF_DTB_TRAN_9L92HC8J_.DBF
5    4      D:\DONNEES\ORADATA\AGATE\DATAFILE\O1_MF_UNDOTBS1_9KM39LT7_.DBF
6    4      D:\DONNEES\ORADATA\AGATE\DATAFILE\O1_MF_USERS_9KM39KV6_.DBF
7    4      D:\DONNEES\ORADATA\AGATE\DATAFILE\O1_MF_ITB_STAR_9L92HCJS_.DBF
8    4      D:\DONNEES\ORADATA\AGATE\DATAFILE\O1_MF_ITB_TRAN_9L92HCT2_.DBF
9    4      D:\DONNEES\ORADATA\AGATE\DATAFILE\O1_MF_CATALOGU_9L9OTLSZ_.DBF
```

Attention pour les sauvegardes sur disque, la suppression des sauvegardes élimine physiquement le fichier de sauvegarde. Chaque sauvegarde supprimée est également effacée du référentiel RMAN ; si vous voulez l'utiliser par la suite, il faut la réintégrer dans le catalogue à l'aide de la syntaxe suivante :

```
CATALOG { ARCHIVELOG | BACKUPPIECE |
        CONTROLFILECOPY | DATAFILECOPY } 'fichier' [,...] ;
```

```
[oracle@phoebus ~]$ rman target / catalog rman/rman@agate

connected to target database: TOPAZE (DBID=3991015565)
connected to recovery catalog database

RMAN> host 'mkdir /u02/sav01/sav';

host command complete

RMAN> host 'mv /u02/sav01/TOPAZE* /u02/sav01/sav';

host command complete

RMAN> crosscheck backup;

using channel ORA_DISK_1
using channel ORA_DISK_2
using channel ORA_DISK_3
...
crosschecked backup piece: found to be 'EXPIRED'
backup piece handle=/u02/sav01/TOPAZE_06lkdga7_1_1 RECID=5 STAMP=726057291
crosschecked backup piece: found to be 'EXPIRED'
backup piece handle=/u02/sav01/TOPAZE_05lkdga7_1_1 RECID=6 STAMP=726057287
crosschecked backup piece: found to be 'EXPIRED'
backup piece handle=/u02/sav01/TOPAZE_07lkdga7_1_1 RECID=7 STAMP=726057291
crosschecked backup piece: found to be 'EXPIRED'
backup piece handle=/u02/sav01/TOPAZE_0blkdgfk_1_1 RECID=9 STAMP=726057460
crosschecked backup piece: found to be 'EXPIRED'
backup piece handle=/u02/sav01/TOPAZE_0alkdgfj_1_1 RECID=10 STAMP=726057460
crosschecked backup piece: found to be 'EXPIRED'
backup piece handle=/u02/sav01/TOPAZE_09lkdgfj_1_1 RECID=11 STAMP=726057459
Crosschecked 6 objects

RMAN> delete expired backup;

using channel ORA_DISK_1
using channel ORA_DISK_2
using channel ORA_DISK_3

List of Backup Pieces
BP Key  BS Key  Pc# Cp# Status      Device Type Piece Name
------- ------- --- --- ----------- ----------- ----------
```



```
680     676    1   1    EXPIRED     DISK        /u02/sav01/TOPAZE_06lkdga7_1_1
681     677    1   1    EXPIRED     DISK        /u02/sav01/TOPAZE_05lkdga7_1_1
682     678    1   1    EXPIRED     DISK        /u02/sav01/TOPAZE_07lkdga7_1_1
772     767    1   1    EXPIRED     DISK        /u02/sav01/TOPAZE_0blkdgfk_1_1
773     768    1   1    EXPIRED     DISK        /u02/sav01/TOPAZE_0alkdgfj_1_1
774     769    1   1    EXPIRED     DISK        /u02/sav01/TOPAZE_09lkdgfj_1_1

Do you really want to delete the above objects (enter YES or NO)? y
deleted backup piece


RMAN> host 'mv /u02/sav01/sav/TOPAZE* /u02/sav01';


host command complete


RMAN> crosscheck backup;


using channel ORA_DISK_1
using channel ORA_DISK_2
using channel ORA_DISK_3
crosschecked backup piece: found to be 'AVAILABLE'
backup piece
handle=/u01/app/oracle/flash_recovery_area/TOPAZE/backupset/2010_08_03/o1_mf_annnn_TAG20100803T09034
2_65hhtgrc_.bkp RECID=1 STAMP=726051822
crosschecked backup piece: found to be 'AVAILABLE'
backup piece
handle=/u01/app/oracle/flash_recovery_area/TOPAZE/backupset/2010_08_03/o1_mf_nnndf_TAG20100803T09042
8_65hhw1ct_.bkp RECID=2 STAMP=726051873
crosschecked backup piece: found to be 'AVAILABLE'
backup piece
handle=/u01/app/oracle/flash_recovery_area/TOPAZE/backupset/2010_08_03/o1_mf_ncsnf_TAG20100803T09042
8_65hj18cd_.bkp RECID=3 STAMP=726052040
crosschecked backup piece: found to be 'AVAILABLE'
backup piece
handle=/u01/app/oracle/flash_recovery_area/TOPAZE/backupset/2010_08_03/o1_mf_annnn_TAG20100803T09072
1_65hj1b2n_.bkp RECID=4 STAMP=726052042
crosschecked backup piece: found to be 'AVAILABLE'
backup piece handle=/u02/sav/ctl_c-3991015565-20100803-00 RECID=8 STAMP=726057374
crosschecked backup piece: found to be 'AVAILABLE'
backup piece handle=/u02/sav/ctl_c-3991015565-20100803-01 RECID=12 STAMP=726057497
Crosschecked 6 objects
```

Les fichiers de sauvegarde de la base de données « **TOPAZE** » qui sont situés dans le répertoire « **/u02/sav01** » ont été déplacés dans le répertoire « **/u02/sav01/sav** », et ainsi la commande « **CROSSCHECK** » les a marqués comme « **EXPIRED** ». La commande d'effacement a été exécutée sans l'option « **NOPROMPT** » pour avoir une issue de secours si ce ne sont pas les bons fichiers de sauvegarde que l'on est en train d'effacer.

Après l'effacement du catalogue, le déplacement des fichiers dans le répertoire d'origine n'a aucun impact, RMAN ne connaît plus ces fichiers. Il faut maintenant les attacher à nouveau au catalogue.

```
RMAN> catalog backuppiece '/u02/sav01/TOPAZE_06lkdga7_1_1',
2>'/u02/sav01/TOPAZE_05lkdga7_1_1','/u02/sav01/TOPAZE_07lkdga7_1_1',
3>'/u02/sav01/TOPAZE_0blkdgfk_1_1','/u02/sav01/TOPAZE_0alkdgfj_1_1',
4> '/u02/sav01/TOPAZE_09lkdgfj_1_1';


cataloged backup piece
backup piece handle=/u02/sav01/TOPAZE_06lkdga7_1_1 RECID=13 STAMP=726062172

...


RMAN> crosscheck backup;


using channel ORA_DISK_1
using channel ORA_DISK_2
```

```
using channel ORA_DISK_3
crosschecked backup piece: found to be 'AVAILABLE'
backup piece handle=/u02/sav01/TOPAZE_061kdga7_1_1 RECID=13 STAMP=726062172
...
```

Il faut être attentif avec la commande « **DELETE** » car elle est lourde de conséquences, l'effacement des sauvegardes sur disque pouvant être dommageable pour votre plan de sauvegardes.

```
RMAN> delete noprompt backup;
allocated channel: ORA_DISK_1
channel ORA_DISK_1: SID=45 device type=DISK
allocated channel: ORA_DISK_2
channel ORA_DISK_2: SID=47 device type=DISK
allocated channel: ORA_DISK_3
channel ORA_DISK_3: SID=44 device type=DISK

List of Backup Pieces
BP Key  BS Key  Pc# Cp# Status      Device Type Piece Name
------- ------- --- --- ----------- ----------- ----------
287     283     1   1   AVAILABLE   DISK
/u01/app/oracle/flash_recovery_area/TOPAZE/backupset/2010_08_03/o1_mf_annnn_TAG20100803T090342_65hht
grc_.bkp
...
deleted backup piece
backup piece handle=/u02/sav01/TOPAZE_0alkdgfj_1_1 RECID=17 STAMP=726062172

RMAN> list backup;

specification does not match any backup in the repository
```

La commande précédente vous assure que pour cette base de données vous n'avez plus de sauvegarde.

7

L'architecture de diagnostic

Objectifs

À la fin de ce module, vous serez à même d'effectuer les tâches suivantes :

- Décrire l'architecture et l'arborescence des répertoires de l'assistant de diagnostic.
- Décrire le fonctionnement de l'assistant de vérification.
- Lancer des vérifications manuelles de votre base de données.
- Rechercher la liste des échecs de votre base de données.
- Rechercher les conseils pour la réparation des échecs.

Contenu

Les fichiers de trace

Oracle maintient un ensemble de fichiers qui contiennent les informations concernant le mode de fonctionnement de la base de données, les erreurs survenues au niveau de l'instance ou les erreurs des utilisateurs.

Le fichier d'alerte

Le fichier d'alerte est le tableau de bord historique ; c'est un fichier séquentiel des opérations effectuées dans la base de données. Au démarrage de l'instance, Oracle crée un fichier d'alerte, s'il n'existe pas déjà.

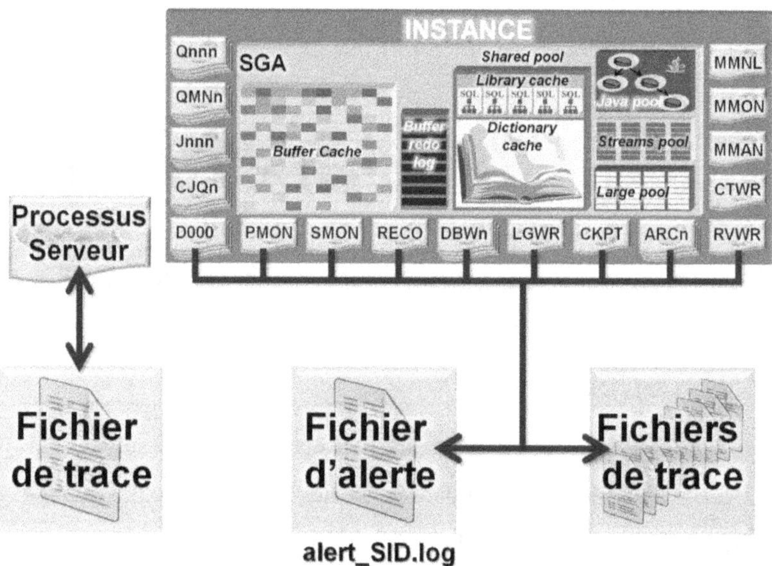

Il consigne les commandes et les résultats des commandes liés aux événements majeurs dans la vie de la base de données.

Chaque fois que la base de données est démarrée, tous les paramètres contenus dans le fichier de paramètres sont stockés dans le fichier d'alerte ainsi que la date et l'heure du démarrage.

Toutes les opérations de récupération automatique ou manuelle sont écrites dans le fichier d'alerte.

Toutes les erreurs survenues au niveau de l'instance, quel que soit leur type, sont écrites dans ce fichier : la création des tablespaces et des undo segments, ainsi qu'un certain nombre de commandes SQL de modification d'objets « `ALTER ...` ».

```
SYS@topaze> select name, value from v$parameter
  2  where name like '%_dump_dest%';


NAME                          VALUE
----------------------------- -------------------------------------------------
background_dump_dest          /u01/app/oracle/diag/rdbms/topaze/topaze/trace
user_dump_dest               /u01/app/oracle/diag/rdbms/topaze/topaze/trace
core_dump_dest               /u01/app/oracle/diag/rdbms/topaze/topaze/cdump

SYS@rubis>!cat /u01/app/oracle/diag/rdbms/rubis/rubis/trace/alert_rubis.ora

...

Starting ORACLE instance (normal)
Fri Mar 07 12:10:32 2014

...

Starting up:
```

```
Oracle Database 12c Enterprise Edition Release 12.1.0.1.0 - 64bit Production
With the Partitioning, OLAP, Advanced Analytics and Real Application Testing options.
ORACLE_HOME = /u01/app/oracle/product/12.1.0/db_home
System name:    Linux
Node name:      terra.olimp.fr
Release:        3.8.13-16.2.1.el6uek.x86_64
Version:        #1 SMP Thu Nov 7 17:01:44 PST 2013
Machine:        x86_64
Using parameter settings in client-side pfile /u01/app/oracle/admin/topaze/pfile/init.ora on machine
terra.olimp.fr
System parameters with non-default values:
  processes              = 300
  sga_target             = 3616M
  db_block_size          = 8192
  compatible             = "12.1.0.0.0"
  db_create_file_dest    = "/u01/app/oracle/oradata"
  db_recovery_file_dest  = "/u01/app/oracle/fast_recovery_area"
  db_recovery_file_dest_size= 4800M
  undo_tablespace        = "UNDOTBS1"
  remote_login_passwordfile= "EXCLUSIVE"
  db_domain              = "olimp.fr"
  dispatchers            = "(PROTOCOL=TCP) (SERVICE=topazeXDB)"
  local_listener         = "LISTENER_TOPAZE"
  audit_file_dest        = "/u01/app/oracle/admin/topaze/adump"
  audit_trail            = "DB"
  db_name                = "topaze"
  open_cursors           = 300
  pga_aggregate_target   = 1200M
  diagnostic_dest        = "/u01/app/oracle"
NOTE: remote asm mode is local (mode 0x1; from cluster type)
Starting background process PMON
Fri Mar 07 12:10:34 2014
PMON started with pid=2, OS id=6280
Starting background process PSP0
Fri Mar 07 12:10:34 2014
PSP0 started with pid=3, OS id=6282
Starting background process VKTM
Fri Mar 07 12:10:35 2014
...
```

L'exemple précédent montre les informations trouvées dans le fichier d'alerte pour le démarrage
d'une base de données.

```
...
Fri Mar 07 15:46:20 2014
Errors in file /u01/app/oracle/diag/rdbms/topaze/topaze/trace/topaze_m000_15425.trc:
ORA-00210: cannot open the specified control file
ORA-00202: control file: '/u02/donnees/oradata/TOPAZE/controlfile/control01.ctl'
ORA-27041: unable to open file
Linux-x86_64 Error: 2: No such file or directory
...
ALTER DATABASE OPEN
Fri Mar 07 20:20:33 2014
Errors in file /u01/app/oracle/diag/rdbms/topaze/topaze/trace/topaze_dbw0_20426.trc:
ORA-01157: cannot identify/lock data file 2 - see DBWR trace file
ORA-01110: data file 2: '/u01/app/oracle/oradata/TOPAZE/datafile/o1_mf_tbs_demo_9kn6cnb1_.dbf'
ORA-27037: unable to obtain file status
...
Sat Mar 08 21:50:36 2014
Errors in file /u01/app/oracle/diag/rdbms/topaze/topaze/trace/topaze_ckpt_8771.trc:
ORA-63999: data file suffered media failure
```

```
ORA-01116: error in opening database file 2
ORA-01110: data file 2: '/u02/oradata/TOPAZE/datafile/o1_mf_app_01_9kq0ls83_.dbf'
ORA-27041: unable to open file
```

Dans l'exemple précédent vous avez pu remarquer que, le fichier de contrôle manquant, il s'est produit une erreur.

Les fichiers de trace

Chaque processus d'arrière-plan est associé également à un fichier de trace qui contient tous les événements et les erreurs survenus dans le déroulement de l'instance.

Les fichiers de trace contiennent des informations beaucoup plus détaillées que les fichiers d'alerte. Ils sont surtout utilisés pour découvrir les raisons d'une défaillance importante du serveur Oracle.

```
...
*** 2005-06-02 09:11:03.059
*** SERVICE NAME:() 2005-06-02 09:11:03.049
*** SESSION ID:(168.1) 2005-06-02 09:11:03.049
ORA-01157: impossible d'identifier ou de verrouiller le fichier de données 1 - voir le fichier de
trace DBWR
ORA-01110: fichier de donnees 1 : 'C:\ORACLE\ORADATA\DBA\DBA\DATAFILE\O1_MF_SYSTEM_17YRZ6N5_.DBF'
ORA-27041: ouverture du fichier impossible
OSD-04002: ouverture impossible du fichier
O/S-Error: (OS 2) Le fichier spécifié est introuvable.
...
```

L'exemple précédent montre l'erreur d'ouverture d'un fichier de données qui est un fichier de trace du processus « **DBWn** ».

Les fichiers de trace et le fichier d'alerte sont stockés dans le répertoire défini par le paramètre « **BACKGROUND_DUMP_DEST** ».

Les processus serveur peuvent être également tracés si le traçage SQL est activé ; ainsi toutes les informations concernant les plans d'exécution et les statistiques d'exécution des requêtes sont répertoriées dans ce fichier. On peut activer le traçage SQL dans notre session à l'aide de la commande suivante :

```
ALTER SESSION SET sql_trace=TRUE;
```

Le paramètre d'initialisation « **USER_DUMP_DEST** » spécifie le chemin des fichiers de trace générés par les processus serveur.

Vous pouvez interroger la vue « **V$DIAG_INFO** » pour récupérer le nom exact du fichier de trace de votre session.

```
SYS@rubis>select VALUE from v$diag_info where NAME = 'Default Trace File';

VALUE
-----------------------------------------------------------------
/u01/app/oracle/diag/rdbms/rubis/rubis/trace/rubis_ora_7059.trc
```

L'architecture de diagnostic

Une évolution majeure à partir de la version Oracle 11g réside dans le domaine de gestion des pannes, qui comprend le diagnostic des erreurs et la réparation des défaillances de bases de données. Oracle 11g prévoit une infrastructure de diagnostic pour vous aider à prendre des mesures afin de prévenir et de détecter les problèmes ainsi que diagnostiquer et résoudre rapidement les erreurs critiques.

Chaque erreur critique dans la base de données est marquée comme *un problème* et chaque fois qu'une erreur se produit, la base de données crée un incident avec un identifiant unique. Le référentiel de diagnostic automatique, Automatic Diagnostic Repository (ADR), contient toutes les données de diagnostic sur les erreurs critiques.

Lorsque la base de données rencontre une erreur critique, elle crée un nouvel incident et enregistre automatiquement toutes les données pertinentes de diagnostic pour ce problème, et les stocke dans l'ADR. Étant donné que les données recueillies sont stockées séparément de la base de données dans l'ADR, les données pourront survivre à un crash de base de données et vous aider à diagnostiquer le problème.

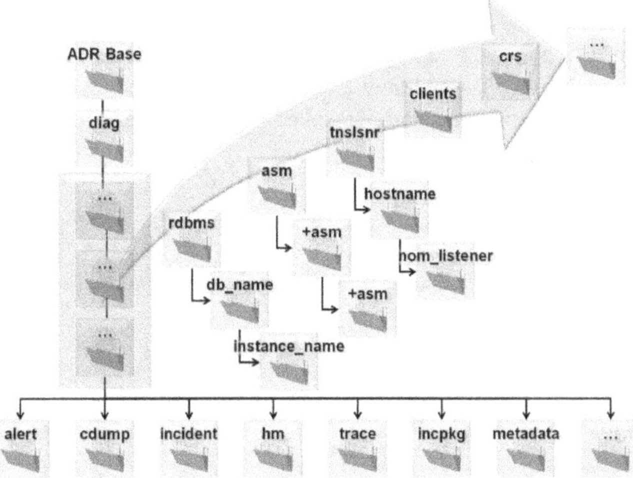

La vue dynamique « **V$DIAG_INFO** » vous permet d'afficher les informations de stockage pour les données d'ADR.

```
SQL> select name,value from v$diag_info;

NAME                        VALUE
--------------------------  --------------------------------------------------------------
Diag Enabled                TRUE
ADR Base                    /u01/app/oracle
ADR Home                    /u01/app/oracle/diag/rdbms/topaze/topaze
Diag Trace                  /u01/app/oracle/diag/rdbms/topaze/topaze/trace
Diag Alert                  /u01/app/oracle/diag/rdbms/topaze/topaze/alert
Diag Incident               /u01/app/oracle/diag/rdbms/topaze/topaze/incident
Diag Cdump                  /u01/app/oracle/diag/rdbms/topaze/topaze/cdump
Health Monitor              /u01/app/oracle/diag/rdbms/topaze/topaze/hm
Default Trace File          /u01/app/oracle/diag/rdbms/topaze/topaze/trace/topaze_ora_4566.trc
Active Problem Count        0
Active Incident Count       0


SYS@topaze>!ls -l $ORACLE_BASE/diag
total 68
drwxrwxr-x. 2 oracle oinstall 4096  3 févr. 15:52 afdboot
drwxrwxr-x. 2 oracle oinstall 4096  3 févr. 15:52 apx
drwxrwxr-x. 2 oracle oinstall 4096  7 mars  11:12 asm
drwxrwxr-x. 2 oracle oinstall 4096  3 févr. 15:24 asmtool
drwxrwxr-x. 3 oracle oinstall 4096  4 févr. 07:41 clients
drwxrwxr-x. 3 oracle oinstall 4096  3 févr. 15:24 crs
drwxrwxr-x. 2 oracle oinstall 4096  3 févr. 15:52 diagtool
drwxrwxr-x. 2 oracle oinstall 4096  3 févr. 15:52 dps
drwxrwxr-x. 2 oracle oinstall 4096  3 févr. 15:52 em
drwxrwxr-x. 2 oracle oinstall 4096  3 févr. 15:52 gsm
drwxrwxr-x. 2 oracle oinstall 4096  3 févr. 15:52 ios
drwxrwxr-x. 2 oracle oinstall 4096  3 févr. 15:52 lsnrctl
drwxrwxr-x. 2 oracle oinstall 4096  3 févr. 15:52 netcman
drwxrwxr-x. 2 oracle oinstall 4096  3 févr. 15:52 ofm
```

```
drwxrwxr-x. 2 oracle oinstall 4096  3 févr. 15:52 plsqlapp
drwxrwxr-x. 6 oracle oinstall 4096 15 mars  14:56 rdbms
drwxrwxr-x. 3 oracle oinstall 4096  3 févr. 15:27 tnslsnr
```

L'outil de commande

Le référentiel de diagnostic automatique, Automatic Diagnostic Repository (ADR), fournit un outil en ligne de commande « **adrci** », ADR Command Interpreter. Il permet la visualisation des fichiers de traces, de répertorier les incidents et les informations concernant ces incidents. C'est un outil qui permet de naviguer dans toute l'arborescence pour toutes les installations et toutes les cibles.

```
[oracle@terra ~]$ adrci

ADRCI: Release 12.1.0.1.0 - Production on Mar. Mars 18 22:09:59 2014

Copyright (c) 1982, 2013, Oracle and/or its affiliates.  All rights reserved.

ADR base = "/u01/app/oracle"
adrci> help

HELP [topic]
  Available Topics:
        CREATE REPORT
        ECHO
        EXIT
        HELP
        HOST
        IPS
        PURGE
        RUN
        SET BASE
        SET BROWSER
        SET CONTROL
        SET ECHO
        SET EDITOR
        SET HOMES | HOME | HOMEPATH
        SET TERMOUT
        SHOW ALERT
        SHOW BASE
        SHOW CONTROL
        SHOW HM_RUN
        SHOW HOMES | HOME | HOMEPATH
        SHOW INCDIR
        SHOW INCIDENT
        SHOW LOG
        SHOW PROBLEM
        SHOW REPORT
        SHOW TRACEFILE
        SPOOL

    There are other commands intended to be used directly by Oracle, type
    "HELP EXTENDED" to see the list
```

Étant donné que l'outil peut interroger plusieurs cibles installées, vous devez d'abord définir la cible par la commande « **SET HOME** ». La commande d'affichage du fichier d'alerte est :

```
SHOW ALERT [-p <predicat>]   [-term]

    [ [-tail [valeur] [-f]] | [-file <alert_file_name>] ]
```

```
adrci> show homes
ADR Homes:
diag/tnslsnr/terra/listener
diag/clients/user_oracle/host_3755120606_80
diag/rdbms/quartz/sodalite
diag/rdbms/opale/topaze
diag/rdbms/sodalite/sodalite
diag/rdbms/topaze/topaze
adrci> set home diag/rdbms/topaze/topaze
adrci> set editor vi
adrci> show alert -tail 10
2014-03-18 11:03:48.662000 +01:00
XDB initialized.
2014-03-18 11:14:25.386000 +01:00
Warning: VKTM detected a time drift.
Time drifts can result in an unexpected behavior such as time-outs. Please check trace file for more
details.
2014-03-18 11:31:41.827000 +01:00
DM00 started with pid=255, OS id=34484, job SYSTEM.SYS_EXPORT_SCHEMA_01
2014-03-18 11:31:43.187000 +01:00
DW00 started with pid=261, OS id=34490, wid=1, job SYSTEM.SYS_EXPORT_SCHEMA_01
2014-03-18 12:00:58.890000 +01:00
Thread 1 advanced to log sequence 45 (LGWR switch)
  Current log# 9 seq# 45 mem# 0: /u02/oradata/TOPAZE/onlinelog/o1_mf_9_9194jps5_.log
2014-03-18 12:01:07.147000 +01:00
Archived Log entry 44 added for thread 1 sequence 44 ID 0xa44080e5 dest 1:
2014-03-18 17:04:35.685000 +01:00
...
adrci> show alert -p "MESSAGE_TEXT LIKE '%ORA-27037%'"


ADR Home = /u01/app/oracle/diag/rdbms/topaze/topaze:
*************************************************************************
Output the results to file: /tmp/alert_47261_1405_topaze_1.ado
2014-03-07 20:20:33.075000 +01:00
Errors in file /u01/app/oracle/diag/rdbms/topaze/topaze/trace/topaze_dbw0_20426.trc:
ORA-01157: cannot identify/lock data file 2 - see DBWR trace file
ORA-01110: data file 2: '/u01/app/oracle/oradata/TOPAZE/datafile/o1_mf_tbs_demo_9kn6cnb1_.dbf'
ORA-27037: unable to obtain file status
Linux-x86_64 Error: 2: No such file or directory
...
adrci> show alert -p "MESSAGE_TEXT LIKE '%drop tablespace%'"


Output the results to file: /tmp/alert_47261_1405_topaze_9.ado
2014-03-07 20:02:40.985000 +01:00
drop tablespace tbs_demo including contents
2014-03-07 20:02:44.690000 +01:00
Completed: drop tablespace tbs_demo including contents
2014-03-07 20:52:27.487000 +01:00
...
```

L'outil permet d'effectuer des purges dans les fichiers de traces, alerte ou les incidents avec la syntaxe
suivante :

```
PURGE [[-i <id1> | <id1> <id2>] |
     [-age <minutes> [-type ALERT|INCIDENT|TRACE|CDUMP|HM|UTSCDMP]]]:
```

```
[oracle@terra ~]$ adrci
adrci> set home diag/rdbms/topaze/topaze
adrci> purge -age 60 -type trace
adrci> host 'ls -lt $ORACLE_BASE/diag/rdbms/topaze/topaze/trace'
```

```
-rw-r-----. 1 oracle oinstall   68929 18 mars   22:36 topaze_dbrm_5690.trc
-rw-r-----. 1 oracle oinstall    3625 18 mars   22:36 topaze_dbrm_5690.trm
-rw-r-----. 1 oracle oinstall    6379 18 mars   22:35 topaze_ckpt_5698.trc
-rw-r-----. 1 oracle oinstall     249 18 mars   22:35 topaze_ckpt_5698.trm
-rw-r-----. 1 oracle oinstall   55638 18 mars   22:32 topaze_mmon_5710.trc
-rw-r-----. 1 oracle oinstall    5593 18 mars   22:32 topaze_mmon_5710.trm
-rw-r-----. 1 oracle oinstall 2529393 18 mars   22:10 alert_topaze.log
```

Dans le cas d'un incident vous pouvez trouver rapidement les informations nécessaires et agir en conséquence.

```
[oracle@terra ~]$ adrci
adrci> set home diag/rdbms/topaze/topaze
adrci> show incident

ADR Home = /u01/app/oracle/diag/rdbms/topaze/topaze:
*************************************************************************
INCIDENT_ID            PROBLEM_KEY                                                           CREATE_TIME
-------------------- --------------------------------------------------------------------- --------------------
----------------------
151578                 ORA 1578                                                             2014-03-18
23:02:13.550000 +01:00
1 rows fetched
adrci> show alert -p "MESSAGE_TEXT LIKE '%ORA%1578%'"

ADR Home = /u01/app/oracle/diag/rdbms/topaze/topaze:
*************************************************************************
Output the results to file: /tmp/alert_48300_1403_topaze_2.ado
2014-03-18 23:02:13.550000 +01:00
Errors in file /u01/app/oracle/diag/rdbms/topaze/topaze/trace/topaze_ora_45667.trc
(incident=151578):
ORA-01578: bloc de données ORACLE altéré (fichier # 15, bloc # 11)
ORA-01110: fichier de données 15 : '/home/oracle/tbs_block.dbf'
```

L'assistant de vérification

La version 11g d'Oracle fournit un nouvel assistant de vérification *Health Moniteur* du fonctionnement de la base, qui introduit un certain nombre d'éléments appelés vérificateurs « **CHECK** ».

Vous pouvez trouver les différents vérificateurs « **CHECK** » en interrogeant la vue dynamique « **V$HM_CHECK** ».

```
SQL> select name, description from v$hm_check

NAME                            DESCRIPTION
------------------------------- -------------------------------------------------------------------
HM Test Check                   Rechercher la fonction Surveillance de l'état
DB Structure Integrity Check    Vérifie l'intégrité de tous les fichiers de base de données
CF Block Integrity Check        Vérifie l'intégrité d'un bloc de fichier de contrôle
Data Block Integrity Check      Vérifie l'intégrité d'un bloc de fichier de données
Redo Integrity Check            Vérifie l'intégrité du contenu d'un fichier de journalisation
Logical Block Check             Vérifie le contenu logique d'un bloc
Transaction Integrity Check     Vérifie si une transaction est endommagée
Undo Segment Integrity Check    Vérifie l'intégrité d'un segment d'annulation
No Mount CF Check               Vérifie le fichier de contrôle en mode NOMOUNT
Mount CF Check                  Vérifie le fichier de contrôle en mode NOMOUNT
CF Member Check                 Vérifie une copie multiplexée du fichier de contrôle
All Datafiles Check             Vérifie tous les fichiers de données de la base de données
```

Single Datafile Check	Vérifie un fichier de données
Tablespace Check Check	Vérifie un tablespace
Log Group Check	Vérifie tous les membres d'un groupe de journaux
Log Group Member Check	Vérifie un membre particulier d'un groupe de journaux
Archived Log Check	Vérifie un journal d'archivage
Redo Revalidation Check	Vérifie le contenu du fichier de journalisation
IO Revalidation Check	Vérifie l'accessibilité du fichier
Block IO Revalidation Check	Vérifie l'accessibilité du fichier
Failover Check	Vérification visant à déterminer si le changement de base suite à une panne de la base principale s'est produit
Txn Revalidation Check	Revalider la transaction endommagée
Failure Simulation Check	Crée des échecs dummy
Dictionary Integrity Check	Vérifie l'intégrité du dictionnaire
ASM Mount Check	Diagnostiquer l'échec du montage
ASM Allocation Check	Diagnostiquer l'échec de l'allocation
ASM Disk Visibility Check	Diagnostiquer l'échec de l'ajout du disque
ASM File Busy Check	Diagnostiquer l'échec de la suppression de fichier
ASM Toomanyoff Check	Echec du diagnostic de montage en raison d'un trop grand nombre de disques hors ligne
ASM Insufficient Disks Check	Echec du diagnostic de montage en raison d'un nombre insuffisant de disques
ASM Insufficient Mem Check	Vérification visant à ajuster la mémoire en cas d'échec d'allocation
ASM DGFDM Check No DG Name	Vérification visant à déterminer si un groupe de disques (aucun nom de groupe de disques) a été démonté de force
ASM DG Force Dismount Check	Vérification visant à déterminer si un groupe de disques a été démonté de force
ASM Sync IO Fail Check	Echec de l'opération d'E/S synchrone de diagnostic du groupe de disques ASM

L'assistant de vérification examine les erreurs survenues dans la base de manière automatique. Chaque fois qu'une erreur survient, le vérificateur correspondant est appelé par Oracle pour vérifier l'échec. Le type du traitement du vérificateur est dit « **Réactif** » car il est automatique.

Vous avez également la possibilité de lancer des vérifications manuelles à l'aide du package « **DBMS_HM** », auquel cas le type du traitement du vérificateur est dit « **Manuel** ».

Voici une description des vérificateurs « **CHECK** » les plus courants dont les contrôles portent sur :

L'intégrité de la structure de la base de données

Cette vérification contrôle l'intégrité des fichiers de base de données et signale les échecs si les fichiers sont inaccessibles, endommagés ou incohérents. Si la base de données est en mode « **MOUNT** » ou « **OPEN** », cette vérification examine les fichiers journaux et les fichiers de données répertoriés dans le fichier de contrôle. Si la base de données est en mode « **NOMOUNT** », seul le fichier de contrôle est vérifié.

L'intégrité du bloc de données

Cette vérification détecte les altérations de bloc d'images disque. La plupart de ces altérations peuvent être réparées via la restauration physique de bloc. Les informations sur les blocs endommagés sont capturées dans la vue « **V$DATABASE_BLOCK_CORRUPTION** », mentionnée précédemment.

L'intégrité du segment d'annulation

La vérification de l'intégrité de la transaction recherche les segments d'annulation logiques endommagés, généralement générés par les opérations d'annulation « **ROLLBACK** ». Une fois le segment d'annulation endommagé localisé, elle utilise les processus « **PMON** » et « **SMON** » pour tenter de récupérer la transaction endommagée. Si cette récupération échoue, les informations concernant l'altération sont stockées dans la vue dynamique « **V$CORRUPT_XID_LIST** ». Vous pouvez résoudre la plupart des altérations de segment d'annulation en forçant la validation « **COMMIT** ».

L'intégrité de la transaction

Elle est identique à la vérification de segment d'annulation, à la différence près qu'elle n'examine qu'une transaction spécifique qui lui est transmise en tant que paramètre d'entrée.

L'intégrité des fichiers de journaux

La vérification contrôle que les fichiers de journaux et les fichiers de journaux archivés sont accessibles et qu'ils ne sont pas endommagés.

L'intégrité du dictionnaire

Cette vérification examine l'intégrité des objets de dictionnaires centraux, tels que « **TAB$** » et « **COL$** ». Elle vérifie le contenu des entrées de dictionnaire pour chaque objet de dictionnaire, ainsi que l'application de contraintes logiques aux lignes du dictionnaire et de relations parent/enfant entre les objets de dictionnaire.

Les vérifications manuelles

La procédure « **RUN_CHECK** » du package « **DBMS_HM** » permet de lancer des vérifications manuelles. Vous pouvez également, comme on l'a vu précédemment, utiliser la fonction « **VALIDATE** » de RMAN pour contrôler les blocs altérés.

Les arguments de la fonction sont :

CHECK_NAME	Le nom du vérificateur « **CHECK** » que vous trouvez en interrogeant la vue dynamique « **V$HM_CHECK** ».
RUN_NAME	Le nom du traitement qui est un argument facultatif.
TIMEOUT	La limite en temps de l'exécution ; c'est un argument facultatif.
INPUT_PARMS	Les arguments nécessaires pour le bon déroulement de certains traitements, que vous trouvez en interrogeant la vue dynamique « **V$HM_CHECK_PARAM** ».

Les vérificateurs qui peuvent être utilisés dans les vérifications manuelles sont listés par la requête suivante :

```
SYS@topaze>select c.name verificateur, p.name argument, p.default_value,
  2  p.description from  v$hm_check c, v$hm_check_param p
  3  where c.id = p.check_id and c.internal_check = 'N'
  4  order by 1, 2;


VERIFICATEUR                ARGUMENT           DEFAULT_VALUE   DESCRIPTION
--------------------------  -----------------  --------------  --------------------------
ASM Allocation Check        ASM_DISK_GRP_NAME                  Nom de groupe ASM
CF Block Integrity Check    CF_BL_NUM                          Numéro de bloc de fichier de
                                                               contrôle
Data Block Integrity Check  BLC_BL_NUM                         Numéro du bloc
Data Block Integrity Check  BLC_DF_NUM                         Numéro de fichier
Dictionary Integrity Check  CHECK_MASK         ALL             Masque de vérification
Dictionary Integrity Check  TABLE_NAME         ALL_CORE_TABLES Nom de table
```

```
Redo Integrity Check        SCN_TEXT          0         SCN de la dernière journalisation
                                                        correcte (si elle est connue)
Transaction Integrity Check TXN_ID                      ID de transaction
Undo Segment Integrity Check USN_NUMBER                 Numéro de segment d'annulation
```

Ainsi pour le vérificateur « DB Structure Integrity Check », la procédure est exécutable sans argument.

```
SYS@pierres>exec DBMS_HM.RUN_CHECK(CHECK_NAME=>-
>     'DB Structure Integrity Check',RUN_NAME=>'Razvan01');

Procédure PL/SQL terminée avec succès.


SYS@pierres>exec DBMS_HM.RUN_CHECK(CHECK_NAME=>'Redo Integrity Check',-
>     RUN_NAME=>'Razvan02');

Procédure PL/SQL terminée avec succès.


SYS@pierres>exec DBMS_HM.RUN_CHECK(CHECK_NAME=>-
>     'Dictionary Integrity Check',RUN_NAME=>'Razvan03');

Procédure PL/SQL terminée avec succès.


SYS@pierres>select run_id,name,check_name,run_mode src_incident,
  2  num_incident from v$hm_run where name like 'Razvan%';


RUN_ID NAME        CHECK_NAME                      SRC_INC NUM_INCIDENT
------ ----------  ------------------------------  ------- ------------
  3901 Razvan01    DB Structure Integrity Check    MANUAL             0
  3921 Razvan02    Redo Integrity Check            MANUAL             0
  3941 Razvan03    Dictionary Integrity Check      MANUAL             0
```

La vue « **V$HM_RUN** » permet d'afficher toutes les vérifications qui ont été effectuées.

Dans le cas ou vous devez saisir des paramètres pour les vérificateurs, il convient de remarquer que l'argument « **INPUT_PARAMS** » de la procédure « **RUN_CHECK** » est de type chaîne de caractères. Les paramètres sont fournis avec leur nom et s'il y a besoin d'en définir plusieurs, il faut les séparer par le caractère « **;** ».

```
D:\>rman target sys/Razvanpwd3@sodalite catalog rman/rman@topaze


connecté à la base de données cible : SODALITE (DBID=420436416)
connecté à la base de données du catalogue de récupération


RMAN> create smallfile tablespace tbs_block datafile
2>    '/home/oracle/tbs_block.dbf' size 1m;
RMAN> create table stagiaire.tblock tablespace
2>    tbs_block as select * from stagiaire.categories;
RMAN> backup tablespace tbs_block;


Démarrage de backup dans 19/03/14
canal affecté : ORA_DISK_1
canal ORA_DISK_1 : SID=275 type d'unité=DISK
canal ORA_DISK_1 : démarrage de l'ensemble de sauvegarde compressé de tous les fichiers de données
canal ORA_DISK_1 : insertion du(des) fichier(s) de données dans l'ensemble de sauvegarde
fichier de données en entrée, numéro=00010, nom=/home/oracle/tbs_block.dbf
canal ORA_DISK_1 : démarrage de l'élément 1 dans 19/03/14
canal ORA_DISK_1 : élément 1 terminé dans 19/03/14
descripteur d'élément=/u02/sauvegardes01/SODALITE_20140319_2bp3hegt_1_1.bkp
balise=TAG20140319T013421 commentaire=NONE
canal ORA_DISK_1 : ensemble de sauvegarde terminé, temps écoulé : 00:00:01
Fin de backup dans 19/03/14
```

```
RMAN> exit;
D:\>sqlplus sys/Razvanpwd3@sodalite as sysdba
SYS@sodalite>create or replace function affiche_fichier_block(a_r in ROWID)
  2  return varchar2     as
  3     v_rowid          ROWID := a_r;v_row_number  number;
  4     v_rowid_type     number;v_object_number number;
  5     v_relative_fno   number;v_block_number  number;
  6  begin
  7     dbms_rowid.ROWID_INFO(
  8       v_rowid,v_rowid_type,v_object_number,
  9       v_relative_fno,v_block_number,v_row_number);
 10     return to_char(v_relative_fno||' '||v_block_number );
 11  exception
 12     when others then return 'erreur';
 13  end;
 14  /

Fonction créée.

SYS@sodalite>select affiche_fichier_block(rowid) fichier_block,
  2  code_categorie from stagiaire.tblock where rownum < 2;

FICHIER_BLOCK     CODE_CATEGORIE
----------------  --------------
10 11                          1

SYS@sodalite> !dd if=/dev/zero of=/home/oracle/tbs_block.dbf bs=8k count=1 seek=11 conv=notrunc
1+0 enregistrements lus
1+0 enregistrements écrits
8192 octets (8,2 kB) copiés, 0,000814556 s, 10,1 MB/s

SYS@sodalite>select affiche_fichier_block(rowid) fichier_block,
  2  code_categorie from stagiaire.tblock where code_categorie = 1;
code_categorie from stagiaire.tblock where code_categorie = 1
                              *
ERREUR à la ligne 2 :
ORA-01578: bloc de données ORACLE altéré (fichier # 10, bloc # 11)
ORA-01110: fichier de données 10 : '/home/oracle/tbs_block.dbf'

SYS@sodalite>BEGIN
  2      DBMS_HM.RUN_CHECK( CHECK_NAME=>'Data Block Integrity Check',
  3                  RUN_NAME=>'Razvan block',
  4                  INPUT_PARAMS=>'BLC_DF_NUM=10;BLC_BL_NUM=11');
  5  END;
  6  /

Procédure PL/SQL terminée avec succès.

SYS@sodalite>VAR V_SORTIE CLOB
SYS@sodalite>SET LONG 100000
SYS@sodalite>BEGIN
  2      :V_SORTIE := DBMS_HM.GET_RUN_REPORT('Razvan block');
  3  END;
  4  /

Procédure PL/SQL terminée avec succès.

SYS@sodalite>PRINT :V_SORTIE

V_SORTIE
```



```
-----------------------------------------------------------------------
Basic Run Information
Run Name                     : Razvan block02
Run Id                       : 3828
Check Name                   : Data Block Integrity Check
Mode                         : MANUAL
Status                       : COMPLETED
Start Time                   : 2014-03-19 01:08:39.789692 +01:00
End Time                     : 2014-03-19 01:08:39.886573 +01:00
Error Encountered            : 0
Source Incident Id           : 0
Number of Incidents Created  : 0

Input Paramters for the Run
BLC_DF_NUM=10
BLC_BL_NUM=11


Run Findings And Recommendations
 Finding
 Finding Name  : Media Block Corruption
 Finding ID    : 3832
 Type          : FAILURE
 Status        : OPEN
 Priority      : HIGH
 Message       : Block 11 in datafile 10: '/home/oracle/tbs_block.dbf' is
                 media corrupt
 Message       : Object TBLOCK owned by STAGIAIRE might be unavailable
```

Toutes les exécutions de vérification stockent les échecs trouvés lors des vérifications manuelles ou les vérifications automatiques effectuées par le système, dans « Automatic Diagnostic Repository ». La fonction « **GET_RUN_REPORT** » affiche le message du détail de chaque vérification. Vous avez également à disposition la vue dynamique « **V$HM_FINDING** » pour trouver les mêmes détails des exécutions.

```
SYS@sodalite>select run_id, name, priority, status, description,
  2  damage_description from v$hm_finding where run_id = 3828;


    RUN_ID NAME                    PRIORITY STATUS      DESCRIPTION
---------- ---------------------- -------- ----------- -------------------------------------------
------------------------------------------

      3828 Media Block Corruption HIGH      OPEN        Le bloc 11 dans le fichier de données 10:
'/home/oracle/tbs_block.dbf' est endommagé
```

La liste des échecs

La commande « **LIST** » permet de lister tous les échecs de la base.

```
LIST FAILURE { { ALL | CRITICAL | HIGH | LOW | numéro [,..]}
       | CLOSED } [EXCLUDE FAILURE numéro[,...]] [DETAIL] ;
```

ALL	Liste tous les échecs qui ont le statut « **OPEN** ».
CRITICAL	Liste les échecs de priorité « **CRITICAL** » qui ont le statut « **OPEN** ».
HIGH	Liste les échecs de priorité « **HIGH** » qui ont le statut « **OPEN** ».

LOW	Liste les échecs de priorité « **LOW** » qui ont le statut « **OPEN** ».
CLOSED	Liste uniquement les échecs qui ont le statut « **OPEN** ».
DETAIL	La liste des échecs est donnée avec beaucoup de détails, par exemple la liste des blocs altérés.

La commande « **LIST FAILURE** » est la première commande que vous devez exécuter si vous utilisez « Data Recovery Advisor ». Ainsi vous êtes alerté de tous les échecs qui ont été détectés dans la base de données.

Nous avons vu précédemment que « Data Recovery Advisor » stocke les informations dans ADR, stockage extérieur à la base de données. Aussi pouvez-vous utiliser la commande, même dans le cas où la base de données n'est pas ouverte. Les informations de stockage pour les données d'ADR peuvent être trouvées dans la vue dynamique « **V$DIAG_INFO** ».

```
SQL> SELECT NAME,VALUE FROM V$DIAG_INFO where name in
  2 ('Active Problem Count',' Active Incident Count') ;

NAME                          VALUE
----------------------------- -----------------------------------------------------------------
Active Problem Count    2
Active Incident Count   20
```

La commande « **VALIDATE** » vous permet également d'exécuter des vérifications de la base de données.

```
RMAN> VALIDATE DATABASE;

Démarrage de validate dans 19/07/08
utilisation du canal ORA_DISK_1
RMAN-06169: impossible de lire l'en-tête du fichier de données 12 motif erreur 8
RMAN-00571: ========================================================
RMAN-00569: =============== ERROR MESSAGE STACK FOLLOWS ===============
RMAN-00571: ========================================================
RMAN-03002: échec de la commande validate à 07/19/2008 23:43:37
RMAN-06056: impossible d'accéder au fichier de données 12
Liste des échecs de base de données
===========================

RMAN> LIST FAILURE;

ID d'échec Priority Status    Time Detected Summary
---------- -------- --------- ------------- -------
3717       HIGH     OPEN      19/07/08      Un ou plusieurs fichiers de données non système sont
endommagés

RMAN> LIST FAILURE 3717 DETAIL;

Liste des échecs de base de données
===========================

ID d'échec Priority Status    Time Detected Summary
---------- -------- --------- ------------- -------
3717       HIGH     OPEN      19/07/08      Un ou plusieurs fichiers de données non système sont
endommagés
  Impact : Voir l'impact des échecs des enfants
  Liste des échecs enfant de l'ID d'échec parent 3717
  ID d'échec Priority Status    Time Detected Summary
  ---------- -------- --------- ------------- -------
  3720       HIGH     OPEN      19/07/08      Le fichier de données 12: 'C:\APP\GVBLOC.DBF' est
endommagé
    Impact : Il se peut que certains objets dans le tablespace GVBLOCK soient indisponibles
```

Les conseils pour les échecs

Le premier pas est toujours la commande « **LIST** » ; elle vous permet de lister tous les échecs de la base afin de pouvoir cibler les traitements par la suite. S'il y a au moins un échec concernant la base de données, vous pouvez obtenir des conseils pour la résolution des échecs avec la commande suivante :

```
ADVISE FAILURE { ALL | CRITICAL | HIGH | LOW | numéro [,..]}
        [EXCLUDE FAILURE numéro[,...]] ;
```

La première information affichée par la commande « **ADVISE** » est la liste des échecs qu'elle est en train de traiter.

```
RMAN> ADVISE FAILURE 3717;

Liste des échecs de base de données
===========================
ID d'échec Priority Status    Time Detected Summary
---------- -------- --------- ------------- -------
3717       HIGH     OPEN      19/07/08      Un ou plusieurs fichiers de données non système sont
endommagés

analyse des options de réparation automatique ; cette opération peut prendre un certain temps
canal affecté : ORA_DISK_1
canal ORA_DISK_1 : SID=116 type d'unité=DISK
analyse des options de réparation automatique terminée

Actions manuelles obligatoires
===========================
aucune action manuelle n'est disponible

Actions manuelles facultatives
=======================
aucune action manuelle n'est disponible

Options de réparation automatique
===========================
Option Repair Description
------ -------------------
1      Restaurez et récupérez le fichier de données 12
   Stratégie : La réparation comprend une récupération après défaillance matérielle sans perte de
données
   Script de réparation : c:\app\administrateur\diag\rdbms\jaspe\jaspe\hm\reco_943127239.hm
```

Le fichier script de récupération est un ensemble des commandes RMAN pour la réparation des échecs.

```
# restore and recover datafile
sql 'alter database datafile 12 offline';
restore datafile 12;
recover datafile 12;
sql 'alter database datafile 12 online';
```

Les conseils sont structurés en trois types de traitements : les actions manuelles obligatoires, les actions manuelles facultatives et les options de réparation automatique. La réparation de l'échec peut se faire dans notre cas sans perte de données, mais ce n'est pas une obligation.

La réparation des échecs

Avant de lancer la réparation automatique, vous êtes obligé de lancer au moins la commande « **ADVICE** » pour que RMAN traite les échecs et prépare les informations de récupération.

La commande « **REPAIR** » permet de lister tous les échecs de la base. S'il y a au moins un échec concernant la base de données, vous pouvez obtenir des conseils pour la résolution des échecs avec la commande suivante :

```
REPAIR FAILURE [USING ADVISE OPTION numéro] {NOPROMPT | PREVIEW} ;
```

PREVIEW	La commande ne s'exécute pas, elle ne fait qu'afficher le script de réparation.
numéro	Le numéro du conseil ; attention, ce n'est pas celui de l'échec.

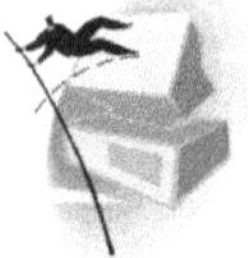

```
RMAN> REPAIR FAILURE NOPROMPT;


Stratégie : La réparation comprend une récupération après défaillance matérielle sans perte de
données
Script de réparation : c:\app\administrateur\diag\rdbms\jaspe\jaspe\hm\reco_1783139116.hm

contenu du script de réparation :
   # restore and recover datafile
   sql 'alter database datafile 12 offline';
   restore datafile 12;
   recover datafile 12;
   sql 'alter database datafile 12 online';
exécution du script de réparation


instruction SQL : alter database datafile 12 offline


Démarrage de restore dans 20/07/08
utilisation du canal ORA_DISK_1


canal ORA_DISK_1 : restauration du fichier de données 00012
copie de fichier de données d'entrée RECID=52 STAMP=660525923 nom de
fichier=+DONNEES_03/jaspe/datafile/gvblock.299.660525315
destination de restauration du fichier de données 00012: C:\APP\GVBLOC.DBF
canal ORA_DISK_1 : copie du fichier de données 00012 copiée
nom de fichier de sortie=C:\APP\GVBLOC.DBF RECID=0 STAMP=0
Fin de restore dans 20/07/08


Démarrage de recover dans 20/07/08
utilisation du canal ORA_DISK_1


démarrage de la récupération après défaillance matérielle
récupération après défaillance matérielle terminée, temps écoulé : 00:00:02


Fin de recover dans 20/07/08


instruction SQL : alter database datafile 12 online
réparation de l'échec terminée
```

- *RESTORE*

- *RECOVER*

- *SET NEWNAME*

- *SWITCH TO COPY*

- *RECOVER ... BLOCK*

8

La récupération

Objectifs

À la fin de ce module, vous serez à même d'effectuer les tâches suivantes :

- Décrire les modes de restauration et la récupération d'une base de données.
- Contrôler la disponibilité des sauvegardes nécessaires pour une récupération.
- Restaurer le fichier de contrôle à partir d'une sauvegarde.
- Restaurer et récupérer les fichiers de votre base de données.
- Gérer les fichiers de journaux archivés pendant la récupération.
- Récupérer uniquement les blocs corrompus des fichiers de la base de données.

Contenu

La restauration et la récupération

Dans les modules précédents, nous avons étudié les modalités de sauvegarde et la gestion des sauvegardes dans le catalogue de récupération. Mais toute stratégie de sauvegarde efficace inclut un plan de récupération en cas d'incident, permettant de restaurer et de récupérer les fichiers de données, le fichier de contrôle ou les fichiers de journaux nécessaires. Ce module décrit les opérations de récupération pouvant être accomplies avec RMAN.

Une opération de récupération rétablit une base de données dans son dernier état ou dans un état antérieur, par le biais d'opérations sur ses fichiers. Elle inclut deux phases : la restauration d'une copie des fichiers de la base de données et l'application des transactions contenues dans les fichiers journaux.

Lorsque vous restaurez tous les fichiers, il s'agit d'une restauration de la base de données entière. Il est également possible de ne restaurer que certaines parties, auquel cas on parle de restauration de tablespace, de fichier de données ou tout simplement du fichier de contrôle.

Une fois la restauration effectuée, il existe une deuxième étape, la récupération, qui permet dans certains cas, d'appliquer les transactions exécutées après la sauvegarde. Tous les exemples à venir sont effectués sur des bases de données en mode « **ARCHIVELOG** », car si tel n'est pas le cas, la seule opération possible est de restaurer la base de données. RMAN peut opérer à différents niveaux de granularité pour restaurer et récupérer des données, et la plupart de ces opérations peuvent être exécutées pendant que la base est ouverte et accessible aux utilisateurs.

Il est possible de récupérer le fichier de contrôle, des tablespaces, des fichiers de données ou la base entière. De plus, RMAN dispose de plusieurs méthodes pour valider une restauration sans avoir besoin d'exécuter l'opération.

La commande RESTORE

L'opération de restauration des fichiers sauvegardés avec RMAN est mise en œuvre à l'aide la commande « **RESTORE** ». Les fichiers restaurés sont prêts à être utilisés ou peuvent être mis à jour, c'est-à-dire récupérés, avec des sauvegardes incrémentielles et l'application de fichiers journaux et journaux archivés.

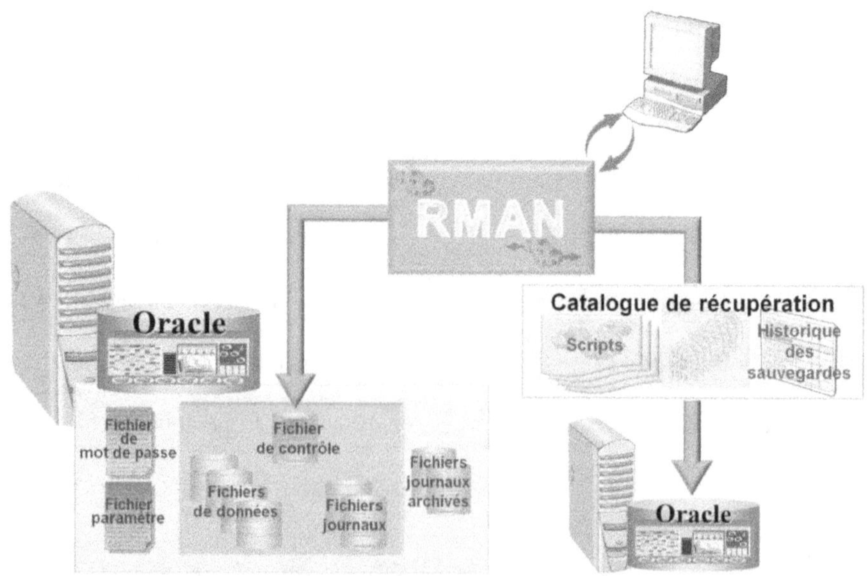

RMAN choisit la sauvegarde disponible la plus appropriée pour restaurer les fichiers demandés de la base de données. En l'absence de spécification, RMAN restaure la dernière sauvegarde disponible quel que soit son type, et le temps de récupération s'avère ainsi réduit.

Dans les modules précédents, nous avons vu que RMAN sauvegarde tous les blocs constitutifs d'un fichier de contrôle ou d'un fichier journal. En revanche, dans le cas de fichiers de données, seuls les blocs utilisés ou seulement ceux qui ont changé depuis une précédente sauvegarde incrémentielle sont copiés lors d'une sauvegarde. Lorsque RMAN restaure un fichier, celui-ci se trouve dans l'état qui était le sien lors de la sauvegarde. Pour les fichiers de contrôle et les fichiers de journaux archivés, cela signifie que tous les blocs originaux sont restaurés, alors que pour les fichiers de données, tous les blocs vides qui n'avaient pas été sauvegardés sont créés.

Dans le cas d'une stratégie de sauvegarde incrémentielle, une commande « **RESTORE** » ne restaure que les fichiers de la sauvegarde de référence. Les autres ne seront restaurés que lors de l'exécution d'une commande « **RECOVER** ».

La syntaxe de la commande de restauration est la suivante :

```
RESTORE { ARCHIVELOG ...
     | CONTROLFILE [TO 'fichier'] | SPFILE [TO [PFILE] 'fichier']
     | DATABASE [SKIP TABLESPACE nom [,..]]
     | DATAFILE { numéro| nom } [,...]| TABLESPACE nom [,...]}
  [ SKIP READ ONLY ]
  [{UNTIL SCN numéro| UNTIL SEQUENCE numéro| UNTIL TIME 'date'}];
```

ARCHIVELOG	La restauration d'ensemble des fichiers de journaux archivés avec les mêmes filtres que vous avez utilisés pour la commande « **BACKUP** ».
CONTROLFILE	La restauration du fichier de contrôle. Il faut que la base de données soit en mode « **NOMOUNT** » avant la commande. Après la restauration, la base de données est en mode « **MOUNT** ».
SPFILE	La restauration du fichier « SPFILE » ou seulement une copie au format et à l'emplacement spécifiés.
DATABASE	La restauration de l'ensemble des fichiers de données, sauf les fichiers qui sont hors ligne. Par défaut la restauration de la base de données restaure même les fichiers en lecture seule.
SKIP TABLESPACE	La restauration de la base de données restaure l'ensemble des fichiers de données, sauf les fichiers qui sont spécifiés dans la liste.
TABLESPACE	La restauration des fichiers de données des tablespaces spécifiés dans la liste.
UNTIL	Vous pouvez réaliser une restauration en vue d'une récupération incomplète de la base de données ultérieure. Cette option vous permet de spécifier la limite pour pouvoir rechercher la sauvegarde la plus appropriée.
SCN	La restauration cherche la sauvegarde inférieure à la limite donnée par le numéro de changement système SCN spécifié par l'argument.
SEQUENCE	La restauration cherche la sauvegarde inférieure à la limite strictement inférieure donnée par le numéro de la séquence d'un fichier journal archivé.

TIME	La restauration cherche la sauvegarde inférieure à la limite spécifiée par l'information temporelle.

La commande RECOVER

Les opérations de récupération d'Oracle permettent de réappliquer toutes les modifications à une base de données restaurée. Les informations nécessaires à cette procédure sont toutes contenues dans les fichiers de journaux et les fichiers de journaux archivés.

La commande qui permet d'appliquer toutes les modifications a la syntaxe suivante :

```
RECOVER {DATABASE
    | TABLESPACE nom[,...] | DATAFILE{'nom'|numéro }[,...]}} ;
```

DATABASE	La récupération de la totalité de la base. Vous pouvez l'utiliser uniquement lorsque la base est fermée.
TABLESPACE	La récupération de la totalité des fichiers des tablespaces dans la liste. Vous pouvez l'utiliser uniquement lorsque le ou les tablespaces sont hors ligne.
DATAFILE	La récupération de l'ensemble des fichiers de la liste. Vous pouvez l'utiliser uniquement lorsque le fichier est hors ligne.

Comme vous pouvez le remarquer, les syntaxes sont semblables à la commande « **RECOVER** » du SQL*Plus. La commande « **RECOVER** » de RMAN comporte plusieurs extensions qui sont étudiées dans la suite du texte de ce module.

La recherche des sauvegardes

Vous avez la possibilité d'afficher la ou les sauvegardes qui conviennent au mieux pour restaurer le ou les fichiers de la base de données. Le choix de la sauvegarde qui doit être restaurée est fait par outil, pour s'assurer qu'elle exigera le moins de temps et de volume de traitement possible pour la récupération.

La commande « **RESTORE** » permet, avant de restaurer, de visualiser les sauvegardes nécessaires avec la syntaxe suivante : RESTORE ... PREVIEW [SUMMARY] ;

Le résultat de la commande est en tout point similaire au retour de la commande « **LISTE** ».

```
C:\>rman target sys/Entr0pie3@topaze catalog rman/rman@agate

connecté à la base de données cible : TOPAZE (DBID=3991015565)
connecté à la base de données du catalogue de récupération

RMAN> RESTORE DATABASE PREVIEW;
...
Liste des ensembles de sauvegarde
=====================

BS Key  Type LV Size       Device Type Elapsed Time Completion Time
------- ---- -- ---------- ----------- ------------ ---------------
947     Full    81.70M     DISK        00:00:37     03/08/10
        BP Key: 952   Status: AVAILABLE  Compressed: YES  Tag: TAG20100803T124228
        Piece Name: /u02/sav01/TOPAZE_0glkdnpl_1_1
    Liste des fichiers de données dans l'ensemble de sauvegarde 947
```

```
   File LV Type Ckp SCN     Ckp Time Name
   ---- -- ---- ---------- -------- ----
   1       Full 329598      03/08/10
/u01/app/oracle/oradata/TOPAZE/datafile/o1_mf_system_65gg1s03_.dbf
...


Liste des copies des journaux d'archivage dont le nom est db_unique_name TOPAZE
=======================================================================


Key     Thrd Seq     S Low Time
------- ---- ------- - --------
944     1    40      A 03/08/10
          Name: /u01/app/oracle/oradata/archives/1_0000000040_726017229.arch


Le SCN de début de récupération après défaillance matérielle est 329597
La récupération doit être effectuée au-delà du SCN 329600 pour effacer le flou des fichiers de
données
Fin de restore dans 03/08/10

RMAN> RESTORE TABLESPACE DTP_TRAN,ITP_TRAN,
2> DTP_STAR,ITP_STAR PREVIEW SUMMARY;
...
Liste des sauvegardes
================
Key     TY LV S Device Type Completion Time #Pieces #Copies Compressed Tag
------- -- -- - ----------- --------------- ------- ------- ---------- ---
949     B  F  A DISK        03/08/10        1       1       YES        TAG20100803T124228
948     B  F  A DISK        03/08/10        1       1       YES        TAG20100803T124228
...


Le SCN de début de récupération après défaillance matérielle est 329597
La récupération doit être effectuée au-delà du SCN 329600 pour effacer le flou des fichiers de
données
Fin de restore dans 03/08/10

RMAN> RESTORE CONTROLFILE PREVIEW SUMMARY;
...
Liste des sauvegardes
================
Key     TY LV S Device Type Completion Time #Pieces #Copies Compressed Tag
------- -- -- - ----------- --------------- ------- ------- ---------- ---
989     B  F  A DISK        03/08/10        1       1       NO         TAG20100803T124414

les journaux archivés générés après SCN 329673 sont introuvables dans le référentiel
Le SCN de début de récupération après défaillance matérielle est 329673
La récupération doit être effectuée au-delà du SCN 329673 pour effacer le flou des fichiers de
données
Fin de restore dans 03/08/10
```

Attention

La commande « **RESTORE...PREVIW** » liste uniquement les sauvegardes consignées dans le fichier de contrôle ou le catalogue, mais elle ne contrôle pas l'existence de ces sauvegardes sur disque.

Dans la production, toutes les sauvegardes ne sont pas forcément à disposition, à l'emplacement où elles ont été créées. Il faut d'abord contrôler la disponibilité de ces fichiers de sauvegarde à l'aide de la commande « **CROSSCHECK** », mais également les vérifier à l'aide de la commande « **VALIDATE** » avant de les restaurer réellement.

```
[oracle@saturne ~]$ rman target /

connecté à la base de données cible : RUBIS (DBID=1772371706)

RMAN> restore database preview;

Démarrage de restore dans 19/03/2014 11:35:08
canal affecté : ORA_DISK_1
canal ORA_DISK_1 : SID=37 type d'unité=DISK

Liste des copies de fichier de données
=======================

Key     File S Completion Time       Ckp SCN    Ckp Time
------- ---- - ------------------- ---------- -------------------
85      1    A 18/03/2014 17:11:28 2563467    18/03/2014 17:01:50
        Name: /u05/sauvegardes01/RUBISxxx_20140318_data_D-RUBIS_I-1772371706_TS-SYSTEM_FNO-
1_7bp3ggft.bkp
        Tag: TAG20140318T170147

86      2    A 18/03/2014 17:11:58 2563465    18/03/2014 17:01:48
        Name: /u05/sauvegardes01/RUBISxxx_20140318_data_D-RUBIS_I-1772371706_TS-SYSAUX_FNO-
2_7ap3ggfs.bkp
        Tag: TAG20140318T170147
...

utilisation du canal ORA_DISK_1

Liste des copies des journaux d'archivage dont le nom est db_unique_name RUBIS
======================================================================

Key     Thrd Seq     S Low Time
------- ---- ------- - -------------------
79      1    181     A 18/03/2014 10:50:40
        Name: /u04/archives/oradata/rubis/1.69a43efa_181_840664634.arc

80      1    182     A 18/03/2014 10:59:51
        Name: /u04/archives/oradata/rubis/1.69a43efa_182_840664634.arc
...

Le SCN de début de restauration physique est 1257995
La récupération doit être effectuée au-delà du SCN 2563612 pour effacer le flou des fichiers de
données
Fin de restore dans 19/03/2014 11:35:12

RMAN> host 'ls /u05/sauvegardes01';

RUBISxxx_20140318_6tp3fp2l_1_1.bkp
RUBISxxx_20140318_78p3fr5l_1_1.bkp
RUBISxxx_20140318_cf_D-RUBIS_id-1772371706_6rp3fp25.bkp
RUBISxxx_20140318_cf_D-RUBIS_id-1772371706_76p3fr3b.bkp
RUBISxxx_20140318_data_D-RUBIS_I-1772371706_TS-CATALOGUE_RMAN_FNO-5_7dp3gglv.bkp
RUBISxxx_20140318_data_D-RUBIS_I-1772371706_TS-DTB_TRAN_FNO-7_6op3fov3.bkp
...
la commande hôte a été exécutée

RMAN> host 'rm /u05/sauvegardes01/*';

la commande hôte a été exécutée

RMAN> host 'ls /u05/sauvegardes01';
```

```
la commande hôte a été exécutée

RMAN> restore database preview;
...
Key     File S Completion Time      Ckp SCN    Ckp Time
------- ---- - ------------------- ---------- -------------------
85      1    A 18/03/2014 17:11:28 2563467    18/03/2014 17:01:50
        Name: /u05/sauvegardes01/RUBISxxx_20140318_data_D-RUBIS_I-1772371706_TS-SYSTEM_FNO-
1_7bp3ggft.bkp
        Tag: TAG20140318T170147
...
RMAN> crosscheck copy;

canal affecté : ORA_DISK_1
canal ORA_DISK_1 : SID=37 type d'unité=DISK
validation réussie du journal d'archivage
nom de journal d'archivage=/u04/archives/oradata/rubis/1.69a43efa_150_840664634.arc RECID=48
STAMP=842523825
...
66 objets contre-vérifiés

échec de la validation pour la copie du fichier de données
nom de copie de fichier de données=/u05/sauvegardes01/RUBISxxx_20140318_data_D-RUBIS_I-
1772371706_TS-SYSTEM_FNO-1_7bp3ggft.bkp RECID=85 STAMP=842548288
échec de la validation pour la copie du fichier de données
nom de copie de fichier de données=/u05/sauvegardes01/RUBISxxx_20140318_data_D-RUBIS_I-
1772371706_TS-SYSTEM_FNO-1_70p3fqp3.bkp RECID=76 STAMP=842525796
...
19 objets contre-vérifiés

RMAN> restore database preview;

Démarrage de restore dans 19/03/2014 11:38:57
utilisation du canal ORA_DISK_1

le fichier de données 5 sera créé automatiquement au cours de la restauration
le fichier de données 6 sera créé automatiquement au cours de la restauration
le fichier de données 7 sera créé automatiquement au cours de la restauration
le fichier de données 8 sera créé automatiquement au cours de la restauration
le fichier de données 9 sera créé automatiquement au cours de la restauration
RMAN-00571: ===========================================================
RMAN-00569: =============== ERROR MESSAGE STACK FOLLOWS ===============
RMAN-00571: ===========================================================
RMAN-03002: échec de la commande restore à 03/19/2014 11:38:57
RMAN-06026: certaines cibles sont introuvables - abandon de la restauration
RMAN-06023: aucune sauvegarde ou copie du fichier de données 4 à restaurer
RMAN-06023: aucune sauvegarde ou copie du fichier de données 3 à restaurer
RMAN-06023: aucune sauvegarde ou copie du fichier de données 2 à restaurer
RMAN-06023: aucune sauvegarde ou copie du fichier de données 1 à restaurer
```

Les fichiers de données de 5 à 9 ont été créés dans la dernière incarnation de la base de données, et l'ensemble des fichiers de journaux archivés nécessaires pour leur récupération est disponible.

Le fichier de contrôle

Lorsque vous avez perdu le fichier de contrôle, il est possible de le reconstruire à l'aide de la commande « **CREATE CONTROLFILE** ». Le fichier de contrôle contient des informations sur la sauvegarde utilisée par RMAN (Recovery Manager). Ces informations sont complètement perdues lors de la création d'un nouveau fichier de contrôle.

La restauration du fichier de contrôle avec RMAN peut se faire à l'aide du catalogue de récupération ; il contient toutes les informations concernant les sauvegardes. Sinon vous pouvez également restaurer le fichier de contrôle à partir de l'emplacement de sauvegarde automatique « **AUTOBACKUP** » ou simplement en fournissant le nom du fichier de sauvegarde.

La syntaxe de restauration d'un fichier de contrôle sans le catalogue est :

```
RESTORE CONTROLFILE [FROM { AUTOBACKUP | 'fichier'}] ;
```

```
D:\>rman target sys/Razvanpwd3@rubis

connecté à la base de données cible : RUBIS (DBID=1772371706)

RMAN> list incarnation of database rubis;

Liste des incarnations de base de données
DB Key  Inc Key DB Name  DB ID               STATUS    Reset SCN  Reset Time
------- ------- -------- ---------------- ---         ---------- ----------
1       1       RUBIS    1772371706          CURRENT   1          27/02/14

RMAN> backup current controlfile;

Démarrage de backup dans 19/03/14
canal affecté : ORA_DISK_1
canal ORA_DISK_1 : SID=26 type d'unité=DISK
canal ORA_DISK_1 : démarrage de la copie de fichier de données
copie du fichier de contrôle en cours
nom de fichier de sortie=/u05/sauvegardes01/RUBIS20140319cf_D-RUBIS_id-1772371706_7jp3ik0b.bkp
balise=TAG20140319T121403 RECID=87 STAMP=842616844
canal ORA_DISK_1 : copie de fichier de données terminée, temps écoulé : 00:00:01
Fin de backup dans 19/03/14

RMAN> select name,value from v$parameter where name like 'db_create_on%';

NAME
----------------------------------------------------------------------------
VALUE
----------------------------------------------------------------------------
db_create_online_log_dest_1
+GD_RECUPERATIONS
db_create_online_log_dest_2
+GD_ARCHIVES

RMAN> alter system reset control_files;

Instruction traitée

RMAN> shutdown immediate;

base de données fermée
base de données démontée
instance Oracle arrêtée

RMAN> startup nomount

connecté à la base de données cible (non démarrée)
instance Oracle démarrée

Total System Global Area (SGA)    1336176640 octets
```

```
Fixed Size                  2288104 octets
Variable Size            1207961112 octets
Database Buffers          117440512 octets
Redo Buffers                8486912 octets

RMAN> restore controlfile from
2> '/u05/sauvegardes01/RUBIS20140319cf_D-RUBIS_id-1772371706_7jp3ik0b.bkp';

Démarrage de restore dans 19/03/14
canal affecté : ORA_DISK_1
canal ORA_DISK_1 : SID=11 type d'unité=DISK

canal ORA_DISK_1 : copie du fichier de contrôle copiée
nom de fichier de sortie=+GD_RECUPERATIONS/RUBIS/CONTROLFILE/current.274.842617023
nom de fichier de sortie=+GD_ARCHIVES/RUBIS/CONTROLFILE/current.266.842617031
Fin de restore dans 19/03/14

RMAN> alter database mount;

Instruction traitée
canal libéré : ORA_DISK_1

RMAN> recover database;

Démarrage de recover dans 19/03/14
Démarrage de implicit crosscheck backup dans 19/03/14
canal affecté : ORA_DISK_1
canal ORA_DISK_1 : SID=11 type d'unité=DISK
2 objets contre-vérifiés
Fin de implicit crosscheck backup dans 19/03/14

Démarrage de implicit crosscheck copy dans 19/03/14
utilisation du canal ORA_DISK_1
21 objets contre-vérifiés
Fin de implicit crosscheck copy dans 19/03/14

recherche de tous les fichiers dans la zone de récupération
catalogage des fichiers...
aucun fichier n'est catalogué

utilisation du canal ORA_DISK_1

démarrage de la restauration physique

le journal d'archivage, thread 1, séquence 216, est déjà sur disque en tant que fichier
+GD_ARCHIVES/RUBIS/ONLINELOG/group_11.258.841604525
nom de fichier d'archivage=+GD_ARCHIVES/RUBIS/ONLINELOG/group_11.258.841604525, thread=1,
séquence=216
restauration physique terminée, temps écoulé : 00:00:00
Fin de recover dans 19/03/14

RMAN> alter database open resetlogs;

Instruction traitée

RMAN> list incarnation of database rubis;

Liste des incarnations de base de données
DB Key  Inc Key DB Name  DB ID          STATUS  Reset SCN  Reset Time
```

```
-------  -------  -------  ----------------  ---  ----------  ----------
1        1        RUBIS    1772371706        PARENT  1        27/02/14
2        2        RUBIS    1772371706        CURRENT 2613287  19/03/14
```

Attention

Attention, la restauration d'un fichier de contrôle crée une nouvelle incarnation de la base de données. Les sauvegardes d'une incarnation ne peuvent pas être utilisées pour une autre incarnation. Il faut voir les incarnations comme des barrières ; vous pouvez restaurer les fichiers de votre base de données dans une incarnation ; vous pouvez également récupérer les transactions, mais uniquement jusqu'à la limite de l'incarnation.

Vous pouvez utiliser la commande « **LISTE INCARNATION OF DATABASE** » pour afficher les incarnations de votre base de données ; si la commande n'affiche rien, cela est dû au fait que le fichier de contrôle n'a jamais été restauré ou recréé par la commande « **CREATE CONTROLFILE** ».

Le mode NOARCHIVELOG

Lorsque la base de données fonctionne dans le mode « **NOARCHIVELOG** », les fichiers journaux seront régulièrement écrasés, ce qui réduit les chances de reconstruction des fichiers de données à partir des fichiers journaux.

Dans l'exemple précédent, vous pouvez observer une base de données qui travaille en mode « **NOARCHIVELOG** ». Au moment « **t1** », on effectue une sauvegarde complète à froid de la base de données. La base de données continue de travailler ainsi, et au moment « **t2** », les fichiers journaux ont été écrasés régulièrement plusieurs fois. Le numéro de séquence du fichier journal courant est passé de « **102** » à « **152** ».

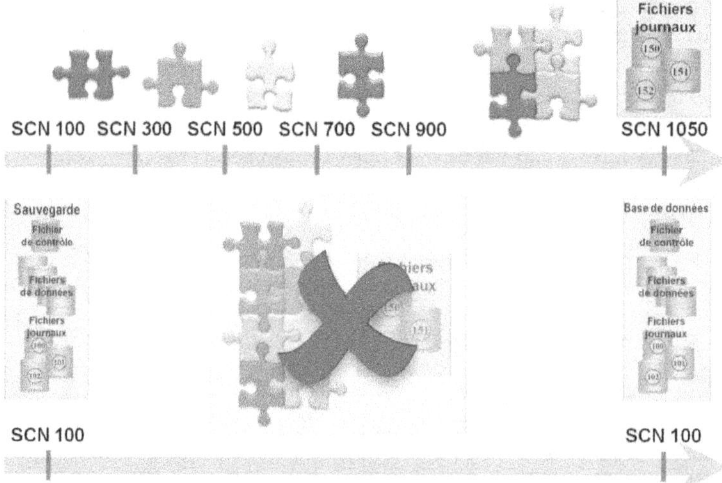

Dans le mode « **NOARCHIVELOG** », la seule possibilité de restauration de la base de données est la restauration complète de la base de données à l'instant « **t1** ». Ainsi toutes les modifications de la base de données effectuées entre « **t1** » et « **t2** » sont perdues.

La restauration de la dernière sauvegarde à froid de la base de données est possible également à l'aide de RMAN.

Dans l'exemple du paragraphe suivant, la restauration de la base de données est l'opération qui peut être exécutée en mode « **NONARCHIVELOG** », mais la récupération des transactions non écrites dans les fichiers de données n'est pas possible, car votre base de données ne sauvegarde pas les fichiers journaux.

Dans le mode « **NONARCHIVELOG** » RMAN n'est utilisé que pour compresser les fichiers des données ou sécuriser la sauvegarde, sinon une bonne sauvegarde physique est toute aussi fiable.

La restauration de la base

L'opération de restauration de tous les fichiers de données de la base de données avec RMAN est possible uniquement si la base de données est en mode « **MOUNT** ».

Le catalogue ou le fichier de contrôle ont la connaissance des fichiers constitutifs de la base de données. Grâce à ces informations, la commande « **RESTORE** » peut identifier la sauvegarde de référence la plus récente, qui peut être une sauvegarde complète, une copie image ou une sauvegarde incrémentielle de niveau 0.

```
[oracle@terra ~] rman target sys/Razvanpwd3@sodalite

connecté à la base de données cible : SODALITE (DBID=421461699)

RMAN> select t.name, f.file#,c.creation_change# "creation",
2> f.checkpoint_change# "fichier",c.checkpoint_change# "controle"
3> from v$datafile c,v$datafile_header f,v$tablespace t
4> where f.ts# = t.ts# and f.file# = c.file#;

NAME                             FILE#   creation    fichier    controle
-------------------------------- ------- ----------- ---------- ----------
SYSTEM                               1           7    1775385    1775385
SYSAUX                               3        3922    1775385    1775385
UNDOTBS1                             4     1717431    1775385    1775385
USERS                                6       26029    1775385    1775385
DTB_STAR                             2     1730021    1775385    1775385
DTB_TRAN                             5     1730042    1775385    1775385
ITB_STAR                             7     1730062    1775385    1775385
ITB_TRAN                             8     1730083    1775385    1775385

RMAN> report schema;
...

Etat du schéma de base de données dont le db_unique_name est SODALITE

Liste des fichiers de données permanents
============================
File Size(MB) Tablespace          RB segs Datafile Name
---- -------- ------------------- ------- ----------------------
1    770      SYSTEM              YES
/u01/app/oracle/oradata/SODALITE/datafile/o1_mf_system_9llkvx84_.dbf
2    60       DTB_STAR            NO
/u01/app/oracle/oradata/SODALITE/datafile/o1_mf_dtb_star_911170wv_.dbf
...
RMAN> shutdown immediate

base de données fermée
base de données démontée
instance Oracle arrêtée

RMAN> startup mount
```

```
connecté à la base de données cible (non démarrée)
instance Oracle démarrée
base de données montée

RMAN> crosscheck backup;

utilisation du canal ORA_DISK_1
élément de sauvegarde vérifié : repéré comme étant 'AVAILABLE'
descripteur d'élément de sauvegarde=/u05/sauvegardes01/SODALITE_20140319_02p3ihii_1_1.bkp RECID=1
STAMP=842614354
...
RMAN> restore database preview summary;

Démarrage de restore dans 19/03/14
utilisation du canal ORA_DISK_1

Liste des sauvegardes
================
Key     TY LV S Device Type Completion Time #Pieces #Copies Compressed Tag
------- -- -- - ----------- --------------- ------- ------- ---------- ---
56166   B  F  A DISK        19/03/14        1       1       YES        TAG20140319T113603
56165   B  F  A DISK        19/03/14        1       1       YES        TAG20140319T113603

Liste des sauvegardes
================
Key     TY LV S Device Type Completion Time #Pieces #Copies Compressed Tag
------- -- -- - ----------- --------------- ------- ------- ---------- ---
56189   B  A  A DISK        19/03/14        1       1       YES        TAG20140319T113831
Le SCN de début de restauration physique est 1775192
La récupération doit être effectuée au-delà du SCN 1775193 pour effacer le flou des fichiers de
données
Fin de restore dans 19/03/14

RMAN> validate backupset 56166,56165,56189;

Démarrage de validate dans 19/03/14
utilisation du canal ORA_DISK_1
canal ORA_DISK_1 : démarrage de la validation de l'ensemble de sauvegarde des fichiers de données
canal ORA_DISK_1 : lecture de l'élément de sauvegarde
/u05/sauvegardes01/SODALITE_20140319_03p3ihp4_1_1.bkp
...
Fin de validate dans 19/03/14
RMAN> host 'rm /u01/app/oracle/oradata/SODALITE/datafile/*';

la commande hôte a été exécutée

RMAN> host 'ls /u01/app/oracle/oradata/SODALITE/datafile';

la commande hôte a été exécutée

RMAN> restore database;

Démarrage de restore dans 19/03/14
utilisation du canal ORA_DISK_1

canal ORA_DISK_1 : démarrage de la restauration de l'ensemble de sauvegarde des fichiers de données
canal ORA_DISK_1 : définition du ou des fichiers de données à restaurer à partir de l'ensemble de
sauvegarde
canal ORA_DISK_1 : restauration du fichier de données 00001 vers
/u01/app/oracle/oradata/SODALITE/datafile/o1_mf_system_9llkvx84_.dbf
canal ORA_DISK_1 : restauration du fichier de données 00003 vers
/u01/app/oracle/oradata/SODALITE/datafile/o1_mf_sysaux_9llkr94j_.dbf
...
```

Les fichiers de données avant leur effacement ont le SCN « **1777382** ». Apres la restauration à l'aide de RMAN on se retrouve avec une base de données où le fichier de contrôle et les fichiers de journaux sont au SCN « **1777382** », et les fichiers de données au SCN « **1775193** ».

En interrogeant la vue « **V$DATAFILE** », qui fournit le SCN du fichier de contrôle, et la vue « **V$DATAFILE_HEADER** », qui affiche le SCN de l'en-tête du fichier de données, vous pouvez constater que tous les fichiers ont besoin de récupération.

```
RMAN> select t.name, f.file#,c.creation_change# "creation",
2> f.checkpoint_change# "fichier",c.checkpoint_change# "controle"
3> from v$datafile c,v$datafile_header f,v$tablespace t
4> where f.ts# = t.ts# and f.file# = c.file#;

NAME                             FILE#   creation    fichier    controle
-------------------------------  -----  ----------  ---------- ----------
SYSTEM                              1           7    1775193    1777382
DTB_STAR                            2     1730021    1775192    1777382
SYSAUX                              3        3922    1775193    1777382
UNDOTBS1                            4     1717431    1775192    1777382
DTB_TRAN                            5     1730042    1775193    1777382
USERS                               6       26029    1775192    1777382
ITB_STAR                            7     1730062    1775192    1777382
ITB_TRAN                            8     1730083    1775193    1777382
```

Depuis la dernière sauvegarde, les fichiers journaux archivés n'ont pas été déplacés de leur emplacement par défaut, et une récupération est alors possible sans la restauration des fichiers de journaux archivés.

```
RMAN> recover database;

Démarrage de recover dans 19/03/14
utilisation du canal ORA_DISK_1
utilisation du canal ORA_DISK_2

démarrage de la restauration physique
restauration physique terminée, temps écoulé : 00:00:04

Fin de recover dans 19/03/14

RMAN> alter database open;

Instruction traitée

RMAN>

RMAN> select t.name, f.file#,c.creation_change# "creation",
2> f.checkpoint_change# "fichier",c.checkpoint_change# "controle"
3> from v$datafile c,v$datafile_header f,v$tablespace t
4> where f.ts# = t.ts# and f.file# = c.file#;

NAME                             FILE#   creation    fichier    controle
-------------------------------  -----  ----------  ---------- ----------
SYSTEM                              1           7    1777385    1777385
SYSAUX                              3        3922    1777385    1777385
UNDOTBS1                            4     1717431    1777385    1777385
USERS                               6       26029    1777385    1777385
DTB_STAR                            2     1730021    1777385    1777385
DTB_TRAN                            5     1730042    1777385    1777385
ITB_STAR                            7     1730062    1777385    1777385
ITB_TRAN                            8     1730083    1777385    1777385

RMAN> host 'ls /u01/app/oracle/oradata/SODALITE/datafile/*.tmp';
```

```
/u01/app/oracle/oradata/SODALITE/datafile/ol_mf_temp01_9lm1dp19_.tmp
/u01/app/oracle/oradata/SODALITE/datafile/ol_mf_temp_9lm1dox7_.tmp
/u01/app/oracle/oradata/SODALITE/datafile/ol_mf_temp02_9lm1dp2m_.tmp
la commande hôte a été exécutée
```

La restauration des fichiers

Vous savez que lorsqu'une base de données travaille en mode « **ARCHIVELOG** », un tablespace peut être perdu, ou simplement un fichier de données, sans que la base soit arrêtée pour autant. Bien sûr il doit s'agir du fichier d'un tablespace non obligatoire pour la base de données.

Voici un exemple avec la syntaxe de restauration d'un tablespace ainsi que les deux syntaxes de restauration pour un fichier de données.

```
[oracle@phoebus ~]$ rman target / catalog rman/rman@agate

connecté à la base de données cible : TOPAZE (DBID=3991015565)
connecté à la base de données du catalogue de récupération

RMAN> REPORT SCHEMA;
Etat du schéma de base de données dont le db_unique_name est TOPAZE

Liste des fichiers de données permanents
=============================
File Size(MB) Tablespace          RB segs Datafile Name
---- -------- ------------------- ------- -----------------------
...
5    640      DTP_STAR            NO      /u01/app/oracle/oradata/TOPAZE/datafile/dtp_star.dbf
6    640      ITP_STAR            NO      /u01/app/oracle/oradata/TOPAZE/datafile/itp_star.dbf
7    640      DTP_TRAN            NO      /u01/app/oracle/oradata/TOPAZE/datafile/dtp_tran.dbf
8    640      ITP_TRAN            NO      /u01/app/oracle/oradata/TOPAZE/datafile/itp_tran.dbf
...

RMAN> run {
1> sql 'ALTER DATABASE datafile 5,6,7,8 offline';
2> host 'rm /u01/app/oracle/oradata/TOPAZE/datafile/dtp_star.dbf';
3> host 'rm /u01/app/oracle/oradata/TOPAZE/datafile/itp_star.dbf';
4> host 'rm /u01/app/oracle/oradata/TOPAZE/datafile/dtp_tran.dbf';
5> host 'rm /u01/app/oracle/oradata/TOPAZE/datafile/itp_tran.dbf';
6> restore tablespace dtp_star,itp_star;
7> restore datafile 7;
8> restore datafile
9>      '/u01/app/oracle/oradata/TOPAZE/datafile/itp_tran.dbf';
10> recover datafile 5,6,7,8;
11> sql 'ALTER DATABASE datafile 5,6,7,8 online';
12> }

instruction SQL : ALTER DATABASE datafile 5,6,7,8 offline

la commande hôte a été exécutée

la commande hôte a été exécutée

la commande hôte a été exécutée

la commande hôte a été exécutée
```

```
Démarrage de restore dans 03/08/10

...

canal ORA_DISK_1 : restauration du fichier de données 00005
...
canal ORA_DISK_2 : restauration du fichier de données 00006
...
Fin de restore dans 03/08/10

Démarrage de restore dans 03/08/10

canal ORA_DISK_1 : restauration du fichier de données 00007
...
Fin de restore dans 03/08/10

Démarrage de restore dans 03/08/10

canal ORA_DISK_1 : restauration du fichier de données 00008
...
Fin de restore dans 03/08/10

Démarrage de recover dans 03/08/10

démarrage de la récupération après défaillance matérielle
récupération après défaillance matérielle terminée, temps écoulé : 00:00:01

Fin de recover dans 03/08/10

instruction SQL : ALTER DATABASE datafile 5,6,7,8 online
```

Vous pouvez remarquer que la restauration des fichiers de données peut être exécutée à l'aide de la commande « **RESTORE DATAFILE** » ou « **RESTORE TABLESPACE** ». Pour la syntaxe des fichiers de données, vous pouvez utiliser les deux possibilités d'indentification des fichiers de données : par le nom ou par le numéro du fichier de données.

Les fichiers journaux archivés

La récupération d'un fichier de données jusqu'à la dernière transaction en cours nécessite l'utilisation de tous les fichiers de journaux archivés depuis la sauvegarde de ce fichier. Si les fichiers de journaux archivés ne sont plus sur le disque, vous les avez sauvegardés et effacés, alors l'opération nécessite une analyse de la volumétrie des fichiers de journaux que vous devez traiter. Car RMAN, lors de la commande « **RECOVER** », restaure automatiquement les fichiers d'archives nécessaires pour la reconstruction du fichier de données. Ainsi vous reconstruisez le ou les fichiers de données jusqu'à une séquence intermédiaire. Ensuite vous effacez les fichiers de journaux archivés restaurés automatiquement sur disque et vous réitérez la démarche. La commande « **RECOVER...UNTIL** » est traitée dans le module suivant.

```
[oracle@terra ~]$ . oraenv
ORACLE_SID = [sodalite] ? topaze
The Oracle base remains unchanged with value /u01/app/oracle
[oracle@terra ~]$ rman target /

connecté à la base de données cible : TOPAZE (DBID=4107578739)

RMAN> report schema;

Etat du schéma de base de données dont le db_unique_name est TOPAZE
```

```
Liste des fichiers de données permanents
=============================
File Size(MB) Tablespace            RB segs Datafile Name
---- -------- -------------------- ------- ------------------------
...
6    80      DTB_TRAN               ***
/u01/app/oracle/oradata/TOPAZE/datafile/o1_mf_dtb_tran_9ls46g0h_.dbf
...
RMAN> list archivelog all;

la spécification ne concorde avec aucun journal d'archivage dans le référentiel

RMAN> restore tablespace dtb_tran preview;

Liste des ensembles de sauvegarde
===================

BS Key  Type LV Size       Device Type Elapsed Time Completion Time
------- ---- -- ---------- ----------- ------------ --------------------
3       Full    17.48M     DISK        00:00:01     21/03/2014 20:20:42
        BP Key: 3   Status: AVAILABLE  Compressed: NO  Tag: TAG20140321T202041
        Piece Name: /u02/sauvegardes01/TOPAZExx_20140321_04p3op8q_1_1.dbf
  Liste des fichiers de données dans l'ensemble de sauvegarde 3
  File LV Type Ckp SCN   Ckp Time              Name
  ---- -- ---- ---------- -------------------- ----
  6       Full 849465    21/03/2014 20:20:42
/u01/app/oracle/oradata/TOPAZE/datafile/o1_mf_dtb_tran_9ls46g0h_.dbf
utilisation du canal ORA_DISK_1

Liste des ensembles de sauvegarde
===================

BS Key  Size       Device Type Elapsed Time Completion Time
------- ---------- ----------- ------------ --------------------
7       596.13M    DISK        00:00:25     22/03/2014 08:37:02
        BP Key: 7   Status: AVAILABLE  Compressed: NO  Tag: TAG20140322T083636
        Piece Name: /u02/sauvegardes01/TOPAZExx_20140322_08p3q4cl_1_1.dbf

  Liste des journaux archivés dans l'ensemble de sauvegarde 7
  Thrd Seq     Low SCN    Low Time             Next SCN   Next Time
  ---- ------- ---------- -------------------- ---------- ---------
  1    34      848751     21/03/2014 20:13:04  849806     21/03/2014 20:21:30
  1    35      849806     21/03/2014 20:21:30  850201     21/03/2014 20:21:53
  1    36      850201     21/03/2014 20:21:53  850302     21/03/2014 20:22:28
  1    37      850302     21/03/2014 20:22:28  850529     21/03/2014 20:26:27
  1    38      850529     21/03/2014 20:26:27  850539     21/03/2014 20:26:28
  1    39      850539     21/03/2014 20:26:28  850550     21/03/2014 20:26:36
  1    40      850550     21/03/2014 20:26:36  850569     21/03/2014 20:27:03
  1    41      850569     21/03/2014 20:27:03  850579     21/03/2014 20:27:04      <-----
  1    42      850579     21/03/2014 20:27:04  850589     21/03/2014 20:27:06
  1    43      850589     21/03/2014 20:27:06  850599     21/03/2014 20:27:06
  1    44      850599     21/03/2014 20:27:06  850609     21/03/2014 20:27:07
  1    45      850609     21/03/2014 20:27:07  850645     21/03/2014 20:27:45
  1    46      850645     21/03/2014 20:27:45  850655     21/03/2014 20:27:46
  1    47      850655     21/03/2014 20:27:46  850665     21/03/2014 20:27:47
  1    48      850665     21/03/2014 20:27:47  850675     21/03/2014 20:27:48
  1    49      850675     21/03/2014 20:27:48  850705     21/03/2014 20:28:23
  1    50      850705     21/03/2014 20:28:23  850890     21/03/2014 20:31:13
  1    51      850890     21/03/2014 20:31:13  863473     22/03/2014 08:36:31
Le SCN de début de restauration physique est 849465
```

La récupération doit être effectuée au-delà du SCN 849465 pour effacer le flou des fichiers de données
Fin de restore dans 22/03/2014 08:38:52

```
RMAN> select value from v$parameter where name ='log_archive_dest_1';

VALUE
-----------------------------------------------------------------------
location=/u02/oradata

RMAN> host 'ls /u02/oradata';

la commande hôte a été exécutée

RMAN> alter database datafile 6 offline;

Instruction traitée

RMAN> restore datafile 6;
...
RMAN> recover datafile 6 until sequence 42;

Démarrage de recover dans 22/03/2014 08:42:25
utilisation du canal ORA_DISK_1

démarrage de la restauration physique

canal ORA_DISK_1 : démarrage de la restauration du journal d'archivage vers la destination par
défaut
canal ORA_DISK_1 : restauration du journal d'archivage
journal d'archivage, thread=1, séquence=34
...
canal ORA_DISK_1 : restauration du journal d'archivage
journal d'archivage, thread=1, séquence=41
canal ORA_DISK_1 : lecture de l'élément de sauvegarde
/u02/sauvegardes01/TOPAZExx_20140322_08p3q4cl_1_1.dbf
canal ORA_DISK_1 : descripteur d'élément=/u02/sauvegardes01/TOPAZExx_20140322_08p3q4cl_1_1.dbf
balise=TAG20140322T083636
canal ORA_DISK_1 : restauration de l'élément de sauvegarde 1
canal ORA_DISK_1 : restauration terminée, temps écoulé : 00:00:15
nom de fichier d'archivage=/u02/oradata/1_34_842580403.dbf, thread=1, séquence=34
...
nom de fichier d'archivage=/u02/oradata/1_41_842580403.dbf, thread=1, séquence=41
restauration physique terminée, temps écoulé : 00:00:04
Fin de recover dans 22/03/2014 08:42:45
RMAN> host 'ls /u02/oradata';

1_34_842580403.dbf  1_35_842580403.dbf  1_36_842580403.dbf  1_37_842580403.dbf  1_38_842580403.dbf
1_39_842580403.dbf  1_40_842580403.dbf  1_41_842580403.dbf
la commande hôte a été execute
RMAN> delete noprompt archivelog until sequence 42;
...
RMAN> recover datafile 6 ;

Démarrage de recover dans 22/03/2014 08:44:15
utilisation du canal ORA_DISK_1

démarrage de la restauration physique

canal ORA_DISK_1 : démarrage de la restauration du journal d'archivage vers la destination par
défaut
canal ORA_DISK_1 : restauration du journal d'archivage
journal d'archivage, thread=1, séquence=42
```

```
...
canal ORA_DISK_1 : restauration du journal d'archivage
journal d'archivage, thread=1, séquence=51
canal ORA_DISK_1 : lecture de l'élément de sauvegarde
/u02/sauvegardes01/TOPAZExx_20140322_08p3q4cl_1_1.dbf
canal ORA_DISK_1 : descripteur d'élément=/u02/sauvegardes01/TOPAZExx_20140322_08p3q4cl_1_1.dbf
balise=TAG20140322T083636
canal ORA_DISK_1 : restauration de l'élément de sauvegarde 1
canal ORA_DISK_1 : restauration terminée, temps écoulé : 00:00:07
nom de fichier d'archivage=/u02/oradata/1_42_842580403.dbf, thread=1, séquence=42
...
nom de fichier d'archivage=/u02/oradata/1_46_842580403.dbf, thread=1, séquence=46
restauration physique terminée, temps écoulé : 00:00:01
Fin de recover dans 22/03/2014 08:44:23

RMAN> alter database datafile 6 online;
...
RMAN> delete noprompt archivelog until sequence 51;
...
```

L'utilisation du SET NEWNAME

Il est possible de restaurer les fichiers de la base de données dans un autre emplacement que celui d'origine. Cela est très intéressant pour convertir des fichiers avec des noms choisis par vous-même dans des fichiers gérés par Oracle, également pour déplacer les fichiers de données vers un groupe de disques ASM ou pour dupliquer une base de données.

Vous pouvez utiliser « **SET NEWNAME** » pour spécifier le format du nom par défaut pour tous les fichiers de données d'un tablespace, tous les fichiers de données de la base de données ou simplement le nom d'un seul fichier de données. Attention, la commande a une durée de vie qui est celle du bloc de commandes RMAN dans lequel la commande est utilisée ; ainsi vous ne pouvez pas l'utiliser en dehors d'un bloc de commandes RMAN.

La syntaxe est la suivante :

```
SET NEWNAME FOR {
{ { DATABASE [ROOT] | PLUGGABLE DATABASE nom [,...]}
      | TABLESPACE nom } TO { 'répertoire/format' | NEW }
| { DATAFILE | TEMPFILE } { nom|numéro } TO { fichier|NEW }};
```

Cette commande doit être automatiquement accompagnée par la commande « **SWITCH** » pour demander à RMAN de modifier les noms des fichiers des données dans le fichier de contrôle, avant d'exécuter la commande de récupération. Voici la syntaxe d'utilisation de la commande :

```
SWITCH { DATAFILE ALL
| DATAFILE datafileSpec [TO DATAFILECOPY{'nom' | TAG [']nom[']}]
| TEMPFILE ALL | TEMPFILE tempfileSpec [TO ' filename ']}
```

Vous avez remarqué que, dans l'exemple précédent, les quatre fichiers sont des fichiers qui ne sont pas gérés par OMF ; voici l'exemple pour modifier leur mode de gestion. On utilise la commande « **SPOOL LOG** » pour ne pas afficher toutes les informations de retour de la commande.

```
[oracle@phoebus ~]$ rman target / catalog rman/rman@agate
RMAN> spool log to change_fichiers.txt
RMAN> run
2> {
3> set newname for datafile 5 to new;
4> set newname for datafile 6 to new;
```

```
5> set newname for datafile 7 to new;
6> set newname for datafile 8 to new;
7> sql 'ALTER DATABASE datafile 5 offline';
8> sql 'ALTER DATABASE datafile 6 offline';
9> sql 'ALTER DATABASE datafile 7 offline';
10> sql 'ALTER DATABASE datafile 8 offline';
11>
12> restore datafile 5,6,7,8;
13> switch datafile all;
14> recover datafile 5,6,7,8;
15>
16> sql 'ALTER DATABASE datafile 5 online';
17> sql 'ALTER DATABASE datafile 6 online';
18> sql 'ALTER DATABASE datafile 7 online';
19> sql 'ALTER DATABASE datafile 8 online';
20> host 'rm /u01/app/oracle/oradata/TOPAZE/datafile/dtp_star.dbf';
21> host 'rm /u01/app/oracle/oradata/TOPAZE/datafile/itp_star.dbf';
22> host 'rm /u01/app/oracle/oradata/TOPAZE/datafile/dtp_tran.dbf';
23> host 'rm /u01/app/oracle/oradata/TOPAZE/datafile/itp_tran.dbf';
24> }
RMAN> spool log off
RMAN> report schema;


Etat du schéma de base de données dont le db_unique_name est TOPAZE

Liste des fichiers de données permanents
===========================
File Size(MB) Tablespace          RB segs Datafile Name
---- -------- ------------------- ------- ----------------------
...
5    640      DTP_STAR            NO
/u01/app/oracle/oradata/TOPAZE/datafile/o1_mf_dtp_star_65jyshmd_.dbf
6    640      ITP_STAR            NO
/u01/app/oracle/oradata/TOPAZE/datafile/o1_mf_itp_star_65jyshn6_.dbf
7    640      DTP_TRAN            NO
/u01/app/oracle/oradata/TOPAZE/datafile/o1_mf_dtp_tran_65jyshnv_.dbf
8    640      ITP_TRAN            NO
/u01/app/oracle/oradata/TOPAZE/datafile/o1_mf_itp_tran_65jywy76_.dbf
...
```

Les commandes de restauration et de récupération d'une base de données permettent de travailler directement sur une ou plusieurs bases de données insérées à l'aide de la syntaxe suivante :

```
{ RESTORE | RECOVER} PLUGGABLE DATABASE nom [,...] ;
```

```
D:\>rman target sys/Razvanpwd3@pierres catalog cpv_pierres/rman@topaze

connecté à la base de données cible : PIERRES (DBID=807186735)
connecté à la base de données du catalogue de récupération


RMAN> select con_id, name, open_mode, restricted from v$pdbs;

    CON_ID NAME                          OPEN_MODE  RES
---------- ----------------------------- ---------- ---
         2 PDB$SEED                      READ ONLY  NO
         3 JASPE                         READ WRITE NO
         4 AMBRE                         READ WRITE NO
         6 EMERAUDE                      READ WRITE NO

RMAN> report need backup redundancy 1 pluggable database jaspe ;

Etat des fichiers ayant moins de 1 sauvegardes redondantes
```

```
File #bkps Name
---- ----- -------------------------------------------------------
41    0     D:\DONNEES\ORADATA\PIERRES\JASPE\SYSTEM_JASPE.DBF
42    0     D:\DONNEES\ORADATA\PIERRES\JASPE\SYSAUX_JASPE.DBF
44    0     D:\DONNEES\ORADATA\PIERRES\JASPE\DTB_TRAN.DBF
84    0     D:\DONNEES\ORADATA\PIERRES\2EB...FA6\DATAFILE\O1_MF_DTB_STAR_9L9FP4RF_.DBF
85    0     D:\DONNEES\ORADATA\PIERRES\2EB...FA6\DATAFILE\O1_MF_ITB_STAR_9L9FPBTP_.DBF
86    0     D:\DONNEES\ORADATA\PIERRES\2EB...FA6\DATAFILE\O1_MF_ITB_TRAN_9L9FPCTP_.DBF
92    0     D:\DONNEES\ORADATA\PIERRES\2EB...FA6\DATAFILE\O1_MF_CATALOGU_9L9P96WN_.DBF


RMAN> backup pluggable database jaspe;


Démarrage de backup dans 19/03/14
canal affecté : ORA_DISK_1
canal ORA_DISK_1 : SID=13 type d'unité=DISK
canal ORA_DISK_1 : démarrage de la copie de fichier de données
fichier de données en entrée, numéro=00042, nom=D:\DONNEES\ORADATA\PIERRES\JASPE\SYSAUX_JASPE.DBF
...
Fin de backup dans 19/03/14


Démarrage de Control File and SPFILE Autobackup dans 19/03/14
descripteur
d'élément=O:\APP\ORACLE\FAST_RECOVERY_AREA\PIERRES\AUTOBACKUP\2014_03_19\O1_MF_S_842623475_9LM5H3XX_
.BKP commentaire=NONE
Fin de Control File and SPFILE Autobackup dans 19/03/14


RMAN> run{
2>      set newname for pluggable database jaspe
3>        to '+GD_DONNEES/PIERRES/JASPE/%N_%f.dbf';
4>      alter pluggable database jaspe close immediate;
5>      restore pluggable database jaspe;
6>      switch datafile all;
7>      recover pluggable database jaspe;
8>      alter pluggable database jaspe open;}


exécution de la commande : SET NEWNAME


Instruction traitée


Démarrage de restore dans 19/03/14
canal affecté : ORA_DISK_1
canal ORA_DISK_1 : SID=14 type d'unité=DISK


canal ORA_DISK_1 : restauration du fichier de données 00041
copie de fichier de données d'entrée RECID=104 STAMP=842623471 nom de
fichier=S:\SAUVEGARDES01\PIERRES_DATA_D-PIERRES_I-807186735_TS-SYSTEM_FNO-41_6GP3IQEK_20140319.BKP
destination de restauration du fichier de données 00041: +GD_DONNEES/PIERRES/JASPE/SYSTEM_41.dbf
...
Fin de restore dans 19/03/14


fichier de données 41 changé en copie de fichier de données
copie de fichier de données d'entrée RECID=113 STAMP=842624936 nom de
fichier=+GD_DONNEES/PIERRES/JASPE/system_41.dbf
...


Démarrage de recover dans 19/03/14
utilisation du canal ORA_DISK_1


démarrage de la restauration physique
restauration physique terminée, temps écoulé : 00:00:00
```

```
Fin de recover dans 19/03/14

Instruction traitée

RMAN> select name, open_mode, restricted from v$pdbs where name = 'JASPE';

NAME                          OPEN_MODE  RES
----------------------------- ---------- ---
JASPE                         READ WRITE NO

RMAN> select file_name from cdb_data_files where con_id = 3;

FILE_NAME
----------------------------------------------------------------
+GD_DONNEES/PIERRES/JASPE/system_41.dbf
+GD_DONNEES/PIERRES/JASPE/sysaux_42.dbf
+GD_DONNEES/PIERRES/JASPE/dtb_tran_44.dbf
+GD_DONNEES/PIERRES/JASPE/dtb_star_84.dbf
+GD_DONNEES/PIERRES/JASPE/itb_star_85.dbf
+GD_DONNEES/PIERRES/JASPE/itb_tran_86.dbf
+GD_DONNEES/PIERRES/JASPE/catalogue_rman_92.dbf
7 lignes sélectionnées
```

L'exemple permet de déplacer une base de données insérée, mais la syntaxe est en tout point semblable pour une base de données classique.

L'utilisation d'une copie

La commande « **SWITCH** » permet également de basculer un fichier de données de la base vers une sauvegarde de type copie du même fichier.

```
D:\>rman target sys/Razvanpwd3@rubis catalog rman/rman@topaze

connecté à la base de données cible : RUBIS (DBID=1772371706)
connecté à la base de données du catalogue de récupération

RMAN> list copy of datafile 6,7,8,9;

Liste des copies de fichier de données
======================================

Key     File S Completion Time Ckp SCN    Ckp Time
------- ---- - --------------- ---------- ---------------
57333   6    A 19/03/14        2623926    19/03/14
        Name: /u05/sauvegardes01/DTB_STAR_8rp3iv1l.dbf
        Tag: SAUVEGARDE_POUR_SWITCH

57335   7    A 19/03/14        2623959    19/03/14
        Name: /u05/sauvegardes01/DTB_TRAN_8tp3iv3t.dbf
        Tag: SAUVEGARDE_POUR_SWITCH

57329   8    A 19/03/14        2623823    19/03/14
        Name: /u05/sauvegardes01/ITB_STAR_8pp3ius4.dbf
        Tag: SAUVEGARDE_POUR_SWITCH

57334   9    A 19/03/14        2623956    19/03/14
        Name: /u05/sauvegardes01/ITB_TRAN_8sp3iv3s.dbf
        Tag: SAUVEGARDE_POUR_SWITCH
```

```
RMAN> run{
2>      alter tablespace dtb_star offline;
3>      alter tablespace dtb_tran offline;
4>      alter tablespace itb_star offline;
5>      alter tablespace itb_tran offline;
6>      switch datafile 6 to datafilecopy tag SAUVEGARDE_POUR_SWITCH;
7>      switch datafile 7 to datafilecopy tag SAUVEGARDE_POUR_SWITCH;
8>      switch datafile 8 to datafilecopy tag SAUVEGARDE_POUR_SWITCH;
9>      switch datafile 9 to datafilecopy tag SAUVEGARDE_POUR_SWITCH;
10>     recover datafile 6,7,8,9;
11>     alter tablespace dtb_star online;
12>     alter tablespace dtb_tran online;
13>     alter tablespace itb_star online;
14>     alter tablespace itb_tran online;}
...
fichier de données 6 changé en copie de fichier de données
copie de fichier de données d'entrée RECID=109 STAMP=842628233 nom de
fichier=/u05/sauvegardes01/DTB_STAR_8rp3iv11.dbf
lancement de la resynchronisation complète du catalogue de récupération
resynchronisation complète terminée

fichier de données 7 changé en copie de fichier de données
copie de fichier de données d'entrée RECID=111 STAMP=842628270 nom de
fichier=/u05/sauvegardes01/DTB_TRAN_8tp3iv3t.dbf
lancement de la resynchronisation complète du catalogue de récupération
resynchronisation complète terminée

fichier de données 8 changé en copie de fichier de données
copie de fichier de données d'entrée RECID=105 STAMP=842628043 nom de
fichier=/u05/sauvegardes01/ITB_STAR_8pp3ius4.dbf
lancement de la resynchronisation complète du catalogue de récupération
resynchronisation complète terminée

fichier de données 9 changé en copie de fichier de données
copie de fichier de données d'entrée RECID=110 STAMP=842628270 nom de
fichier=/u05/sauvegardes01/ITB_TRAN_8sp3iv3s.dbf
lancement de la resynchronisation complète du catalogue de récupération
resynchronisation complète terminée
...
RMAN> report schema;

Etat du schéma de base de données dont le db_unique_name est RUBIS

Liste des fichiers de données permanents
============================
File Size(MB) Tablespace           RB segs Datafile Name
---- -------- -------------------- ------- -----------------------
...
6    120      DTB_STAR             NO      /u05/sauvegardes01/DTB_STAR_8rp3iv11.dbf
7    110      DTB_TRAN             NO      /u05/sauvegardes01/DTB_TRAN_8tp3iv3t.dbf
8    160      ITB_STAR             NO      /u05/sauvegardes01/ITB_STAR_8pp3ius4.dbf
9    120      ITB_TRAN             NO      /u05/sauvegardes01/ITB_TRAN_8sp3iv3s.dbf
```

Si vous utilisez la sauvegarde incrémentielle avec la mise à jour, il est possible, en cas de perte intégrale de la base de données, de basculer vers la copie des fichiers. La syntaxe de la commande « **SWITCH** » est dans ce cas la suivante :

```
SWITCH {  DATABASE [ROOT]
       | PLUGGABLE DATABASE nom [,...]
       | TABLESPACE nom [,...]
       | DATAFILE { nom|numéro } [,...]} TO copy;
```

```
D:\>rman target sys/Razvanpwd3@saphir catalog rman/rman@topaze

connecté à la base de données cible : SAPHIR (DBID=2892504293)
connecté à la base de données du catalogue de récupération

RMAN> run{
2>      backup incremental level 1 for recover of copy
3>           with tag 'inc_majour' database;
4>      recover copy of database with tag 'inc_majour';}
...
RMAN> run{
2>      backup incremental level 1 for recover of copy
3>           with tag 'inc_majour' database;
4>      recover copy of database with tag 'inc_majour';}
...
RMAN> shutdown abort
...
RMAN> startup mount
...
RMAN> switch database to copy;

passage du fichier de données 1 à la copie de fichier de données
"/u05/sauvegardes01/SAPHIR_11_1_1_0bp3j4bl.bkp"
passage du fichier de données 2 à la copie de fichier de données
"/u05/sauvegardes01/SAPHIR_10_1_1_0ap3j46f.bkp"
...
RMAN> recover database;
...
RMAN> alter database open;

Instruction traitée

RMAN> report schema;

Etat du schéma de base de données dont le db_unique_name est SAPHIR

Liste des fichiers de données permanents
===============================
File Size(MB) Tablespace          RB segs Datafile Name
---- -------- ------------------- ------- ----------------------
1    800      SYSTEM              YES     /u05/sauvegardes01/SAPHIR_11_1_1_0bp3j4bl.bkp
2    923      SYSAUX              NO      /u05/sauvegardes01/SAPHIR_10_1_1_0ap3j46f.bkp
3    1600     UNDOTBS1            YES     /u05/sauvegardes01/SAPHIR_9_1_1_09p3j3vf.bkp
4    100      USERS               NO      /u05/sauvegardes01/SAPHIR_16_1_1_0gp3j4hk.bkp
5    80       DTB_STAR            NO      /u05/sauvegardes01/SAPHIR_17_1_1_0hp3j4i3.bkp
6    150      DTB_TRAN            NO      /u05/sauvegardes01/SAPHIR_12_1_1_0cp3j4f1.bkp
7    150      ITB_STAR            NO      /u05/sauvegardes01/SAPHIR_13_1_1_0dp3j4fr.bkp
8    150      ITB_TRAN            NO      /u05/sauvegardes01/SAPHIR_14_1_1_0ep3j4gk.bkp
9    150      CATALOGUE_RMAN      NO      /u05/sauvegardes01/SAPHIR_15_1_1_0fp3j4h4.bkp
...
```

La récupération des blocs

Lorsque vous exécutez la commande « **VALIDATE** », il est possible que des blocs corrompus soient trouvés dans les fichiers de la base de données. À l'aide de RMAN il est possible de récupérer uniquement les blocs corrompus, et ainsi le temps de l'opération est nettement réduit. Il faut se rappeler que la vue « **V\$DATABASE_BLOCK_CORRUPTION** » permet d'afficher tous les blocs corrompus qui ont été trouvés par la commande « **VALIDATE** », mais pas uniquement. La syntaxe de récupération des blocs est la suivante :

```
RECOVER DATAFILE { nom_fichier | no_fichier }
        BLOCK numéro ;
```

Pour effacer un bloc dans un fichier, on va utiliser la commande UNIX « **dd** » qui permet de copier dans un fichier le nombre des blocs vides.

```
[oracle@phoebus ~]$ dd if=/dev/zero
of=/u01/app/oracle/oradata/TOPAZE/datafile/o1_mf_dtp_tran_65jyshnv_.dbf bs=8k conv=notrunc seek=1000
count=1
1+0 enregistrements lus
1+0 enregistrements écrits
8192 octets (8,2 kB) copiés, 6,4e-05 seconde, 128 MB/s
[oracle@phoebus ~]$ rman target / catalog rman/rman@saphir

connecté à la base de données cible : TOPAZE (DBID=3991015565)
connecté à la base de données du catalogue de récupération

RMAN> validate datafile '/u01/app/oracle/oradata/TOPAZE/datafile/o1_mf_dtp_tran_65jyshnv_.dbf';

Démarrage de validate dans 03/08/10
canal ORA_DISK_1 : démarrage de la validation du fichier de données
canal ORA_DISK_1 : indication du ou des fichiers de données pour la validation
fichier de données en entrée, numéro=00007,
nom=/u01/app/oracle/oradata/TOPAZE/datafile/o1_mf_dtp_tran_65jyshnv_.dbf
canal ORA_DISK_1 : validation terminée, temps écoulé : 00:00:07
Liste des fichiers de données
=================
File Status Marked Corrupt Empty Blocks Blocks Examined High SCN
---- ------ -------------- ------------ --------------- ----------
7    FAILED 0             36041        81920          303188
   Nom de fichier : /u01/app/oracle/oradata/TOPAZE/datafile/o1_mf_dtp_tran_65jyshnv_.dbf
   Block Type Blocks Failing Blocks Processed
   ---------- -------------- ----------------
   Data       0              45440
   Index      0              0
   Other      1              439

un ou plusieurs blocs endommagés ont été trouvés lors de la validation
Pour plus d'informations, reportez-vous au fichier trace
/u01/app/oracle/diag/rdbms/topaze/topaze/trace/topaze_ora_27970.trc
Fin de validate dans 03/08/10

RMAN> exit

[oracle@phoebus ~]$ sqlplus / as sysdba

SQL> select tablespace_name, sum(bytes/1024/1024) "Mb"
  2  from dba_segments
  3  where tablespace_name = 'DTP_TRAN'
  4  group by tablespace_name;

TABLESPACE_NAME                      Mb
------------------------------ ----------
DTP_TRAN                          365,3125

SQL> select * from v$database_block_corruption;

    FILE#     BLOCK#     BLOCKS CORRUPTION_CHANGE# CORRUPTIO
---------- ---------- ---------- ------------------ ---------
        7       1000          1                  0 ALL ZERO
```

```
SQL> exit
[oracle@phoebus ~]$ rman target / catalog rman/rman@saphir


connecté à la base de données cible : TOPAZE (DBID=3991015565)
connecté à la base de données du catalogue de récupération


RMAN> recover datafile 7 block 1000;


Démarrage de recover dans 03/08/10
canal ORA_DISK_1 : restauration de bloc(s)
canal ORA_DISK_1 : indication de bloc(s) à restaurer depuis l'ensemble de sauvegarde
restauration des blocs du fichier 00007
canal ORA_DISK_1 : lecture de l'élément de sauvegarde /u02/sav01/TOPAZE_10lkesip_1_1
canal ORA_DISK_1 : descripteur d'élément=/u02/sav01/TOPAZE_10lkesip_1_1 balise=TAG20100803T231016
canal ORA_DISK_1 : bloc(s) restauré(s) depuis l'élément de sauvegarde 1
canal ORA_DISK_1 : restauration de bloc terminée, temps écoulé : 00:00:15


démarrage de la récupération après défaillance matérielle
récupération après défaillance matérielle terminée, temps écoulé : 00:00:03


Fin de recover dans 03/08/10
```

Vous pouvez utiliser une deuxième syntaxe beaucoup plus simple quand vous avez plusieurs blocs corrompus, à savoir :

```
RECOVER CORRUPTION LIST ;

[oracle@phoebus ~]$ dd if=/dev/zero
of=/u01/app/oracle/oradata/TOPAZE/datafile/o1_mf_dtp_tran_65jyshnv_.dbf bs=8k conv=notrunc seek=1000
count=1
 [oracle@phoebus ~]$ rman target / catalog rman/rman@saphir


connecté à la base de données cible : TOPAZE (DBID=3991015565)
connecté à la base de données du catalogue de récupération


RMAN> validate datafile '/u01/app/oracle/oradata/TOPAZE/datafile/o1_mf_dtp_tran_65jyshnv_.dbf';
...
File Status Marked Corrupt Empty Blocks Blocks Examined High SCN
---- ------ -------------- ------------ --------------- ----------
7    FAILED 0              36041        81920           303188
  Nom de fichier : /u01/app/oracle/oradata/TOPAZE/datafile/o1_mf_dtp_tran_65jyshnv_.dbf
  Block Type Blocks Failing Blocks Processed
  ---------- -------------- ----------------
  Data       0              45440
  Index      0              0
  Other      1              439


un ou plusieurs blocs endommagés ont été trouvés lors de la validation
Pour plus d'informations, reportez-vous au fichier trace
/u01/app/oracle/diag/rdbms/topaze/topaze/trace/topaze_ora_27970.trc
Fin de validate dans 03/08/10


RMAN> recover corruption list;
...
```

9

La récupération avancée

Objectifs

À la fin de ce module, vous serez à même d'effectuer les tâches suivantes :

- Décrire la démarche de récupération incomplète d'une base de données.

- Restaurer et récupérer les fichiers de votre base de données jusqu'à un point dans le temps.

- Exécuter une opération de FLASHBACK DATABASE combinée avec une récupération des fichiers manquants.

- Travailler avec les incarnations de base de données.

- Récupérer une base de données dans une incarnation différente de l'incarnation courante.

Contenu

La récupération incomplète

Voici la syntaxe de la commande qui permet d'appliquer toutes les modifications jusqu'à un moment dans le temps :

```
RECOVER DATABASE UNTIL{ SCN numéro | SEQUENCE numéro | TIME 'date'};
```

`DATABASE`	La récupération de la totalité de la base. Il s'agit de la clause par défaut. Vous pouvez l'utiliser uniquement lorsque la base est fermée.
`UNTIL`	Vous pouvez réaliser une récupération incomplète et cette option vous permet de spécifier la limite de la procédure de récupération.
`SEQUENCE`	La récupération incomplète se poursuit jusqu'à la séquence du fichier de journaux archivés.
`TIME`	La récupération incomplète se poursuit jusqu'à la limite spécifiée par l'information temporelle. Celle-ci doit être exprimée sous forme d'un caractère littéral dans le format suivant « **YYYY-MM-DD:HH24:MI:SS** ».
`SCN`	La récupération incomplète se poursuit jusqu'à la limite donnée par le numéro de changement système SCN spécifié par l'argument. La difficulté est de trouver le SCN qui convient.

La récupération d'une base de données peut aussi être réalisée de façon incomplète. Il s'agit d'une restauration de sauvegarde suivie d'une récupération jusqu'à un certain point dans le temps. Au lieu d'appliquer toutes les entrées de reprise des fichiers journaux générés après la sauvegarde la plus récente, celles-ci ne sont appliquées qu'en partie.

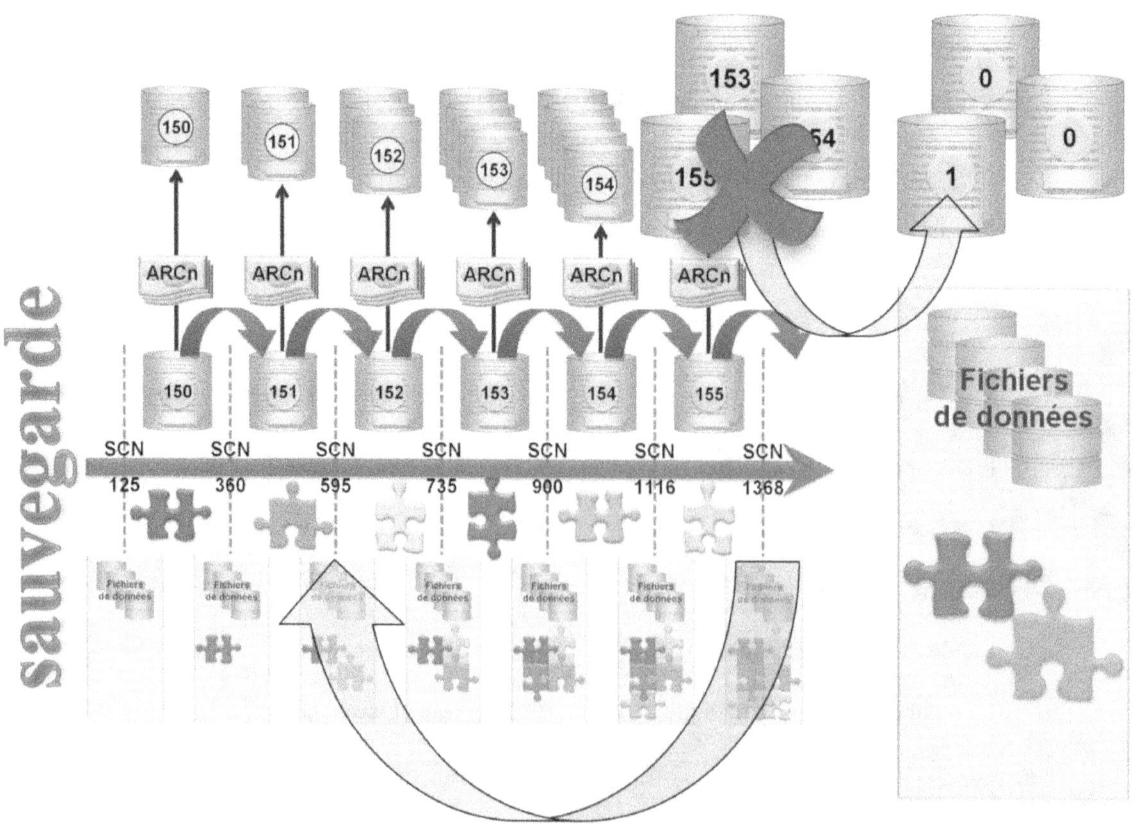

Une récupération incomplète est réalisée dans les situations suivantes :

- Vous avez perdu un objet de la base de données.

- Vous avez perdu certains ou tous les fichiers journaux en ligne.

- Vous avez perdu un fichier journal archivé nécessaire à une récupération.

- Vous avez supprimé par erreur le mauvais tablespace.

Pour effectuer une récupération incomplète, il faut passer par les étapes suivantes :

- S'assurer qu'aucune transaction n'est plus exécutée dans la base, car toute modification est susceptible d'être perdue.

- Déterminer le moment où l'erreur que vous voulez corriger s'est produite.

- Restaurer tous les fichiers de données à partir de sauvegardes créées avant ce point dans le temps.

- Récupérer tous les fichiers de données jusqu'à un point dans le temps ; cette étape s'effectue pendant que la base est un mode « **MOUNT** ».

- Ouvrir la base de données avec l'option « **RESETLOGS** ». Tous les fichiers journaux sont réinitialisés, les entrées non utilisées ne pourront plus être employées. La séquence du journal courant est également réinitialisée.

Avant de commencer à chercher le SCN en cours lors de l'incident, il faut s'assurer que la base de données ne continue pas les traitements. Selon le type de problème, vous pourrez parfois réussir à déterminer le moment précis de sa survenue. Pour des changements intervenant sur la structure de la base de données, comme la suppression d'un tablespace, une entrée apparaîtra dans le journal d'alertes. Pour des modifications d'objets, telle la suppression d'une table, vous devrez utiliser des temps approximatifs fournis par les utilisateurs concernés.

Vous allez étudier dans la section *La configuration Flashback*, plusieurs méthodes pour récupérer les SCN des transactions sur la base de données.

Une autre possibilité est d'employer « **LogMiner** » pour tenter de retrouver le SCN précis de la transaction.

L'effacement d'une base

RMAN permet d'effacer entièrement une base de données. Cette commande est à utiliser avec beaucoup de précautions car une fois exécutée, si vous n'avez pas de sauvegarde, il n'est plus possible de récupérer les données. D'autant plus que vous pouvez effacer les sauvegardes en même temps que la base de données.

```
DROP DATABASE [INCLUDING BACKUPS] [NOPROMPT] ;
```

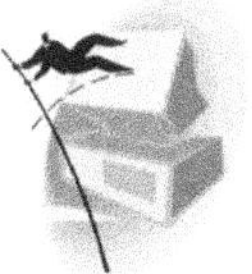

```
[oracle@terra ~]$ . oraenv
ORACLE_SID = [topaze] ? sodalite
The Oracle base remains unchanged with value /u01/app/oracle
[oracle@terra ~]$ rman target /

connecté à la base de données cible : SODALITE (DBID=421461699)

RMAN> run{
2>      shutdown immediate;
3>      startup mount;
4>      select f.file#,f.checkpoint_change# "fichier",
5>      c.checkpoint_change# "controle"
6>      from v$datafile c,v$datafile_header f
7>      where f.file# = c.file# and f.file# = 1;
```

```
8>      backup database format
9>         '/u05/sauvegardes01/%n_%T_%U.bkp';
10>     backup archivelog all format
11>        '/u05/sauvegardes01/%n_%T_%U.arch';
12>     backup current controlfile format
13>        '/u05/sauvegardes01/control.ctl';
14>     alter system reset control_files;
15>     create pfile from spfile;
16>     backup spfile format
17>        '/u05/sauvegardes01/spfile.ora';}
```

base de données fermée
base de données démontée
instance Oracle arrêtée

connecté à la base de données cible (non démarrée)
instance Oracle démarrée
base de données montée

Total System Global Area (SGA)   2822680576 octets

Fixed Size   2292384 octets
Variable Size   721421664 octets
Database Buffers   2080374784 octets
Redo Buffers   18591744 octets

```
   FILE#    fichier   controle
---------- ---------- ----------
      1     1790541    1790541
```

Démarrage de backup dans 19/03/2014 17:33:04
...
RMAN> **host 'mv /u05/sauvegardes01/* /u02/sauvegardes01';**

la commande hôte a été exécutée

RMAN> **host 'ls /u02/sauvegardes01';**

control.ctl SODALITE_20140319_0mp3j6mh_1_1.bkp SODALITE_20140319_0np3j6mh_1_1.bkp spfile.ora
la commande hôte a été exécutée

RMAN> **alter system enable restricted session;**

Instruction traitée

RMAN> **drop database including backups noprompt;**

nom de base de données : "SODALITE" ; DBID : 421461699

utilisation du canal ORA_DISK_1
utilisation du canal ORA_DISK_2

Liste des éléments de sauvegarde
BP Key BS Key Pc# Cp# Status   Device Type Piece Name
------- ------- --- --- ----------- ----------- ----------
18   18   1   1   AVAILABLE   DISK
/u05/sauvegardes01/SODALITE_20140319_0mp3j6mh_1_1.bkp
19   19   1   1   AVAILABLE   DISK
...
élément de sauvegarde supprimé

```
descripteur d'élément de
sauvegarde=/u01/app/oracle/fast_recovery_area/SODALITE/autobackup/2014_03_19/o1_mf_s_842635972_9lmkr
lxb_.bkp RECID=21 STAMP=842636066
...
4 objets supprimés
...
nom de base de données : "SODALITE" ; DBID : 421461699
base de données supprimée

RMAN> host 'mv /u02/sauvegardes01/* /u05/sauvegardes01';

la commande hôte a été exécutée

RMAN> host 'ls /u02/sauvegardes01';

la commande hôte a été exécutée

RMAN>exit;
[oracle@terra ~]$ rman target /

connecté à la base de données cible (non démarrée)

RMAN> run{
2> startup nomount;
3> create spfile from pfile;
4> startup force nomount;
5> restore controlfile from '/u05/sauvegardes01/control.ctl';
6> alter database mount;
7> restore database;
8> recover database until scn 1790541;
9> alter database open resetlogs;}
...
RMAN> report schema;

Etat du schéma de base de données dont le db_unique_name est SODALITE

Liste des fichiers de données permanents
=============================
File Size(MB) Tablespace           RB segs Datafile Name
---- -------- -------------------- ------- -----------------------
1    770      SYSTEM                 ***
/u01/app/oracle/oradata/SODALITE/datafile/o1_mf_system_9lmmqc30_.dbf
...
```

La perte d'un utilisateur

Vous pouvez utiliser « **SET UNTIL** » pour spécifier, dans l'ensemble du bloc des commandes RMAN, la limite de la sauvegarde incomplète. Sinon vous devez préciser la limite de la restauration et ensuite celle de la récupération de fichiers de données. Voici la syntaxe de la commande :

```
SET UNTIL { SCN numéro | SEQUENCE numéro | TIME ' date' };
```

Ci-après, la démarche de mise en œuvre de la récupération d'une base de données jusqu'à un moment dans le passé.

```
D:\>rman target sys/Razvanpwd3@sodalite

connecté à la base de données cible : SODALITE (DBID=421461699)

RMAN> list incarnation of database sodalite;
```

```
Liste des incarnations de base de données
DB Key  Inc Key DB Name  DB ID            STATUS   Reset SCN  Reset Time
------- ------- -------- ---------------- --- ---------- ----------
57855   57880   SODALITE  421461699        PARENT   1          24/05/13
57855   57881   SODALITE  421461699        PARENT   1720082    19/03/14
57855   57882   SODALITE  421461699        PARENT   1784630    19/03/14
57855   57883   SODALITE  421461699        PARENT   1787425    19/03/14
57855   57856   SODALITE  421461699        CURRENT  1790542    19/03/14


RMAN> select current_scn from v$database;


CURRENT_SCN
-----------
    1801722                                                    <-----


RMAN> drop user stagiaire cascade;

Instruction traitée

RMAN> run{
2>    set until scn 1801722;                                   <-----
3>    shutdown immediate
4>    startup mount;
5>    restore database;
6>    recover database;
7>    alter database open resetlogs;}


exécution de la commande : SET until clause


utilisation du fichier de contrôle de la base de données cible au lieu du catalogue de récupération
base de données fermée
base de données démontée
instance Oracle arrêtée

connecté à la base de données cible (non démarrée)
instance Oracle démarrée
base de données montée
...
Démarrage de restore dans 19/03/14
canal affecté : ORA_DISK_1
canal ORA_DISK_1 : SID=11 type d'unité=DISK
canal affecté : ORA_DISK_2
canal ORA_DISK_2 : SID=240 type d'unité=DISK


canal ORA_DISK_1 : démarrage de la restauration de l'ensemble de sauvegarde des fichiers de données
canal ORA_DISK_1 : définition du ou des fichiers de données à restaurer à partir de l'ensemble de
sauvegarde
canal ORA_DISK_1 : restauration du fichier de données 00002 vers
/u01/app/oracle/oradata/SODALITE/datafile/o1_mf_dtb_star_9lmmqc52_.dbf
...
canal ORA_DISK_2 : démarrage de la restauration de l'ensemble de sauvegarde des fichiers de données
canal ORA_DISK_2 : définition du ou des fichiers de données à restaurer à partir de l'ensemble de
sauvegarde
canal ORA_DISK_2 : restauration du fichier de données 00001 vers
/u01/app/oracle/oradata/SODALITE/datafile/o1_mf_system_9lmmqc30_.dbf
...
Fin de restore dans 19/03/14


Démarrage de recover dans 19/03/14
utilisation du canal ORA_DISK_1
utilisation du canal ORA_DISK_2
```

```
démarrage de la restauration physique
restauration physique terminée, temps écoulé : 00:00:01

Fin de recover dans 19/03/14

Instruction traitée

RMAN> list incarnation of database sodalite;

Liste des incarnations de base de données
DB Key  Inc Key DB Name  DB ID            STATUS  Reset SCN  Reset Time
------- ------- -------- ---------------- --- ---------- ----------
1       1       SODALITE 421461699        PARENT  1          24/05/13
2       2       SODALITE 421461699        PARENT  1720082    19/03/14
3       3       SODALITE 421461699        PARENT  1784630    19/03/14
4       4       SODALITE 421461699        PARENT  1787425    19/03/14
5       5       SODALITE 421461699        PARENT  1790542    19/03/14
6       6       SODALITE 421461699        CURRENT 1801723    19/03/14        <-----

RMAN> select username from dba_users where username like 'STAGIAIRE';

USERNAME
--------------------------------------------------------------------------------
STAGIAIRE
```

L'exemple précédent permet de récupérer l'utilisateur qui a été effacé ; dans ce cas il n'y a pas de
perte des données, car l'arrêt de la base de données est immédiat, mais dans une base de données de
production ce n'est pas le cas. Un deuxième inconvénient d'une récupération incomplète est que la
base de données a une nouvelle incarnation ; les sauvegardes plus anciennes sont obsolètes en dehors
de leur incarnation.

La récupération sans catalogue

La récupération incomplète, dans le cas où vous devez récupérer des tablespaces qui ont été effacés,
est un peu plus compliquée, car le fichier de contrôle ne contient plus les informations sur ces
tablespaces. C'est dans le fichier de contrôle que RMAN stocke les informations de sauvegarde, alors
dans le cas où vous n'avez pas de catalogue, il faut utiliser ce fichier pour piloter la récupération
incomplète. Si on utilise un fichier antérieur, il ne connaîtra pas les sauvegardes nécessaires pour la
récupération incomplète.

```
D:\>rman target sys/Razvanpwd3@saphir

connecté à la base de données cible : SAPHIR (DBID=2892504293)

RMAN> select current_scn from v$database;

CURRENT_SCN
-----------
    1215518                                                 <-----

RMAN> select tablespace_name, file_id from dba_data_files
2> where tablespace_name like '_TB%';

TABLESPACE_NAME                 FILE_ID
------------------------------- ----------
DTB_STAR                              5
DTB_TRAN                              6
```

```
ITB_STAR                              7
ITB_TRAN                              8

RMAN> list incarnation;

Liste des incarnations de base de données
DB Key  Inc Key DB Name  DB ID             STATUS  Reset SCN  Reset Time
------- ------- -------- ----------------- ---    ----------  ----------
1       1       SAPHIR   2892504293        CURRENT 1          01/03/14

RMAN> drop tablespace DTB_STAR including contents;

Instruction traitée

RMAN> drop tablespace DTB_TRAN including contents;

Instruction traitée

RMAN> drop tablespace ITB_STAR including contents;

Instruction traitée

RMAN> drop tablespace ITB_TRAN including contents;

Instruction traitée

RMAN> run {
2>      set until scn 1215518;                              <-----
3>      startup force mount;
4>      restore database ;
5>      recover database;
6>      alter database open resetlogs;}
...
canal ORA_DISK_1 : restauration du fichier de données 00001 vers
/u05/sauvegardes01/SAPHIR_11_1_1_0bp3j4b1.bkp
canal ORA_DISK_1 : restauration du fichier de données 00002 vers
/u05/sauvegardes01/SAPHIR_10_1_1_0ap3j46f.bkp
canal ORA_DISK_1 : restauration du fichier de données 00003 vers
/u05/sauvegardes01/SAPHIR_9_1_1_09p3j3vf.bkp
canal ORA_DISK_1 : restauration du fichier de données 00004 vers
/u05/sauvegardes01/SAPHIR_16_1_1_0gp3j4hk.bkp
canal ORA_DISK_1 : restauration du fichier de données 00009 vers
/u05/sauvegardes01/SAPHIR_15_1_1_0fp3j4h4.bkp
canal ORA_DISK_1 : lecture de l'élément de sauvegarde
/u02/sauvegardes01/SAPHIRxx_22_1_1_0mp3jg6k.bkp
canal ORA_DISK_1 : descripteur d'élément=/u02/sauvegardes01/SAPHIRxx_22_1_1_0mp3jg6k.bkp
...
RMAN> report schema;

Etat du schéma de base de données dont le db_unique_name est SAPHIR

Liste des fichiers de données permanents
File Size(MB) Tablespace     RB  Datafile Name
---- -------- -------------- --- ------------------------
1    800      SYSTEM         *** /u05/sauvegardes01/SAPHIR_11_1_1_0bp3j4b1.bkp
...
5    0        DTB_STAR       *** /u01/app/oracle/product/12.1.0/db_home/dbs/MISSING00005
6    0        DTB_TRAN       *** /u01/app/oracle/product/12.1.0/db_home/dbs/MISSING00006
7    0        ITB_STAR       *** /u01/app/oracle/product/12.1.0/db_home/dbs/MISSING00007
8    0        ITB_TRAN       *** /u01/app/oracle/product/12.1.0/db_home/dbs/MISSING00008
...
RMAN> select current_scn, open_mode from v$database;

CURRENT_SCN OPEN_MODE
```

```
----------- --------------------
   1216123 READ WRITE

RMAN> list incarnation;

Liste des incarnations de base de données
DB Key  Inc Key DB Name  DB ID            STATUS  Reset SCN  Reset Time
------- ------- -------- ---------------- --- ---------- ----------
1       1        SAPHIR   2892504293       PARENT  1          01/03/14
2       2        SAPHIR   2892504293       CURRENT 1215519    19/03/14         <-----
```

Une fois que la base de données est ouverte, le traitement n'est pas fini : les deux fichiers des deux tablespaces n'ont pas été restaurés, car l'effacement des tablespaces entraîne celui de la description des fichiers dans le fichier de contrôle. Vous pouvez remarquer les noms de fichiers que la commande « **REPORT SCHEMA** » affiche. Il faut restaurer les deux fichiers vers un autre emplacement.

```
RMAN> run {
2>      set newname for database to new;
3>      restore datafile 5,6,7,8;
4>      switch datafile all;
5>      recover datafile 5,6,7,8;
6>      alter database datafile 5 online;
7>      alter database datafile 6 online;
8>      alter database datafile 7 online;
9>      alter database datafile 8 online; }

exécution de la commande : SET NEWNAME


...
canal ORA_DISK_1 : restauration du fichier de données 00005 vers +GD_DONNEES
canal ORA_DISK_1 : restauration du fichier de données 00006 vers +GD_DONNEES
canal ORA_DISK_1 : restauration du fichier de données 00007 vers +GD_DONNEES
canal ORA_DISK_1 : restauration du fichier de données 00008 vers +GD_DONNEES
...
RMAN> select t.name, f.file#,c.creation_change# "creation",
2> f.checkpoint_change# "fichier",c.checkpoint_change# "controle"
3> from v$datafile c,v$datafile_header f,v$tablespace t
4> where f.ts# = t.ts# and f.file# = c.file#;


NAME                             FILE#   creation   fichier    controle
-------------------------------- ------- ---------- ---------- ----------
SYSTEM                           1       7          1215522    1215522
...
DTB_STAR                         5       850754     1216201    1216201
DTB_TRAN                         6       850809     1216212    1216212
ITB_STAR                         7       850863     1216223    1216223
ITB_TRAN                         8       850918     1216234    1216234
```

L'intérêt pour cette méthode est inversement proportionnel à la taille de vos bases de données, car dans tous les cas il faut d'abord restaurer l'ensemble des fichiers de données de la base.

Pour les bases de données de grande et très grande taille, il faut combiner cette méthode avec « **FLASHBACK DATABASE** ».

La récupération avec catalogue

Si vous avez un catalogue, il est également possible de restaurer le fichier de contrôle car il n'est plus le pilote de la récupération. Ainsi il faut d'abord restaurer le fichier de contrôle avant de restaurer la base de données.

```
D:\> rman target sys/Razvanpwd3@jade catalog rman/rman@topaze

connecté à la base de données cible : JADE (DBID=883750607)
connecté à la base de données du catalogue de récupération

RMAN> list incarnation of database jade;

Liste des incarnations de base de données
DB Key   Inc Key DB Name  DB ID            STATUS  Reset SCN  Reset Time
-------  ------- -------- ---------------- --- ---------- ----------

603      604     JADE     883750607        CURRENT 1          03/03/14

RMAN> select current_scn from v$database;

CURRENT_SCN
-----------
    2769147                                                        <-----

RMAN> select tablespace_name, file_id from dba_data_files
2> where tablespace_name like 'DTB%';

TABLESPACE_NAME                     FILE_ID
----------------------------------- ----------

DTB_STAR                                  9
DTB_TRAN                                 10

RMAN> drop tablespace DTB_STAR including contents;

Instruction traitée
lancement de la resynchronisation complète du catalogue de récupération
resynchronisation complète terminée

RMAN> drop tablespace DTB_TRAN including contents;

Instruction traitée
lancement de la resynchronisation complète du catalogue de récupération
resynchronisation complète terminée

RMAN> run{
2>      set until scn 2769147;                                  <-----
3>      startup force nomount;
4>      restore controlfile;
5>      alter database mount;
6>      restore database;
7>      recover database;
8>      alter database open resetlogs;}

exécution de la commande : SET until clause
...
RMAN> list incarnation of database jade;

Liste des incarnations de base de données
DB Key   Inc Key DB Name  DB ID            STATUS  Reset SCN  Reset Time
-------  ------- -------- ---------------- --- ---------- ----------
603      604     JADE     883750607        PARENT  1          03/03/14
603      59459   JADE     883750607        CURRENT 2769148    19/03/14          <-----

RMAN> select tablespace_name, file_id from dba_data_files
2> where tablespace_name like 'DTB%';
```

```
lancement de la resynchronisation complète du catalogue de récupération
resynchronisation complète terminée
TABLESPACE_NAME                        FILE_ID
------------------------------ ----------
DTB_STAR                               9
DTB_TRAN                               10


RMAN> report schema;


Etat du schéma de base de données dont le db_unique_name est JADE


Liste des fichiers de données permanents
============================
File Size(MB) Tablespace          RB segs Datafile Name
---- -------- ------------------- ------- ------------------------
...
9   10        DTB_STAR            NO
D:\DONNEES\ORADATA\JADE\DATAFILE\O1_MF_DTB_STAR_9L92H42M_.DBF
10  10        DTB_TRAN            NO
D:\DONNEES\ORADATA\JADE\DATAFILE\O1_MF_DTB_TRAN_9L92H49G_.DBF
...
```

La configuration Flashback

Depuis la version Oracle 10g, il est possible de définir une base de données en mode « **FLASHBACK** », ce qui vous permet, en cas d'erreur humaine majeure, de remettre la base dans un état antérieur à l'erreur. Cette fonctionnalité gère les conservations de modifications en sauvegardant les blocs « **UNDO** » lorsqu'ils sont entrés dans la période « **UNDO_RETENTION** », comme les fichiers journaux sont sauvegardés dans les fichiers de journaux archivés.

Il faut d'abord configurer la base de données, une démarche d'ailleurs semblable à la démarche pour mettre une base de données en mode « **ARCHIVELOG** ».

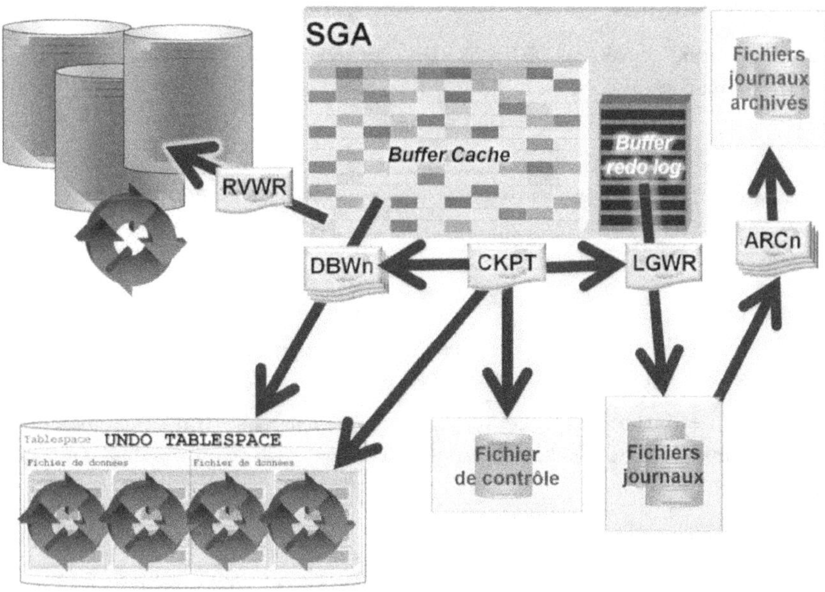

L'emplacement des fichiers de journaux flashback est spécifié dans le paramètre « **DB_RECOVERY_FILE_DEST** » avec la taille maximale de stockage indiquée dans le paramètre « **DB_RECOVERY_FILE_DEST_SIZE** ». Il faut également initialiser la période de conservation des données d'annulation à l'aide du paramètre « **DB_FLASHBACK_RETENTION_TARGET** ».

Attention, la valeur du paramètre est donnée en minutes, alors que le paramètre « **UNDO_RETENTION** » est en secondes.

La mise en œuvre du mode « **FLASHBACK DATABASE** » doit être exécutée lorsque la base de données est en mode « **MOUNT** », et la syntaxe est la suivante :

```
ALTER DATABASE FLASHBACK { ON | OFF } ;
```

Le processus « **RVWR** » écrit les blocs « **UNDO** » directement du SGA dans les fichiers de log ; il effectue la gestion automatique de ces fichiers.

```
SYS@agate>alter system set db_flashback_retention_target=7200;

Système modifié.

SYS@agate>select name, value from v$parameter
  2  where name in ( 'db_flashback_retention_target',
  3  'db_recovery_file_dest','db_recovery_file_dest_size');

NAME                             VALUE
-------------------------------- --------------------------------
db_recovery_file_dest            C:\app\oracle\fast_recovery_area
db_recovery_file_dest_size       53687091200
db_flashback_retention_target    7200

SYS@agate>shutdown immediate
...
SYS@agate>alter database archivelog;

Base de données modifiée.

SYS@agate>alter database flashback on;

Base de données modifiée.

SYS@agate>alter database open;

Base de données modifiée.
```

La vue dynamique « **V$FLASHBACK_DATABASE_LOG** » permet d'afficher les informations sur les tailles estimatives des fichiers de log flashback, du plus ancien « **SCN** » jusqu'à celui où vous pouvez exécuter « **FLASHBACK DATABASE** ».

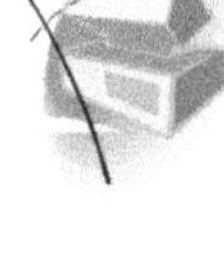

```
SYS@agate>select retention_target retention, flashback_size taille,
  2  estimated_flashback_size estimation, oldest_flashback_scn scn,
  3  to_timestamp(oldest_flashback_time) temp
  4  from  v$flashback_database_log;

RETENTION    TAILLE ESTIMATION     SCN TEMP
---------- --------- ---------- ---------- ------------------------
     7200  15941632          0  12675380 16/03/14 00:00:00
```

Vous pouvez définir le point de restauration ; ainsi vous travaillez avec les noms de point de restauration plutôt que d'utiliser le temps ou le « **SCN** ». La syntaxe de création d'un point de restauration est :

```
CREATE RESTORE POINT nom_point [ AS OF { TIMESTAMP | SCN } valeur ]
        [{ PRESERVE | GUARANTEE FLASHBACK DATABASE}];
```

PRESERVE Le point n'est effacé que si vous le demandez explicitement.

GUARANTEE   L'argument force la sauvegarde des journaux flashback pour pouvoir retourner au point de restauration. Il faut assez d'espace sur disque pour pouvoir réellement garantir le retour. Seule la commande « **FLASHBACK DATABASE** » est affectée par les points de sauvegarde. Ils sont préservés par défaut, ainsi ils ne sont pas effacés automatiquement avec la commande « **DROP RESTORE POINT** ».

Le FLASHBACK DATABASE

La base de données est en mode « **FLASHBACK** » ; vous pouvez visualiser l'état de votre base en interrogeant les vues : « **V$DATABASE** » et « **V$FLASHBACK_DATABASE_STAT** ».

```
SYS@agate>select begin_time, end_time ,flashback_data flashback,
  2  db_data db, redo_data redo, estimated_flashback_size  estimated
  3  from v$flashback_database_stat;

BEGIN_TI END_TIME  FLASHBACK          DB        REDO  ESTIMATED
-------- -------- ---------- ---------- ---------- ----------
16/03/14 16/03/14   11034624   17481728    5747200          0

SYS@agate>select dbid, name, flashback_on, current_scn from v$database;

      DBID NAME     FLASHBACK_ON        CURRENT_SCN
---------- -------- ------------------- -----------
 904870336 AGATE    YES                    12679583
```

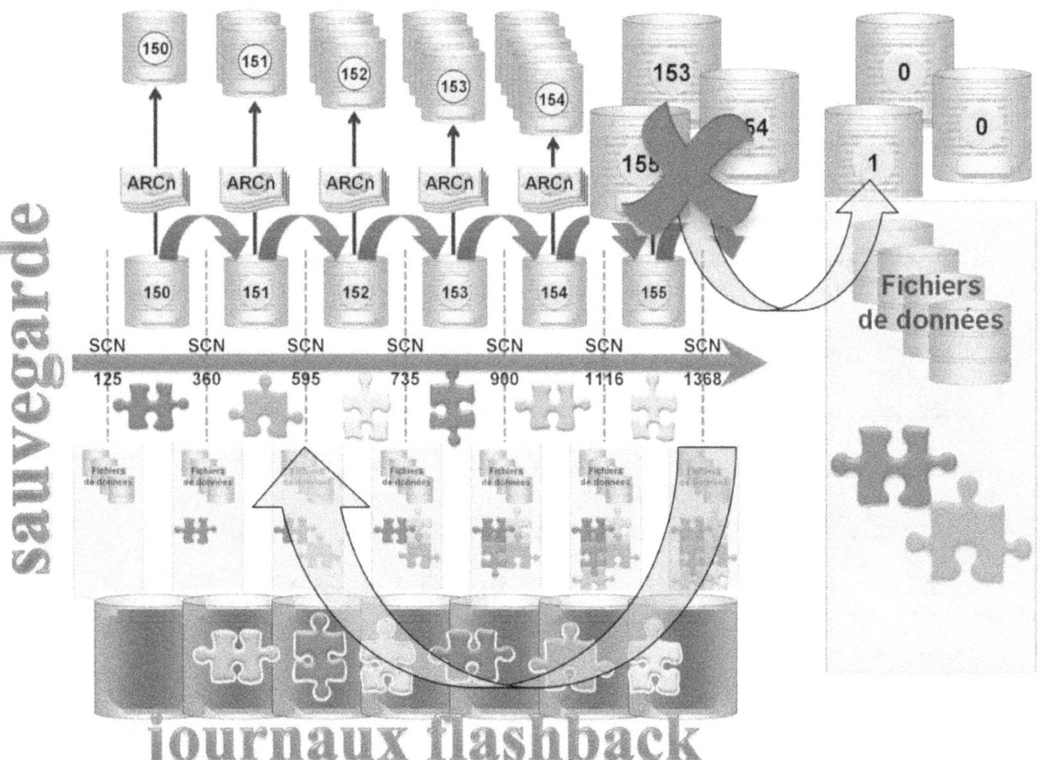

La syntaxe de la commande « **FLASHBACK DATABASE** » est la suivante :

```
FLASHBACK DATABASE TO [BEFORE]
        {{ SCN | TIMESTAMP} valeur | RESTORE POINT nom };
```

BEFORE	La récupération peut avoir lieu jusqu'à un point précédant un événement critique.

Attention

L'exécution de la commande « **FLASHBACK DATABASE** » est autorisée uniquement dans le mode « **MOUNT** ».

La commande « **FLASHBACK DATABASE** » effectue une restauration partielle de la base de données. Toute restauration partielle s'exécute en mode « **MOUNT** » et l'ouverture de la base de données est faite avec l'option « **RESETLOGS** ».

La commande « **ALTER DATABASE OPEN RESETLOGS** » efface l'ensemble des fichiers journaux de la base et réinitialise la séquence des fichiers de journaux. Toute sauvegarde antérieure est inutilisable après l'ouverture de la base de données.

Attention, une fois que vous avez ouvert votre base de données, il faut effectuer une sauvegarde, exactement comme après le passage du mode « **NOARCHIVELOG** » au mode « **ARCHIVELOG** ».

La commande « **FLASHBACK DATABASE** » ne peut pas restaurer les fichiers effacés ou perdus, de même elle ne va pas dimensionner les fichiers comme dans leur état antérieur. Dans le cas de perte des fichiers, la commande « **FLASHBACK DATABASE** » peut restaurer les fichiers existants et pour les autres il va falloir exécuter leur restauration à l'aide des autres outils. Cette démarche est présentée dans le module *La récupération avancée*.

```
SYS@agate>select retention_target retention, flashback_size taille,
  2   estimated_flashback_size estimation , oldest_flashback_scn scn,
  3   to_timestamp(oldest_flashback_time) temp
  4   from  v$flashback_database_log;

  RETENTION    TAILLE ESTIMATION      SCN TEMP
---------- ---------- ---------- ---------- ----------------------
      7200   95649792 1296875520   12675380 16/03/14 00:00:00

SYS@agate>select group# g,  sequence# s, member
  2   from v$logfile join v$log using (group#);

  G   S MEMBER
--- --- ------------------------------------------------------------
  1 186 C:\APP\ORACLE\ORADATA\AGATE\ONLINELOG\O1_MF_1_64056DH2_.LOG
  2 187 C:\APP\ORACLE\ORADATA\AGATE\ONLINELOG\O1_MF_2_64056XWR_.LOG
...
SYS@agate>create restore point point_rest01 guarantee flashback database;

Point de restauration créé.

SYS@agate>select dbid, name, flashback_on, current_scn from v$database;

     DBID NAME     FLASHBACK_ON        CURRENT_SCN
---------- -------- ------------------- -----------
 904870336 AGATE    YES                    12715156

SYS@agate>drop user stag cascade;

Utilisateur supprimé.

SYS@agate>shutdown immediate
...
SYS@agate>flashback database to restore point point_rest01;

Flashback terminé.
```

```
SYS@agate>alter database open resetlogs;

Base de données modifiée.

SYS@agate>select group# g,  sequence# s, member
  2  from v$logfile join v$log using (group#);

  G   S MEMBER
--- --- ----------------------------------------------------------------
  1   1 C:\APP\ORACLE\ORADATA\AGATE\ONLINELOG\O1_MF_1_64056DH2_.LOG
  2   0 C:\APP\ORACLE\ORADATA\AGATE\ONLINELOG\O1_MF_2_64056XWR_.LOG
...
SYS@agate>select count(*) from stag.commandes;

  COUNT(*)
----------
       830
```

La restauration de la base au point de restauration à été exécutée ; dans l'exemple, on utilise le point de sauvegarde, mais le « **SCN=12715156** » peut être également employé.

Le FLASHBACK et RMAN

La base de données est en mode « **FLASHBACK** » et vous pouvez visualiser l'état de votre base en interrogeant les vues : « **V$DATABASE** » et « **V$FLASHBACK_DATABASE_STAT** ».

```
SYS@agate>select begin_time, end_time ,flashback_data flashback,
  2  db_data db, redo_data redo, estimated_flashback_size   estimated
  3  from v$flashback_database_stat;

BEGIN_TI END_TIME  FLASHBACK         DB       REDO  ESTIMATED
-------- --------  ---------- ---------- ---------- ----------
04/08/10 04/08/10    3424256    1867776    1866752          0
04/08/10 04/08/10    7716864   11231232    4640768  670531584

SYS@agate>select dbid, name, flashback_on, current_scn from v$database;

      DBID NAME     FLASHBACK_ON         CURRENT_SCN
---------- -------- -------------------- -----------
 907225745 AGATE    YES                       449670

SYS@agate>select tablespace_name, file_id from dba_data_files;

TABLESPACE_NAME                    FILE_ID
------------------------------- ----------
...
DTP_STAR                                 5
ITP_STAR                                 6
DTP_TRAN                                 7
...

SYS@agate>drop tablespace DTP_TRAN including contents;

Tablespace supprimé.

SYS@agate>drop tablespace DTP_STAR including contents;

Tablespace supprimé.

SYS@agate>shutdown immediate;
SYS@agate>startup mount;
```

```
Instance ORACLE lancée.
...
Base de données montée.

SYS@agate>flashback database to scn 449670;

Flashback terminé.

SYS@agate>alter database open resetlogs;

Base de données modifiée.

SYS@agate>select tablespace_name, file_id f, file_name from dba_data_files;

TABLESPACE_NAM  F FILE_NAME
--------------- -- -------------------------------------------------
...
DTP_STAR         5 C:\APP\ORACLE\PRODUCT\11.2.0\DB_HOME\DATABASE\UNNAMED00005
ITP_STAR         6 +GD_DONNEES/agate/datafile/itp_star.272.726021505
DTP_TRAN         7 C:\APP\ORACLE\PRODUCT\11.2.0\DB_HOME\DATABASE\UNNAMED00007
...
```

La syntaxe de la commande « **FLASHBACK DATABASE** » est comme suit :

```
FLASHBACK DATABASE {
     TO {{SCN|TIMESTAMP} valeur | RESTORE POINT nom_point}
     | TO BEFORE {{SCN|TIMESTAMP} | RESETLOGS}};
```

TO BEFORE	La récupération peut avoir lieu jusqu'à un point précédant un événement critique.
RESETLOGS	La récupération doit être exécutée jusqu'à l'exécution précédente de la commande « **ALTER DATABASE OPEN RESETLOGS** ».

La commande « **FLASHBACK DATABASE** » ne peut pas restaurer les fichiers effacés ou perdus ; de même elle ne va pas dimensionner les fichiers comme dans leur état antérieur. Dans le cas de perte des fichiers, la commande « **FLASHBACK DATABASE** » peut récupérer les fichiers existants, et pour les autres il va falloir exécuter leur restauration à l'aide de RMAN.

```
C:\>rman target sys/P#sw0rd3@agate catalog rman/rman@saphir

connecté à la base de données cible : AGATE (DBID=907225745)
connecté à la base de données du catalogue de récupération

RMAN> spool log to recover_until.txt append
RMAN> run {
2>   set newname for datafile 5 to  new;
3>   set newname for datafile 7 to  new;
4>   restore datafile 5,7;
5>   switch datafile all;
6>   recover datafile 5,7;
7>   sql 'ALTER DATABASE datafile 5 online';
8>   sql 'ALTER DATABASE datafile 7 online';}
RMAN> spool log off

RMAN> report schema;

Etat du schéma de base de données dont le db_unique_name est AGATE

Liste des fichiers de données permanents
===========================
File Size(MB) Tablespace         RB segs Datafile Name
---- -------- ------------------ ------- ------------------------
1    700      SYSTEM             YES     +GD_DONNEES/agate/datafile/system.265.726012381
```

```
2    600    SYSAUX          NO    +GD_DONNEES/agate/datafile/sysaux.266.726012395
3    300    UNDOTBS1        YES   +GD_DONNEES/agate/datafile/undotbs1.267.726012403
4    5      USERS           NO    +GD_DONNEES/agate/datafile/users.269.726012417
5    640    DTP_STAR        NO    +GD_DONNEES/agate/datafile/dtp_star.271.726117555
6    640    ITP_STAR        NO    +GD_DONNEES/agate/datafile/itp_star.272.726021505
7    640    DTP_TRAN        NO    +GD_DONNEES/agate/datafile/dtp_tran.273.726117555
8    640    ITP_TRAN        NO    +GD_DONNEES/agate/datafile/itp_tran.274.726021525
9    50     CATALOGUE_RMAN  NO    +GD_DONNEES/agate/datafile/catalogue_rman.275.726052467

Liste des fichiers temporaires

=========================
File Size(MB) Tablespace      Maxsize(MB) Tempfile Name
---- -------- --------------- ----------- --------------------
1    429    TEMP            33554431    +GD_DONNEES/agate/tempfile/temp.268.726012407
```

L'opération de restauration et de récupération des deux fichiers est exécutée comme la récupération incomplète que vous avez étudiée auparavant. L'avantage de cette méthode est que seuls les deux fichiers ont été restaurés et pas la totalité de la base de données.

Les incarnations

L'incarnation d'une base de données est l'espace des transactions, en l'occurrence l'ensemble des SCN, entre deux ouvertures de la base de données, qui comportent l'option « **RESETLOGS** ».

Attention, la restauration d'un fichier de contrôle crée une nouvelle incarnation de la base de données, parce que vous devrez ouvrir la base de données avec l'option « **RESETLOGS** ». Les sauvegardes d'une incarnation ne peuvent pas être utilisées pour une autre incarnation.

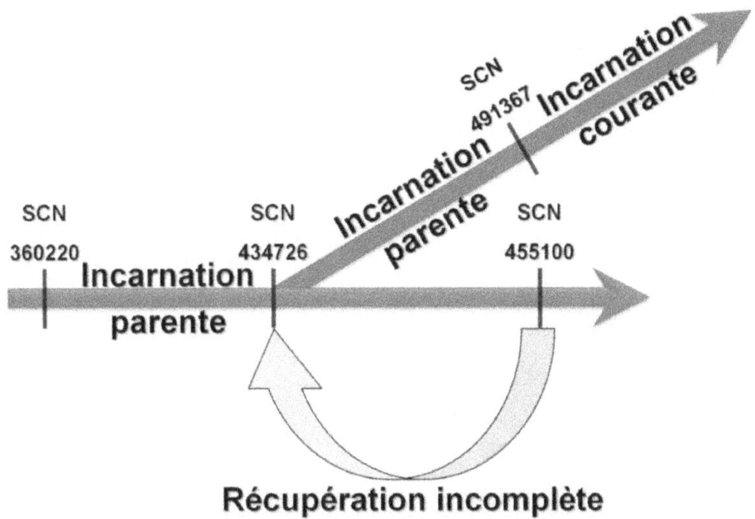

Il faut voir les incarnations comme des barrières. Vous pouvez effectuer toutes les opérations de restauration et récupération dans une incarnation. Prenez l'habitude de lister les sauvegardes que vous pouvez utiliser pour une restauration jusqu'à un point dans le temps, et vérifiez que la restauration est possible avant de commencer les traitements.

L'image précédente représente l'état final de la base de données « **EMERAUDE** » que l'on a utilisée pour la récupération partielle dans le module précédent. L'axe horizontal représente la suite des **SCN** de l'incarnation initiale de notre base de données. La récupération incomplète de la base de données a eu lieu au SCN « **434725** » ; la nouvelle incarnation a une unité de plus pour le SCN d'identification, parce que l'incarnation commence à l'ouverture de la base de données avec l'option « **RESETLOGS** ». La nouvelle incarnation diverge de l'axe des SCN de l'ancienne, car les premiers SCN existent dans les deux incarnations.

```
C:\>sqlplus sys/P#sw0rd3@emeraude as sysdba
SYS@emeraude>select current_scn from v$database;

CURRENT_SCN
-----------
     491366

SYS@emeraude>exit
C:\>rman target sys/P#sw0rd3@emeraude catalog rman/rman@saphir

connecté à la base de données cible : EMERAUDE (DBID=3131165265)
connecté à la base de données du catalogue de récupération

RMAN> list incarnation of database 'emeraude';

Liste des incarnations de base de données
DB Key  Inc Key DB Name  DB ID            STATUS  Reset SCN  Reset Time
------- ------- -------- ---------------- --- ---------- ----------
2       4       EMERAUDE 3131165265       PARENT  1          02/08/10
2       1490    EMERAUDE 3131165265       CURRENT 434726     04/08/10
```

Le SCN actuel de la base de données est « **491366** », supérieur au SCN de début de cette incarnation « **434726** ». Pour notre base de données, on va effectuer une récupération incomplète au SCN actuel pour créer une nouvelle incarnation.

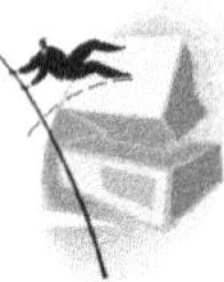

```
RMAN> shutdown immediate;
...

RMAN> startup mount
...
RMAN> spool log to recover_until.txt append
RMAN> RUN
2> {
3>    set until scn 491366;
4>    restore database ;
5>    recover database;
6>    alter database open resetlogs;
7> }
RMAN> spool log off

RMAN> list incarnation of database 'emeraude';

Liste des incarnations de base de données
DB Key  Inc Key DB Name  DB ID            STATUS  Reset SCN  Reset Time
------- ------- -------- ---------------- --- ---------- ----------
2       4       EMERAUDE 3131165265       PARENT  1          02/08/10
2       1490    EMERAUDE 3131165265       PARENT  434726     04/08/10
2       2349    EMERAUDE 3131165265       CURRENT 491367     04/08/10
```

La nouvelle incarnation, marquée comme l'incarnation courante, commence au SCN qui suit celui donné pour la récupération incomplète. Attention, il y a un certain nombre de SCN qui ont été perdus, il n'y a pas de continuité linéaire des informations, il s'agit bien d'une autre incarnation.

Il est possible de revenir dans n'importe laquelle de ces incarnations, pourvu que vous ayez gardé toutes vos sauvegardes de fichiers de données et de fichiers de journaux archivés. La commande suivante permet de demander à **RMAN** de positionner une base de données dans une incarnation ou une autre :

```
RESET DATABASE TO INCARNATION clé_incarnation ;
```

```
RMAN> reset database to incarnation 4;

la base de données redevient la version 4

RMAN> list incarnation of database 'emeraude';
```

```
Liste des incarnations de base de données
DB Key  Inc Key DB Name  DB ID            STATUS  Reset SCN  Reset Time
------- ------- -------- ---------------- --- ---------- ----------
2       4       EMERAUDE 3131165265       CURRENT 1          02/08/10
2       1490    EMERAUDE 3131165265       ORPHAN  434726     04/08/10
2       2349    EMERAUDE 3131165265       ORPHAN  491367     04/08/10


RMAN> reset database to incarnation 1490;


la base de données redevient la version 1490


RMAN> list incarnation of database 'emeraude';


Liste des incarnations de base de données
DB Key  Inc Key DB Name  DB ID            STATUS  Reset SCN  Reset Time
------- ------- -------- ---------------- --- ---------- ----------
2       4       EMERAUDE 3131165265       PARENT  1          02/08/10
2       1490    EMERAUDE 3131165265       CURRENT 434726     04/08/10
2       2349    EMERAUDE 3131165265       ORPHAN  491367     04/08/10


RMAN> reset database to incarnation 2349;


la base de données redevient la version 2349


RMAN> list incarnation of database 'emeraude';


Liste des incarnations de base de données
DB Key  Inc Key DB Name  DB ID            STATUS  Reset SCN  Reset Time
------- ------- -------- ---------------- --- ---------- ----------
2       4       EMERAUDE 3131165265       PARENT  1          02/08/10
2       1490    EMERAUDE 3131165265       PARENT  434726     04/08/10
2       2349    EMERAUDE 3131165265       CURRENT 491367     04/08/10
```

La commande ne récupère pas la base de données, elle ne fait qu'indiquer à **RMAN** de quelle incarnation il s'agit, afin de pouvoir retrouver les informations nécessaires pour les restaurations et les récupérations futures. Vous avez également remarqué que les incarnations qui ont un **SCN** supérieur à l'incarnation courante sont marquées comme orphelines. Cela est normal parce que vous vous êtes déplacé dans une incarnation antérieure. Alors, dans ce cas il faut d'abord commencer par une restauration et une récupération incomplète, ce qui se matérialise par une nouvelle incarnation à partir du SCN suivant.

```
RMAN> reset database to incarnation 1490;


la base de données redevient la version 1490


RMAN> list incarnation of database 'emeraude';


Liste des incarnations de base de données
DB Key  Inc Key DB Name  DB ID            STATUS  Reset SCN  Reset Time
------- ------- -------- ---------------- --- ---------- ----------
2       4       EMERAUDE 3131165265       PARENT  1          02/08/10
2       1490    EMERAUDE 3131165265       CURRENT 434726     04/08/10
2       2349    EMERAUDE 3131165265       ORPHAN  491367     04/08/10


RMAN> list backup summary recoverable until scn 491368;


Liste des sauvegardes
================
Key     TY LV S Device Type Completion Time #Pieces #Copies Compressed Tag
------- -- -- - ----------- --------------- ------- ------- ---------- ---
```

```
75     B  A  A DISK      03/08/10      1       1      NO      TAG20100803T005155
...
RMAN> list backup summary recoverable until scn 434726;

RMAN-00571: ===========================================================
RMAN-00569: =============== ERROR MESSAGE STACK FOLLOWS ===============
RMAN-00571: ===========================================================
RMAN-03002: échec de la commande list à 08/04/2010 15:36:41
RMAN-06004: erreur ORACLE de la base de données du catalogue de récupération : RMAN-20208: UNTIL
CHANGE est antérieure à la modification RESETLOGS
```

Attention

La commande « **RESET** » permet d'identifier l'incarnation dans laquelle on veut que la récupération incomplète soit exécutée. Il n'est pas possible d'utiliser cette commande si votre base de données est ouverte, il faut qu'elle soit dans l'état « **MOUNT** ».

La commande permet uniquement d'accéder aux sauvegardes dans l'incarnation, car chaque récupération incomplète est automatiquement le point de départ d'une nouvelle incarnation.

Chaque fois que vous exécutez une récupération incomplète à partir d'une incarnation précédente, vous rendez orphelines les incarnations qui ont cette incarnation comme parent.

```
RMAN> reset database to incarnation 1490;

la base de données redevient la version 1490

RMAN> list incarnation of database 'emeraude';

Liste des incarnations de base de données
DB Key  Inc Key DB Name  DB ID              STATUS   Reset SCN  Reset Time
------- ------- -------- ----------------   ---      ---------- ----------
2       4       EMERAUDE 3131165265         PARENT   1          02/08/10
2       1490    EMERAUDE 3131165265         CURRENT  434726     04/08/10
2       2349    EMERAUDE 3131165265         ORPHAN   491367     04/08/10
```

Une étude de cas

La base de données « **saphir** » contient, à 10 h, trois utilisateurs « **STAG01÷STAG03** », chacun avec un ensemble de tables distribuées dans quatre tablespaces « **DTB_TRANXX** » « **DTB_STARXX** », « **ITB_TRANXX** » et « **ITB_STARXX** ». Entre 10 et 11 h, il y a plusieurs modifications comme suit :

- La sauvegarde de la base de données.
- La création pour chaque utilisateur d'une table « **T01** ».
- L'effacement de l'utilisateur « **STAG01** » ainsi que les tablespaces applicatives « **DTB_TRAN01** » « **DTB_STAR01** », « **ITB_TRAN01** » et « **ITB_STAR01** »
- La création pour chaque utilisateur restant d'une table « **T02** ».
- L'effacement de l'utilisateur « **STAG02** » ainsi que les tablespaces applicatives « **DTB_TRAN02** » « **DTB_STAR02** », « **ITB_TRAN02** » et « **ITB_STAR02** »
- La création pour l'utilisateur « **STAG03** » d'une table « **T03** ».
- La sauvegarde de la base de données.

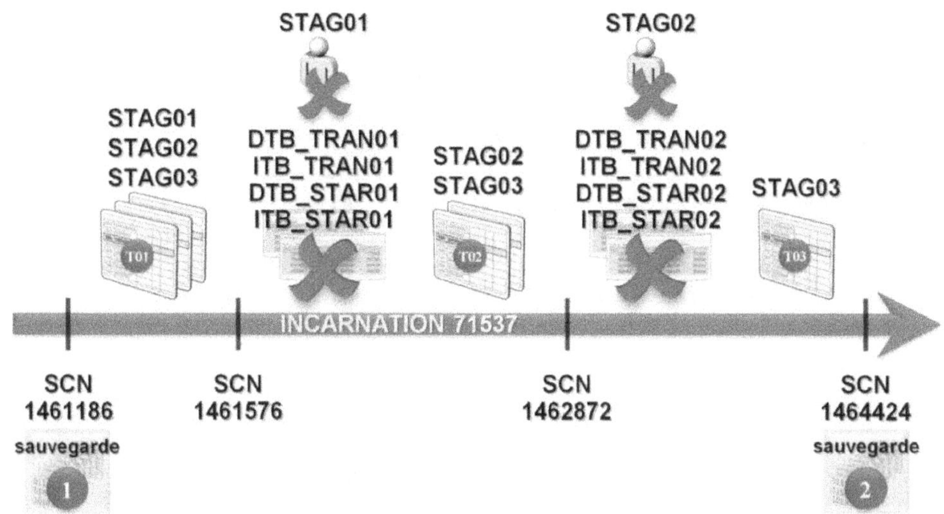

Les traitements précédents ont été effectués par un autre DBA, ainsi vous ne connaîtrez pas la date et l'heure de chaque opération et encore moins le SCN correspondant. Pour s'y retrouver, il faut configurer et utiliser « **LogMiner** ». Ce produit permet d'analyser les fichiers de journaux archivés créés pendant une période donnée.

```
D:\> sqlplus sys/Razvanpwd3@saphir as sysdba
SYS@saphir>create tablespace logminer datafile size 60m autoextend on;

Tablespace créé.

SYS@saphir>exec DBMS_LOGMNR_D.SET_TABLESPACE ('logminer');

Procédure PL/SQL terminée avec succès.

SYS@saphir>alter database add supplemental log data;

Base de données modifiée.

SYS@saphir>select supplemental_log_data_min from v$database;

SUPPLEME
--------
YES


SYS@saphir>exec DBMS_LOGMNR_D.BUILD( -
>        OPTIONS => DBMS_LOGMNR_D.STORE_IN_REDO_LOGS);

Procédure PL/SQL terminée avec succès.
```

Le tablespace est nécessaire pour stocker les tables du dictionnaire « **LogMiner** » autrement elles sont stockées dans le tablespace « **SYSAUX** ». Vous pouvez stocker les informations rassemblées par le produit dans un fichier à plat ou directement dans les fichiers de journaux comme dans l'exemple précédent. Ensuite, il faut identifier les fichiers journaux archivés qui doivent être traités et les références vis-à-vis de « **LogMiner** » à l'aide de la procédure « **ADDFILE** » du package « **DBMS_LOGMNR** ».

```
SYS@saphir>select name from v$archived_log where first_time between
   2     to_date('23/03/2014 10:00','dd/mm/yyyy hh24:mi') and
   3     to_date('23/03/2014 10:30','dd/mm/yyyy hh24:mi');

NAME
--------------------------------------------------------------------
+GD_ARCHIVES/SAPHIR/ARCHIVELOG/2014_03_23/thread_1_seq_2.290.842954675
```

```
+GD_ARCHIVES/SAPHIR/ARCHIVELOG/2014_03_23/thread_1_seq_3.289.842954755
+GD_ARCHIVES/SAPHIR/ARCHIVELOG/2014_03_23/thread_1_seq_4.288.842954789
+GD_ARCHIVES/SAPHIR/ARCHIVELOG/2014_03_23/thread_1_seq_5.287.842954797
+GD_ARCHIVES/SAPHIR/ARCHIVELOG/2014_03_23/thread_1_seq_6.286.842954801
+GD_ARCHIVES/SAPHIR/ARCHIVELOG/2014_03_23/thread_1_seq_7.285.842954837
+GD_ARCHIVES/SAPHIR/ARCHIVELOG/2014_03_23/thread_1_seq_8.284.842954839
+GD_ARCHIVES/SAPHIR/ARCHIVELOG/2014_03_23/thread_1_seq_9.283.842954867
+GD_ARCHIVES/SAPHIR/ARCHIVELOG/2014_03_23/thread_1_seq_10.282.842954869
+GD_ARCHIVES/SAPHIR/ARCHIVELOG/2014_03_23/thread_1_seq_11.281.842954953
+GD_ARCHIVES/SAPHIR/ARCHIVELOG/2014_03_23/thread_1_seq_12.280.842954979
+GD_ARCHIVES/SAPHIR/ARCHIVELOG/2014_03_23/thread_1_seq_13.279.842957455


SYS@saphir>begin
  2    for fichier in ( select name nom from v$archived_log
  3            where first_time between
  4            to_date('23/03/2014 10:00','dd/mm/yyyy hh24:mi') and
  5            to_date('23/03/2014 10:30','dd/mm/yyyy hh24:mi'))
  6    loop
  7     execute immediate 'begin dbms_logmnr.add_logfile( logfilename => '''
  8          ||fichier.nom||''', options => dbms_logmnr.addfile); end;';
  9    end loop;
 10   end;
 11   /

Procédure PL/SQL terminée avec succès.


SYS@saphir>exec DBMS_LOGMNR.START_LOGMNR(OPTIONS => -
>    DBMS_LOGMNR.DDL_DICT_TRACKING );

Procédure PL/SQL terminée avec succès.
```

Une fois que vous avez démarré « **LogMiner** », vous pouvez interroger la vue dynamique « **V$LOGMNR_CONTENTS** » pour retrouver les informations contenues dans les fichiers de journaux archivés. Le démarrage du « **LogMiner** » peut avoir plusieurs options. Pour le besoin de cette analyse, on utilise uniquement les ordres SQL de type DDL.

```
SYS@saphir>select distinct operation from v$logmnr_contents;

OPERATION
--------------------------------
DDL
START
COMMIT
ROLLBACK
SELECT_FOR_UPDATE
UPDATE
DELETE
INTERNAL
INSERT
UNSUPPORTED


SYS@saphir>select timestamp t, scn, sql_redo ordre from v$logmnr_contents
  2   where operation='DDL' and (
  3          upper(sql_redo) like 'DROP%TABLESPACE%' or
  4          upper(sql_redo) like 'DROP%USER%'       or
  5          upper(sql_redo) like 'CREATE%TABLE%T0%' )
  6   order by 1 desc;

T                  SCN ORDRE
---------------- -------- -------------------------------------------------
23/03/2014 10:07  1463827 create table stag03.t03 tablespace dtb_tran as
```

```
                              select * from stag03.indicateurs
23/03/2014 10:07   1463778 drop tablespace itb_star02 including contents
23/03/2014 10:07   1463737 drop tablespace dtb_star02 including contents
23/03/2014 10:07   1463698 drop tablespace itb_tran02 including contents
23/03/2014 10:07   1463657 drop tablespace dtb_tran02 including contents
23/03/2014 10:07   1463627 drop user stag02 cascade
23/03/2014 10:07   1462710 create table stag03.t02 tablespace dtb_tran as
                              select * from stag03.indicateurs
23/03/2014 10:07   1462619 create table stag02.t02 tablespace dtb_tran as
                              select * from stag02.indicateurs
23/03/2014 10:07   1462572 drop tablespace itb_star01 including contents
23/03/2014 10:07   1462531 drop tablespace dtb_star01 including contents
23/03/2014 10:07   1462493 drop tablespace itb_tran01 including contents
23/03/2014 10:06   1462331 drop tablespace dtb_tran01 including contents
23/03/2014 10:06   1462302 drop user stag01 cascade
23/03/2014 10:06   1461399 create table stag03.t01 tablespace dtb_tran as
                              select * from stag03.indicateurs
23/03/2014 10:06   1461312 create table stag02.t01 tablespace dtb_tran as
                              select * from stag02.indicateurs
23/03/2014 10:06   1461221 create table stag01.t01 tablespace dtb_tran as
                              select * from stag01.indicateurs


SYS@saphir>select timestamp, scn, timestamp_to_scn(timestamp)scn
  2  from v$logmnr_contents where operation='DDL' and upper(sql_redo)
  3  like 'DROP%USER%';


TIMESTAMP                     SCN        SCN
-------------------- ---------- ----------
23/03/2014 10:06:44     1462302    1461612
23/03/2014 10:07:21     1463627    1462892


SYS@saphir>select current_scn, timestamp_to_scn(sysdate) from v$database;


CURRENT_SCN TIMESTAMP_TO_SCN(SYSDATE)
----------- -------------------------
    1494846                   1494845


SYS@saphir>EXEC DBMS_LOGMNR.END_LOGMNR();

Procédure PL/SQL terminée avec succès.
```

Il faut faire attention avec les SCN récupérés, et automatiquement diminuer la valeur de quelques unités. Autrement vous pouvez vous trouver dans le cas où la récupération partielle effectue l'effacement de l'objet que vous souhaitez récupérer. L'erreur est due à la conversion faite entre temps et SCN.

Attention avant de commencer la récupération partielle, il faut faire une sauvegarde car les objets créés et les transactions sur les autres objets de la base seront irrémédiablement perdus si vous perdez les fichiers de journaux archivés.

```
D:\>rman target sys/Razvanpwd3@saphir catalog rman/rman@topaze


connecté à la base de données cible : SAPHIR (DBID=2892504293)
connecté à la base de données du catalogue de récupération


RMAN> list incarnation of database saphir;


Liste des incarnations de base de données
DB Key  Inc Key DB Name DB ID            STATUS  Reset SCN  Reset Time
------- ------- ------- ---------------- --- ---------- ----------
 1232    1233    SAPHIR  2892504293       PARENT  1          01/03/14
 1232    58847   SAPHIR  2892504293       PARENT  1215519    19/03/14
```

```
1232   71537   SAPHIR   2892504293         CURRENT 1430324    23/03/14

RMAN> restore database until scn 1461186 preview summary;
...
Liste des sauvegardes
===============
Key    TY LV S Device Type Completion Time #Pieces #Copies Compressed Tag
------- -- -- - ----------- --------------- ------- ------- ---------- ---
71918  B  F  A DISK        23/03/14        1       1       YES        DB_SAPHIR_01_01
71919  B  F  A DISK        23/03/14        1       1       YES        DB_SAPHIR_01_01
71917  B  F  A DISK        23/03/14        1       1       YES        DB_SAPHIR_01_01
71916  B  F  A DISK        23/03/14        1       1       YES        DB_SAPHIR_01_01


Liste des copies des journaux d'archivage dont le nom est db_unique_name SAPHIR
==================================================================


Key    Thrd Seq     S Low Time
------- ---- ------- - --------
71954  1    3       A 23/03/14
        Name: +GD_ARCHIVES/SAPHIR/ARCHIVELOG/2014_03_23/thread_1_seq_3.289.842954755

72058  1    4       A 23/03/14
        Name: +GD_ARCHIVES/SAPHIR/ARCHIVELOG/2014_03_23/thread_1_seq_4.288.842954789

72070  1    5       A 23/03/14
        Name: +GD_ARCHIVES/SAPHIR/ARCHIVELOG/2014_03_23/thread_1_seq_5.287.842954797


Le SCN de début de restauration physique est 1460997
La récupération doit être effectuée au-delà du SCN 1461000 pour effacer le flou des fichiers de
données
Fin de restore dans 23/03/14

RMAN> restore database until scn 1464424 preview  summary;
...
Liste des sauvegardes
===============
Key    TY LV S Device Type Completion Time #Pieces #Copies Compressed Tag
------- -- -- - ----------- --------------- ------- ------- ---------- ---
72427  B  F  A DISK        23/03/14        1       1       YES        DB_SAPHIR_01_02
72428  B  F  A DISK        23/03/14        1       1       YES        DB_SAPHIR_01_02
72426  B  F  A DISK        23/03/14        1       1       YES        DB_SAPHIR_01_02
72425  B  F  A DISK        23/03/14        1       1       YES        DB_SAPHIR_01_02


Liste des copies des journaux d'archivage dont le nom est db_unique_name SAPHIR
==================================================================


Key    Thrd Seq     S Low Time
------- ---- ------- - --------
72460  1    11      A 23/03/14
        Name: +GD_ARCHIVES/SAPHIR/ARCHIVELOG/2014_03_23/thread_1_seq_11.281.842954953

72592  1    12      A 23/03/14
        Name: +GD_ARCHIVES/SAPHIR/ARCHIVELOG/2014_03_23/thread_1_seq_12.280.842954979

72630  1    13      A 23/03/14
        Name: +GD_ARCHIVES/SAPHIR/ARCHIVELOG/2014_03_23/thread_1_seq_13.279.842957455


Le SCN de début de restauration physique est 1464032
La récupération doit être effectuée au-delà du SCN 1464035 pour effacer le flou des fichiers de
données
Fin de restore dans 23/03/14
```

La première récupération partielle se fait au SCN « **1462872** » avant le drop de l'utilisateur « **STAG02** », effectif au SCN « **1463627** », mais après la création des deux tables « **T02** », au SCN « **1462710** », pour les utilisateurs « **STAG02** » et « **STAG03** ».

```
RMAN> run{
2>      set until scn 1462872;
3>      startup force nomount;
4>      restore controlfile;
5>      alter database mount;
6>      restore database;
7>      recover database;
8>      alter database open resetlogs;}
...
RMAN> list incarnation of database saphir;

Liste des incarnations de base de données
DB Key   Inc Key  DB Name  DB ID             STATUS   Reset SCN  Reset Time
-------  -------  -------  ----------------  ---  ----------  ----------
1232     1233     SAPHIR   2892504293        PARENT   1          01/03/14
1232     58847    SAPHIR   2892504293        PARENT   1215519    19/03/14
1232     71537    SAPHIR   2892504293        PARENT   1430324    23/03/14
1232     72684    SAPHIR   2892504293        CURRENT  1462873    23/03/14

RMAN> report schema;
...
10   80    DTB_TRAN02      NO    +GD_DONNEES/SAPHIR/DATAFILE/dtb_tran02.275.842973713
15   80    DTB_STAR02      NO    +GD_DONNEES/SAPHIR/DATAFILE/dtb_star02.256.842973713
16   80    ITB_STAR02      NO    +GD_DONNEES/SAPHIR/DATAFILE/itb_star02.276.842973713
17   80    ITB_TRAN02      NO    +GD_DONNEES/SAPHIR/DATAFILE/itb_tran02.274.842973715
...
RMAN> select username from dba_users where username like 'STAG0_';

USERNAME
--------------------------------------------------------------------
STAG03
STAG02
```

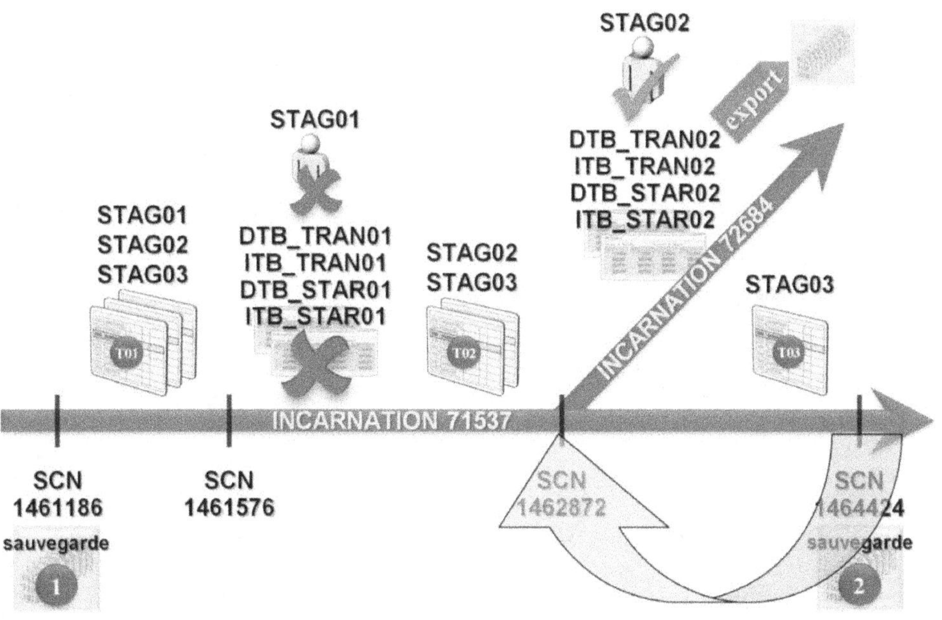

De cette façon vous pouvez exporter l'utilisateur « **STAG02** » pour l'importer une fois le traitement finalisé.

```
D:\>sqlplus sys/Razvanpwd3@saphir as sysdba
SYS@saphir>create or replace directory export_stag
  2  as '/u01/app/oracle/admin/saphir/maintenance';

Répertoire créé.

SYS@saphir>select directory_path from dba_directories
  2     where directory_name = 'EXPORT_STAG';

DIRECTORY_PATH
--------------------------------------------------------------------------
/u01/app/oracle/admin/saphir/maintenance


SYS@saphir>host type export_stag02.par
USERID=system/Razvanpwd3@saphir
DUMPFILE=EXPORT_STAG02.DMP
LOGFILE=EXPORT_STAG02.LOG
DIRECTORY=EXPORT_STAG
SCHEMAS=STAG02
SYS@saphir>$expdp parfile=export_stag02.par
...
Démarrage de "SYSTEM"."SYS_EXPORT_SCHEMA_01" : system/********@saphir parfile=export_stag02.par
Estimation en cours à l'aide de la méthode BLOCKS ...
Traitement du type d'objet SCHEMA_EXPORT/TABLE/TABLE_DATA
Estimation totale à l'aide le la méthode BLOCKS : 35.43 MB
Traitement du type d'objet SCHEMA_EXPORT/USER
Traitement du type d'objet SCHEMA_EXPORT/SYSTEM_GRANT
Traitement du type d'objet SCHEMA_EXPORT/ROLE_GRANT
Traitement du type d'objet SCHEMA_EXPORT/DEFAULT_ROLE
Traitement du type d'objet SCHEMA_EXPORT/PRE_SCHEMA/PROCACT_SCHEMA
Traitement du type d'objet SCHEMA_EXPORT/TABLE/TABLE
Traitement du type d'objet SCHEMA_EXPORT/TABLE/INDEX/INDEX
Traitement du type d'objet SCHEMA_EXPORT/TABLE/CONSTRAINT/CONSTRAINT
Traitement du type d'objet SCHEMA_EXPORT/TABLE/INDEX/STATISTICS/INDEX_STATISTICS
Traitement du type d'objet SCHEMA_EXPORT/TABLE/CONSTRAINT/REF_CONSTRAINT
Traitement du type d'objet SCHEMA_EXPORT/TABLE/STATISTICS/TABLE_STATISTICS
Traitement du type d'objet SCHEMA_EXPORT/STATISTICS/MARKER
. . export : "STAG02"."INDICATEURS"              28.09 MB  476091 lignes
. . export : "STAG02"."T01"                      11.50 KB  476091 lignes
. . export : "STAG02"."T02"                      11.50 KB  476091 lignes
. . export : "STAG02"."DETAILS_COMMANDES"        12.57 MB  476091 lignes
. . export : "STAG02"."COMMANDES"                615.5 KB   13462 lignes
. . export : "STAG02"."DIM_TEMPS"                506.3 KB   14610 lignes
. . export : "STAG02"."CATEGORIES"               6.421 KB      10 lignes
. . export : "STAG02"."CLIENTS"                  20.01 KB      91 lignes
. . export : "STAG02"."DIM_CLIENTS"              9.796 KB      91 lignes
. . export : "STAG02"."DIM_EMPLOYES"             11.78 KB      92 lignes
. . export : "STAG02"."DIM_GEOGRAPHIE"           10.42 KB      92 lignes
. . export : "STAG02"."DIM_PRODUITS"                17 KB     120 lignes
. . export : "STAG02"."EMPLOYES"                 21.12 KB     111 lignes
. . export : "STAG02"."FOURNISSEURS"             11.79 KB      29 lignes
. . export : "STAG02"."PRODUITS"                 17.02 KB     120 lignes
. . export : "STAG02"."QUANTITES_CLIENTS"            0 KB       0 lignes
. . export : "STAG02"."VENTES_ANNEES"               0 KB       0 lignes
. . export : "STAG02"."VENTES_CLIENTS"              0 KB       0 lignes
. . export : "STAG02"."VENTES_CLIENTS_2009"         0 KB       0 lignes
. . export : "STAG02"."VENTES_CLIENTS_2010"         0 KB       0 lignes
. . export : "STAG02"."VENTES_CLIENTS_2011"         0 KB       0 lignes
. . export : "STAG02"."VENTES_MOIS"                 0 KB       0 lignes
Table maître "SYSTEM"."SYS_EXPORT_SCHEMA_01" chargée/déchargée avec succès
```

```
****************************************************************************
L'ensemble de fichiers de vidage de SYSTEM.SYS_EXPORT_SCHEMA_01 est :
  /u01/app/oracle/admin/saphir/maintenance/EXPORT_STAG02.DMP
L'exécution du travail "SYSTEM"."SYS_EXPORT_SCHEMA_01" a abouti à Dim. Mars 23 15:45:11 2014 elapsed
0 00:00:35
```

La suite de l'opération est de revenir à l'état précédant l'effacement de l'utilisateur « **STAG01** ». Ceci est possible uniquement en changeant d'incarnation. Ainsi nous allons revenir à l'incarnation parente et récupérer la base de données, mais cette fois-ci sans catalogue. Dans le cas où vous travaillez avec le catalogue, vous n'avez pas à vous préoccuper du nom et des emplacements de vos sauvegardes entre les incarnations, ce qui n'est pas le cas autrement. Il faut impérativement récupérer le nom du fichier de contrôle de l'incarnation où vous voulez revenir. Il faut également repérer l'incarnation par rapport au numéro de SCN du départ, car avec le fichier de contrôle uniquement, les numéros des incarnations sont complètement différents de ceux du catalogue.

```
D:\>rman target sys/Razvanpwd3@saphir catalog rman/rman@topaze


connecté à la base de données cible : SAPHIR (DBID=2892504293)
connecté à la base de données du catalogue de récupération


RMAN> list incarnation of database saphir;

Liste des incarnations de base de données
DB Key  Inc Key DB Name  DB ID            STATUS  Reset SCN  Reset Time
------- ------- -------- ---------------- --- ---------- ----------
1232    1233    SAPHIR   2892504293       PARENT  1          01/03/14
1232    58847   SAPHIR   2892504293       PARENT  1215519    19/03/14
1232    71537   SAPHIR   2892504293       PARENT  1430324    23/03/14          <-----
1232    72684   SAPHIR   2892504293       CURRENT 1462873    23/03/14


RMAN> exit;
D:\>rman target sys/Razvanpwd3@saphir


connecté à la base de données cible : SAPHIR (DBID=2892504293)


RMAN> list incarnation;

Liste des incarnations de base de données
DB Key  Inc Key DB Name  DB ID            STATUS  Reset SCN  Reset Time
------- ------- -------- ---------------- --- ---------- ----------
1       1       SAPHIR   2892504293       PARENT  1          01/03/14
2       2       SAPHIR   2892504293       PARENT  1215519    19/03/14
3       3       SAPHIR   2892504293       PARENT  1430324    23/03/14          <-----
4       4       SAPHIR   2892504293       CURRENT 1462873    23/03/14


RMAN> list backup tag 'cf_saphir_01_01';

Liste des ensembles de sauvegarde
====================

BS Key  Type LV Size       Device Type Elapsed Time Completion Time
------- ---- -- ---------- ----------- ------------ ---------------
72013   Full 1.11M        DISK        00:00:01     23/03/14
        BP Key: 72020   Status: AVAILABLE  Compressed: YES  Tag: CF_SAPHIR_01_01
        Piece Name: /u02/sauvegardes01/SAPHIRxx_196_1_1_64p3su0s.bkp
  Control File Included: Ckp SCN: 1461105      Ckp time: 23/03/14


RMAN> startup force nomount
RMAN> restore controlfile from
2>      '/u02/sauvegardes01/SAPHIRxx_218_1_1_6qp3su6q.bkp';
...
```

```
RMAN> alter database mount;

Instruction traitée

RMAN> reset database to incarnation 3;

la base de données redevient la version 3

RMAN> restore database until scn 1461576 preview ;
...
Le SCN de début de restauration physique est 1460997
La récupération doit être effectuée au-delà du SCN 1461000 pour effacer le flou des fichiers de
données
Fin de restore dans 23/03/14

RMAN> run{
2>     set until scn 1461576;
3>     restore database;
4>     recover database;}
...
le journal d'archivage, thread 1, séquence 3, est déjà sur disque en tant que fichier
+GD_ARCHIVES/SAPHIR/ARCHIVELOG/2014_03_23/thread_1_seq_3.289.842954755
nom de fichier d'archivage=+GD_ARCHIVES/SAPHIR/ARCHIVELOG/2014_03_23/thread_1_seq_3.289.842954755,
thread=1, séquence=3
journal d'archivage introuvable
journal d'archivage, thread=1, séquence=4
RMAN-00571: ===========================================================
RMAN-00569: =============== ERROR MESSAGE STACK FOLLOWS ===============
RMAN-00571: ===========================================================
RMAN-03002: échec de la commande recover à 03/23/2014 16:35:04
RMAN-06054: la restauration physique requiert un journal inconnu : thread 1, séquence 4 et SCN de
début 1461055
```

L'erreur est due au fait que le fichier de contrôle restauré ne contient pas l'information sur l'endroit
où sont stockés les fichiers journaux archivés après la sauvegarde. Les fichiers sont toujours sur
disque à l'emplacement précisé, il faut les attacher au fichier de contrôle à l'aide de la commande
« **CATALOG** ». La liste de ces fichiers a été affichée au début de l'étude de cas.

```
RMAN> catalog archivelog
2>  '+GD_ARCHIVES/SAPHIR/ARCHIVELOG/2014_03_23/thread_1_seq_4.288.842954789',
3>  '+GD_ARCHIVES/SAPHIR/ARCHIVELOG/2014_03_23/thread_1_seq_5.287.842954797',
4>  '+GD_ARCHIVES/SAPHIR/ARCHIVELOG/2014_03_23/thread_1_seq_6.286.842954801',
5>  '+GD_ARCHIVES/SAPHIR/ARCHIVELOG/2014_03_23/thread_1_seq_7.285.842954837',
6>  '+GD_ARCHIVES/SAPHIR/ARCHIVELOG/2014_03_23/thread_1_seq_8.284.842954839',
7>  '+GD_ARCHIVES/SAPHIR/ARCHIVELOG/2014_03_23/thread_1_seq_9.283.842954867',
8>  '+GD_ARCHIVES/SAPHIR/ARCHIVELOG/2014_03_23/thread_1_seq_10.282.842954869',
9>  '+GD_ARCHIVES/SAPHIR/ARCHIVELOG/2014_03_23/thread_1_seq_11.281.842954953',
10> '+GD_ARCHIVES/SAPHIR/ARCHIVELOG/2014_03_23/thread_1_seq_12.280.842954979',
11> '+GD_ARCHIVES/SAPHIR/ARCHIVELOG/2014_03_23/thread_1_seq_13.271.842973849';

RMAN> run{
2>     set until scn 1461576;
3>     recover database;
4>     alter database open resetlogs;}
...
RMAN> report schema;

Etat du schéma de base de données dont le db_unique_name est SAPHIR

Liste des fichiers de données permanents
===========================
File Size(MB) Tablespace          RB segs Datafile Name
```

```
----  --------  --------------------  -------  -----------------------
...
9     80        DTB_TRAN01            ***      +GD_DONNEES/SAPHIR/DATAFILE/dtb_tran01.307.842978039
10    80        DTB_TRAN02            ***      +GD_DONNEES/SAPHIR/DATAFILE/dtb_tran02.305.842978039
11    80        DTB_TRAN03            ***      +GD_DONNEES/SAPHIR/DATAFILE/dtb_tran03.287.842874701
12    80        DTB_STAR01            ***      +GD_DONNEES/SAPHIR/DATAFILE/dtb_star01.308.842978039
13    80        ITB_STAR01            ***      +GD_DONNEES/SAPHIR/DATAFILE/itb_star01.306.842978039
14    80        ITB_TRAN01            ***      +GD_DONNEES/SAPHIR/DATAFILE/itb_tran01.309.842978039
15    80        DTB_STAR02            ***      +GD_DONNEES/SAPHIR/DATAFILE/dtb_star02.310.842978039
16    80        ITB_STAR02            ***      +GD_DONNEES/SAPHIR/DATAFILE/itb_star02.312.842978041
17    80        ITB_TRAN02            ***      +GD_DONNEES/SAPHIR/DATAFILE/itb_tran02.311.842978041
18    80        DTB_STAR03            ***      +GD_DONNEES/SAPHIR/DATAFILE/dtb_star03.257.842874697
19    80        ITB_STAR03            ***      +GD_DONNEES/SAPHIR/DATAFILE/itb_star03.284.842874707
20    80        ITB_TRAN03            ***      +GD_DONNEES/SAPHIR/DATAFILE/itb_tran03.282.842874713
...
RMAN> select username from dba_users where username like 'STAG0_';


USERNAME
-----------------------------------------------------------------

STAG03
STAG02
STAG01


RMAN> list incarnation of database saphir;

Liste des incarnations de base de données
DB Key  Inc Key DB Name  DB ID              STATUS   Reset SCN  Reset Time
-------  ------- --------  ----------------  ---  ----------  ----------
1       1        SAPHIR   2892504293         PARENT   1          01/03/14
2       2        SAPHIR   2892504293         PARENT   1215519    19/03/14
3       3        SAPHIR   2892504293         PARENT   1430324    23/03/14
5       5        SAPHIR   2892504293         CURRENT  1461577    23/03/14
4       4        SAPHIR   2892504293         ORPHAN   1462873    23/03/14
RMAN> exit;
D:\>rman target sys/Razvanpwd3@saphir catalog rman/rman@topaze

connecté à la base de données cible : SAPHIR (DBID=2892504293)
connecté à la base de données du catalogue de récupération


RMAN> list incarnation of database saphir;

Liste des incarnations de base de données
DB Key  Inc Key DB Name  DB ID              STATUS   Reset SCN  Reset Time
-------  ------- --------  ----------------  ---  ----------  ----------
1232    1233     SAPHIR   2892504293         PARENT   1          01/03/14
1232    58847    SAPHIR   2892504293         PARENT   1215519    19/03/14
1232    71537    SAPHIR   2892504293         PARENT   1430324    23/03/14
1232    73103    SAPHIR   2892504293         CURRENT  1461577    23/03/14
1232    72684    SAPHIR   2892504293         ORPHAN   1462873    23/03/14
```

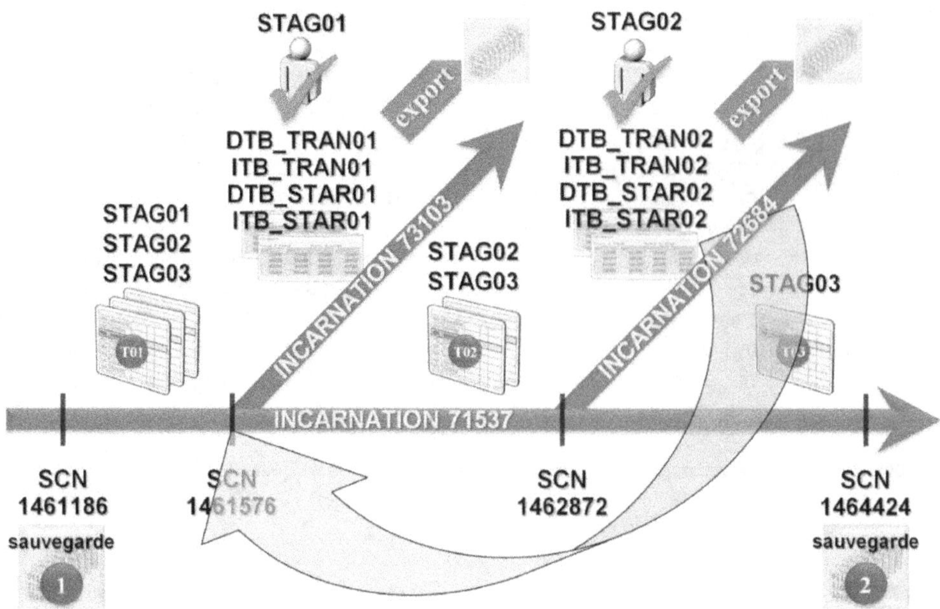

Comme pour l'utilisateur « **STAG02** », vous devez exporter les données obtenues et ensuite revenir au SCN « **1464424** » pour ne pas perdre les créations d'objets et les transactions sur les autres objets de la base de données. Attention au répertoire, l'objet « **DIRECTORY** » doit être récréé car le répertoire créé précédemment n'existe plus.

```
RMAN> create or replace directory export_stag
2> as '/u01/app/oracle/admin/saphir/maintenance';


Instruction traitée

RMAN> select directory_path from dba_directories
2>   where directory_name = 'EXPORT_STAG';


DIRECTORY_PATH
--------------------------------------------------------------------------------
/u01/app/oracle/admin/saphir/maintenance

RMAN> host 'expdp parfile=export_stag01.par';
...
Table maître "SYSTEM"."SYS_EXPORT_SCHEMA_01" chargée/déchargée avec succès
****************************************************************************
L'ensemble de fichiers de vidage de SYSTEM.SYS_EXPORT_SCHEMA_01 est :
   /u01/app/oracle/admin/saphir/maintenance/EXPORT_STAG01.DMP
L'exécution du travail "SYSTEM"."SYS_EXPORT_SCHEMA_01" a abouti à Dim. Mars 23 17:36:34 2014 elapsed
0 00:00:55


RMAN> list incarnation of database saphir;

Liste des incarnations de base de données
DB Key  Inc Key DB Name  DB ID            STATUS   Reset SCN  Reset Time
------- ------- -------- ---------------- -------- ---------- ----------
1232    1233    SAPHIR   2892504293       PARENT   1          01/03/14
1232    58847   SAPHIR   2892504293       PARENT   1215519    19/03/14
1232    71537   SAPHIR   2892504293       PARENT   1430324    23/03/14
1232    73103   SAPHIR   2892504293       CURRENT  1461577    23/03/14
1232    72684   SAPHIR   2892504293       ORPHAN   1462873    23/03/14


RMAN> run{
2>   set until scn 1464424;
```

```
3>    startup force nomount;
4>    restore controlfile;
5>    alter database mount;
6>    restore database;}
...
RMAN> exit
D:\>rman target sys/Razvanpwd3@saphir

connexion établie avec la base de données cible : SAPHIR (DBID=2892504293, non ouverte)

RMAN> list incarnation of database saphir;

utilisation du fichier de contrôle de la base de données cible au lieu du catalogue de récupération

Liste des incarnations de base de données
DB Key  Inc Key DB Name  DB ID            STATUS   Reset SCN  Reset Time
------- ------- -------- ---------------- --- ---------- ----------
...
3       3         SAPHIR   2892504293       PARENT  1430324    23/03/14
5       5         SAPHIR   2892504293       CURRENT 1461577    23/03/14
...
RMAN> reset database to incarnation 3;

la base de données redevient la version 3

RMAN> run{
2>    set until scn 1464424;
3>    recover database;
4>    alter database open resetlogs;}
...
RMAN> select username from dba_users where username like 'STAG0_';

USERNAME
--------------------------------------------------------------------------------
STAG03

RMAN> create tablespace dtb_star01 datafile size 10m autoextend on;
RMAN> create tablespace dtb_tran01 datafile size 10m autoextend on;
RMAN> create tablespace itb_star01 datafile size 10m autoextend on;
RMAN> create tablespace itb_tran01 datafile size 10m autoextend on;
RMAN> create tablespace dtb_star02 datafile size 10m autoextend on;
RMAN> create tablespace dtb_tran02 datafile size 10m autoextend on;
RMAN> create tablespace itb_star02 datafile size 10m autoextend on;
RMAN> create tablespace itb_tran02 datafile size 10m autoextend on;

RMAN> create or replace directory export_stag
2>    as '/u01/app/oracle/admin/saphir/maintenance';

Instruction traitée

RMAN> host 'type import_stag01.par';

USERID=system/Razvanpwd3@saphir
DUMPFILE=EXPORT_STAG01.DMP
LOGFILE=IMPORT_STAG01.LOG
DIRECTORY=EXPORT_STAG
SCHEMAS=STAG01

RMAN> host 'type import_stag02.par';
```

```
USERID=system/Razvanpwd3@saphir
DUMPFILE=EXPORT_STAG02.DMP
LOGFILE=IMPORT_STAG02.LOG
DIRECTORY=EXPORT_STAG
SCHEMAS=STAG02


RMAN> host 'impdp parfile=import_stag01.par';
RMAN> host 'impdp parfile=import_stag02.par';


RMAN> select username from dba_users where username like 'STAG0_';

USERNAME
--------------------------------------------------------------------------------
STAG02
STAG01
STAG03


RMAN> select tablespace_name, sum(bytes) from dba_segments
2>    where owner like 'STAG0_' group by tablespace_name;

TABLESPACE_NAME                 SUM(BYTES)
------------------------------- ----------
ITB_TRAN03                        28049408
ITB_STAR03                        22740992
DTB_STAR01                        13172736
DTB_TRAN01                        21757952
ITB_STAR02                        18481152
DTB_TRAN03                        24969216
ITB_STAR01                        18481152
ITB_TRAN01                        20447232
DTB_STAR02                        13172736
DTB_STAR03                        13238272
DTB_TRAN                          37879808
ITB_TRAN02                        20447232
DTB_TRAN02                        21757952
```

10

La duplication

Objectifs

À la fin de ce module, vous serez à même d'effectuer les tâches suivantes :

- Décrire la démarche de duplication d'une base de données.

- Préparer les systèmes d'exploitation pour effectuer un duplicata de base de données.

- Dupliquer une base de données à partir d'une sauvegarde sur le même serveur ou sur un serveur distant.

- Dupliquer une base de données à partir de la base de données cible sur un serveur distant.

- Dupliquer une base de données en choisissant les bases de données insérées que vous voulez dupliquer.

Contenu

La base auxiliaire

La commande de connexion de **RMAN** vous permet de vous connecter à la base de données cible, la base de données catalogue, mais également à une base de données auxiliaire. Une base de données auxiliaire est une nouvelle instance qui est utilisée pour dupliquer la base de données cible. Ainsi vous pouvez dupliquer votre base de données cible sans l'arrêter et il est possible d'exécuter la commande même si votre base de données n'a pas de sauvegarde.

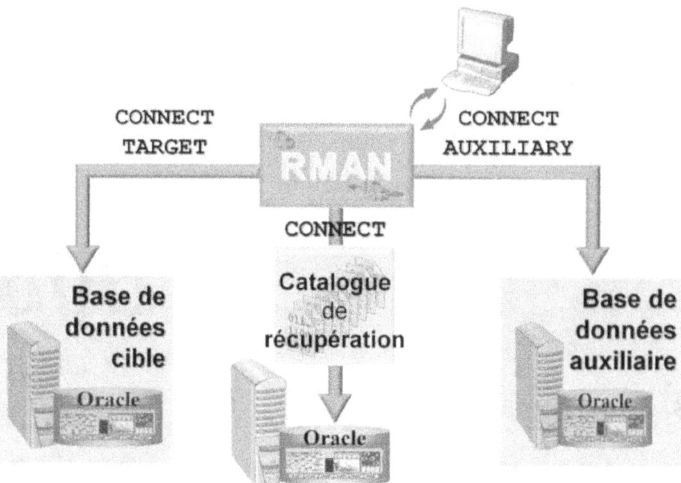

Une duplication de votre base de données de production peut être utilisée pour effectuer une récupération incomplète, mais sur la base de données dupliquée et non sur la base de production. Ainsi vous pouvez récupérer les données perdues et les remettre dans la base de données de production. Vous pouvez utiliser cette méthode pour effectuer des tests d'intégrations d'applications ou créer une de base de données de développement. Vous pouvez dupliquer la base de données sur le même serveur ou un serveur distant.

La syntaxe de connexion à la base de données auxiliaire est :

```
RMAN TARGET connexion [ CATALOG connexion ] AUXILIARY connexion ;
```

Une fois que vous êtes connecté à **RMAN** avec une connexion à la base de données cible et à la base de données auxiliaire vous pouvez utiliser la commande :

```
DUPLICATE {TARGET DATABASE | DATABASE[nom|DBID no|INCARNATION clé]}
TO nouveau_nom
    [SPFILE PARAMETER_VALUE_CONVERT     'modèl01','modèl02'
        [CONTROL_FILES                  'modèl01','modèl02']
        [SET DB_FILE_NAME_CONVERT       'modèl01','modèl02']
        [SET LOG_FILE_NAME_CONVERT      'modèl01','modèl02']
        { SET paramètre valeur | RESET paramètre }]
NOFILENAMECHECK ;
```

SPFILE   Le fichier « **SPFILE** » de la base de données cible est copié avec le bon nom dans le répertoire correspondant à la base de données auxiliaire. Il est impératif de démarrer avec un fichier de paramètre de type « **PFILE** » si vous voulez créer le fichier « **SPFILE** » pendant l'opération de duplication.

PARAMETER_VALUE_CONVERT   L'option vous permet de décrire la conversion des noms de fichiers suivant le modèle fourni. Si vous dupliquez la base de données sur le même serveur, c'est un moyen simple de dupliquer toute l'arborescence de stockage des fichiers. Une autre manière est d'utiliser OMF.

`CONTROL_FILES` Si vous dupliquez la base de données sur le même serveur, et vous utilisez le ficher « `SPFILE` » généré dans la commande, il est obligatoire de préciser le nom du fichier de contrôle. Vous pouvez également utiliser l'option « `RESET` », ainsi le fichier de contrôle est créé suivant la norme OMF. Si vous ne changez pas d'emplacement, il écrase le fichier de contrôle de la base de données cible.

`*_FILE_NAME_CONVERT` Le nouveau nom pour les fichiers de données ou pour les fichiers de journaux.

`modèle01` Le modèle représente une partie du nom des fichiers de données qui est remplacée par le deuxième modèle.

`SET` Le nouveau paramètre modifie la valeur dans le fichier « `SPFILE` » copiée à partir de la base de données cible.

`RESET` Le nouveau paramètre est effacé du fichier « `SPFILE` ».

`NOFILENAMECHECK` RMAN vérifie par défaut que tous les fichiers qui doivent être restaurés n'existent pas déjà. Cette option permet d'ignorer le contrôle d'existence des fichiers, mais il faut être attentif car il écrasera tous les fichiers sans poser de question.

Le fichier « `PFILE` » minimal avec lequel vous pouvez démarrer une instance est :

```
db_name = 'nom_base'
```

Tous les autres paramètres peuvent être insérés à l'aide de la commande « `DUPLICATE` » ou après la duplication de la base de données.

La duplication de la base de données peut être faite uniquement si l'instance de la nouvelle base de données est créée et démarrée en mode « `NOMOUNT` ».

La connexion au catalogue est nécessaire seulement si vous n'êtes pas connecté à la base de données cible. Dans ce cas, il est obligatoire d'identifier la base de données du catalogue que vous voulez dupliquer et ne pas préciser l'argument « `TARGET` », qui n'est valable que si vous êtes connecté à la base de donnése cible.

La duplication

La première étape est de créer l'instance pour la nouvelle base de données. Si vous êtes en environnement Windows, il faut créer le service avant de pouvoir se connecter à l'instance.

Voici un script de commandes qui permet de configurer la machine pour dupliquer une base de données en local. La duplication est réalisée à partir d'une sauvegarde préalablement effectuée. Le fichier de mot de passe est créé à partir du fichier de la base de données « `onyx` » qui est la base de données cible.

```
D:\>type duplicate_db.cmd
mkdir C:\app\razvan\admin\hematite\adump
mkdir A:\archives\oradata\hematite

set ORACLE_SID=hematite


copy O:\app\oracle\product\12.1.0\db_home\database\PWDonyx.ora
O:\app\oracle\product\12.1.0\db_home\database\PWDhematite.ora
```

```
oradim -new -sid hematite

ECHO *.db_name='hematite' > O:\app\oracle\product\12.1.0\db_home\database\inithematite.ora

ECHO startup nomount | sqlplus / as sysdba

rman auxiliary / catalog rman/rman@topaze @duplicate_db.rcv                      <-----

D:\>type duplicate_db.rcv
run {
    duplicate database onyx to hematite
    spfile
      parameter_value_convert '\ONYX\','\HEMATITE\'
        set db_file_name_convert  'O:\APP\ORACLE\ORADATA\ONYX\',
                                  'D:\donnees\oradata\HEMATITE\'                  <-----
        set log_file_name_convert 'O:\APP\ORACLE\ORADATA\ONYX\',
                                  'R:\recuperations\oradata\HEMATITE\'            <-----
        reset control_files
        set audit_file_dest='/u01/app/oracle/admin/hematite/adump'
        set db_create_file_dest='D:\donnees\oradata'
        set db_create_online_log_dest_1='R:\recuperations\oradata'
        set log_archive_dest_1= 'location=A:\archives\oradata\hematite'
        set local_listener=
            '(DESCRIPTION=(ADDRESS=(PROTOCOL=tcp)(HOST=cronos.olimp.fr)(PORT=1521)))';}
exit;
```

Comme la duplication est réalisée à partir d'une sauvegarde préalablement effectuée, vous n'avez pas besoin d'être connecté à la base de données cible. L'option de conversion n'est pas suffisante dans notre cas car nous voulons positionner les fichiers de données et ceux des journaux dans d'autres emplacements. Le fichier de contrôle doit apparaître automatiquement dans la liste des paramètres à modifier car on se trouve sur la même machine, faute de quoi vous effacez le fichier de contrôle de la base de données cible. C'est pour cette raison que la commande de duplication ne comporte pas de mention « **NOFILENAMECHECK** », car sur une même machine, il faut contrôler que les fichiers n'existent pas au préalable.

```
D:\>duplicate_db.cmd

D:\>mkdir C:\app\razvan\admin\hematite\adump
D:\>mkdir A:\archives\oradata\hematite
D:\>set ORACLE_SID=hematite
D:\>set ORACLE_HOME=O:\app\oracle\product\12.1.0\db_home
D:\>copy %ORACLE_HOME%\database\PWDonyx.ora %ORACLE_HOME%\database\PWDhematite.ora
D:\>oradim -new -sid hematite
Saisissez le mot de passe de l'utilisateur du service Oracle : XXXXXX
Instance créée.

D:\>ECHO *.db_name='hematite'  > %ORACLE_HOME%\database\inithematite.ora

D:\>ECHO startup nomount  | sqlplus / as sysdba

Connecté à une instance inactive.

Instance ORACLE lancée.

D:\>rman auxiliary / catalog rman/rman@topaze @duplicate_db.rcv                  <-----

connecté à la base de données du catalogue de récupération
connexion établie avec la base de données auxiliaire : HEMATITE (non montée)

RMAN> run {
```

```
2>      duplicate database onyx to hematite
3>      spfile
4>        parameter_value_convert '\ONYX\','\HEMATITE\'
5>           set db_file_name_convert  'O:\APP\ORACLE\ORADATA\ONYX\',
6>                                      'D:\donnees\oradata\HEMATITE\'
7>           set log_file_name_convert 'O:\APP\ORACLE\ORADATA\ONYX\',
8>                                      'R:\recuperations\oradata\HEMATITE\'
9>         reset control_files
10>        set audit_file_dest='/u01/app/oracle/admin/hematite/adump'
11>        set db_create_file_dest='D:\donnees\oradata'
12>        set db_create_online_log_dest_1='R:\recuperations\oradata'
13>        set log_archive_dest_1= 'location=A:\archives\oradata\hematite'
14>        set
local_listener='(DESCRIPTION=(ADDRESS=(PROTOCOL=tcp)(HOST=cronos.olimp.fr)(PORT=1521)))';}
15> exit;
...
contenu de script mémoire:
{
   set until scn  2909793;
   restore clone spfile to  'O:\APP\ORACLE\PRODUCT\12.1.0\DB_HOME\DATABASE\SPFILEHEMATITE.ORA';
   sql clone "alter system set spfile=
''O:\APP\ORACLE\PRODUCT\12.1.0\DB_HOME\DATABASE\SPFILEHEMATITE.ORA''";
}
...
contenu de script mémoire:
{
   sql clone "alter system set  db_name =
 ''HEMATITE'' comment=
 ''duplicate'' scope=spfile";
   sql clone "alter system set  db_file_name_convert =
 ''O:\APP\ORACLE\ORADATA\ONYX\'', ''D:\donnees\oradata\HEMATITE\'' comment=
 '''' scope=spfile";
   sql clone "alter system set  log_file_name_convert =
 ''O:\APP\ORACLE\ORADATA\ONYX\'', ''R:\recuperations\oradata\HEMATITE\'' comment=
 '''' scope=spfile";
   sql clone "alter system reset  control_files scope=spfile";
   sql clone "alter system set  audit_file_dest =
 ''/u01/app/oracle/admin/hematite/adump'' comment=
 '''' scope=spfile";
...
contenu de script mémoire:
{
   sql clone "alter system set  control_files =
 ''R:\RECUPERATIONS\ORADATA\HEMATITE\CONTROLFILE\O1_MF_9LV33K3F_.CTL'' comment=
 ''Set by RMAN'' scope=spfile";
   sql clone "alter system set  db_name =
 ''ONYX'' comment=
 ''Modified by RMAN duplicate'' scope=spfile";
   sql clone "alter system set  db_unique_name =
 ''HEMATITE'' comment=
 ''Modified by RMAN duplicate'' scope=spfile";
   shutdown clone immediate;
   startup clone force nomount
   restore clone primary controlfile;
   alter clone database mount;
}
...
contenu de script mémoire:
{
   set until scn  2909793;
   set newname for datafile  1 to
```

```
 "D:\DONNEES\ORADATA\HEMATITE\DATAFILE\O1_MF_SYSTEM_9KM4GVFH_.DBF";
...
   restore
   clone database
   ;
}
...
contenu de script mémoire:
{
   switch clone datafile all;
}
...
contenu de script mémoire:
{
   set until scn  2909793;
   recover
   clone database
    delete archivelog
    ;
}
...
contenu de script mémoire:
{
   sql clone "alter system set  db_name =
 ''HEMATITE'' comment=
''Reset to original value by RMAN'' scope=spfile";
   sql clone "alter system reset  db_unique_name scope=spfile";
}
...
contenu de script mémoire:
{
   set newname for tempfile  1 to
 "D:\DONNEES\ORADATA\HEMATITE\DATAFILE\O1_MF_TEMP_9KM4T7NM_.TMP";
   set newname for tempfile  2 to
...
   switch clone tempfile all;
   catalog clone datafilecopy  "D:\DONNEES\ORADATA\HEMATITE\DATAFILE\O1_MF_SYSAUX_9LV35S2G_.DBF",
...
   switch clone datafile all;
}
...
contenu de script mémoire:
{
   Alter clone database open resetlogs;
}
exécution de script mémoire

base de données ouverte
Fin de Duplicate Db dans 22/03/14

D:\>sqlplus / as sysdba
SYS@hematite >select type,nom from (
   2  select 'contrôle' type, name nom from v$controlfile
   3  union all
   4  select 'données' type, name nom from v$datafile
   5  union all
   6  select 'temporaires' type, name nom from v$tempfile
   7  union all
   8* select 'journaux' type, member nom from v$logfile)
```

```
TYPE        NOM
----------- -------------------------------------------------------------------
contrôle    R:\RECUPERATIONS\ORADATA\HEMATITE\CONTROLFILE\O1_MF_9LV33K3F_.CTL
données     D:\DONNEES\ORADATA\HEMATITE\DATAFILE\O1_MF_SYSTEM_9LV35SRF_.DBF
données     D:\DONNEES\ORADATA\HEMATITE\DATAFILE\O1_MF_SYSAUX_9LV35S2G_.DBF
données     D:\DONNEES\ORADATA\HEMATITE\DATAFILE\O1_MF_DTB_STAR_9LV35SBV_.DBF
données     D:\DONNEES\ORADATA\HEMATITE\DATAFILE\O1_MF_UNDOTBS1_9LV35RBH_.DBF
données     D:\DONNEES\ORADATA\HEMATITE\DATAFILE\O1_MF_USERS_9LV35SF6_.DBF
données     D:\DONNEES\ORADATA\HEMATITE\DATAFILE\O1_MF_DTB_TRAN_9LV35RN1_.DBF
données     D:\DONNEES\ORADATA\HEMATITE\DATAFILE\O1_MF_ITB_STAR_9LV35T3X_.DBF
données     D:\DONNEES\ORADATA\HEMATITE\DATAFILE\O1_MF_ITB_TRAN_9LV35RJ4_.DBF
temporaires D:\DONNEES\ORADATA\HEMATITE\DATAFILE\O1_MF_TEMP_9LV3F97G_.TMP
temporaires D:\DONNEES\ORADATA\HEMATITE\DATAFILE\O1_MF_TEMP01_9LV3F9CC_.TMP
temporaires D:\DONNEES\ORADATA\HEMATITE\DATAFILE\O1_MF_TEMP02_9LV3F9HH_.TMP
journaux    R:\RECUPERATIONS\ORADATA\HEMATITE\ONLINELOG\O1_MF_3_9LV3F6G9_.LOG
journaux    R:\RECUPERATIONS\ORADATA\HEMATITE\ONLINELOG\O1_MF_2_9LV3F59X_.LOG
journaux    R:\RECUPERATIONS\ORADATA\HEMATITE\ONLINELOG\O1_MF_1_9LV3F45J_.LOG
```

La duplication distante

La commande « **DUPLICATE DATABASE** » peut être utilisée pour dupliquer des bases de données sur une machine distante. Il est obligatoire d'avoir des machines avec le même système d'exploitation, sans quoi les fichiers de sauvegarde ne sont pas utilisables.

Attention

Dans ce type de duplication, il faut impérativement avoir un fichier de mots de passe, autrement cette opération ne peut pas aboutir.

Dans la syntaxe de duplication de la base de données, vous pouvez demander de copier le fichier « **SPFILE** » de la base de données cible. Dans le cas où vous ne précisez pas cette copie et que la base de données auxiliaire n'a pas de fichier « **SPFILE** », alors RMAN crée un fichier à partir de la mémoire. Le fichier créé à partir de la mémoire « **CREATE SPFILE FROM MEMORY** » contient de nombreux paramètres non documentés qui perturbent la duplication quand ils ne l'arrêtent pas complètement.

Pour cet exemple, les deux machines sont dans un environnement Linux, pour tirer parti de la possibilité de monter un système de fichiers distants. Le répertoire « **/u02/sauvegardes** » est accessible sur les deux machines, ainsi toute sauvegarde effectuée dans ce répertoire est accessible aux deux instances. Comme pour l'exemple précédent, il faut configurer et démarrer l'instance en mode « **NOMOUNT** ».

```
[root@terra ~]# mkdir -p /u02/sauvegardes
[root@terra ~]# chown -R oracle:oinstall /u02/sauvegardes
[root@terra ~]# mount saturne:/u02/backup /u02/sauvegardes
[root@terra ~]# df -a /u02/sauvegardes
Filesystem          1K-blocks      Used Available Use% Mounted on
saturne:/u02/backup 32896000   2172928  29044736   7% /u02/sauvegardes
[root@terra ~]# su - oracle
[oracle@terra ~]$ echo "opale:$ORACLE_HOME:N">>/etc/oratab
[oracle@terra ~]$ . oraenv
ORACLE_SID = [topaze] ? opale
The Oracle base remains unchanged with value /u01/app/oracle
[oracle@terra ~]$ echo $ORACLE_SID $ORACLE_HOME
opale /u01/app/oracle/product/12.1.0/db_home
[oracle@terra ~]$ cat $ORACLE_HOME/dbs/initopale.ora
*.audit_file_dest='/u01/app/oracle/admin/opale/adump'
*.compatible='12.1.0.0.0'
```

```
*.db_block_size=8192
*.db_create_file_dest='/u02/donnees/oradata'
*.db_create_online_log_dest_1='/u03/recuperations/oradata'
*.db_domain='olimp.fr'
*.db_name='opale'
*.db_recovery_file_dest='/u01/app/oracle/fast_recovery_area'
*.db_recovery_file_dest_size=51539607552
*.log_archive_dest_1='location=/u04/archives/oradata/opale'
*.memory_target=1280M
*.nls_language='FRENCH'
*.nls_territory='FRANCE'
*.remote_login_passwordfile='EXCLUSIVE'
*.undo_tablespace='UNDO'
[oracle@terra ~]$ mkdir -p /u01/app/oracle/admin/opale/adump
[oracle@terra ~]$ mkdir -p /u04/archives/oradata/opale
[oracle@terra ~]$ sqlplus /nolog<<fin
>       connect / as sysdba
>       create spfile from pfile;
>       startup nomount;
>       select instance_name, status from v\$instance;
>       exit
> fin

@>Connecté à une instance inactive.

Fichier créé.

SYS@opale>Instance ORACLE lancée.

SYS@opale>
INSTANCE_NAME     STATUS
----------------  ------------
opale             STARTED

[oracle@terra ~]$ rman target sys/Razvanpwd3@rubis \
> catalog rman/rman@topaze <<fin
>       report schema;
>       backup  format '/u02/sauvegardes/%U.bkp' database
>               include current controlfile plus archivelog delete input;
>       exit;
> fin

connecté à la base de données cible : RUBIS (DBID=1772371706)
connecté à la base de données du catalogue de récupération

Etat du schéma de base de données dont le db_unique_name est RUBIS

Liste des fichiers de données permanents
==========================
File Size(MB) Tablespace           RB segs Datafile Name
---- -------- -------------------- ------- ------------------------
1    770      SYSTEM               YES     +GD_DONNEES/RUBIS/DATAFILE/system.290.842347603
2    850      SYSAUX               NO      +GD_DONNEES/RUBIS/DATAFILE/sysaux.291.842347603
4    5        USERS                NO      +GD_DONNEES/RUBIS/DATAFILE/users.288.842347601
5    256      UNDO                 YES     +GD_DONNEES/RUBIS/DATAFILE/undo.286.842898791
6    120      DTB_STAR             NO      +GD_DONNEES/RUBIS/DATAFILE/dtb_star.273.842898679
7    110      DTB_TRAN             NO      +GD_DONNEES/RUBIS/DATAFILE/dtb_tran.292.842661887
8    160      ITB_STAR             NO      +GD_DONNEES/RUBIS/DATAFILE/itb_star.295.842661887
9    120      ITB_TRAN             NO      +GD_DONNEES/RUBIS/DATAFILE/itb_tran.294.842661885

Liste des fichiers temporaires
======================
```

```
File Size(MB) Tablespace          Maxsize(MB) Tempfile Name
---- -------- ------------------- ----------- --------------------
1    61       TEMP                32767       +GD_DONNEES/RUBIS/TEMPFILE/temp.259.840664711
2    24       TEMP01              32767       +GD_DONNEES/RUBIS/TEMPFILE/temp01.279.842292819
3    24       TEMP02              32767       +GD_DONNEES/RUBIS/TEMPFILE/temp02.260.842292819
...
[oracle@terra ~]$ rman auxiliary sys/Razvanpwd3 \
>   catalog rman/rman@topaze <<fin
>      duplicate database rubis to opale nofilenamecheck;
>      exit;
> fin

connecté à la base de données du catalogue de récupération
connexion établie avec la base de données auxiliaire : OPALE (non montée)

...
[oracle@terra ~]$ rman target / catalog rman/rman@topaze

connecté à la base de données cible : OPALE (DBID=2756321203)
connecté à la base de données du catalogue de récupération

RMAN> register database;

base de données inscrite dans le catalogue de récupération
lancement de la resynchronisation complète du catalogue de récupération
resynchronisation complète terminée

RMAN> report schema;

Etat du schéma de base de données dont le db_unique_name est OPALE

Liste des fichiers de données permanents
============================
File Size(MB) Tablespace          RB segs Datafile Name
---- -------- ------------------- ------- -----------------------
1    770      SYSTEM              YES
/u02/donnees/oradata/OPALE/datafile/o1_mf_system_9lw14y7f_.dbf
2    850      SYSAUX              NO
/u02/donnees/oradata/OPALE/datafile/o1_mf_sysaux_9lw14w8f_.dbf
4    5        USERS               NO
/u02/donnees/oradata/OPALE/datafile/o1_mf_users_9lw14w9d_.dbf
5    256      UNDO                YES
/u02/donnees/oradata/OPALE/datafile/o1_mf_undo_9lw14w21_.dbf
6    120      DTB_STAR            NO
/u02/donnees/oradata/OPALE/datafile/o1_mf_dtb_star_9lw14w6b_.dbf
7    110      DTB_TRAN            NO
/u02/donnees/oradata/OPALE/datafile/o1_mf_dtb_tran_9lw14ydx_.dbf
8    160      ITB_STAR            NO
/u02/donnees/oradata/OPALE/datafile/o1_mf_itb_star_9lw14w5f_.dbf
9    120      ITB_TRAN            NO
/u02/donnees/oradata/OPALE/datafile/o1_mf_itb_tran_9lw14w33_.dbf

Liste des fichiers temporaires
======================
File Size(MB) Tablespace          Maxsize(MB) Tempfile Name
---- -------- ------------------- ----------- --------------------
1    61       TEMP                32767
/u02/donnees/oradata/OPALE/datafile/o1_mf_temp_9lw184kr_.tmp
2    24       TEMP01              32767
/u02/donnees/oradata/OPALE/datafile/o1_mf_temp01_9lw184mc_.tmp
3    24       TEMP02              32767
/u02/donnees/oradata/OPALE/datafile/o1_mf_temp02_9lw184np_.tmp
```

Attention, il faut s'assurer que l'optimisation n'est pas activée et que vous avez tous les fichiers de la base de données ; utilisez les commandes d'interrogations pour en être sûr.

La duplication sans sauvegarde

Une autre manière de dupliquer une base de données à l'aide de la commande « **DUPLICATE** » est de dupliquer une base de données directement à travers le réseau. Il s'agit de transférer les fichiers de la base de données cible, qui est bien accessible pour les traitements, vers la base de données auxiliaire sans passer par une sauvegarde. Attention, il n'est pas possible de dupliquer une base de données à l'aide de cette méthode entre deux systèmes d'exploitation distincts.

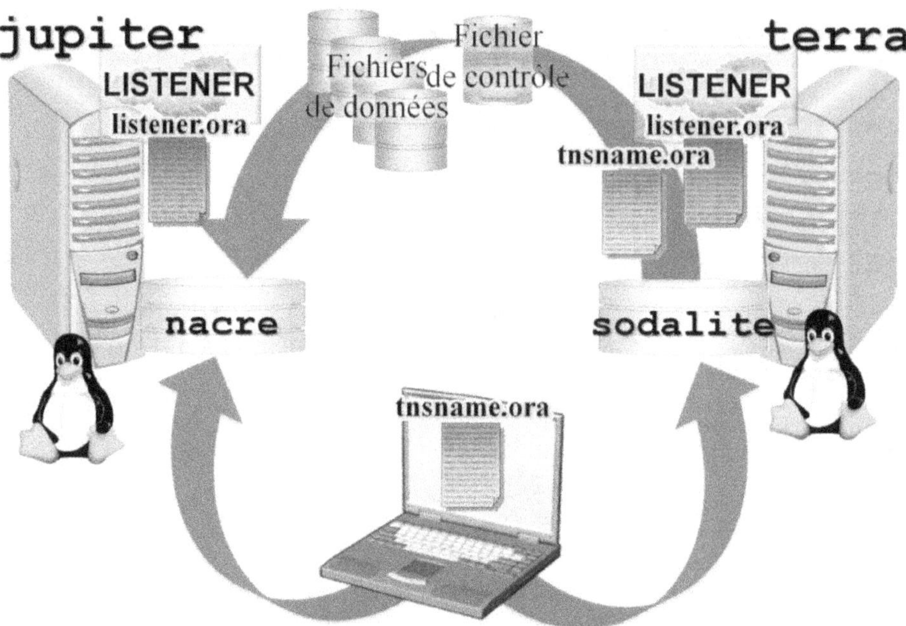

Il faut d'abord configurer l'instance pour la base de données auxiliaire comme pour les autres utilisations de la commande « **DUPLICATE** ». Cette méthode nécessite une connexion réseau Oracle NET entre la base de données cible et la base de données auxiliaire, même si les deux bases se trouvent sur un seul serveur.

Pour effectuer la duplication, la base de données cible est connectée à la base de données auxiliaire ; vous pouvez ainsi également utiliser un client distant pour effectuer l'opération, comme les deux instances sont accessibles.

Attention, il s'agit de connexions à partir d'un poste client distant et il faut prévoir pour les deux bases de données des fichiers de mots de passe, si vous n'êtes pas approuvé par le système d'exploitation.

La syntaxe de duplication est la suivante :

```
DUPLICATE TARGET DATABASE TO nom FROM ACTIVE DATABASE
[PASSWORD FILE]
[SPFILE PARAMETER_VALUE_CONVERT       'modèl01','modèl02'
     [CONTROL_FILES                   'modèl01','modèl02']
     [SET DB_FILE_NAME_CONVERT        'modèl01','modèl02']
     [SET LOG_FILE_NAME_CONVERT       'modèl01','modèl02']
     { SET paramètre valeur | RESET paramètre }]
NOFILENAMECHECK ;
```

PASSWORD FILE   Permet de copier le fichier de mots de passe avec le bon nom et dans le bon répertoire correspondant à la base de données auxiliaire.

Pour faciliter la duplication entre les deux machines, j'ai écrit un script qui permet facilement de dupliquer et de changer le nom de la base de données « **sodalite** » sur la machine « **terra** », en « **nacre** » sur la machine « **jupiter** ».

La configuration réseau a préalablement été effectuée. Attention pendant la duplication, la base de données auxiliaire est redémarrée plusieurs fois. Comme il faut se connecter avec le réseau aussi bien pour la base de données cible que pour la base de données auxiliaire réseau, il est indispensable de bien configurer le LISTENER, pour connaître le service « **nacre** », même si l'instance n'est pas démarrée. C'est pour cette raison que l'exécution du script est lancée sur la machine « **terra** ». Si le LISTENER de la machine « **jupiter** » n'est pas bien configuré, le script s'arrête rapidement.

```
[oracle@terra duplicate_linux_ssh]$ ssh jupiter
Last login: Wed Mar 19 23:49:25 2014 from terra.olimp.fr
[oracle@jupiter ~]$ lsnrctl services
...
Connexion à (DESCRIPTION=(ADDRESS=(PROTOCOL=TCP)(HOST=jupiter.olimp.fr)(PORT=1521)))
Récapitulatif services...
Le service "nacre.olimp.fr" comporte 1 instance(s).
  L'instance "nacre", statut UNKNOWN, comporte 1 gestionnaire(s) pour ce service...
    Gestionnaire(s) :
      "DEDICATED" établi : 114 refusé : 0
        LOCAL SERVER
...
[oracle@terra duplicate_linux_ssh]$ cat duplicate_sodalite_terra.sh
echo "db_name='nacre'" > /home/oracle/duplicate_linux_ssh/initnacre.ora

scp /u01/app/oracle/product/12.1.0/db_home/dbs/orapwsodalite \
      jupiter:/u01/app/oracle/product/12.1.0/db_home/dbs/orapwnacre

scp /home/oracle/duplicate_linux_ssh/initnacre.ora \
      jupiter:/u01/app/oracle/product/12.1.0/db_home/dbs/initnacre.ora

ssh jupiter mkdir -p /u01/app/oracle/admin/nacre/adump
ssh jupiter mkdir -p /u01/app/oracle/oradata/NACRE/controlfile
ssh jupiter mkdir -p /u01/app/oracle/oradata/NACRE/datafile
ssh jupiter mkdir -p /u01/app/oracle/oradata/NACRE/onlinelog

sqlplus /nolog <<fin
spool initialise_nacre.log
    connect sys/Razvanpwd3@nacre as sysdba
    startup force nomount
    col host_name for a20
    select instance_name, host_name, database_status, status
    from v\$instance;
    select name, value from v\$parameter where name = 'spfile';
    exit
spool off
fin

rman target sys/Razvanpwd3@sodalite auxiliary sys/Razvanpwd3@nacre \
    cmdfile duplicate_sodalite_terra.rcv log duplicate_sodalite_terra.log

[oracle@terra duplicate_linux_ssh]$ cat duplicate_sodalite_terra.rcv
run {
    allocate channel        target1 type disk ;
    allocate channel        target2 type disk ;
    allocate channel        target3 type disk ;
```

```
    allocate auxiliary channel aux1    type disk ;
    duplicate target database to nacre
    from active database
    spfile
      parameter_value_convert '/SODALITE/','/NACRE/'              <-----
        set audit_file_dest='/u01/app/oracle/admin/nacre/adump'       <-----
        set local_listener= '(DESCRIPTION=(ADDRESS=(PROTOCOL=tcp)
            (HOST=jupiter.olimp.fr)(PORT=1521)))';
}
exit;
```

Le fichier paramètre « **PFILE** » ne contient que le nom de la base de données qui est l'unique paramètre obligatoire à partir de la version 11g. L'argument de conversion des noms « **PARAMETER_VALUE_CONVERT** » de la commande de duplication porte sur l'ensemble des fichiers de la base de données.

```
[oracle@terra duplicate_linux_ssh]$ . duplicate_sodalite_terra.sh
...
SQL> SQL> Connecté à une instance inactive.
SQL> Instance ORACLE lancée.

Total System Global Area   217157632 bytes
Fixed Size                   2286656 bytes
Variable Size              159386560 bytes
Database Buffers            50331648 bytes
Redo Buffers                 5152768 bytes
SQL> SQL>
INSTANCE_NAME     HOST_NAME              DATABASE_STATUS   STATUS
---------------   --------------------   ----------------  ------------
nacre             jupiter.olimp.fr       ACTIVE            STARTED

SQL>
NAME
--------------------------------------------------------------------------------
VALUE
--------------------------------------------------------------------------------
spfile
...

connecté à la base de données cible : SODALITE (DBID=421461699)
connexion établie avec la base de données auxiliaire : NACRE (non montée)

RMAN> run {
2>      allocate channel            target1 type disk ;
3>      allocate channel            target2 type disk ;
4>      allocate channel            target3 type disk ;
5>      allocate auxiliary channel aux1    type disk ;
6>      duplicate target database to nacre
7>      from active database
8>      spfile
9>        parameter_value_convert '/SODALITE/','/NACRE/'
10>          set audit_file_dest='/u01/app/oracle/admin/nacre/adump'
11>          set
local_listener='(DESCRIPTION=(ADDRESS=(PROTOCOL=tcp)(HOST=jupiter.olimp.fr)(PORT=1521)))';}
12>
13> exit;
...
Démarrage de Duplicate Db dans 20/03/2014 16:12:07
journal en cours archivé

contenu de script mémoire:
```

```
{
   backup as copy reuse
   targetfile  '/u01/app/oracle/product/12.1.0/db_home/dbs/spfilesodalite.ora' auxiliary format
 '/u01/app/oracle/product/12.1.0/db_home/dbs/spfilenacre.ora';                   <-----
   sql clone "alter system set spfile=
''/u01/app/oracle/product/12.1.0/db_home/dbs/spfilenacre.ora''";
}
...
contenu de script mémoire:
{
   sql clone "alter system set  db_name =
''NACRE'' comment=
''duplicate'' scope=spfile";
   sql clone "alter system set  control_files =                                  <-----
''/u01/app/oracle/oradata/NACRE/controlfile/o1_mf_9lmmq421_.ctl'' comment=
''Restore Controlfile'' scope=spfile";
   sql clone "alter system set  audit_file_dest =                                <-----
''/u01/app/oracle/admin/nacre/adump'' comment=
'''' scope=spfile";
   sql clone "alter system set  local_listener =
''(DESCRIPTION=(ADDRESS=(PROTOCOL=tcp)(HOST=jupiter.olimp.fr)(PORT=1521)))'' comment=
'''' scope=spfile";
   shutdown clone immediate;                                                     <-----
   startup clone nomount;
}
...
contenu de script mémoire:
{
   set newname for clone datafile  1 to new;
   set newname for clone datafile  2 to new;
   set newname for clone datafile  3 to new;
   set newname for clone datafile  4 to new;
   set newname for clone datafile  5 to new;
   set newname for clone datafile  6 to new;
   set newname for clone datafile  7 to new;
   set newname for clone datafile  8 to new;
   backup as copy reuse
   datafile  1 auxiliary format new
   datafile  2 auxiliary format new
   datafile  3 auxiliary format new
   datafile  4 auxiliary format new
   datafile  5 auxiliary format new
   datafile  6 auxiliary format new
   datafile  7 auxiliary format new
   datafile  8 auxiliary format new
   ;
   sql 'alter system archive log current';
}
...
instruction SQL : alter system archive log current
journal en cours archivé

contenu de script mémoire:
{
   backup as copy reuse
   archivelog like
"/u01/app/oracle/fast_recovery_area/SODALITE/archivelog/2014_03_20/o1_mf_1_9_9lp1hjz1_.arc"
auxiliary format
 "/u01/app/oracle/fast_recovery_area/NACRE/archivelog/2014_03_20/o1_mf_1_9_%u_.arc"   archivelog
like
```

```
   "/u01/app/oracle/fast_recovery_area/SODALITE/archivelog/2014_03_20/o1_mf_1_10_9lp1hk2c_.arc"
auxiliary format
   "/u01/app/oracle/fast_recovery_area/NACRE/archivelog/2014_03_20/o1_mf_1_10_%u_.arc"    ;
   catalog clone recovery area;
   switch clone datafile all;
}
...
contenu de script mémoire:
{
   set until scn  1933231;                                                                 <-----
   recover
   clone database
    delete archivelog
    ;
}
...
contenu de script mémoire:
{
   sql clone "alter system set  db_name =
 ''NACRE'' comment=
 ''Reset to original value by RMAN'' scope=spfile";
   sql clone "alter system reset  db_unique_name scope=spfile";
}
...
contenu de script mémoire:
{
   set newname for clone tempfile  1 to new;
   set newname for clone tempfile  2 to new;
   set newname for clone tempfile  3 to new;
   switch clone tempfile all;
   catalog clone datafilecopy
"/u01/app/oracle/oradata/NACRE/datafile/o1_mf_dtb_star_1vp3lmfp_.dbf",
 "/u01/app/oracle/oradata/NACRE/datafile/o1_mf_sysaux_1rp3lmbq_.dbf",
 "/u01/app/oracle/oradata/NACRE/datafile/o1_mf_undotbs1_1pp3lmbq_.dbf",
 "/u01/app/oracle/oradata/NACRE/datafile/o1_mf_dtb_tran_1tp3lmeb_.dbf",
 "/u01/app/oracle/oradata/NACRE/datafile/o1_mf_users_20p3lmfp_.dbf",
 "/u01/app/oracle/oradata/NACRE/datafile/o1_mf_itb_star_1up3lmeb_.dbf",
 "/u01/app/oracle/oradata/NACRE/datafile/o1_mf_itb_tran_1sp3lmds_.dbf";
   switch clone datafile all;
}
...
contenu de script mémoire:
{
   Alter clone database open resetlogs;                                                    <-----
}
...
Recovery Manager terminé.

[oracle@terra duplicate_linux_ssh]$ sqlplus sys/Razvanpwd3@nacre as sysdba

SYS@nacre>select name from (
  2    select name from v$controlfile union all
  3    select member  from v$logfile union all
  4    select name from v$datafile union all
  5    select name from v$tempfile);

NAME
--------------------------------------------------------------------
/u01/app/oracle/oradata/NACRE/controlfile/o1_mf_9lmmq421_.ctl
/u01/app/oracle/oradata/NACRE/onlinelog/o1_mf_6_9lp1klwm_.log
/u01/app/oracle/oradata/NACRE/onlinelog/o1_mf_5_9lp1k9k5_.log
/u01/app/oracle/oradata/NACRE/onlinelog/o1_mf_4_9lp1jyrf_.log
```

```
/u01/app/oracle/oradata/NACRE/onlinelog/o1_mf_3_9lp1jmry_.log
/u01/app/oracle/oradata/NACRE/onlinelog/o1_mf_2_9lp1j9gn_.log
/u01/app/oracle/oradata/NACRE/onlinelog/o1_mf_1_9lp1j0pg_.log
/u01/app/oracle/oradata/NACRE/datafile/o1_mf_system_1qp3lmbq_.dbf
/u01/app/oracle/oradata/NACRE/datafile/o1_mf_dtb_star_1vp3lmfp_.dbf
/u01/app/oracle/oradata/NACRE/datafile/o1_mf_sysaux_1rp3lmbq_.dbf
/u01/app/oracle/oradata/NACRE/datafile/o1_mf_undotbs1_1pp3lmbq_.dbf
/u01/app/oracle/oradata/NACRE/datafile/o1_mf_dtb_tran_1tp3lmeb_.dbf
/u01/app/oracle/oradata/NACRE/datafile/o1_mf_users_20p3lmfp_.dbf
/u01/app/oracle/oradata/NACRE/datafile/o1_mf_itb_star_1up3lmeb_.dbf
/u01/app/oracle/oradata/NACRE/datafile/o1_mf_itb_tran_1sp3lmds_.dbf
/u01/app/oracle/oradata/NACRE/datafile/o1_mf_temp_9lp1kxw8_.tmp
/u01/app/oracle/oradata/NACRE/datafile/o1_mf_temp01_9lp1ky0j_.tmp
/u01/app/oracle/oradata/NACRE/datafile/o1_mf_temp02_9lp1ky15_.tmp
```

L'architecture mutualisée

Dans le contexte d'une architecture mutualisée, vous pouvez choisir quelles bases de données insérées vous voulez dupliquer, ou celles que vous ne voulez pas dupliquer en même temps que la base de données conteneur mutualisée.

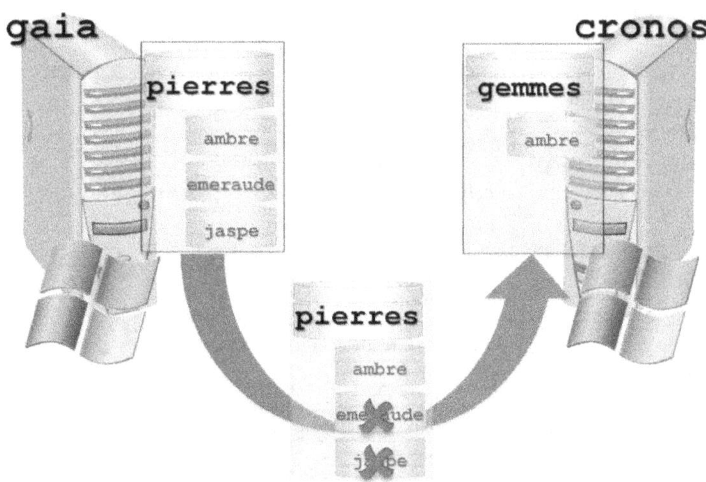


```
DUPLICATE ... { PLUGGABLE DATABASE nom [,...]
                | SKIP PLUGGABLE DATABASE nom [,...]} ;
```

On va utiliser dans l'environnement Windows un script qui copie la base de données conteneur et une seule base de données insérée.

```
D:\>type duplicate_db.cmd
mkdir A:\archives\oradata\%1
mkdir O:\app\oracle\admin\%1\adump

set ORACLE_SID=%1
set ORACLE_HOME=O:\app\oracle\product\12.1.0\db_home
oradim -delete -sid %1
oradim -new -sid %1

del %ORACLE_HOME%\database\spfile%1.ora

orapwd file=%ORACLE_HOME%\database\PWD%1.ora force=y

ECHO *.db_name='%1' > %ORACLE_HOME%\database\init%1.ora
```

```
ECHO startup nomount | sqlplus sys/Razvanpwd@%1 as sysdba
ECHO select status from v$instance;| sqlplus sys/Razvanpwd@%1 as sysdba
ECHO select value from v$parameter where name='spfile';| sqlplus sys/Razvanpwd@%1 as sysdba

rman target sys/Razvanpwd3@%2 auxiliary sys/Razvanpwd3@%1 catalog rman/rman@topaze @duplicate_db.rcv
%1 %3 %1 %1


D:\>type duplicate_db.rcv
run {
    set newname for database to new;

    duplicate target database to &1  pluggable database &2
        from active database
    spfile
        reset control_files
        set audit_file_dest='O:\app\oracle\admin\&3\adump'
        set db_create_file_dest='D:\donnees\oradata'
        set db_create_online_log_dest_1='R:\recuperations\oradata'
        set log_archive_dest_1= 'location=A:\archives\oradata\&4'
        set local_listener=
'(DESCRIPTION=(ADDRESS=(PROTOCOL=tcp)(HOST=cronos.olimp.fr)(PORT=1521)))';}


D:\>lsnrctl status
...
Récapitulatif d'écoute des points d'extrémité...
   (DESCRIPTION=(ADDRESS=(PROTOCOL=tcp)(HOST=cronos.olimp.fr)(PORT=1521)))
   (DESCRIPTION=(ADDRESS=(PROTOCOL=ipc)(PIPENAME=\\.\pipe\EXTPROC1521ipc)))
Récapitulatif services...
...
Le service "gemmes.olimp.fr" comporte 1 instance(s).
  L'instance "gemmes", statut UNKNOWN, comporte 1 gestionnaire(s) pour ce service...
...
D:\>tnsping pierres
...
Fichiers de paramètres utilisés :
O:\app\oracle\product\12.1.0\db_home\NETWORK\ADMIN\sqlnet.ora
...
Adaptateur TNSNAMES utilisé pour la résolution de l'alias
Tentative de contact de (DESCRIPTION = (ADDRESS_LIST = (ADDRESS = (PROTOCOL = TCP)(HOST =
gaia.olimp.fr)(PORT = 1521))) (CONNECT_DATA = (SERVER = DEDICATED) (SERVICE_NAME =
pierres.olimp.fr)))
OK (10 msec)


D:\>tnsping gemmes
...
Fichiers de paramètres utilisés :
O:\app\oracle\product\12.1.0\db_home\NETWORK\ADMIN\sqlnet.ora
...
Adaptateur TNSNAMES utilisé pour la résolution de l'alias
Tentative de contact de (DESCRIPTION = (ADDRESS_LIST = (ADDRESS = (PROTOCOL = TCP)(HOST =
cronos.olimp.fr)(PORT = 1521))) (CONNECT_DATA = (SERVER = DEDICATED) (SERVICE_NAME =
gemmes.olimp.fr)))
OK (0 msec)
```

Le script reçoit trois arguments : le premier est le nom de la base de données auxiliaire, le deuxième le nom de la base de données cible, et le troisième est la seule base de données insérée qui va être dupliquée avec la base de données conteneur.

```
D:\>duplicate_db.cmd gemmes pierres ambre
D:\>mkdir A:\archives\oradata\gemmes


D:\>mkdir O:\app\oracle\admin\gemmes\adump
```

```
Un sous-répertoire ou un fichier O:\app\oracle\admin\gemmes\adump existe déjà.

D:\>set ORACLE_SID=gemmes

D:\>set ORACLE_HOME=O:\app\oracle\product\12.1.0\db_home

D:\>oradim -new -sid gemmes
Saisissez le mot de passe de l'utilisateur du service Oracle :
Instance créée.

D:\>del O:\app\oracle\product\12.1.0\db_home\database\spfilegemmes.ora

D:\>orapwd file=O:\app\oracle\product\12.1.0\db_home\database\PWDgemmes.ora force=y

Enter password for SYS: XXXXXX

D:\>ECHO *.db_name='gemmes'  1>O:\app\oracle\product\12.1.0\db_home\database\initgemmes.ora

D:\>ECHO startup nomount   | sqlplus sys/Razvanpwd@gemmes as sysdba
...
D:\>ECHO select status from v$instance;  | sqlplus sys/Razvanpwd@gemmes as sysdba
...
STATUS
------------
STARTED
...
D:\>ECHO select value from v$parameter where name='spfile';  | sqlplus sys/Razvanpwd@gemmes as
sysdba
...
VALUE
--------------------------------------------------------------------------------


...
D:\>rman target sys/Razvanpwd3@pierres auxiliary sys/Razvanpwd3@gemmes catalog rman/rman@topaze
@duplicate_db.rcv gemmes ambre gemmes gemmes

connecté à la base de données cible : PIERRES (DBID=807186735)
connecté à la base de données du catalogue de récupération
connexion établie avec la base de données auxiliaire : GEMMES (non montée)

RMAN> run {
2>     set newname for database to new;
3>
4>     duplicate target database to gemmes  pluggable database ambre
5>      from active database
6>     spfile
7>       reset control_files
8>       set audit_file_dest='O:\app\oracle\admin\gemmes\adump'
9>       set db_create_file_dest='D:\donnees\oradata'
10>        set db_create_online_log_dest_1='R:\recuperations\oradata'
11>        set log_archive_dest_1= 'location=A:\archives\oradata\gemmes'
12>        set local_listener=
13>            '(DESCRIPTION=(ADDRESS=(PROTOCOL=tcp)(HOST=cronos.olimp.fr)(PORT=1521)))';}
...
contenu de script mémoire:
{
   restore clone from service  'pierres' spfile to
 'O:\APP\ORACLE\PRODUCT\12.1.0\DB_HOME\DATABASE\SPFILEGEMMES.ORA';
   sql clone "alter system set spfile=
''O:\APP\ORACLE\PRODUCT\12.1.0\DB_HOME\DATABASE\SPFILEGEMMES.ORA''";
}
```

```
...
contenu de script mémoire:
{
   sql clone "alter system set  db_name =
 ''GEMMES'' comment=
 ''duplicate'' scope=spfile";
   sql clone "alter system reset  control_files scope=spfile";
   sql clone "alter system set  audit_file_dest =
 ''O:\app\oracle\admin\gemmes\adump'' comment=
 '''' scope=spfile";
   sql clone "alter system set  db_create_file_dest =
 ''D:\donnees\oradata'' comment=
 '''' scope=spfile";
   sql clone "alter system set  db_create_online_log_dest_1 =
 ''R:\recuperations\oradata'' comment=
 '''' scope=spfile";
   sql clone "alter system set  log_archive_dest_1 =
 ''location=A:\archives\oradata\gemmes'' comment=
 '''' scope=spfile";
   sql clone "alter system set  local_listener =
 ''(DESCRIPTION=(ADDRESS=(PROTOCOL=tcp)(HOST=cronos.olimp.fr)(PORT=1521)))'' comment=
 '''' scope=spfile";
   shutdown clone immediate;
   startup clone nomount;
}
...
contenu de script mémoire:
{
   sql clone "alter system set  control_files =
 ''R:\RECUPERATIONS\ORADATA\GEMMES\CONTROLFILE\O1_MF_9LW831QO_.CTL'' comment=
 ''Set by RMAN'' scope=spfile";
   sql clone "alter system set  db_name =
 ''PIERRES'' comment=
 ''Modified by RMAN duplicate'' scope=spfile";
   sql clone "alter system set  db_unique_name =
 ''GEMMES'' comment=
 ''Modified by RMAN duplicate'' scope=spfile";
   shutdown clone immediate;
   startup clone force nomount;
   restore clone from service  'pierres' primary controlfile;
   alter clone database mount;
}
...
base de données montée
Non-prise en compte de la base de données pluggable JASPE          <-----
Non-prise en compte de la base de données pluggable EMERAUDE       <-----
Ajout automatique du tablespace SYSTEM
Ajout automatique du tablespace SYSAUX
Ajout automatique du tablespace PDB$SEED:SYSTEM
Ajout automatique du tablespace PDB$SEED:SYSAUX
Ajout automatique du tablespace UNDO
Saut du tablespace USERS

contenu de script mémoire:
{
   set newname for datafile  1 to
 "D:\DONNEES\ORADATA\GEMMES\DATAFILE\O1_MF_SYSTEM_%U_.DBF";
   set newname for datafile  2 to
 "D:\DONNEES\ORADATA\GEMMES\DATAFILE\O1_MF_SYSTEM_%U_.DBF";
...
```

```
   restore
   from service  'pierres'    clone database
   skip forever tablespace   "USERS",
"JASPE":"SYSTEM",
"JASPE":"SYSAUX",
"JASPE":"ITB_TRAN",
"JASPE":"ITB_STAR",
"JASPE":"DTB_TRAN",
"EMERAUDE":"SYSTEM",
"EMERAUDE":"SYSAUX",
"EMERAUDE":"ITB_TRAN",
"EMERAUDE":"ITB_STAR",
"EMERAUDE":"DTB_TRAN",
"EMERAUDE":"DTB_STAR",
"JASPE":"DTB_STAR",
"JASPE":"CATALOGUE_RMAN"   ;
   sql 'alter system archive log current';
}
...
contenu de script mémoire:
{
   restore clone force from service  'pierres'
         archivelog from scn  3428691;
   switch clone datafile all;
}
...
contenu de script mémoire:
{
   set until scn  3429511;
   recover
   clone database
   skip forever tablespace   "USERS",
"JASPE":"SYSTEM",
"JASPE":"SYSAUX",
"JASPE":"ITB_TRAN",
"JASPE":"ITB_STAR",
"JASPE":"DTB_TRAN",
"EMERAUDE":"SYSTEM",
"EMERAUDE":"SYSAUX",
"EMERAUDE":"ITB_TRAN",
"EMERAUDE":"ITB_STAR",
"EMERAUDE":"DTB_TRAN",
"EMERAUDE":"DTB_STAR",
"JASPE":"DTB_STAR",
"JASPE":"CATALOGUE_RMAN"    delete archivelog
   ;
}
...
contenu de script mémoire:
{
   sql clone "alter system set  db_name =
''GEMMES'' comment=
''Reset to original value by RMAN'' scope=spfile";
   sql clone "alter system reset  db_unique_name scope=spfile";
}
...
contenu de script mémoire:
{
   set newname for tempfile  1 to
"D:\DONNEES\ORADATA\GEMMES\DATAFILE\O1_MF_TEMP_%U_.TMP";
```

```
   set newname for tempfile  2 to
...
   switch clone tempfile all;
   catalog clone datafilecopy  "D:\DONNEES\ORADATA\GEMMES\DATAFILE\O1_MF_SYSAUX_9LW85SFG_.DBF",
 "D:\DONNEES\ORADATA\GEMMES\DATAFILE\O1_MF_SYSAUX_9LW85TBJ_.DBF",
...
   switch clone datafile all;
}
...
contenu de script mémoire:
{
   Alter clone database open resetlogs;
}
...
contenu de script mémoire:
{
   sql clone "alter pluggable database all open";
}
...
Recovery Manager terminé.
D:\>sqlplus / as sysdba
SYS@gemmes>select name from (
  2  select con_id id, name,0 t from v$pdbs union all
  3  select con_id id, name,2 t from v$datafile union all
  4  select con_id id, name,3 t from v$tempfile)
  5  order by id nulls first, t;

NAME
---------------------------------------------------------------------------
D:\DONNEES\ORADATA\GEMMES\DATAFILE\O1_MF_SYSAUX_9LW85SFG_.DBF
D:\DONNEES\ORADATA\GEMMES\DATAFILE\O1_MF_UNDO_9LW8GNDB_.DBF
D:\DONNEES\ORADATA\GEMMES\DATAFILE\O1_MF_SYSTEM_9LW85QHJ_.DBF
D:\DONNEES\ORADATA\GEMMES\DATAFILE\O1_MF_TEMP_9LWC97VP_.TMP
D:\DONNEES\ORADATA\GEMMES\DATAFILE\O1_MF_TEMP01_9LWC980C_.TMP
D:\DONNEES\ORADATA\GEMMES\DATAFILE\O1_MF_TEMP02_9LWC984Q_.TMP
PDB$SEED
D:\DONNEES\ORADATA\GEMMES\DATAFILE\O1_MF_SYSTEM_9LW85QS5_.DBF
D:\DONNEES\ORADATA\GEMMES\DATAFILE\O1_MF_SYSAUX_9LW85TBJ_.DBF
D:\DONNEES\ORADATA\GEMMES\DATAFILE\O1_MF_TEMP_9LWC9MBM_.TMP
AMBRE                                                              <-----
D:\DONNEES\ORADATA\GEMMES\DATAFILE\O1_MF_DTB_STAR_9LW8DNSY_.DBF
D:\DONNEES\ORADATA\GEMMES\DATAFILE\O1_MF_SYSTEM_9LW88OJT_.DBF
D:\DONNEES\ORADATA\GEMMES\DATAFILE\O1_MF_DTB_TRAN_9LW8DG41_.DBF
D:\DONNEES\ORADATA\GEMMES\DATAFILE\O1_MF_SYSAUX_9LW89RV0_.DBF
D:\DONNEES\ORADATA\GEMMES\DATAFILE\O1_MF_ITB_STAR_9LW8FGKK_.DBF
D:\DONNEES\ORADATA\GEMMES\DATAFILE\O1_MF_ITB_TRAN_9LW8GK12_.DBF
D:\DONNEES\ORADATA\GEMMES\DATAFILE\O1_MF_TEMP02_9LWC9P0T_.TMP
D:\DONNEES\ORADATA\GEMMES\DATAFILE\O1_MF_TEMP01_9LWC9OW7_.TMP
D:\DONNEES\ORADATA\GEMMES\DATAFILE\O1_MF_TEMP_9LWC9OQ9_.TMP
```

- *DUPLICATE ... FOR STANDBY*

- *RECOVER MANAGED*

- *DBMS_LOGSTDBY*

L'architecture de secours

Objectifs

À la fin de ce module, vous serez à même d'effectuer les tâches suivantes :

- Décrire l'architecture Data Guard.

- Décrire le traitement de récupération des données sur une base de données de secours.

- Mettre en œuvre une base de données de secours physique.

- Configurer le transport d'enregistrements de journaux et des transactions entre les bases de données de l'architecture.

- Transformer une base de données de secours physique en base de données de secours logique.

Contenu

L'architecture DataGuard

L'architecture DataGuard permet de mettre en œuvre la haute disponibilité pour vos serveurs de base de données. À partir d'une base de données principale travaillant en mode « **ARCHIVELOG** », les transactions sont transportées sur les serveurs de secours. Des bases de secours, accessibles via Oracle Net, offrent des fonctions de reprise en cas de défaillance de la base principale. La base de données principale transmet automatiquement les informations des journaux vers les bases de secours, où elles sont appliquées. Ces bases sont en conséquence cohérentes sur le plan transactionnel. Selon la façon dont vous configurez le processus d'application des entrées journaux, elles peuvent être synchronisées avec la base principale ou en retard. Cette architecture permet de diminuer les temps de reprise du service après une perte des fichiers de données sur les serveurs. Pour des raisons de maintenance ou de perte de supports de données, il est possible de basculer la base de données de secours en base de données primaire, permettant les traitements sur celle-ci. La base de données primaire et la base de données principale deviennent la base de données de secours.

Il existe trois types d'architectures :

La base de secours physique

La base de secours est une copie physique de la base primaire, elle peut être accessible en mode lecture uniquement. Elle correspond à une copie permanente de la base primaire. Cette base se trouve essentiellement en mode de reconstruction des données. Lorsque cette base de données est en mode lecture seule, elle ne reçoit pas les journaux de la base de données principale. Ce type de base de données de secours permet d'éliminer l'impact d'une sauvegarde. D'une part la base de données de secours en elle-même est une sauvegarde, identique à la base principale bloc par bloc, mais elle peut être utilisée par RMAN pour la sauvegarde directement.

La base de secours logique

La base de secours logique est initialement une copie physique de la base primaire, les données provenant de la base primaire sont en lecture seule, mais il est possible de créer d'autres éléments (index, tables, schémas...) afin d'utiliser les informations de façons différentes.

La base de secours cliché physique (Snapshot DataGuard)

C'est une base de données de secours physique qui permet d'être ouverte en lecture-écriture. Lorsque vous utilisez cette base en lecture-écriture, les journaux archivés de la base de données primaire continuent d'être envoyés sur le site de secours, ce qui permet d'assurer la protection du site primaire, quoiqu'il arrive.

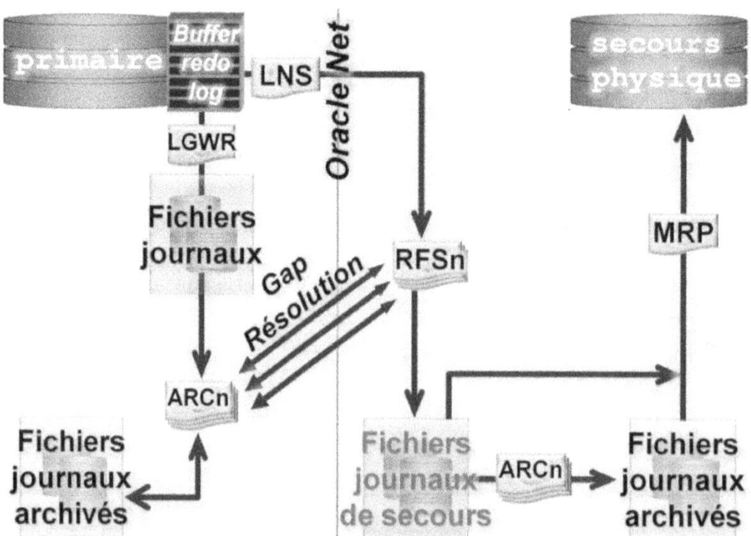

L'architecture physique

L'architecture DataGuard sur la base de données de secours physique permet le transport des enregistrements journaux, écrits dans le fichier journal de la base de données principale, au travers de la couche Oracle SQL*Net vers la ou les bases de données de secours.

LNS

Log Network Server (LNS) est le processus utilisé pour assurer le transport des enregistrements journaux directement du buffer redo log de la base de données primaire vers les bases de secours. S'il ne peut pas envoyer l'information, car aucune base de données de secours n'est accessible, un écart de synchronisation se produit et il est résolu par transfert des fichiers de journaux archivés.

Les journaux de secours

Pour stocker les enregistrements journaux sur les bases de secours, il est nécessaire de créer des groupes de journaux de secours. Vous devez créer un groupe de plus que le nombre de groupes de fichiers de journaux classiques, et bien sûr avec la même taille. Lorsque vous êtes dans une architecture de type RAC, le nombre de fichiers de journaux de secours correspond à la somme des fichiers journaux de toutes les instances, plus un. En effet, chaque instance d'un environnement RAC possède son propre jeu de fichiers journaux.

Les groupes de fichiers journaux peuvent être créés à l'aide de la commande SQL suivante :

```
ALTER DATABASE ADD STANDBY LOGFILE [GROUP nom_groupe]
  [{ fichier | (fichier[,...])}] [SIZE taille ]] BLOCKSIZE [REUSE] ;
```

```
SYS@spsatgem>select group#, type, member from v$logfile;

   GROUP# TYPE    MEMBER
---------- ------- ------------------------------------------------------------
        4 STANDBY +GD_RECUPERATIONS/SPSATGEM/ONLINELOG/group_4.285.843072705
        5 STANDBY +GD_RECUPERATIONS/SPSATGEM/ONLINELOG/group_5.288.843072717
        6 STANDBY +GD_RECUPERATIONS/SPSATGEM/ONLINELOG/group_6.259.843072725
        7 STANDBY +GD_RECUPERATIONS/SPSATGEM/ONLINELOG/group_7.289.843072733
        1 ONLINE  +GD_RECUPERATIONS/SPSATGEM/ONLINELOG/group_1.258.843072669
        2 ONLINE  +GD_RECUPERATIONS/SPSATGEM/ONLINELOG/group_2.262.843072681
        3 ONLINE  +GD_RECUPERATIONS/SPSATGEM/ONLINELOG/group_3.265.843072693
```

Les fichiers de journaux de secours ne sont utilisés que par la base de données de secours, mais il faut les créer sur la base de données principale avant la création de la base de données de secours. Cette démarche permet de les avoir automatiquement sur les deux bases de données dès qu'on duplique la base de données principale, pour créer la base de données de secours. Ainsi quand la base de données principale devient base de données de secours, ces fichiers sont déjà en place pour accueillir les informations envoyées par LNS.

ARCn

Le processus d'archivage sur la base de données de secours permet d'archiver les fichiers de journaux de secours au moment de leur remplissage, comme sur une base de données classique.

Le processus d'archivage sur la base de données principale permet également de résoudre l'écart de synchronisation entre la base de données principale et la base de secours. Dans le cas où la base de données de secours n'a pas pu être accessible pendant un laps de temps, un écart de synchronisation se crée, qui ne peut être traité par LNS, car les informations sont déjà écrites dans les fichiers de journaux et dans les fichiers de journaux archivés.

Un écart se produit dès que la base de données principale ne peut pas envoyer les journaux à l'aide du processus LNS vers la base de secours. Ainsi le processus ARCn effectue des interrogations régulières (ping) vers la base de données de secours pour déterminer si elle est disponible et, une fois qu'elle est accessible, il envoie les fichiers d'archives en retard. La réception des fichiers archives peut être configurée à partir de la base de données principale ou d'une autre base de secours ayant déjà reçu ces journaux.

Pour accélérer la résolution du gap il faut mettre en œuvre plusieurs processus d'archivage, jusqu'à 30 processus parallèles, à l'aide du paramètre « `LOG_ARCHIVE_MAX_PROCESSES` ». Attention ce paramètre n'est utilisé que pour la résolution du gap.

Une compression lors de la transmission des journaux, qui diminue la volumétrie transférée par le réseau, est possible aussi bien pour le processus LNS que pour les fichiers de journaux archivés.

RFS

Remote File Server (RFS) est le processus qui reçoit des informations provenant du serveur de base de données principale. Les journaux provenant du processus LNS de la base de données principale sont accueillis par le processus RFS puis sont stockés dans les fichiers journaux de secours.

Le travail de ce processus, dans le cas où un écart de synchronisation est détecté, est de réceptionner les fichiers de journaux archivés puis d'enregistrer les informations des fichiers reçus au niveau du fichier de contrôle. Parmi les informations écrites, nous trouvons le nom du fichier journal archivé, le SCN de début et de fin, le délai d'application, les dates de début, de fin et de génération. Une fois enregistré dans le fichier de contrôle, le fichier journal d'historisation est candidat au processus d'application.

MRP

Managed Recovery Process est le processus de reconstruction des blocs de données sur la base de données de secours. Il utilise les fichiers de journaux de secours ou les fichiers d'archives reçus lors de la résolution d'une synchronisation. Ce processus est en traitement continu pour reconstruire au fur et à mesure la base de données de secours, suivant les traitements de la base de données principale.

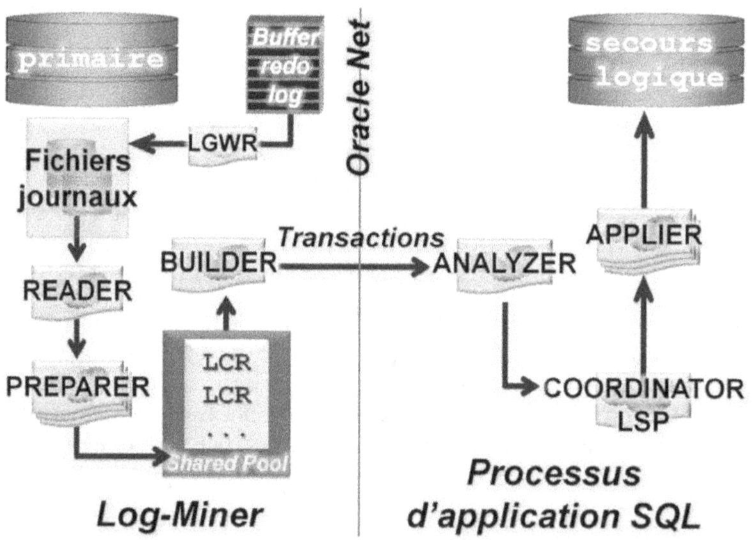

L'architecture logique

La base de données de secours logique reçoit de la base de données primaire des ordres SQL. Il y a trois parties dans cette architecture. La première qui est, comme pour la base de secours physique, le transport et la coordination entre les bases de données pour ne pas avoir un écart de synchronisation. La deuxième partie est le traitement des enregistrements journaux sur la base de données principale, par l'outil LogMiner. Ce traitement transforme les enregistrements journaux des ensembles de transactions acheminées sur la base de données de secours. Ainsi la base de données principale doit avoir construit un dictionnaire pour LogMiner. Les transactions reçues sur la base de données de secours sont finalement appliquées.

Les informations reçues de la base primaire sont analysées par la technologie LogMiner, puis transformées en ordres SQL et ensuite appliquées. Les informations concernant les schémas « **SYS** » et « **SYSTEM** » ne sont pas appliquées. Les ordres SQL de type DDL ou DML sont appliqués, il est possible de filtrer l'application des ordres provenant de la base primaire au niveau schéma, table, DDL ou DML.

READER

Le processus lit les informations provenant du site primaire et les transmet au processus de préparation. Il n'y a qu'un seul processus de lecture, qui ne peut être parallélisé. Cela a donc un impact sur le délai d'application lors de traitements fournissant des transactions de volumétrie importante.

PREPARER

Le processus transforme les blocs lus par le processus READER en Logical Change Record, des enregistrements de modification. Plusieurs processus de préparation peuvent être implémentés, optimisant ainsi cette phase.

BUILDER

À partir des LCR sont reconstituées les transactions qui seront envoyées à la base de données de secours en groupes de plusieurs transactions.

ANALYZER

Le processus reçoit et analyse les groupes de transactions pour déterminer ceux qui sont candidats à l'application avant de les soumettre au processus COORDINATEUR.

COORDINATEUR

Le processus ne peut pas être parallélisé, il assure l'ordonnancement de l'application selon le SCN des transactions et répartit les transactions aux différents processus d'application.

APPLY

Il s'agit d'un ou de plusieurs processus qui exécutent les transactions sur la base de données de secours. Une transaction est exécutée par un seul processus d'application. Si sur le site primaire une transaction est parallélisée, elle sera exécutée par un seul processus sur la base logique. Cela peut donc augmenter les délais d'application. L'application des transactions sur une base logique sera plus rapide si la base primaire génère de petites transactions.

Le niveau de protection

Lorsque vous configurez les bases de données principales et les bases de secours, vous devez déterminer le niveau de protection souhaité. Comme vous avez pu le voir jusque-là, la base de données traite les enregistrements journaux pour les transporter vers une ou plusieurs bases de données de secours. Mais dans vos bases de données, il est également possible d'exécuter des opérations sans journalisation. Il faut se prémunir de ce type d'incident en modifiant le mode de fonctionnement de votre base de données en forçant toutes les opérations à être journalisées.

```
ALTER DATABASE [NO] FORCE LOGGING ;
```

Il existe trois niveaux de protection :

Le mode de performances maximales

Les transactions peuvent être validées dans la base principale avant que les enregistrements journaux correspondants n'aient été envoyés vers un emplacement de secours. La validation a lieu aussitôt que les enregistrements journaux ont été consignés dans les fichiers journaux locaux. Dans ce cas, si vous perdez la base de données principale, certaines transactions peuvent être perdues.

Le mode de disponibilité maximale

Les enregistrements journaux doivent être écrits dans au moins un emplacement de secours avant qu'une transaction ne soit validée dans la base principale. Si la destination pour les journaux de secours est indisponible, la base principale continue sans interruption. Une fois le problème corrigé, les enregistrements journaux qui ont été générés dans l'intervalle sont transportés et appliqués dans la base de secours.

Le mode de protection maximale

Les enregistrements journaux doivent être écrits dans au moins un emplacement de secours avant qu'une transaction ne soit validée dans la base principale. Cette dernière s'arrête si la destination des journaux de secours est indisponible.

Vous définissez le niveau de protection à l'aide de la syntaxe suivante :

```
ALTER DATABASE SET STANDBY TO MAXIMIZE

           { PERFORMANCE | AVAILABILITY | PROTECTION } ;
```

```
SYS@gemmes>select dest_name, database_mode, protection_mode, destination
  2  from v$archive_dest_status where dest_name in ('LOG_ARCHIVE_DEST_2');

DEST_NAME            DATABASE_MODE    PROTECTION_MODE       DESTINAT
-------------------- ---------------- --------------------- --------
LOG_ARCHIVE_DEST_2   MOUNTED-STANDBY  MAXIMUM PERFORMANCE   spsatgem

SYS@gemmes>ALTER DATABASE SET STANDBY TO MAXIMIZE AVAILABILITY;

Base de données modifiée.

SYS@gemmes>select dest_name, database_mode, protection_mode, destination
  2  from v$archive_dest_status where dest_name in ('LOG_ARCHIVE_DEST_2');

DEST_NAME            DATABASE_MODE    PROTECTION_MODE       DESTINAT
-------------------- ---------------- --------------------- --------
LOG_ARCHIVE_DEST_2   MOUNTED-STANDBY  MAXIMUM AVAILABILITY  spsatgem
```

Le basculement

Lorsque vous configurez l'architecture DataGuard, il faut considérer les scénarii de basculement entre les bases de données de l'architecture, soit le changement des rôles de base de données principale en base de données de secours et inversement.

SWITCHOVER

L'opération consiste à transformer la base de données primaire en base de secours et inversement. Cette opération est généralement utilisée lorsqu'une maintenance au niveau du serveur est prévue, c'est une opération planifiée. C'est une opération réversible, sans dommages pour les bases de données. Évidemment, il y a une interruption des services des bases de données, ce qui conduit à une impossibilité d'accès aux applications pendant l'opération.

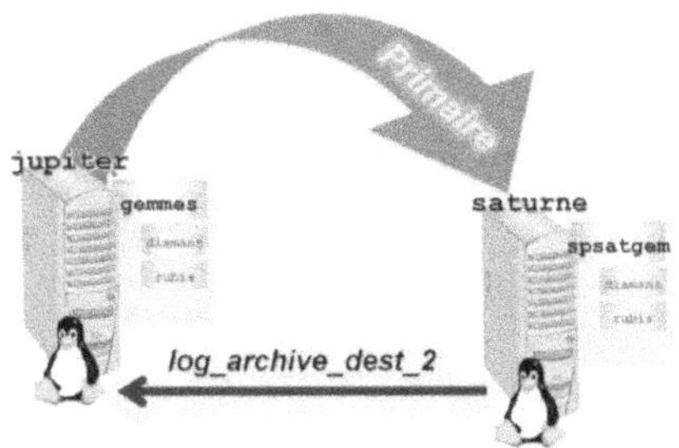

FAILOVER

Cette opération n'est pas planifiée, elle est lancée lorsque la base de données primaire n'est plus accessible ou qu'elle est endommagée. Cette action est irréversible, il n'est pas possible d'effectuer de retour en arrière, sauf en utilisant la technologie flashback.

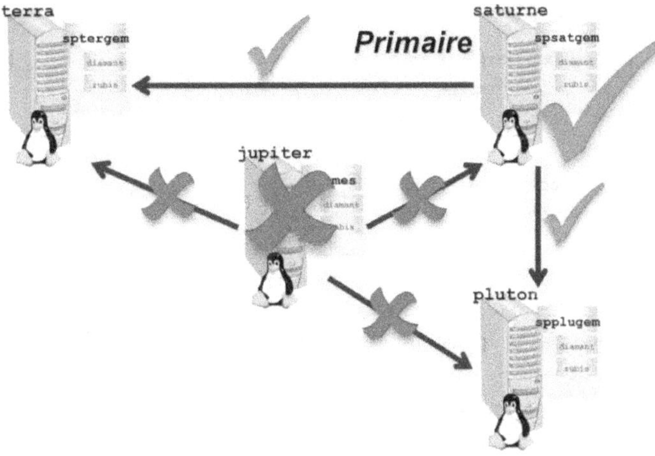

Il existe deux manières d'utiliser le basculement :

- Le basculement ouvre la base de données de secours, devenue base de données principale, normalement sans utiliser l'option « **RESETLOGS** » pour l'ouverture de la base de données. Cette manière n'est possible que si le mode de protection de votre base de données permet d'avoir toutes les transactions pour une ouverture propre de la base de données. L'ensemble de l'architecture peut continuer de fonctionner car la relation entre les différentes bases de secours peut être maintenue.

- Il s'agit généralement d'une opération sur une architecture avec une seule base de données de secours. Le mode de protection de l'architecture n'a pas été suffisant. Le traitement de transport n'a pas envoyé tous les enregistrements journaux vers la base de données de secours. Si la base de données primaire est perdue, alors vous transformez votre base de données de secours en base primaire, mais l'ouverture de la base est obligatoirement faite avec l'option « **RESETLOGS** » car tous les enregistrements journaux ne sont pas disponibles.

Le transport des journaux

Le transport d'enregistrements journaux vers les bases de secours est effectué au travers de la couche Oracle SQL*Net. Il y a moins de surcharge réseau en comparaison avec des systèmes de réplication physique de disque, qui transmettent toutes les opérations d'entrée-sortie.

Avant de configurer le transport des enregistrements journaux, il faut configurer le paramètre « **LOG_ARCHIVE_CONFIG** » qui détermine quels sont les noms des bases de données qui constituent l'architecture de DataGuard.

```
LOG_ARCHIVE_CONFIG='DG_CONFIG( nom_base[,...]) ;
```

Attention vous ne pouvez pas transporter des informations sur une base de données qui n'est pas listée dans votre configuration DataGuard.

```
SYS@gemmes>select value from v$parameter where name = 'log_archive_config';

VALUE
--------------------------------------------------------------------------
dg_config=(gemmes,spsatgem)

1 ligne sélectionnée.

SYS@gemmes>alter system set LOG_ARCHIVE_DEST_3=
  2           'service=sptergem db_unique_name=sptergem';
alter system set LOG_ARCHIVE_DEST_3='service=sptergem db_unique_name=sptergem'
*
ERREUR à la ligne 1 :
ORA-02097: le paramètre ne peut pas être modifié, car la valeur indiquée n'est pas valide
ORA-16053: l'attribut DB_UNIQUE_NAME sptergem n'est pas dans la configuration Data Guard

SYS@gemmes>alter system set log_archive_config=
  2           'dg_config=(gemmes,spsatgem,sptergem)';

Système modifié.

SYS@gemmes>alter system set LOG_ARCHIVE_DEST_3=
  2           'service=sptergem db_unique_name=sptergem';

Système modifié.
```

Le transport est décrit grâce aux paramètres « **LOG_ARCHIVE_DEST_n** » pour la base de données primaire et pour les bases de secours. Pour la base de données principale un emplacement de transport est en local, comme vous le savez déjà. La syntaxe est :

```
LOG_ARCHIVE_DEST_1='LOCATION=emplacement' ;
```

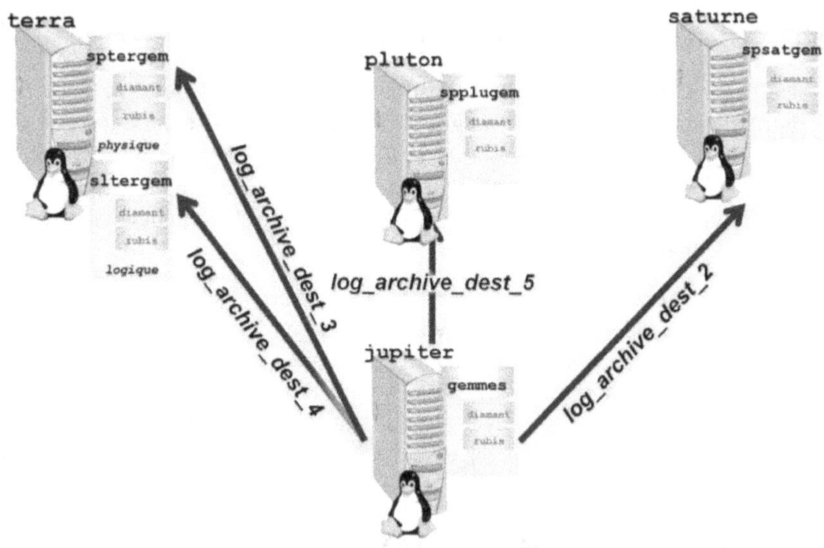

Attention, il faut concevoir le transport pour l'ensemble de l'architecture. Chaque base de données dans l'architecture peut constituer à un moment donné la base de données primaire, il faut ainsi que celle-ci soit bien configurée auparavant, pour avoir le temps d'arrêt le plus court possible.

Voici les attributs du paramètre « **LOG_ARCHIVE_DEST_n** » pour la base de données primaire et pour les bases de secours :

SERVICE   Indique le service du fichier « **tnsname.ora** » désignant la base de données cible.

LOCATION	Chaque destination doit spécifier l'attribut emplacement ou l'attribut « **SERVICE** » pour désigner un répertoire local du serveur de la base de données ou, dans le second cas, un service vers lequel le transport des enregistrements journaux doit être effectué.
ASYNC	Spécifie une exécution asynchrone des E/S du processus LNS via le réseau. C'est la valeur par défaut, utilisée en mode de protection performances maximales.
SYNC	Spécifie une exécution synchrone des E/S du processus LNS via le réseau. Cette valeur est nécessaire si vous voulez mettre en place le mode de disponibilité ou protection maximale.
AFFIRM	Le processus LNS attend jusqu'à la fin de l'écriture des journaux de secours par le processus RFS. Est nécessaire pour le traitement en mode synchrone.
NOAFFIRM	Le processus LNS n'attend pas la fin de l'écriture des journaux de secours par le processus RFS. Vous ne pouvez pas utiliser cette option si votre transport est en mode « **SYNC** ».
COMPRESSION	À l'aide de cette option vous pouvez activer la compression pour les données qui doivent être envoyées.
ALTERNATE	Indique une autre destination d'archivage dans le cas où celle d'origine n'est pas accessible. Vous pouvez utiliser également « **NOALTERNATE** ».
DELAY	Indique un intervalle entre le moment où les fichiers sont archivés sur le site de secours et le moment où ils y sont appliqués. Mettre la base de données de secours en mode flashback est beaucoup plus intéressant et plus flexible.
DEPENDENCY	Permet de transférer les enregistrements journaux vers une destination à partir de laquelle elles sont réparties entre plusieurs bases de secours. Vous pouvez utiliser également « **NODEPENDENCY** » la valeur par défaut.
REGISTER	Spécifie si l'emplacement des journaux archivés doit être enregistré sur la destination correspondante, valeur par défaut. Vous pouvez aussi utiliser « **NOREGISTER** » pour les bases de secours logiques qui n'ont pas besoin d'enregistrer les journaux de la base de données principale.
MANDATORY	Lorsqu'une destination a la valeur par défaut « **OPTIONAL** » et que l'archivage vers cet emplacement échoue, les fichiers journaux en ligne sont réutilisables et risquent donc d'être écrasés. Lorsqu'une opération d'archivage vers une destination « **MANDATORY** » échoue, les fichiers journaux en ligne ne peuvent pas être écrasés.
MAX_FAILURE	Spécifie le nombre maximal de tentatives de réouverture de la base de secours avant que la base principale n'abandonne. Vous pouvez utiliser également « **NOMAX_FAILURE** ».
NET_TIMEOUT	Spécifie le délai à l'issue duquel le processus d'écriture dans le journal de la base principale met fin à la connexion réseau, s'il n'a pas reçu d'informations d'état de la part du processus serveur réseau. La valeur est spécifiée en secondes et elle est de 30 secondes par défaut, mais une valeur de 10 à 15 secondes est plus appropriée. Vous pouvez utiliser également « **NONET_TIMEOUT** ».
REOPEN	Indique le nombre minimal de secondes, 300 secondes par défaut, à l'issue duquel le processus de transport tente d'accéder de nouveau à une destination précédemment inaccessible. Vous pouvez donner une valeur de 15 à 30 secondes ou utiliser également « **NOREOPEN** ».
VALID_FOR	Nécessite deux arguments pour déterminer de quel type de transport il s'agit. VALID_FOR = (type_fichier , rôle_base_de_données)

Pour le type de fichier, s'il s'agit d'une base de données de secours logique, on va utiliser « **STANDBY_LOGFILE** », et s'il s'agit d'une base de données de secours physique, on utilisera « **ONLINE_LOGFILES** » ou « **ALL_LOGFILES** ». Le rôle de la base de données précise que le transport ne s'exécute que si la base de données est principale « **PRIMARY_ROLE** », de secours « **STANDBY_ROLE** », ou les deux « **ALL_ROLES** ».

	Primaire	Secours	
		Physique	Logique
ONLINE_LOGFILE, PRIMARY_ROLE	✓	✗	✗
ONLINE_LOGFILE, STANDBY_ROLE	✗	✗	✓
ONLINE_LOGFILE, ALL_ROLES	✓	✗	✓
STANDBY_LOGFILE, STANDBY_ROLE	✗	✓	✓
STANDBY_LOGFILE, ALL_ROLES	✗	✓	✓
ALL_LOGFILES, PRIMARY_ROLE	✓	✗	✗
ALL_LOGFILES, STANDBY_ROLE	✗	✓	✓
ALL_LOGFILES, ALL_ROLES	✓	✓	✓

DB_UNIQUE_NAME Spécifie le nom de la base de données unique pour la destination. La valeur est contrôlée par rapport au paramètre « **LOG_ARCHIVE_CONFIG** » configuré sur toutes les bases de données de cette architecture DataGuard.

Attention, chaque paramètre « **LOG_ARCHIVE_DEST_n** » possède un correspondant « **LOG_ARCHIVE_DEST_STATE_n** » qui détermine si l'emplacement est valide ou pas pour notre instance.

```
SYS@gemmes> select name, value from v$parameter where name in
  2  ('log_archive_dest_1','log_archive_dest_2','log_archive_dest_3',
  3  'log_archive_dest_4','log_archive_dest_5','log_archive_dest_state_1',
  4  'log_archive_dest_state_2','log_archive_dest_state_3',
  5  'log_archive_dest_state_4', 'log_archive_dest_state_5') ;

NAME                        VALUE
--------------------------- -------------------------------------------------
log_archive_dest_1          location=use_db_recovery_file_dest valid_for=(all_
                            logfiles,all_roles)
log_archive_dest_2          service=spsatgem sync affirm valid_for=(online_log
                            files,primary_role) db_unique_name=spsatgem compre
                            ssion=enable
log_archive_dest_3          service=sptergem sync
                            affirm valid_for=(online_logfiles,primary_role)
                            db_unique_name=sptergem compression=enable
log_archive_dest_4          service=sltergem
                               sync affirm valid_for=(all_logfiles,all_roles)
                                 db_unique_name=sltergem compression=enable
log_archive_dest_5
log_archive_dest_state_1 enable
log_archive_dest_state_2 ENABLE
log_archive_dest_state_3 ENABLE
log_archive_dest_state_4 ENABLE
log_archive_dest_state_5 enable

SYS@gemmes>alter system set log_archive_dest_3='service=sptergem sync
  2  affirm valid_for=(online_logfiles,primary_role)
```

```
 3  db_unique_name=sptergem compression=enable';

Système modifié.

SYS@gemmes>alter system set log_archive_dest_4='service=sltergem
 2      sync affirm valid_for=(all_logfiles,all_roles)
 3      db_unique_name=sltergem compression=enable';

Système modifié.

SYS@gemmes>alter system set log_archive_dest_1=
 2          'location=use_db_recovery_file_dest
 3              valid_for=(all_logfiles,all_roles)';

Système modifié.
```

Les autres paramètres

Le transport d'enregistrements journaux vers les bases de secours est effectué au travers de la couche Oracle SQL*Net. Il y a moins de surcharge réseau en comparaison avec des systèmes de réplication physique de disque, qui transmettent toutes les opérations d'entrée-sortie.

Lors de la création de la base de données de secours et par la suite, pour le bon fonctionnement de l'architecture DataGuard, plusieurs paramètres doivent être modifiés, sur la base de données principale et sur les bases de données de secours, comme suit :

DB_NAME

Indique le nom de la base de données choisi lors de sa création. Il ne peut être modifié par la suite que dans certaines conditions.

DB_UNIQUE_NAME

Indique le nom unique au sein du même domaine pour des copies d'une base de données, de cette façon chaque base de données est unique au sein de l'entreprise.

LOG_ARCHIVE_MAX_PROCESSES

Ce paramètre détermine le nombre de processus « **ARCn** », il est configuré à 2 par défaut. Vous pouvez choisir une valeur de 4 à 30 suivant la volumétrie des transactions de votre base de données principale. Il est fortement conseillé d'augmenter cette valeur au minimum à 5.

FAL_SERVER

Lorsqu'un écart de synchronisation est créé, les enregistrements journaux ne sont pas transportés sur la base de données de secours. Une fois le service rétabli, un processus d'arrière-plan permet de transférer les journaux de la base primaire générés pendant cette période d'indisponibilité. Le paramètre « **FAL_SERVER** » (Fetch Archive Log) permet d'indiquer les services de base de données susceptibles de fournir les fichiers nécessaires. Par défaut il faut inscrire le nom du service de la base de données primaire et les autres bases de données de secours. Ainsi, si une base de données de secours n'arrive pas à récupérer les fichiers de la base de données principale, elle peut utiliser les fichiers d'une autre base de secours.

FAL_CLIENT

Indique le nom de service du client FAL qui reçoit les fichiers de journaux archivés. Dans tous les cas, il s'agit de la base de donné en cours. Ce paramètre n'est utilisé que quand celle-ci a le rôle de base de données de secours.

STANDBY_FILE_MANAGEMENT

Ce paramètre est utilisé uniquement pour les bases de données DataGuard physiques. Si un fichier de données est effacé ou créé dans la base de données principale, il est également effacé ou créé dans la ou les bases de données de secours si le paramètre à la valeur « **AUTO** ». La valeur par défaut est « **MANUAL** ».

REMOTE_LOGIN_PASSWORDFILE

L'ensemble de l'architecture doit avoir le paramètre « **EXCLUSIVE** » ou « **SHARED** » et le mot de passe doit être créé et valide pour chacune des bases de données. Le fichier de mots de passe est copié à partir de la base de données primaire vers toutes les bases de secours lors de la création. Une fois que la base de secours est créée, il n'est plus possible de modifier le mot de passe pour les utilisateurs. Les privilèges pour mettre en œuvre une DataGuard sont « **SYSDBA** » ou « **SYSDG** ».

```
SYS@gemmes>connect sys/Razvanpwd3@gemmes as sysdba
Connecté.
SYS@gemmes>select name, value from v$parameter where name in
  2  ('db_name','db_unique_name','log_archive_max_processes',
  3  'log_archive_config','fal_server','fal_client',
  4  'standby_file_management');

NAME                          VALUE
----------------------------- ---------------------------------------------------
fal_client                    GEMMES
fal_server                    spsatgem,sptergem
log_archive_config            dg_config=(gemmes,spsatgem,sptergem,sltergem)
log_archive_max_processes     5
standby_file_management       AUTO
db_name                       gemmes
db_unique_name                gemmes

SYS@gemmes>connect sys/Razvanpwd3@spsatgem as sysdba
Connecté.
SYS@gemmes>select name, value from v$parameter where name in
  2  ('db_name','db_unique_name','log_archive_max_processes',
  3  'log_archive_config','fal_server','fal_client',
  4  'standby_file_management');

NAME                          VALUE
----------------------------- ---------------------------------------------------
fal_client                    spsatgem
fal_server                    gemmes,sltergem
log_archive_config            dg_config=(gemmes,spsatgem,sptergem,sltergem)
log_archive_max_processes     5
standby_file_management       AUTO
db_name                       gemmes
db_unique_name                spsatgem

SYS@spsatgem>connect sys/Razvanpwd3@sptergem as sysdba
Connecté.
SYS@gemmes>select name, value from v$parameter where name in
  2  ('db_name','db_unique_name','log_archive_max_processes',
  3  'log_archive_config','fal_server','fal_client',
  4  'standby_file_management');

NAME                          VALUE
----------------------------- ---------------------------------------------------
fal_client                    sptergem
fal_server                    gemmes,spsatgem
log_archive_config            dg_config=(gemmes,spsatgem,sptergem,sltergem)
log_archive_max_processes     5
```



```
standby_file_management       AUTO
db_name                       gemmes
db_unique_name                sptergem

SYS@sptergem>connect sys/Razvanpwd3@sltergem as sysdba
Connecté.
SYS@gemmes>select name, value from v$parameter where name in
  2  ('db_name','db_unique_name','log_archive_max_processes',
  3  'log_archive_config','fal_server','fal_client',
  4  'standby_file_management');

NAME                          VALUE
----------------------------  ------------------------------------------------
fal_client                    sltergem
fal_server                    gemmes,spsatgem,sptergem
log_archive_config            dg_config=(gemmes,spsatgem,sptergem,sltergem)
log_archive_max_processes     5
standby_file_management       AUTO
db_name                       gemmes
db_unique_name                sltergem
```

La reconstruction de données

Le transport d'enregistrements journaux vers les bases de secours est effectué à l'aide du processus LNS. Une fois que les journaux se retrouvent sur la base de secours, il est nécessaire de reconstruire à partir de ces journaux les fichiers de données de la base de secours. Le processus MRP permet d'effectuer cette opération, mais ce n'est pas un traitement automatique. Dans une configuration de secours physique, le principe de reconstruction de la base de données est le même que celui mis en place après la restauration de fichiers de données.

La syntaxe de lancement du traitement de reconstruction de fichiers de données est :

```
ALTER DATABASE RECOVER {
        MANAGED STANDBY DATABASE
             [ { {  DISCONNECT [FROM SESSION]
                 | UNTIL CHANGE integer | UNTIL CONSISTENT
                 | { NOPARALLEL | PARALLEL [valeur] }} ]
             | FINISH
             | CANCEL }
        | TO LOGICAL STANDBY { db_name | KEEP IDENTITY }} ;
```

MANAGED L'option pour reconstruire une base de données de secours physique.

FINISH L'option est utilisée avant d'utiliser cette base de données de secours comme base principale lorsque vous voulez faire un « **FAILOVER** ».

UNTIL La reconstruction partielle des fichiers de données.

CANCEL Arrête immédiatement l'application des enregistrements journaux sur la base de données de secours.

DISCONNECT La reconstruction peut s'effectuer de manière synchrone, alors la session à la base de secours doit rester ouverte pour l'exécution de l'opération. Cette manière est dangereuse car une microcoupure réseau peut arrêter la reconstruction des données. L'utilisation de l'argument « **DISCONNECT** » permet d'ouvrir une session en tâche d'arrière-plan sur

	le serveur, ainsi la session qui a lancé cette commande peut s'arrêter sans perturber le processus.
`PARALLEL`	Il est possible de paralléliser le recouvrement afin d'augmenter les performances. Oracle utilisera autant de processus de recouvrement qu'il y a de processeurs sur le serveur. Vous pouvez également configurer le paramètre « `DB_CACHE_SIZE` » sur une valeur supérieure à celle de la base primaire. Cette zone mémoire est très utilisée dans une phase de recouvrement. En augmentant la taille de cette zone, les attentes de gestion sont réduites.
`TO LOGICAL`	La reconstruction des fichiers de données pour transformer la base de données de secours physique en base de secours logique. Si vous utilisez un autre nom de base, celui-ci doit être renseigné dans le paramètre « `DB_NAME` » après le changement. Si vous changez le nom de la base de données, l'ouverture de la base est réalisée avec l'option « `RESETLOGS` ».

La base de secours physique

La démarche de mise en œuvre d'une base de données de secours s'apparente à celle de la duplication d'une base de données à l'aide de RMAN. Bien-sûr il y faut également intégrer la configuration de la base de données principale et de celle de secours. Les étapes de création d'une base de données de secours sont :

- Le paramétrage réseau pour les bases de données primaire et de secours.

- La vérification des prérequis.

- La création de fichiers de journaux de secours.

- La préparation des environnements pour la base de données de secours.

- La duplication de la base primaire vers les sites de secours à partir de la sauvegarde effectuée ou directement à partir de la base primaire.

- Le contrôle des paramètres de transport d'enregistrements journaux.

- Le lancement de la reconstruction des données.

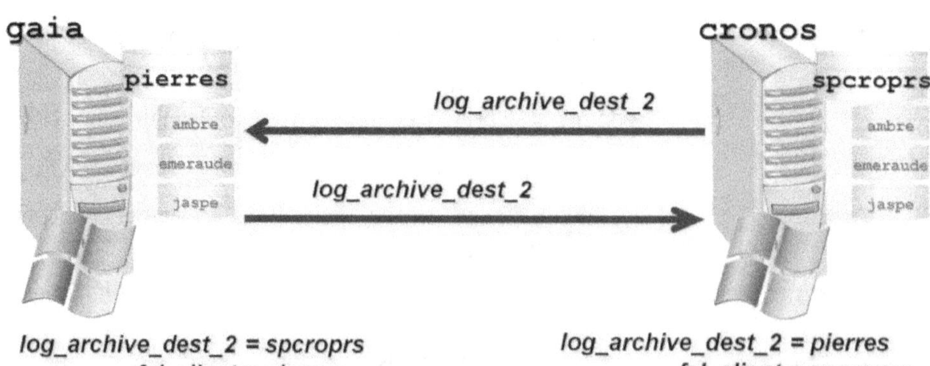

La configuration du réseau est nécessaire pour la duplication de la base de données principale, mais aussi pour le transport entre les bases de données de l'architecture DataGuard.

```
D:\>tnsping pierres

Fichiers de paramètres utilisés :
D:\app\client\oracle\product\12.1.0\cl_home\NETWORK\ADMIN\sqlnet.ora

Adaptateur TNSNAMES utilisé pour la résolution de l'alias
Tentative de contact de (DESCRIPTION = (ADDRESS_LIST = (ADDRESS = (PROTOCOL = TCP)(HOST =
gaia.olimp.fr)(PORT = 1521))) (CONNECT_DATA = (SERVER = DEDICATED) (SERVICE_NAME =
pierres.olimp.fr)))
OK (0 msec)


D:\>tnsping spcroprs

Fichiers de paramètres utilisés :
D:\app\client\oracle\product\12.1.0\cl_home\NETWORK\ADMIN\sqlnet.ora


Adaptateur TNSNAMES utilisé pour la résolution de l'alias
Tentative de contact de (DESCRIPTION=(ADDRESS=(PROTOCOL=TCP)(HOST=cronos.olimp.fr) (PORT=1521))
(CONNECT_DATA= (SERVER=DEDICATED)(SERVICE_NAME=spcroprs.olimp.fr)))
OK (10 msec)
```

La vérification des prérequis de la base de données principale et la création des fichiers journaux de secours. Les fichiers journaux de secours ne sont utilisés que par la base de secours, mais en les créant sur la base principale, ils sont automatiquement dupliqués sur la base de données de secours. Si votre base de données principale devient une base de données de secours, alors les fichiers journaux de secours sont déjà en place.

```
SYS@pierres>shutdown immediate
SYS@pierres>startup mount
SYS@pierres>alter database archivelog;
SYS@pierres>alter database flashback on;
SYS@pierres>alter database open;
SYS@pierres>alter system set db_flashback_retention_target=7200;
SYS@pierres>alter system set undo_retention=14400;
SYS@pierres> alter system set
  2      log_archive_config='dg_config=(pierres,spcroprs,slcroprs)';
SYS@pierres>alter system set
  2      log_archive_dest_1='location=use_db_recovery_file_dest';
SYS@pierres>alter system set log_archive_max_processes=5;
SYS@pierres>alter system set fal_client=pierres;
SYS@pierres>alter system set fal_server='spcroprs,slcroprs';
SYS@pierres>alter system set standby_file_management=auto;
SYS@pierres>alter database force logging;

SYS@pierres>select name, value from v$parameter
  2  where name in ( 'db_unique_name','db_domain','service_names',
  3   'spfile','log_archive_config','log_archive_max_processes',
  4   'log_archive_dest_1','log_archive_dest_2',
  5   'log_archive_dest_3','fal_client','fal_server',
  6   'db_create_file_dest','db_create_online_log_dest_1',
  7   'db_create_online_log_dest_2','db_recovery_file_dest',
  8   'db_recovery_file_dest_size','standby_file_management',
  9   'dg_broker_config_file1','dg_broker_config_file2',
 10   'dg_broker_start','local_listener','undo_retention',
 11   'db_flashback_retention_target');

NAME                            VALUE
------------------------------- --------------------------------------------------
spfile                          O:\APP\ORACLE\PRODUCT\12.1.0\DB_HOME\DATABASE
                                \SPFILEPIERRES.ORA
```

```
service_names                   pierres.olimp.fr
log_archive_dest_1              location=use_db_recovery_file_dest
log_archive_dest_2
log_archive_dest_3
fal_client                      PIERRES
fal_server                      spcroprs,slcroprs
log_archive_config              dg_config=(pierres,spcroprs,slcroprs)
log_archive_max_processes       5
db_create_file_dest             D:\donnees\oradata
db_create_online_log_dest_1     R:\recuperations\oradata
db_create_online_log_dest_2
db_recovery_file_dest           O:\app\oracle\fast_recovery_area
db_recovery_file_dest_size      12884901888
standby_file_management         AUTO
db_flashback_retention_target   7200
undo_retention                  14400
db_domain                       olimp.fr
local_listener                  LISTENER_PIERRES
db_unique_name                  pierres
dg_broker_start                 FALSE
dg_broker_config_file1          O:\APP\ORACLE\PRODUCT\12.1.0\DB_HOME\DATABASE
                                \DR1PIERRES.DAT
dg_broker_config_file2          O:\APP\ORACLE\PRODUCT\12.1.0\DB_HOME\DATABASE
                                \DR2PIERRES.DAT

SYS@pierres>select name,force_logging,flashback_on,
  2     supplemental_log_data_min lmin, supplemental_log_data_pk  lpk,
  3     supplemental_log_data_ui  lui from v$database;

NAME       FORCE_LOGGING FLASHBACK_ON        LMIN     LPK LUI
---------- ------------- ------------------- -------- --- ---
PIERRES    YES           YES                 NO       NO  NO

SYS@pierres>declare
  2     taille number(32); nombre number(2);
  3  begin
  4     select count(*)+1, bytes into nombre,
  5             taille from v$log group by bytes;
  6     for i in 1..nombre loop
  7        execute immediate
  8           'alter database add standby logfile size '||taille;
  9     end loop;
 10  end;
 11  /

Procédure PL/SQL terminée avec succès.

SYS@pierres>select group# g, type, member from v$logfile;

G TYPE    MEMBER
-- ------- ---------------------------------------------------------
 1 ONLINE  R:\RECUPERATIONS\ORADATA\PIERRES\ONLINELOG\O1_MF_1_9M5PCTOV_.LOG
 2 ONLINE  R:\RECUPERATIONS\ORADATA\PIERRES\ONLINELOG\O1_MF_2_9M5PCV2V_.LOG
 3 ONLINE  R:\RECUPERATIONS\ORADATA\PIERRES\ONLINELOG\O1_MF_3_9M5PCVOV_.LOG
 4 STANDBY R:\RECUPERATIONS\ORADATA\PIERRES\ONLINELOG\O1_MF_4_9M5PGOP5_.LOG
 5 STANDBY R:\RECUPERATIONS\ORADATA\PIERRES\ONLINELOG\O1_MF_5_9M5PGP0G_.LOG
 6 STANDBY R:\RECUPERATIONS\ORADATA\PIERRES\ONLINELOG\O1_MF_6_9M5PGPQ0_.LOG
 7 STANDBY R:\RECUPERATIONS\ORADATA\PIERRES\ONLINELOG\O1_MF_7_9M5PGQ1F_.LOG

SYS@pierres>exit ;
D:\>set ORACLE_HOME=O:\app\oracle\product\12.1.0\db_home
D:\>set ORACLE_SID=spcroprs

D:\>oradim -new -sid spcroprs
```

```
Saisissez le mot de passe de l'utilisateur du service Oracle : XXXXX
Instance créée.

D:\>orapwd file=O:\app\oracle\product\12.1.0\db_home\database\PWDspcroprs.ora

Enter password for SYS: XXXXX

D:\>echo db_name=spcroprs > %ORACLE_HOME%\database\initspcroprs.ora

D:\>type %ORACLE_HOME%\database\initspcroprs.ora
db_name=spcroprs

D:\>mkdir O:\app\oracle\admin\spcroprs\adump

D:\>sqlplus sys/Razvanpwd3@spcroprs as sysdba

Connecté à une instance inactive.

SYS@spcroprs>startup nomount
Instance ORACLE lancée.
SYS@spcroprs>exit
```

La création de la base de données de secours s'effectue à l'aide de RMAN avec la syntaxe suivante :

```
DUPLICATE {TARGET DATABASE | DATABASE[nom|DBID no|INCARNATION clé]}
      { TO nouveau_nom | FOR STANDBY } ... ;
```

```
D:\>rman target sys/Razvanpwd3@pierres auxiliary sys/Razvanpwd3@spcroprs

connecté à la base de données cible : PIERRES (DBID=807186735)
connexion établie avec la base de données auxiliaire : SPCROPRS (non montée)

RMAN> run {
2>   set newname for database to new;
3>   allocate channel primaire1 type disk ;
4>   allocate auxiliary channel secours1 type disk ;
5>   duplicate target database for standby from active database
6>     spfile parameter_value_convert 'pierres','spcroprs'
7>      set db_unique_name='spcroprs'
8>       reset control_files
9>       set db_create_file_dest        ='O:\app\oracle\oradata'
10>      set db_create_online_log_dest_1 ='O:\app\oracle\oradata'
11>      set db_recovery_file_dest     ='O:\app\oracle\fast_recovery_area'
12>      set audit_file_dest='O:\app\oracle\admin\spcroprs\adump'
13>      set local_listener='(DESCRIPTION=(ADDRESS=(PROTOCOL=tcp)
14>         (HOST=cronos)(PORT=1521)))'
15>      set fal_client='spcroprs'
16>      set fal_server='pierres'
17>      set log_archive_dest_2='service=pierres async affirm
18>       valid_for=(online_logfiles,primary_role) db_unique_name=pierres
19>       reopen=15 net_timeout=10 compression=enable';
20>   sql channel primaire1 "alter system switch logfile";
21>   sql channel primaire1
22>       "alter database set standby to maximize performance";
23>   sql channel primaire1 "alter system archive log current";
24>   allocate auxiliary channel secours type disk;
25>   sql channel secours
26>       "alter database recover managed standby
27>                        database parallel disconnect";}
...
D:\>sqlplus sys/Razvanpwd3@pierres as sysdba
SYS@spcroprs>connect sys/Razvanpwd3@pierres as sysdba
Connecté.
SYS@pierres>archive log list
mode Database log          mode Archive
```

```
Archivage automatique                   Activé
Destination de l'archive                A:\archives\oradata
Séquence de journal en ligne la plus ancienne     51
Séquence de journal suivante à archiver      58
Séquence de journal courante                 58
SYS@pierres>connect sys/Razvanpwd3@spcroprs as sysdba
Connecté.
SYS@spcroprs>archive log list
mode Database log                  mode Archive
Archivage automatique                   Activé
Destination de l'archive                A:\archives\oradata\spcroprs
Séquence de journal en ligne la plus ancienne      0
Séquence de journal suivante à archiver       0
Séquence de journal courante                 58
SYS@spcroprs>connect sys/Razvanpwd3@pierres as sysdba
Connecté.
SYS@pierres> alter system set log_archive_dest_2=
  2    'service=spcroprs async affirm valid_for=(online_logfiles,
  3      primary_role) db_unique_name=spcroprs reopen=15 net_timeout=10
  4        compression=enable';
SYS@pierres>create tablespace t datafile size 10M;
SYS@pierres>connect sys/Razvanpwd3@spcroprs as sysdba
SYS@spcroprs>select name from v$tablespace;

NAME
--------
...
T
```

La duplication de la base de données primaire comporte la modification de tous les paramètres de la
base de données de secours, différents de ceux de la base de données primaire. Le niveau de
protection de la base principale est configuré une fois que la base de données de secours a été
dupliquée. De même la commande de démarrage de la reconstruction des données pour la base de
secours est lancée directement dans le bloc des commandes RMAN. Chacune des commandes est
lancée sur le canal correspondant à la base de données que l'on veut modifier.

La démarche de mise en œuvre d'une base de données de secours logique commence par la création
d'une base de secours physique qui, par la suite, sera transformée en base logique. Voici un deuxième
exemple, cette fois ci dans l'environnement Linux.

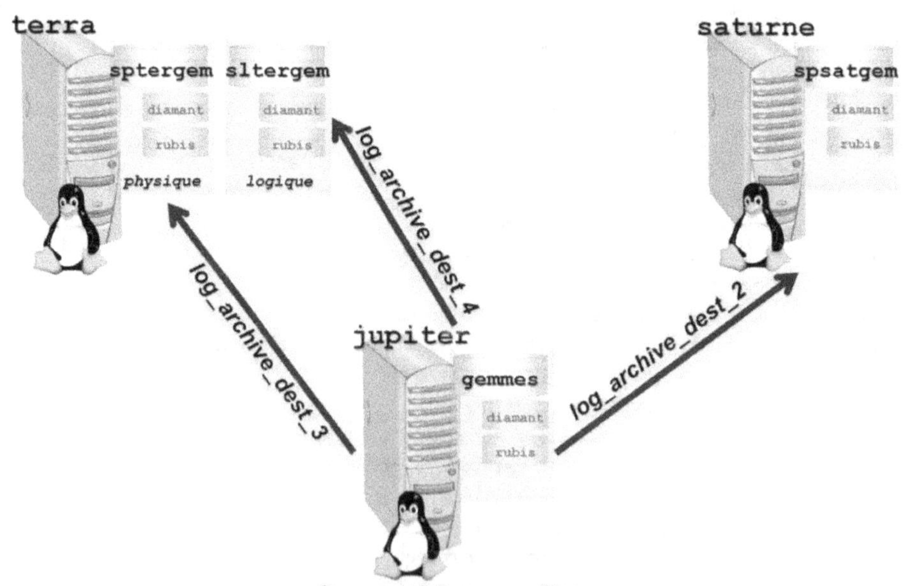

```
[oracle@jupiter ~]$ cat create_dataguard_sltergem.sh
ssh $serveur rm     $ORACLE_HOME/dbs/spfile$nom_base.ora
scp $ORACLE_HOME/dbs/orapwgemmes $serveur:$ORACLE_HOME/dbs/orapw$nom_base

echo "db_name='$nom_base'" > init$nom_base.ora
scp init$nom_base.ora $serveur:$ORACLE_HOME/dbs/init$nom_base.ora
rm init$nom_base.ora
ssh $serveur mkdir -p $ORACLE_BASE/admin/$nom_base/adump
ssh $serveur mkdir -p $ORACLE_BASE/oradata/$nom_base/dataguard

mkdir -p $ORACLE_BASE/oradata/gemmes/dataguard

sqlplus /nolog <<fin_01
spool initialise_$nom_base.log
connect sys/Razvanpwd3@$nom_base as sysdba
startup force nomount
select * from v\$instance;
show parameter spfile
select name, value from v\$parameter where name = 'spfile';
exit
spool off
fin_01

rman<<fin_02
connect target sys/Razvanpwd3@gemmes
connect auxiliary sys/Razvanpwd3@$nom_base
run {
        set newname for database to new;
        allocate channel primaire1 type disk ;
        allocate channel primaire2 type disk ;
        allocate channel primaire3 type disk ;
        allocate auxiliary channel secours1 type disk ;
        duplicate target database for standby from active database
        spfile
          parameter_value_convert 'gemmes','$nom_base'
            set db_unique_name='$nom_base'
            reset control_files
            set db_create_file_dest        ='/u02/donnees/oradata'
            set db_create_online_log_dest_1 ='/u02/donnees/oradata'
            set db_recovery_file_dest       ='$ORACLE_BASE/fast_recovery_area'
            set audit_file_dest='/u01/app/oracle/admin/$nom_base/adump'
            set local_listener='(DESCRIPTION=(ADDRESS=(PROTOCOL=tcp)
                            (HOST=$serveur)(PORT=1521)))'
            set fal_client='$nom_base'
            set fal_server='gemmes'
            set log_archive_dest_2='service=gemmes async affirm valid_for=(online_logfiles,
                    primary_role) db_unique_name=gemmes
                    reopen=15 net_timeout=10 compression=enable';
        sql channel primaire1 "alter system switch logfile";
        sql channel primaire1 "alter database set standby to maximize performance";
        sql channel primaire1 "alter system archive log current";
        allocate auxiliary channel secours type disk;
        sql channel secours
            "alter database recover managed standby database parallel disconnect";}
exit;
fin_02

ssh $serveur echo "\"$nom_base:$ORACLE_HOME:N\">>/etc/oratab " >> $nom_base.oratab
scp $nom_base.oratab $serveur:/home/oracle/$nom_base
ssh $serveur . /home/oracle/$nom_base
[oracle@jupiter ~]$ . create_dataguard_sltergem.sh terra sltergem
```

La vue dynamique

Un ensemble de vues dynamiques sur les performances permet de contrôler l'implémentation de l'architecture et par la suite le bon fonctionnement de celle-ci.

V$DATAGUARD_STATS

La vue permet de récupérer les statistiques de fonctionnement de la base de données de secours ainsi que le temps estimatif du redémarrage à partir de celle-ci.

```
SYS@sptergem>select name, value, time_computed
  2  from v$dataguard_stats;

NAME                    VALUE             TIME_COMPUTED
--------------------    ----------------  --------------------
transport lag           +00 00:00:00      03/26/2014 21:23:04
apply lag               +00 00:00:00      03/26/2014 21:23:04
apply finish time       +00 00:00:00.000  03/26/2014 21:23:04
estimated startup time 15                 03/26/2014 21:23:04      <-----
```

V$DATAGUARD_STATUS

La vue permet d'afficher les messages qui ont été récemment enregistrés dans le journal d'alerte ou des fichiers de traces de processus serveur, qui concernent les bases de données de secours physique.

```
SYS@gemmes>select facility, timestamp, message
  2           from v$dataguard_status where rownum < 3;

FACILITY              TIMESTAMP  MESSAGE
--------------------  ---------  -----------------------------------------------------------------
--------------------------------
Log Transport Services   25/03/2014 LGWR: Standby redo logfile selected for thread 1 sequence 242
for destination LOG_ARCHIVE_DEST_2
Log Transport Services   25/03/2014 LGWR: Beginning to archive log 3 thread 1 sequence 242
Log Transport Services   25/03/2014 ARCH: Beginning to archive thread 1 sequence 241 (3028406-
3028514)
Log Transport Services   25/03/2014 ARCH: Completed archiving thread 1 sequence 241 (3028406-
3028514)
```

V$MANAGED_STANDBY

La vue permet d'afficher les informations sur les processus d'arrière-plan des bases de données de l'architecture.

```
SYS@gemmes>archive log list
mode Database log            mode Archive
Archivage automatique        Activé
Destination de l'archive          USE_DB_RECOVERY_FILE_DEST
Séquence de journal en ligne la plus ancienne   263
Séquence de journal suivante à archiver      265
Séquence de journal courante      265                      <-----
SYS@gemmes>select sequence#,process,client_process,status
  2  from v$managed_standby;

SEQUENCE# PROCESS    CLIENT_P STATUS
--------- ---------  -------- ------------
      261 ARCH       ARCH     CLOSING
      251 ARCH       ARCH     CLOSING
      260 ARCH       ARCH     CLOSING
      263 ARCH       ARCH     CLOSING
      262 ARCH       ARCH     CLOSING
```

```
      257 LGWR      LGWR      CLOSING
      265 LNS       LNS       WRITING                              <-----
      265 LNS       LNS       WRITING
      265 LNS       LNS       WRITING

SYS@gemmes>connect sys/Razvanpwd3@sltergem as sysdba
SYS@sltergem>select sequence#,process,client_process,status
  2  from v$managed_standby;

SEQUENCE# PROCESS    CLIENT_P STATUS
---------- --------- -------- ------------
        0 ARCH       ARCH     CONNECTED
        0 ARCH       ARCH     CONNECTED
        0 ARCH       ARCH     CONNECTED
      264 ARCH       ARCH     CLOSING
        0 ARCH       ARCH     CONNECTED
      265 MRP0       N/A      APPLYING_LOG                         <-----
      265 RFS        LGWR     IDLE                                 <-----
        0 RFS        ARCH     IDLE
        0 RFS        UNKNOWN  IDLE
        0 RFS        UNKNOWN  IDLE
      265 LNS        LNS      WRITING                              <-----
        0 RFS        UNKNOWN  IDLE
        0 RFS        ARCH     IDLE
      265 RFS        LGWR     IDLE                                 <-----
```

V$STANDBY_LOG

La vue est analogue à la vue « `V$LOG` » mais cette fois ci pour les journaux de secours.

```
SYS@sltergem>select group#, sequence#, status, archived, used,
  2  first_change#, next_change# from v$standby_log;

   GROUP#  SEQUENCE# STATUS     ARC       USED FIRST_CHANGE# NEXT_CHANGE#
---------- ---------- ---------- --- ---------- ------------- ------------
        4        265 ACTIVE     YES   13495296       3222402
        5          0 UNASSIGNED NO           0
        6          0 UNASSIGNED YES          0
        7          0 UNASSIGNED YES          0
```

V$ARCHIVE_DEST

La vue permet la configuration du transport sur la base primaire du moment.

```
SYS@gemmes> select dest_id i, valid_type vt, valid_role vr, valid_now vn,
  2  reopen_secs r, net_timeout t, log_sequence s, compression,
  3  applied_scn from v$archive_dest where dest_id < 5;

I VT               VR              VN    R    T    S COMPRES APPLIED_SCN
-- --------------- --------------- --- ---- ---- ---- ------- -----------
 1 ALL_LOGFILES    ALL_ROLES       YES  300    0  264 DISABLE           0
 2 ONLINE_LOGFILE  PRIMARY_ROLE    YES   15   10  265 ENABLE      3247729
 3 ONLINE_LOGFILE  PRIMARY_ROLE    YES   15   10  265 ENABLE      3247729
 4 ALL_LOGFILES    ALL_ROLES       YES   15   10  265 ENABLE      3247729

SYS@gemmes>connect sys/Razvanpwd3@sltergem as sysdba
SYS@sltergem>shutdown immediate
SYS@sltergem> connect sys/Razvanpwd3@gemmes as sysdba
SYS@gemmes> alter system switch logfile;
SYS@gemmes> select dest_id i, valid_type vt, valid_role vr, valid_now vn,
  2  reopen_secs r, net_timeout t, log_sequence s, compression,
  3  applied_scn from v$archive_dest where dest_id < 5;
```

```
I VT              VR            VN          R    T    S COMPRES APPLIED_SCN
--- ------------- ------------- --------- ---- ---- ---- ------- -----------
  1 ALL_LOGFILES    ALL_ROLES     YES       300    0  265 DISABLE           0
  2 ONLINE_LOGFILE  PRIMARY_ROLE  YES        15   10  266 ENABLE      3248572
  3 ONLINE_LOGFILE  PRIMARY_ROLE  YES        15   10  266 ENABLE      3248572
  4 ALL_LOGFILES    ALL_ROLES     INACTIVE   15   10  265 ENABLE      3248151
```

V$ARCHIVE_DEST_STATUS

La vue permet de récupérer les informations sur l'état des bases de données de secours et le mode de protection de la base principale, et vers quelle base de secours le transport est effectué.

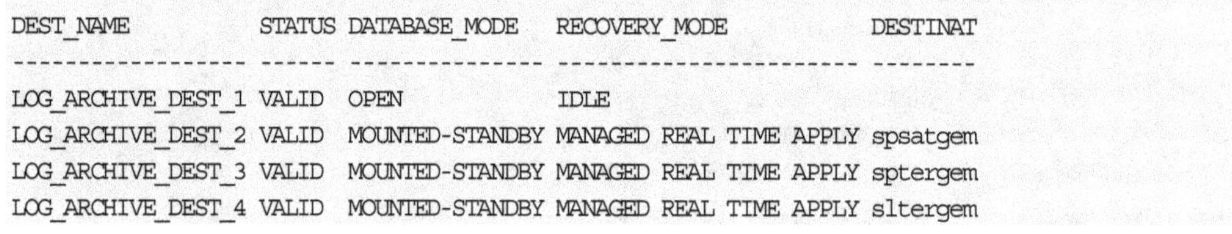

```
SYS@gemmes>select dest_name, status, database_mode, recovery_mode,
  2  destination from v$archive_dest_status
  3  where dest_name in ('LOG_ARCHIVE_DEST_1','LOG_ARCHIVE_DEST_2',
  4    'LOG_ARCHIVE_DEST_3','LOG_ARCHIVE_DEST_4');


DEST_NAME            STATUS DATABASE_MODE    RECOVERY_MODE            DESTINAT
-------------------- ------ ---------------- ------------------------ --------
LOG_ARCHIVE_DEST_1 VALID  OPEN             IDLE
LOG_ARCHIVE_DEST_2 VALID  MOUNTED-STANDBY MANAGED REAL TIME APPLY spsatgem
LOG_ARCHIVE_DEST_3 VALID  MOUNTED-STANDBY MANAGED REAL TIME APPLY sptergem
LOG_ARCHIVE_DEST_4 VALID  MOUNTED-STANDBY MANAGED REAL TIME APPLY sltergem
```

V$ARCHIVED_LOG

La vue permet de récupérer les informations concernant les fichiers d'archives, le processus qui les a créés ou celui qui les a enregistrés, et ainsi de savoir s'ils sont déjà appliqués ou s'ils ont été transportés sur la base de données de secours.

```
SYS@gemmes> select sequence#,creator,registrar,first_change#,
  2  next_change#,standby_dest,applied,compressed,fal
  3  from v$archived_log where sequence# > 265;

 SEQUENCE# CREATOR REGISTR FIRST_CHANGE# NEXT_CHANGE# STA APPLIED   COM FAL
---------- ------- ------- ------------- ------------ --- --------- --- ---
       266 ARCH    ARCH         3248291      3248970 NO  NO        NO  NO
       266 LGWR    LGWR         3248291      3248970 YES NO        NO  NO
       266 LGWR    LGWR         3248291      3248970 YES NO        NO  NO
       266 ARCH    ARCH         3248291      3248970 YES NO        NO  YES
SYS@gemmes>connect sys/Razvanpwd3@sltergem as sysdba
SYS@sltergem>startup mount
Instance ORACLE lancée.
Base de données montée.
SYS@sltergem>select sequence#,creator,registrar,first_change#,
  2  next_change#,standby_dest,applied,compressed,fal
  3  from v$archived_log;

 SEQUENCE# CREATOR REGISTR FIRST_CHANGE# NEXT_CHANGE# STA APPLIED   COM FAL
---------- ------- ------- ------------- ------------ --- --------- --- ---
       260 ARCH    RFS          3216916      3220102 NO  YES       NO  YES
       261 ARCH    RFS          3220102      3222153 NO  YES       NO  YES
       264 ARCH    RFS          3222346      3222402 NO  YES       NO  NO
       263 ARCH    RFS          3222318      3222346 NO  YES       NO  YES
       262 ARCH    RFS          3222153      3222318 NO  YES       NO  YES
       266 ARCH    RFS          3248291      3248970 NO  NO        NO  NO
       265 ARCH    RFS          3222402      3248291 NO  NO        NO  NO

SYS@sltergem> alter database recover managed standby
  2            database parallel disconnect;
Base de données modifiée.
```

```
SYS@sltergem> select sequence#,creator,registrar,first_change#,
  2    next_change#,standby_dest,applied,compressed,fal
  3    from v$archived_log where sequence# >= 265;

SEQUENCE# CREATOR REGISTR FIRST_CHANGE# NEXT_CHANGE# STA APPLIED   COM FAL
--------- ------- ------- ------------- ------------ --- --------- --- ---
      266 ARCH    RFS           3248291      3248970 NO  NO        NO  NO
      265 ARCH    RFS           3222402      3248291 NO  YES       NO  NO
```

La base de secours logique

La première étape dans la création de la base de données de secours logique est la création d'une base de données de secours physique qui sera transformée par la suite.

Avant de transformer la base de données, il faut contrôler et préparer la base de données primaire. Il faut se rappeler que, dans une base de données logique, on traite les transactions envoyées à partir de la base de données primaire. L'outil LogMiner se base sur les clés primaires et d'unicité pour les identifiants des opérations de mises à jour. Ainsi il faut contrôler qu'il n'y ait pas de tables qui ne vérifient pas ce prérequis. Vous avez à disposition plusieurs vues du dictionnaire de données pour interroger la base de données principale.

CDB_LOGSTDBY_UNSUPPORTED

La vue permet de déterminer s'il y a des objets non compatibles. Il faut se rappeler que s'il s'agit de bases de données avec une architecture mutualisée, vous devez interroger les vues « **CDB_** » à la place des « **DBA_** » pour contrôler aussi les données stockées dans les bases de données insérées.

Plusieurs types de données ne sont pas supportés :

- LOB (CLOB, NCLOB, BLOB)

- LONG et LONG RAW

- OBJECT TYPE

- COLLECTIONS

- XML

- VARCHAR2, NVARCHAR2 ou RAW (taille > 4000 bytes)

CDB_LOGSTDBY_UNSUPPORTED_TABLE

La vue permet de déterminer les tables qui ne sont pas compatibles avec LogMiner.

CDB_LOGSTDBY_NOT_UNIQUE;

La vue permet de déterminer si la base de données possède des tables qui n'ont pas une clé primaire ou une clé unique. Il est possible de mettre en place, pour les tables qui n'ont pas de clé primaire ou unique, une clé primaire de type « **RELAY DISABLE** ». C'est une clé primaire uniquement destinée à ce que LogMiner retrouve l'unicité d'un enregistrement.

```
SYS@gemmes>select owner, table_name, bad_column
  2    from cdb_logstdby_not_unique where (owner, table_name) not in
  3    (select distinct owner, table_name from cdb_logstdby_unsupported)
  4    or bad_column = 'y';

OWNER                        TABLE_NAME                        B
---------------------------- --------------------------------- -
APEX_040200                  WWV_FLOW_BANNER                   Y
APEX_040200                  WWV_FLOW_ACTIVITY_LOG1$           N
APEX_040200                  WWV_FLOW_ACTIVITY_LOG2$           N
```

```
APEX_040200                    WWV_FLOW_USER_ACCESS_LOG1$    N
APEX_040200                    WWV_FLOW_USER_ACCESS_LOG2$    N
APEX_040200                    WWV_FLOW_DUAL100              N
APEX_040200                    WWV_FLOW_SHORTCUT_USAGE_MAP   N
...
STAG01                         VENTES_MOIS                  N

SYS@gemmes>alter session set container=diamant;

Session modifiée.

SYS@gemmes>alter table stag01.ventes_mois add
  2         primary key (annee,mois,vente,remise) rely disable;

Table modifiée.

SYS@gemmes>alter session set container=cdb$root;

Session modifiée.

SYS@gemmes>select owner, table_name, bad_column
  2  from cdb_logstdby_not_unique where owner = 'STAG01';

aucune ligne sélectionnée
```

Vous pouvez également empêcher la transmission des transactions pour certains objets à l'aide du package « **DBMS_LOGSTDBY** ». La procédure « **SKIP** » permet de définir les objets qui ne feront pas partie du traitement LogMiner. Tous les objets qui ne seront pas traités par LogMiner seront accessibles en interrogeant la vue « **DBA_LOGSTDBY_SKIP** ».

```
SYS@gemmes> select distinct pdb_name , owner
  2  from cdb_logstdby_not_unique join cdb_pdbs using(con_id);

PDB_NAME       OWNER
------------   ------------

PDB$SEED       APEX_040200
RUBIS          APEX_040200
DIAMANT        APEX_040200

SYS@gemmes>alter session set container=rubis;
SYS@gemmes>exec dbms_logstdby.skip(stmt => 'DML', -
>          schema_name => 'APEX_040200', object_name => '%');
SYS@gemmes>alter session set container=diamant;
SYS@gemmes>exec dbms_logstdby.skip(stmt => 'DML', -
>          schema_name => 'APEX_040200', object_name => '%');
SYS@gemmes>alter session set container=cdb$root;
SYS@gemmes>select pdb_name, owner, name, use_like
  2  from cdb_logstdby_skip join cdb_pdbs using(con_id)
  3  where statement_opt = 'DML';

PDB_NAME       OWNER         NAME          U
------------   ------------  ------------  -

DIAMANT        APEX_040200   %            Y
PDB$SEED       APEX_040200   %            Y
RUBIS          APEX_040200   %            Y
```

Une fois que vous avez résolu les problèmes d'incompatibilité, il faudra s'assurer que le mode « **FORCE LOGING** » est activé, et mettre en place sur la base de données une journalisation plus complète pour que LogMiner retrouve les informations nécessaires.

```
SYS@gemmes>ALTER DATABASE ADD SUPPLEMENTAL LOG DATA
  2       (PRIMARY KEY,UNIQUE INDEX) COLUMNS;

Base de données modifiée.

SYS@gemmes>select name,force_logging, flashback_on,
  2       supplemental_log_data_min lmin, supplemental_log_data_pk  lpk,
  3       supplemental_log_data_ui  lui from v$database;
```

```
NAME        FORCE_LOGGING FLASHBACK_ON     LMIN     LPK LUI
---------   ------------- ---------------  -------- --- ---
GEMMES      YES           YES              IMPLICIT YES YES
```

À ce stade, la base de données est prête à être changée en base de données de secours logique. D'abord il faut arrêter la reconstruction de données sur la base de secours physique, puis construire le dictionnaire LogMiner sur la base de données primaire.

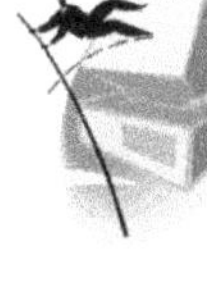

```
SYS@gemmes>connect sys/Razvanpwd3@sltergem as sysdba
Connecté.
SYS@sltergem>select sequence#,process,client_process,status
  2  from v$managed_standby;

 SEQUENCE# PROCESS    CLIENT_P STATUS
---------- ---------- -------- ------------
       295 MRP0       N/A      APPLYING_LOG
       292 ARCH       ARCH     CLOSING
       294 ARCH       ARCH     CLOSING
         0 ARCH       ARCH     CONNECTED
       294 ARCH       ARCH     OPENING
       291 ARCH       ARCH     OPENING
       295 RFS        LGWR     IDLE
       295 LNS        LNS      WRITING
         0 RFS        UNKNOWN  IDLE
         0 RFS        UNKNOWN  IDLE
         0 RFS        ARCH     IDLE
         0 RFS        UNKNOWN  IDLE
         0 RFS        UNKNOWN  IDLE
         0 RFS        ARCH     IDLE
         0 RFS        UNKNOWN  IDLE
       295 RFS        LGWR     IDLE

SYS@sltergem>alter database recover managed standby database cancel;

Base de données modifiée.

SYS@sltergem>connect sys/Razvanpwd3@gemmes as sysdba
Connecté.
SYS@gemmes>exec dbms_logstdby.build

Procédure PL/SQL terminée avec succès.

SYS@gemmes>connect sys/Razvanpwd3@sltergem as sysdba
Connecté.
SYS@sltergem>alter database recover to logical standby cailloux;

Base de données modifiée.

SYS@sltergem>shutdown
ORA-01507: base de données non montée
Instance ORACLE arrêtée.
SYS@sltergem>startup force mount
Instance ORACLE lancée.
Base de données montée.
SYS@sltergem>show parameter db_name

NAME                                 TYPE        VALUE
------------------------------------ ----------- ------------------------
db_name                              string      CAILLOUX
SYS@sltergem>alter database open resetlogs;

Base de données modifiée.

SYS@sltergem>alter database start logical standby apply immediate;

Base de données modifiée.
```

```
SYSTEM@sltergem>select name, value, unit from v$dataguard_stats;

NAME                     VALUE              UNIT
------------------------ ------------------ ---------------------------
transport lag            +00 00:00:00       day(2) to second(0) interval
apply lag                +00 00:00:03       day(2) to second(0) interval
apply finish time        +00 00:00:02.755   day(2) to second(3) interval
estimated startup time   30                 second

SYS@sltergem>connect sys/Razvanpwd3@gemmes as sysdba
Connecté.
SYS@gemmes>select dest_id i, valid_type vt, valid_role vr, valid_now vn,
  2  reopen_secs r, net_timeout t,
  3  log_sequence s, compression, applied_scn scn
  4  from v$archive_dest where dest_id < 5;

I VT                VR            VN    R   T  S COMPRES SCN
- ---------------- ------------ ---- --- -- --- ------- -------
1 ALL_LOGFILES     ALL_ROLES     YES 300   0 299 DISABLE       0
2 ONLINE_LOGFILE   PRIMARY_ROLE  YES  15  10 300 ENABLE  3384193
3 ONLINE_LOGFILE   PRIMARY_ROLE  YES  15  10 300 ENABLE  3384193
4 ALL_LOGFILES     ALL_ROLES     YES  15  10 299 ENABLE  3380196
```

Comme pour la base de données de secours physique, il faut démarrer l'application des transactions, dans ce cas, sur la base de données de secours. La syntaxe d'arrêt et de démarrage de la reconstruction des données sur la base de secours est :

```
ALTER DATABASE [START|STOP] LOGICAL STANDBY APPLY ;
```

Comme pour la base de données de secours physique, il y plusieurs vues qui permettent de visualiser l'état de la base de secours, à une différence près : celle-ci est ouverte et peut bénéficier de vues du dictionnaire de données.

V$LOGSTDBY_STATS

La vue permet d'afficher les statistiques sur le fonctionnement de la base de données de secours logique.

```
SYSTEM@sltergem>select name,value from v$logstdby_stats;

NAME                          VALUE
----------------------------- ---------------------
logminer session id           1
number of preparers           1
number of appliers            5
server processes in use       9
maximum SGA for LCR cache (MB) 100
maximum events recorded       10000
preserve commit order         TRUE
transaction consistency       FULL
record skipped errors         Y
record skipped DDLs           Y
record applied DDLs           N
record unsupported operations N
realtime apply                Y
apply delay (minutes)         0
peak apply rate (bytes/sec)   1563968
record skipped PLSQL          N
record applied PLSQL          N
current apply rate (bytes/sec) 32488
coordinator state             APPLYING
coordinator startup time      27/03/2014 08:55:12
coordinator uptime (seconds)  1075
...
```

V$LOGSTDBY_STATE

La vue permet d'afficher l'état de la base de données de secours logique.

```
SYS@sltergem>select * from v$logstdby_state;

PRIMARY_DBID PRIMARY_CON_DBID SESSION_ID REALTIME_APPLY STATE     CON_ID
------------ ---------------- ---------- -------------- -------- ------
  1022042757       1022042757          1 Y                APPLYING      1
```

V$LOGSTDBY_PROCESS

La vue permet d'afficher les statistiques sur les processus de la base de données de secours logique.

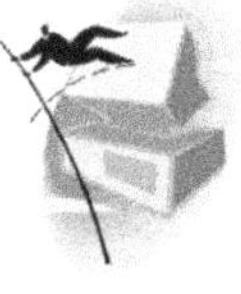

```
SYSTEM@sltergem>select sid, serial#, spid, type, high_scn
  2              from v$logstdby_process;

 SID SERIAL# SPID   TYPE         HIGH_SCN
 --- ------- ------ ------------ ---------
  29      13 46221  COORDINATOR   3387995
 268      39 46291  ANALYZER      3387713
  34      21 46293  APPLIER       3387691
 270       5 46295  APPLIER       3387658
  36       1 46297  APPLIER       3386824
 272       1 46299  APPLIER       3387702
  38       1 46301  APPLIER       3387713
  24      15 46231  READER        3387995
 263      15 46233  BUILDER       3387949
  25      15 46235  PREPARER      3387947

SYSTEM@sltergem>select type, status_code, status from v$logstdby_process;

TYPE         STATUS_CODE STATUS
------------ ----------- ----------------------------------------
COORDINATOR        16116 ORA-16116: aucun travail disponible
ANALYZER           16116 ORA-16116: aucun travail disponible
APPLIER            16117 ORA-16117: traitement en cours
READER             16242 ORA-16242: Traitement du fichier journal
                         (numéro de thread 1, numéro de séquence
                         301)
BUILDER            16116 ORA-16116: aucun travail disponible
PREPARER           16116 ORA-16116: aucun travail disponible
```

V$LOGSTDBY_PROGRESS

La vue permet d'afficher l'état d'avancement des reconstructions des données. Vous avez la possibilité de voir les temps ou le SCN dernièrement appliqué « **APPLIED_** », la dernière information reçue « **LATEST_** », le dernier enregistrement traité par le processus BUILDER « **MINING_** ».

```
SYSTEM@sltergem>select applied_scn, latest_scn, mining_scn, restart_scn
  2  from v$logstdby_progress;

APPLIED_SCN LATEST_SCN MINING_SCN RESTART_SCN
----------- ---------- ---------- -----------
    3391599    3392175    3392162     3388958


SYSTEM@sltergem>select applied_time, latest_time, mining_time, restart_time
  2       from v$logstdby_progress;

APPLIED_TIME     LATEST_TIME      MINING_TIME      RESTART_TIME
---------------- ---------------- ---------------- ----------------
27/03/14 09:29:08 27/03/14 09:30:33 27/03/14 09:29:08 27/03/14 09:24:21
```

DBA_LOGSTDBY_EVENTS

Le vue permet d'afficher les messages qui ont été récemment enregistrés par les processus de la base de données de secours.

```
SYS@sltergem>select event_time, status, event from dba_logstdby_events
  2  order by event_timestamp, commit_scn, current_scn;

EVENT_TIME              STATUS                                               EVENT
------------------      ------------------------------------------------     ------
27/03/2014 08:55:13 ORA-16111: log mining and apply setting up
27/03/2014 08:55:13 Apply LWM 3383125, HWM 3383125, SCN 3383125
27/03/2014 10:02:06 Shutdown acknowledged
27/03/2014 10:02:18 ORA-16128: User initiated stop apply successfully
27/03/2014 10:10:13 ORA-16111: log mining and apply setting up
27/03/2014 10:10:13 Apply LWM 3391606, HWM 3391606, SCN 3392653
27/03/2014 10:13:13 ORA-16128: User initiated stop apply successfully
27/03/2014 10:16:01 ORA-16111: log mining and apply setting up
27/03/2014 10:16:01 Apply LWM 3391606, HWM 3391606, SCN 3392653
```

DBA_LOGSTDBY_LOG

La vue permet d'afficher les informations des fichiers de journaux de la base de données de secours.

```
SYS@sltergem>select sequence# as seq#, first_change# as f_scn#,
  2  next_change# as n_scn#, timestamp, dict_begin as beg, dict_end as end,
  3  thread# as thr#, applied from dba_logstdby_log order by sequence#;

    SEQ#     F_SCN#    N_SCN# TIMESTAMP            BEG END     THR# APPLIED
--------- --------- --------- ------------------- --- --- --------- -------
     295   3379342   3380196 27/03/2014 08:56:05 NO  NO          1 YES
     296   3380196   3381404 27/03/2014 08:56:05 YES NO          1 YES
     297   3381404   3383097 27/03/2014 08:56:03 NO  YES         1 YES
     298   3383097   3383172 27/03/2014 08:56:05 NO  NO          1 YES
     299   3383172   3383738 27/03/2014 08:56:03 NO  NO          1 YES
```

L'ouverture de la base de secours logique

La base de données de secours logique, créée précédemment, a changé de nom par rapport à la base de données principale. Comme cette base de données est ouverte, elle permet de visualiser en temps réel les modifications effectuées sur la base de données principale, mais elle peut avoir ses propres schémas applicatifs, et en l'occurrence ses propres tablespaces. Mais avant cela, nous allons configurer cette base pour son utilisation avec le nouveau nom et une instance appropriée. La configuration réseau est déjà effectuée.

```
[oracle@terra ~]$ tnsping cailloux

Fichiers de paramètres utilisés :
/u01/app/oracle/product/12.1.0/db_home/network/admin/sqlnet.ora

Adaptateur TNSNAMES utilisé pour la résolution de l'alias
Tentative de contact de (DESCRIPTION=(ADDRESS=(PROTOCOL=TCP)(HOST=terra.olimp.fr)(PORT=1521))
(CONNECT_DATA= (SERVER=DEDICATED)(SERVICE_NAME=cailloux.olimp.fr)))
OK (0 msec)
[oracle@terra ~]$ . oraenv
ORACLE_SID = [topaze] ? sltergem
The Oracle base remains unchanged with value /u01/app/oracle
[oracle@terra ~]$ sqlplus / as sysdba
SYS@sltergem>alter database stop logical standby apply;

Base de données modifiée.
```

```
SYS@sltergem>shutdown immediate
Base de données fermée.
Base de données démontée.
Instance ORACLE arrêtée.
SYS@sltergem>exit
[oracle@terra ~]$ echo "cailloux:/u01/app/oracle/product/12.1.0/db_home:N"\
>              >>/etc/oratab
[oracle@terra ~]$ . oraenv
ORACLE_SID = [topaze] ? cailloux
The Oracle base remains unchanged with value /u01/app/oracle
[oracle@terra ~]$ mv $ORACLE_HOME/dbs/spfilesltergem.ora \
> $ORACLE_HOME/dbs/spfilecailloux.ora
[oracle@terra ~]$ mv $ORACLE_HOME/dbs/orapwsltergem \
> $ORACLE_HOME/dbs/orapwcailloux
[oracle@terra ~]$ echo $ORACLE_SID $ORACLE_HOME
cailloux /u01/app/oracle/product/12.1.0/db_home
[oracle@terra ~]$ sqlplus / as sysdba
SYS@cailloux>startup nomount
Instance ORACLE lancée.
SYS@cailloux>alter system reset db_unique_name;

Système modifié.

SYS@cailloux>show parameter audit_file_dest

NAME                                 TYPE        VALUE
------------------------------------ ----------- --------------------------
audit_file_dest                      string      /u01/app/oracle/admin/sltergem
                                                 /adump
SYS@cailloux>!mkdir -p /u01/app/oracle/admin/cailloux/adump
SYS@cailloux>alter system set  audit_file_dest=
  2            '/u01/app/oracle/admin/cailloux/adump' scope=spfile;
SYS@cailloux>startup force
Instance ORACLE lancée.
Base de données montée.
Base de données ouverte.
SYS@cailloux>select service_id id, name, network_name from dba_services;

ID NAME                    NETWORK_NAME
-- ----------------------- ----------------------
 1 SYS$BACKGROUND
 2 SYS$USERS
 3 joyaux.olimp.fr         joyaux.olimp.fr
 4 sltergemXDB             sltergemXDB
 5 gemmesXDB               gemmesXDB
 6 gemmes.olimp.fr         gemmes.olimp.fr
 7 sltergem.olimp.fr       sltergem.olimp.fr
 8 CAILLOUX.olimp.fr       CAILLOUX.olimp.fr

SYS@cailloux>exec DBMS_SERVICE.DELETE_SERVICE( -
>          service_name => 'sltergem.olimp.fr');
SYS@cailloux>exec DBMS_SERVICE.DELETE_SERVICE( -
>          service_name => 'sltergemXDB');
SYS@cailloux>exec DBMS_SERVICE.DELETE_SERVICE( -
>          service_name => 'gemmes.olimp.fr');
SYS@cailloux>exec DBMS_SERVICE.DELETE_SERVICE( -
>          service_name => 'gemmesXDB');
SYS@cailloux>alter system set dispatchers=
  2            '(PROTOCOL=TCP) (SERVICE=caillouxXDB)';
SYS@cailloux>shutdown immediate
Base de données fermée.
Base de données démontée.
```

```
Instance ORACLE arrêtée.
SYS@cailloux>startup
Instance ORACLE lancée.
Base de données montée.
Base de données ouverte.
SYS@cailloux>select service_id id, name, network_name from dba_services;

ID NAME                     NETWORK_NAME
-- ------------------------ ----------------------
 1 SYS$BACKGROUND
 2 SYS$USERS
 3 joyaux.olimp.fr          joyaux.olimp.fr
 7 caillouxXDB              caillouxXDB
 8 CAILLOUX.olimp.fr        CAILLOUX.olimp.fr
SYS@cailloux>alter database start logical standby apply immediate;

Base de données modifiée.

SYS@cailloux>connect sys/Razvanpwd3@gemmes as sysdba
SYS@gemmes>alter system set log_archive_config=
  2          'dg_config=(gemmes,spsatgem,sptergem,cailloux)';

Système modifié.

SYS@gemmes>alter system set log_archive_dest_4=
  2    'service=cailloux async affirm valid_for=(all_logfiles,all_roles)
  3    db_unique_name=cailloux reopen=15 net_timeout=10 compression=enable';

Système modifié.

SYS@gemmes>select dest_name, status, database_mode, destination, gap_status
  2  from v$archive_dest_status
  3  where dest_name in ('LOG_ARCHIVE_DEST_1','LOG_ARCHIVE_DEST_2',
  4  'LOG_ARCHIVE_DEST_3','LOG_ARCHIVE_DEST_4');

DEST_NAME            STATUS    DATABASE_MODE    DESTINAT GAP_STATUS
-------------------- --------- ---------------- -------- --------------------
LOG_ARCHIVE_DEST_1   VALID     OPEN
LOG_ARCHIVE_DEST_2   VALID     MOUNTED-STANDBY  spsatgem NO GAP
LOG_ARCHIVE_DEST_3   VALID     MOUNTED-STANDBY  sptergem NO GAP
LOG_ARCHIVE_DEST_4   VALID     OPEN             cailloux NO GAP          <-----
```

La base de données de secours logique est une base de données à part entière, indépendante de la base de données primaire pour tous les tablespaces, tous les schémas ou bases de données insérées nouvellement créées.

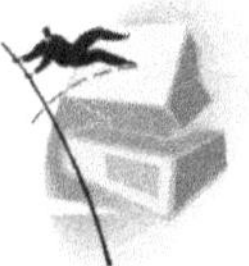

```
SYS@cailloux> select open_mode from v$database;

OPEN_MODE
--------------------
READ WRITE

SYS@cailloux>select name from (
  2  select con_id id, name,0 t from v$pdbs union all
  3  select con_id id, name,2 t from v$datafile union all
  4  select con_id id, name,3 t from v$tempfile)
  5  order by id nulls first, t;

NAME
--------------------------------------------------------------------
/u02/donnees/oradata/SLTERGEM/datafile/o1_mf_undo_7dp46gbs_.dbf
/u02/donnees/oradata/SLTERGEM/datafile/o1_mf_sysaux_75p46ft8_.dbf
...
PDB$SEED
/u02/donnees/oradata/SLTERGEM/datafile/o1_mf_system_7cp46gbs_.dbf
/u02/donnees/oradata/SLTERGEM/datafile/o1_mf_sysaux_79p46g4r_.dbf
```

```
/u02/donnees/oradata/SLTERGEM/datafile/o1_mf_temp_9m7p7pob_.tmp
DIAMANT
/u02/donnees/oradata/SLTERGEM/datafile/o1_mf_sysaux_78p46g2p_.dbf
/u02/donnees/oradata/SLTERGEM/datafile/o1_mf_system_7bp46g9q_.dbf
...
RUBIS
/u02/donnees/oradata/SLTERGEM/datafile/o1_mf_sysaux_77p46ft8_.dbf
/u02/donnees/oradata/SLTERGEM/datafile/o1_mf_system_7ap46g7v_.dbf
...
SYS@cailloux>create pluggable database saphir
  2    admin user saphir_admin identified by oracle
  3    default tablespace tbs_saphir_def;

Base de données pluggable créée.

SYS@cailloux>select name from (
  2   select con_id id, name,0 t from v$pdbs union all
  3   select con_id id, name,2 t from v$datafile union all
  4   select con_id id, name,3 t from v$tempfile)
  5   order by id nulls first, t;

NAME
--------------------------------------------------------------------
/u02/donnees/oradata/SLTERGEM/datafile/o1_mf_undo_7dp46gbs_.dbf
/u02/donnees/oradata/SLTERGEM/datafile/o1_mf_sysaux_75p46ft8_.dbf
...
PDB$SEED
/u02/donnees/oradata/SLTERGEM/datafile/o1_mf_system_7cp46gbs_.dbf
/u02/donnees/oradata/SLTERGEM/datafile/o1_mf_sysaux_79p46g4r_.dbf
/u02/donnees/oradata/SLTERGEM/datafile/o1_mf_temp_9m7p7pob_.tmp
DIAMANT
/u02/donnees/oradata/SLTERGEM/datafile/o1_mf_sysaux_78p46g2p_.dbf
/u02/donnees/oradata/SLTERGEM/datafile/o1_mf_system_7bp46g9q_.dbf
...
RUBIS
/u02/donnees/oradata/SLTERGEM/datafile/o1_mf_sysaux_77p46ft8_.dbf
/u02/donnees/oradata/SLTERGEM/datafile/o1_mf_system_7ap46g7v_.dbf
...
SAPHIR
/u02/donnees/oradata/CAILLOUX/F5...C5/datafile/o1_mf_tbs_saph_9m7xj05d_.dbf
/u02/donnees/oradata/CAILLOUX/F5...C5/datafile/o1_mf_system_9m7xftf8_.dbf
/u02/donnees/oradata/CAILLOUX/F5...C5/datafile/o1_mf_sysaux_9m7xftfr_.dbf
/u02/donnees/oradata/CAILLOUX/F5...C5/datafile/o1_mf_temp_9m7xhyph_.dbf
```

La base de données insérée nouvellement créée contient plusieurs tablespaces et plusieurs utilisateurs qui évoluent indépendamment de la base de données primaire.

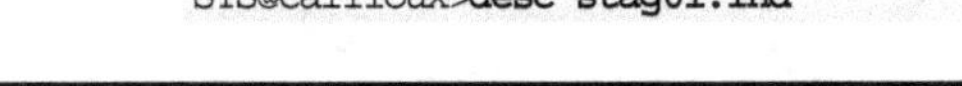

```
SYS@gemmes>alter session set container = diamant;

Session modifiée.

SYS@gemmes>create table stag01.ind as select * from stag01.indicateurs;

Table créée.

SYS@gemmes>select count(*) from stag01.ind;

  COUNT(*)
----------
    390372

SYS@cailloux>connect sys/Razvanpwd3@cailloux as sysdba
SYS@cailloux>alter session set container = diamant;

Session modifiée.

SYS@cailloux>desc stag01.ind
```

```
Nom
----------------------------------
COMMANDE
REF_PRODUIT
...
SYS@cailloux>select count(*) from stag01.ind;

 COUNT(*)
---------
        0

1 ligne sélectionnée.

SYS@cailloux>select count(*) from stag01.ind;

 COUNT(*)
---------
   390372
```

Les données sont disponibles uniquement après le traitement d'application des transactions, et il existe un décalage entre la base de données principale et celle de secours.

```
SYS@gemmes>alter session set container = diamant;

Session modifiée.

SYS@gemmes>create tablespace t datafile size 10m;

Tablespace créé.

SYS@cailloux>connect sys/Razvanpwd3@cailloux as sysdba
SYS@cailloux>alter session set container = diamant;

Session modifiée.

SYS@cailloux>select tablespace_name from dba_tablespaces
  2      where tablespace_name = 'T';

TABLESPACE_NAME
------------------------------
T
```

12

La gestion du Data Guard

Objectifs

À la fin de ce module, vous serez à même d'effectuer les tâches suivantes :

- Décrire le mode fonctionnement de l'agent de l'architecture Data Guard.
- Créer une configuration de l'architecture Data Guard.
- Paramétrer la configuration et les bases de données qui constituent l'architecture.
- Créer une base de données de secours de type cliché et Active Data Guard.
- Effectuer un basculement entre les serveurs de l'architecture.
- Configurer le catalogue RMAN et la gestion d'effacement des archives dans l'architecture.
- Gérer les connexions utilisateurs lors d'un basculement entre les serveurs de l'architecture.
- Mettre en œuvre le basculement automatique.

Contenu

L'agent Data Guard

L'agent (*broker*) Data Guard est un outil intégré dans l'architecture et permet de gérer entièrement la configuration de l'architecture et des différentes bases de données constituant cette architecture, quel que soit leur rôle. Les configurations des bases de données du point de vue du transport, de la protection ou de la reconstruction de données, mais également le basculement de la base de données primaire vers une des bases de données de secours, peuvent être entièrement réalisés à l'aide de l'agent. Il est vrai que toutes ces opérations peuvent être assurées à l'aide de SQL*Plus mais c'est plus compliqué, car vous devez vous connecter successivement aux différentes bases et effectuer les opérations dans l'ordre correspondant.

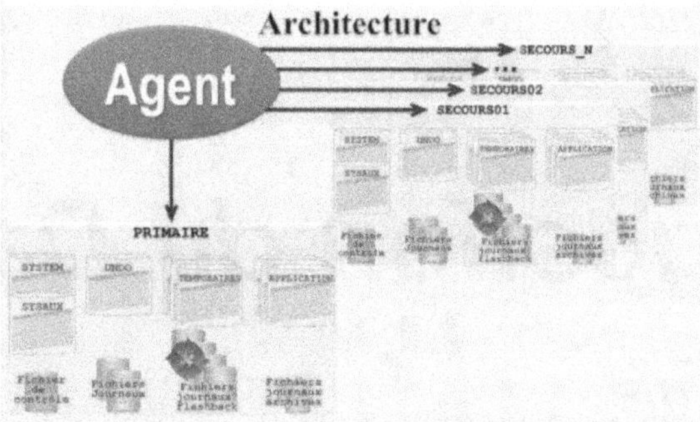

L'agent permet de gérer toute architecture complète à partir d'un outil unique et avec une seule connexion. L'architecture de l'agent est constituée de plusieurs processus lancés la première fois quand la configuration de l'architecture est mise en place, et ensuite à chaque démarrage de la base de données.

DMON

Le processus Data Guard Monitor permet la coordination de toutes les actions de l'agent à travers l'architecture. Il est lancé automatiquement lorsque l'instance est démarrée si le paramètre « `DG_BROKER_START` » est configuré à « `TRUE` ». Il crée et gère les fichiers de configuration de l'agent.

RSM

Le processus Broker Ressource Manager est le processus qui transmet les ordres SQL nécessaires pour la configuration des bases de données à travers la configuration. Ces ordres SQL sont générés automatiquement lors des configurations et des basculements que vous exécutez dans l'outil de commande de l'agent « `DGMGRL` ».

NSVn

Le processus Data Guard Net Server est responsable des connexions avec les bases de données à travers la configuration. Il se connecte avec le même mot de passe utilisé lors de la création de l'architecture. Attention, le mot de passe ne peut pas être modifié pour les bases de données de secours physiques, alors qu'il peut l'être pour les bases de données de secours logiques.

DRCn

Le processus Data Guard Receiver répond aux connexions des processus NSVn sur les bases de données cibles. Le dialogue entre les processus NSVn et DRCn est similaire au fonctionnement entre les processus LNS et RFS. Ainsi chaque fois que l'agent modifie la configuration, tout est envoyé par les deux processus sur les bases de données concernées par la modification.

Fichiers de configuration

L'agent a besoin de deux fichiers de configuration pour chaque base de données de la configuration. Ces fichiers sont maintenus directement par l'agent à l'aide du processus DMON. Ils contiennent les états de chaque base de données, les modalités de connexion et les paramètres de la configuration pour chaque redémarrage de la base de données. Les fichiers de configurations sont répertoriés dans les paramètres « **DG_BROKER_CONFIG_FILEn** ».

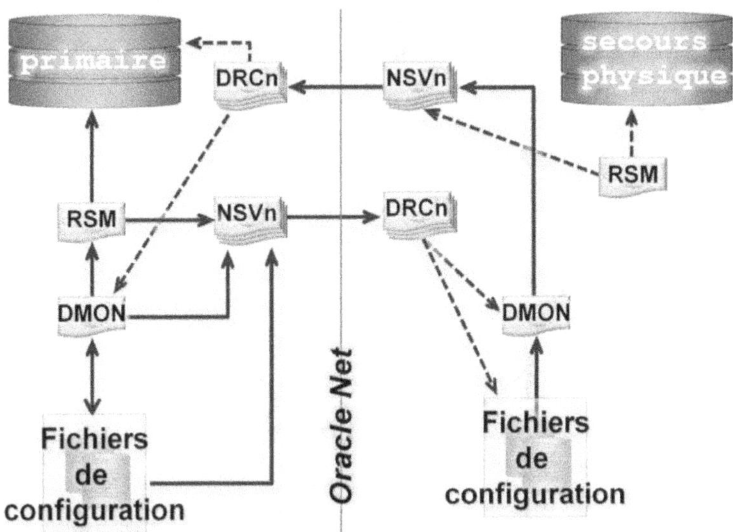

Chaque fois que le processus DMON a besoin de communiquer avec une base de données, il utilise le processus NSVn pour se prémunir des blocages réseau. Si le processus DMON doit exécuter un ordre SQL sur la base de données primaire, il communique cet ordre au processus RSM qui l'exécute. Dans les autres cas, si DMON doit exécuter un ordre SQL sur une autre base de données que la base de données primaire, il l'envoie au processus RSM qui lui, le transmet au processus NSVn correspondant à la base de données de secours concernée.

Avant d'utiliser l'agent, il faut créer la configuration pour votre architecture afin d'alimenter les fichiers de configuration. La première étape est de configurer la base de données primaire pour pouvoir démarrer l'agent et créer par la suite la configuration. Il faut déterminer l'emplacement des fichiers de configuration et le paramètre de démarrage de l'agent sur toutes les bases de données de l'architecture. Attention, si vous n'effacez pas les informations de transport, vous ne pouvez pas ensuite créer la configuration. L'attachement des bases de données à la configuration crée automatiquement les informations de transport.

```
SYS@gemmes>alter system set dg_broker_config_file1=
  2  '$ORACLE_BASE/oradata/gemmes/dataguard/agtconf_gemmes01.dat';
SYS@gemmes>alter system set dg_broker_config_file2=
  2  '$ORACLE_BASE/oradata/gemmes/dataguard/agtconf_gemmes02.dat';
SYS@gemmes>alter system set dg_broker_start=true;
SYS@gemmes>alter system set log_archive_dest_2='';
SYS@gemmes>alter system set log_archive_dest_3='';
SYS@gemmes>alter system set log_archive_dest_4='';
SYS@gemmes>connect sys/Razvanpwd3@spsatgem as sysdba
SYS@spsatgem>alter system set dg_broker_config_file1=
  2  '$ORACLE_BASE/oradata/spsatgem/dataguard/agtconf_spsatgem01.dat';
SYS@spsatgem>alter system set dg_broker_config_file2=
  2  '$ORACLE_BASE/oradata/spsatgem/dataguard/agtconf_spsatgem02.dat';
SYS@spsatgem>alter system set dg_broker_start=true;
SYS@spsatgem>alter system set log_archive_dest_2='';
SYS@spsatgem>connect sys/Razvanpwd3@sptergem as sysdba
SYS@sptergem>alter system set dg_broker_config_file1=
  2  '$ORACLE_BASE/oradata/sptergem/dataguard/agtconf_sptergem01.dat';
SYS@sptergem>alter system set dg_broker_config_file2=
```

```
   2  '$ORACLE_BASE/oradata/sptergem/dataguard/agtconf_sptergem02.dat';
SYS@sptergem>alter system set dg_broker_start=true;
SYS@sptergem>alter system set log_archive_dest_2='';
SYS@sptergem>connect sys/Razvanpwd3@cailloux as sysdba
SYS@cailloux>alter system set dg_broker_config_file1=
   2  '$ORACLE_BASE/oradata/cailloux/dataguard/agtconf_cailloux01.dat';
SYS@cailloux>alter system set dg_broker_config_file2=
   2  '$ORACLE_BASE/oradata/cailloux/dataguard/agtconf_cailloux02.dat';
SYS@cailloux>alter system set dg_broker_start=true;
SYS@cailloux>alter system set log_archive_dest_2='';
```

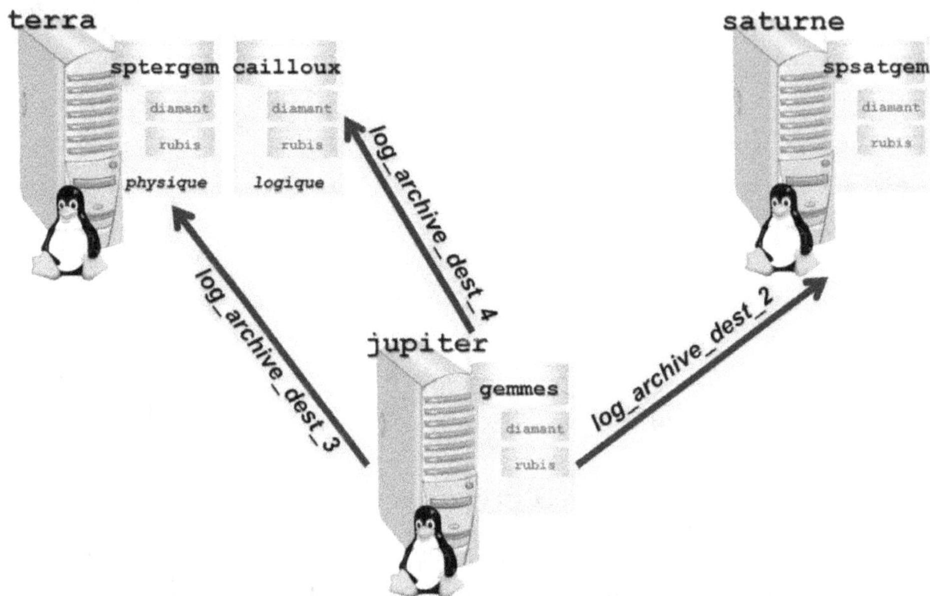

La deuxième étape est de configurer la liste de services statiques de chaque LISTENER avec un nouveau service pour chaque base de données de l'architecture. Le nom global de la base de données doit avoir la structure suivante :

```
GLOBAL_DBNAME = 'db_unique_name'_DGMGRL[.'db_domain']
```

```
[oracle@jupiter ~]$ lsnrctl services
...
Connexion à (DESCRIPTION=(ADDRESS=(PROTOCOL=TCP)(HOST=jupiter.olimp.fr)(PORT=1521)))
Le service "gemmes.olimp.fr" comporte 2 instance(s).
  L'instance "gemmes", statut UNKNOWN, comporte 1 gestionnaire(s) pour ce service...
    Gestionnaire(s) :
      "DEDICATED" établi : 18 refusé : 0
        LOCAL SERVER
Le service "gemmes_DGMGRL.olimp.fr" comporte 1 instance(s).
  L'instance "gemmes", statut UNKNOWN, comporte 1 gestionnaire(s) pour ce service...
    Gestionnaire(s) :
      "DEDICATED" établi : 0 refusé : 0
        LOCAL SERVER
...
[oracle@jupiter ~]$ ssh terra
[oracle@terra ~]$ lsnrctl services
...
Connexion à (DESCRIPTION=(ADDRESS=(PROTOCOL=TCP)(HOST=terra.olimp.fr)(PORT=1521)))
Récapitulatif services...
Le service "cailloux.olimp.fr" comporte 2 instance(s).
  L'instance "cailloux", statut UNKNOWN, comporte 1 gestionnaire(s) pour ce service...
    Gestionnaire(s) :
```

```
            "DEDICATED" établi : 0 refusé : 0
                LOCAL SERVER
Le service "cailloux_DGMGRL.olimp.fr" comporte 1 instance(s).
  L'instance "cailloux", statut UNKNOWN, comporte 1 gestionnaire(s) pour ce service...
     Gestionnaire(s) :
        "DEDICATED" établi : 0 refusé : 0
            LOCAL SERVER
Le service "sptergem.olimp.fr" comporte 2 instance(s).
  L'instance "sptergem", statut UNKNOWN, comporte 1 gestionnaire(s) pour ce service...
     Gestionnaire(s) :
        "DEDICATED" établi : 0 refusé : 0
            LOCAL SERVER
Le service "sptergem_DGMGRL.olimp.fr" comporte 1 instance(s).
  L'instance "sptergem", statut UNKNOWN, comporte 1 gestionnaire(s) pour ce service...
     Gestionnaire(s) :
        "DEDICATED" établi : 0 refusé : 0
            LOCAL SERVER
...
[oracle@terra ~]$ exit
[oracle@jupiter ~]$ ssh saturne
[oracle@saturne ~]$ lsnrctl services
...
Connexion à (DESCRIPTION=(ADDRESS=(PROTOCOL=TCP)(HOST=saturne.olimp.fr)(PORT=1521)))
Récapitulatif services...
Le service "spsatgem.olimp.fr" comporte 2 instance(s).
  L'instance "spsatgem", statut UNKNOWN, comporte 1 gestionnaire(s) pour ce service...
     Gestionnaire(s) :
        "DEDICATED" établi : 32 refusé : 4
            LOCAL SERVER
Le service "spsatgem_DGMGRL.olimp.fr" comporte 1 instance(s).
  L'instance "spsatgem", statut UNKNOWN, comporte 1 gestionnaire(s) pour ce service...
     Gestionnaire(s) :
        "DEDICATED" établi : 0 refusé : 0
            LOCAL SERVER
...
```

La création de la configuration

L'agent Data Guard fournit un outil en ligne de commande qui permet de créer la configuration de votre architecture et d'administrer ensuite toute l'architecture. L'outil est semblable en tout point à SQL*Plus et utilise les mêmes commandes pour se connecter à une base de données.

```
[oracle@jupiter ~]$ dgmgrl
DGMGRL> connect sys/Razvanpwd3@gemmes
Connecté en tant que SYSDBA.
DGMGRL> show configuration
ORA-16532: la configuration du broker Data Guard n'existe pas
Les détails de configuration ne peuvent pas être déterminés par DGMGRL
DGMGRL> connect sys/Razvanpwd3@spsatgem
Connecté en tant que SYSDBA.
DGMGRL> connect sys/Razvanpwd3@sptergem
Connecté en tant que SYSDBA.
DGMGRL> connect sys/Razvanpwd3@cailloux
Connecté en tant que SYSDBA.
DGMGRL> connect sys/Razvanpwd3@gemmes
Connecté en tant que SYSDBA.
```

La commande de création de configuration est :

```
CREATE CONFIGURATION nom_configuration AS PRIMARY DATABASE IS nom
     CONNECT IDENTIFIER IS service;
```

```
DGMGRL> create configuration 'Joyaux' as primary database is gemmes
      connect identifier is gemmes;

Configuration "Joyaux" créée avec la base de données principale "gemmes"
DGMGRL> show configuration

Configuration - Joyaux

  Mode de protection : MaxPerformance
  Bases de données :
  gemmes - Base de données principale

Fonction Fast-Start Failover : DISABLED

Statut de configuration :
DISABLED
```

L'ajout d'une base de données à la configuration est effectué à l'aide de la syntaxe suivante :

```
ADD DATABASE nom AS CONNECT IDENTIFIER IS service;
```

```
DGMGRL> add database spsatgem as connect identifier is spsatgem;
Base de données "spsatgem" ajoutée.
DGMGRL> add database sptergem as connect identifier is sptergem;
Base de données "sptergem" ajoutée.
DGMGRL> add database cailloux as connect identifier is cailloux;
Base de données "cailloux" ajoutée.
DGMGRL> show configuration

Configuration - Joyaux

  Mode de protection : MaxPerformance
  Bases de données :
  gemmes    - Base de données principale
    spsatgem - Base de données de secours physique
    sptergem - Base de données de secours physique
    cailloux - Base de données de secours logique

  Propriétés :
    FastStartFailoverThreshold       = '30'
    OperationTimeout                 = '30'
    TraceLevel                       = 'USER'
    FastStartFailoverLagLimit        = '30'
    CommunicationTimeout             = '180'
    ObserverReconnect                = '0'
    FastStartFailoverAutoReinstate   = 'TRUE'
    FastStartFailoverPmyShutdown     = 'TRUE'
    BystandersFollowRoleChange       = 'ALL'
    ObserverOverride                 = 'FALSE'

Fonction Fast-Start Failover : DISABLED

Statut de configuration :
DISABLED
DGMGRL> show database verbose gemmes
Base de données - gemmes

  Rôle :          PRIMARY
  Etat prévu :    OFFLINE
  Instances :
    gemmes
```

```
  Propriétés :
    DGConnectIdentifier              = 'gemmes'
    ObserverConnectIdentifier        = ''
    LogXptMode                       = 'ASYNC'
    RedoRoutes                       = ''
    DelayMins                        = '0'
    Binding                          = 'optional'
    MaxFailure                       = '0'
    MaxConnections                   = '1'
    ReopenSecs                       = '300'
    NetTimeout                       = '30'
    RedoCompression                  = 'DISABLE'
    LogShipping                      = 'ON'
    PreferredApplyInstance           = ''
    ApplyInstanceTimeout             = '0'
    ApplyLagThreshold                = '0'
    TransportLagThreshold            = '0'
    TransportDisconnectedThreshold   = '30'
    ApplyParallel                    = 'AUTO'
    LsbyMaxEventsRecorded            = '0'
    LsbyPreserveCommitOrder          = ''
    LsbyRecordSkipErrors             = ''
    LsbyRecordSkipDdl                = ''
    LsbyRecordAppliedDdl             = ''
    StandbyFileManagement            = 'AUTO'
    ArchiveLagTarget                 = '0'
    LogArchiveMaxProcesses           = '5'
    LogArchiveMinSucceedDest         = '1'
    DbFileNameConvert                = ''
    LogFileNameConvert               = ''
    FastStartFailoverTarget          = ''
    InconsistentProperties           = '(monitor)'
    InconsistentLogXptProps          = '(monitor)'
    SendQEntries                     = '(monitor)'
    LogXptStatus                     = '(monitor)'
    RecvQEntries                     = '(monitor)'
    LsbyParameters                   = '(monitor)'
    LsbyFailedTxnInfo                = '(monitor)'
    StaticConnectIdentifier          =
'(DESCRIPTION=(ADDRESS=(PROTOCOL=tcp)(HOST=jupiter.olimp.fr)(PORT=1521))(CONNECT_DATA=(SERVICE_NAME=
gemmes_DGMGRL.olimp.fr)(INSTANCE_NAME=gemmes)(SERVER=DEDICATED)))'
    StandbyArchiveLocation           = 'USE_DB_RECOVERY_FILE_DEST'
    AlternateLocation                = ''
    LogArchiveTrace                  = '0'
    LogArchiveFormat                 = '%t_%s_%r.dbf'
    LsbyMaxSga                       = '0'
    LsbyMaxServers                   = '0'
    TopWaitEvents                    = '(monitor)'

Statut de base de données :
DISABLED
```

Pour travailler avec la configuration, celle-ci doit être activée comme suit :

```
DGMGRL> enable configuration
Activé

DGMGRL> show configuration verbose

Configuration - Joyaux

  Mode de protection : MaxPerformance
  Bases de données :
```

```
    gemmes    - Base de données principale
    spsatgem - Base de données de secours physique
    sptergem - Base de données de secours physique
    cailloux - Base de données de secours logique

  Propriétés :
    FastStartFailoverThreshold      = '30'
    OperationTimeout                = '30'
    TraceLevel                      = 'USER'
    FastStartFailoverLagLimit       = '30'
    CommunicationTimeout            = '180'
    ObserverReconnect               = '0'
    FastStartFailoverAutoReinstate  = 'TRUE'
    FastStartFailoverPmyShutdown    = 'TRUE'
    BystandersFollowRoleChange      = 'ALL'
    ObserverOverride                = 'FALSE'

Fonction Fast-Start Failover : DISABLED

Statut de configuration :
SUCCESS
```

Une fois que la configuration est en place et active, voici l'état des transports qui ont été configurés sur l'ensemble des bases de données de la configuration.

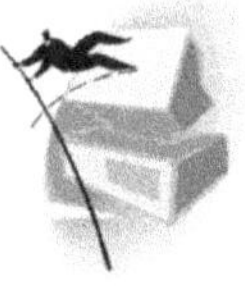

```
SYS@cailloux>connect sys/Razvanpwd3@gemmes as sysdba
SYS@gemmes>select name, value from v$parameter where name in
  2  ('log_archive_dest_1', 'log_archive_dest_2',
  3  'log_archive_dest_3', 'log_archive_dest_4');

NAME                        VALUE
--------------------------  ------------------------------------------------
log_archive_dest_1          location=use_db_recovery_file_dest
log_archive_dest_2          service="spsatgem", ASYNC NOAFFIRM delay=0 optiona
                            l compression=disable max_failure=0 max_connection
                            s=1 reopen=300 db_unique_name="spsatgem" net_timeo
                            ut=30, valid_for=(online_logfile,all_roles)

log_archive_dest_3          service="sptergem", ASYNC NOAFFIRM delay=0 optiona
                            l compression=disable max_failure=0 max_connection
                            s=1 reopen=300 db_unique_name="sptergem" net_timeo
                            ut=30, valid_for=(online_logfile,all_roles)

log_archive_dest_4          service="cailloux", ASYNC NOAFFIRM delay=0 optiona
                            l compression=disable max_failure=0 max_connection
                            s=1 reopen=300 db_unique_name="cailloux" net_timeo
                            ut=30, valid_for=(online_logfile,all_roles)
SYS@gemmes>connect sys/Razvanpwd3@spsatgem as sysdba
SYS@spsatgem>select name, value from v$parameter where name in
  2  ('log_archive_dest_1','log_archive_dest_2');

NAME                        VALUE
--------------------------  ------------------------------------------------
log_archive_dest_1          LOCATION=USE_DB_RECOVERY_FILE_DEST
log_archive_dest_2
SYS@spsatgem>connect sys/Razvanpwd3@sptergem as sysdba
SYS@sptergem>select name, value from v$parameter where name in
  2  ('log_archive_dest_1','log_archive_dest_2');

NAME                        VALUE
--------------------------  ------------------------------------------------
log_archive_dest_1          LOCATION=USE_DB_RECOVERY_FILE_DEST
log_archive_dest_2
SYS@sptergem>connect sys/Razvanpwd3@cailloux as sysdba
SYS@cailloux>select name, value from v$parameter where name in
```

```
 2  ('log_archive_dest_1','log_archive_dest_2');

NAME                       VALUE
------------------------   ------------------------------------------------
log_archive_dest_1         location=use_db_recovery_file_dest
log_archive_dest_2
```

La gestion de la configuration

Les transports ont été configurés sur la base primaire uniquement, les autres bases de données sont configurées au moment où elles deviennent primaires. Mais comme les paramètres utilisés sont ceux par défaut, il faut que vous les personnalisiez en utilisant la commande « **EDIT** ».

```
DGMGRL> edit database gemmes set property LogXptMode='SYNC';
Propriété "logxptmode" mise à jour.
DGMGRL> edit database gemmes set property ReopenSecs='15';
Propriété "reopensecs" mise à jour.
DGMGRL> edit database gemmes set property NetTimeout='10'   ;
Propriété "nettimeout" mise à jour.
DGMGRL> edit database gemmes set property RedoCompression='ENABLE';
Propriété "redocompression" mise à jour.
DGMGRL> show database gemmes 'LogXptMode'
  LogXptMode = 'SYNC'
DGMGRL> show database gemmes 'ReopenSecs'
  ReopenSecs = '15'
DGMGRL> show database gemmes 'NetTimeout'
  NetTimeout = '10'
DGMGRL> show database gemmes 'RedoCompression'
  RedoCompression = 'ENABLE'
DGMGRL> show database gemmes 'LogArchiveMaxProcesses';
  LogArchiveMaxProcesses = '5'
DGMGRL> show database gemmes 'LogShipping';
  LogShipping = 'ON'
```

Les paramètres modifiés sont ceux qui ont été utilisés pour configurer le transport. Tous les paramètres qui peuvent être modifiés sont affichables avec la commande « **SHOW DATABASE ... VERBOSE** ».

Vous pouvez modifier l'état de la base de données avec la syntaxe suivante :

```
EDIT DATABASE nom SET STATE={ TRANSPORT | APPLY}-{ ON | OFF } ;
```

```
DGMGRL> edit database gemmes set state=transport-off;
Succès
DGMGRL> show database gemmes

Base de données - gemmes

  Rôle :              PRIMARY
  Etat prévu :        TRANSPORT-OFF
  Instances :
    gemmes

Statut de base de données :
SUCCESS

DGMGRL> edit database gemmes set state=transport-on;
Succès

DGMGRL> edit database spsatgem set state=apply-off;
Succès
DGMGRL> show database spsatgem
```

```
Base de données - spsatgem

  Rôle :              PHYSICAL STANDBY
  Etat prévu :        APPLY-OFF
  Décalage de transport : 0 secondes (calculé il y a 0 secondes)
  Décalage d'application des transactions : 0 secondes (calculé il y a 0 secondes)
  Taux d'application des transactions : (inconnu)
  Real-Time Query :  OFF
  Instances :
    spsatgem

Statut de base de données :
SUCCESS
DGMGRL> edit database spsatgem set state=apply-on;
Succès
```

Il est également possible de changer le niveau de protection. Avec SQL il est possible de le modifier en utilisant la commande « **ALTER DATABASE** ». La syntaxe avec DGMGRL est la suivante :

```
EDIT CONFIGURATION SET PROTECTION MODE AS

            {MaxProtection | MaxAvailability | MaxPerformance} ;
```

```
DGMGRL> edit configuration set protection mode as MaxAvailability;
Erreur : ORA-16627: opération interdite car il ne resterait aucune base de données de secours pour
prendre en charge le mode de protection

Echec

DGMGRL>edit database sptergem set property LogXptMode='SYNC';
Propriété "logxptmode" mise à jour.
DGMGRL>edit database spsatgem set property LogXptMode='SYNC';
Propriété "logxptmode" mise à jour.
DGMGRL> edit configuration set protection mode as MaxAvailability;
Succès
```

Il faut faire attention aux modes de synchronisation avant de changer le mode de protection car il est impossible d'assurer la disponibilité maximale sans un transport synchrone. Avec l'agent, on n'a plus la possibilité de configurer « **AFFIRM** » ou « **NOAFFIRM** ». La configuration avec l'agent permet deux modes : « **SYNC** » qui représente « **SYNC AFFIRM** » et « **ASYNC** » qui représente « **ASYNC NOAFFIRM** ».

SWITCHOVER

L'opération consiste à transformer la base de données primaire en base de données de secours et inversement. La démarche utilisant les commandes SQL est la suivante :

- Contrôler si vous avez des sessions actives sur la base de données et si vous pouvez commencer le basculement.

```
SELECT SWITCHOVER_STATUS FROM V$DATABASE;

SELECT PROGRAM, TYPE FROM V$SESSION WHERE TYPE='USER';
```

- Transformer la base de données primaire en base de secours.

```
ALTER DATABASE COMMIT TO SWITCHOVER TO PHYSICAL STANDBY

    WITH SESSION SHUTDOWN;
```

- Transformer la base de données de secours en base primaire et la démarrer.

```
ALTER DATABASE COMMIT TO SWITCHOVER TO PRIMARY
```

```
WITH SESSION SHUTDOWN;

ALTER DATABASE OPEN;
```

- Configurer le transport vers la ou les bases de données de secours à partir de la nouvelle base de données primaire.

- Démarrer la nouvelle base de données de secours et commencer la reconstruction des données.

```
SHUTDOWN IMMEDIATE

STARTUP MOUNT

ALTER DATABASE RECOVER MANAGED STANDBY DATABASE
      USING CURRENT LOGFILE DISCONNECT;
```

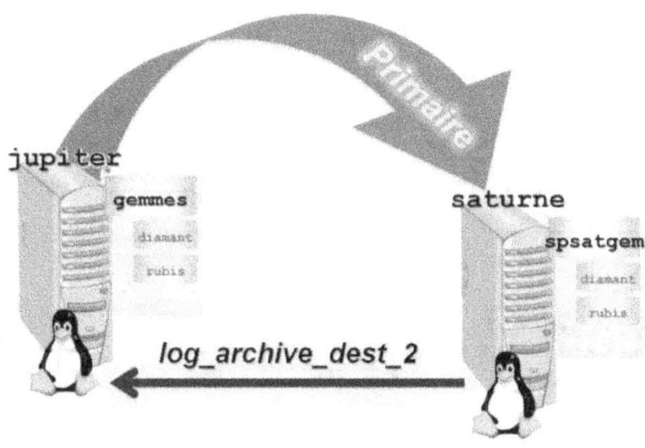

La même démarche est effectuée par l'agent Data Guard mais en mode automatique, la commande à utiliser est la suivante : SWITCHOVER TO nom ;

```
[oracle@jupiter ~]$ dgmgrl sys/Razvanpwd3@gemmes
DGMGRL> switch over to spsatgem;
Commande non reconnue : "switch", essayez "help"
DGMGRL> switchover to spsatgem;
Permutation de bases de données. Veuillez patienter...
L'opération requiert la connexion à l'instance "spsatgem" sur la base de données "spsatgem".
Connexion à l'instance "spsatgem"...
Connecté en tant que SYSDBA.
La nouvelle base de données primaire "spsatgem" est en cours d'ouverture...
L'opération requiert le démarrage de l'instance "gemmes" sur la base de données "gemmes".
Démarrage de l'instance "gemmes"...
Instance ORACLE lancée.
Base de données montée.
La permutation de bases de données a réussi. La nouvelle base principale est "spsatgem".
DGMGRL> show configuration

Configuration - Joyaux

  Mode de protection : MaxAvailability
  Bases de données :
  spsatgem - Base de données principale
    gemmes   - Base de données de secours physique
    sptergem - Base de données de secours physique
    cailloux - Base de données de secours logique

Fonction Fast-Start Failover : DISABLED

Statut de configuration :
SUCCESS
```

FAILOVER

L'opération consiste à forcer la transformation de la base de données de secours en base de données primaire lorsqu'on a perdu irrémédiablement la base de données primaire. Cette action est irréversible.

Les opérations sont effectuées uniquement sur la seule base de secours, la démarche utilisant les commandes SQL est la suivante :

```
ALTER DATABASE RECOVER MANAGED STANDBY DATABASE CANCEL;

ALTER DATABASE RECOVER MANAGED STANDBY DATABASE FINISH;

ALTER DATABASE COMMIT TO SWITCHOVER TO PRIMARY

    WITH SESSION SHUTDOWN;

ALTER DATABASE OPEN;
```

La commande pour l'outil de commande de l'agent Data Guard est :

```
FAILOVER TO nom ;
```

L'interrogation

La base de données de secours logique est une base de données distincte, elle est ouverte en lecture-écriture sur l'ensemble des données propres et en lecture seule sur les données mises à jour par la base principale. Mais une base de données de secours physique peut être ouverte en lecture seule pour des besoins d'interrogation, les fichiers d'archives continuent d'être transportés mais ne sont pas appliqués par défaut.

```
[oracle@jupiter ~]$ dgmgrl sys/Razvanpwd3@gemmes
DGMGRL> edit database spsatgem set state=apply-off;
Succès
DGMGRL> sql "alter database open"
DGMGRL> exit
D:\>sqlplus sys/Razvanpwd3@gemmes as sysdba
SYS@gemmes>alter session set container = diamant;
SYS@gemmes>insert into stag01.ind select * from stag01.indicateurs;

390372 lignes créées.

SYS@gemmes>commit;
SYS@spsatgem>connect sys/Razvanpwd3@spsatgem as sysdba
SYS@spsatgem>select sequence#,creator,registrar,first_change#,
  2   next_change#,standby_dest,applied,compressed,fal
  3   from v$archived_log where sequence# > 338;

SEQUENCE# CREATOR REGISTR FIRST_CHANGE# NEXT_CHANGE# STA APPLIED   COM FAL
--------- ------- ------- ------------- ------------ --- --------- --- ---
      339 ARCH    RFS          3531240      3540767 NO  NO        NO  NO
      340 ARCH    RFS          3540767      3541182 NO  NO        NO  NO
      341 ARCH    RFS          3541182      3541431 NO  NO        NO  NO

SYS@spsatgem>alter session set container = diamant;
SYS@spsatgem>select count(*) from stag01.ind;

  COUNT(*)
----------
         0
```

Active Data Guard

La base de données de secours de type Active Data Guard est une base de données de secours physique pour laquelle on active l'application des données. Ainsi une base de données de secours physique ouverte en lecture seule peut également récupérer les données en temps réel si vous activez la récupération des données, car les journaux sont déjà sur le serveur de secours. Il suffit de les appliquer.

```
[oracle@jupiter ~]$ dgmgrl sys/Razvanpwd3@gemmes
DGMGRL> edit database spsatgem set state=apply-on;
Succès
DGMGRL> show database spsatgem

Base de données - spsatgem

  Rôle :              PHYSICAL STANDBY
  Etat prévu :        APPLY-ON
  Décalage de transport : 0 secondes (calculé il y a 2 secondes)
  Décalage d'application des transactions : 7 minutes 26 secondes (calculé il y a 1 seconde)
  Taux d'application des transactions : 0 octets/s
  Real-Time Query :  ON
  Instances :
    spsatgem

Statut de base de données :
SUCCESS
[oracle@jupiter ~]$ sqlplus sys/Razvanpwd3@spsatgem as sysdba
SYS@spsatgem>alter session set container = diamant;

Session modifiée.

SYS@spsatgem>select sequence#,creator,registrar,first_change#,
  2   next_change#,standby_dest,applied,compressed,fal
  3   from v$archived_log where sequence# > 337;

SEQUENCE# CREATOR REGISTR FIRST_CHANGE# NEXT_CHANGE# STA APPLIED   COM FAL
---------- ------- ------- ------------- ------------ --- --------- --- ---
      338 ARCH    RFS          3530924      3531240 NO  YES       NO  NO
      339 ARCH    RFS          3531240      3540767 NO  YES       NO  NO
      340 ARCH    RFS          3540767      3541182 NO  YES       NO  NO
      341 ARCH    RFS          3541182      3541431 NO  YES       NO  NO
      342 ARCH    RFS          3541431      3541640 NO  NO        NO  NO

SYS@spsatgem>select count(*) from stag01.ind;

  COUNT(*)
----------
    390372
```

Vous vous rappelez que lorsqu'un bloc est perdu, l'interrogation d'un enregistrement stocké dans ce bloc ne peut pas aboutir. L'exemple suivant concerne une base de données qui n'appartient pas à l'architecture. La procédure « **affiche_fichier_bloc** » retourne pour un ROWID donné le numéro du fichier correspondant et le numéro d'ordre du bloc.

```
[oracle@jupiter ~]$ sqlplus sys/Razvanpwd3@saphir as sysdba

SYS@saphir>select affiche_fichier_block(rowid), no_commande
  2   from tblock where rownum < 2;
```

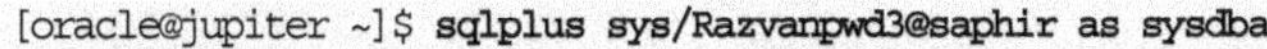

```
AFFICHE_FICHIER_BLOCK(ROWID)          NO_COMMANDE
------------------------------------- -----------
16 131                                    215997

SYS@saphir>select file_name from dba_data_files where tablespace_name in
  2  (select tablespace_name from dba_tables where table_name='TBLOCK');

FILE_NAME
--------------------------------------------------------------------------
/home/oracle/tblock.dbf

SYS@saphir>alter system flush buffer_cache;

Système modifié.

SYS@saphir>!dd if=/dev/zero of=/home/oracle/tblock.dbf bs=8k count=1 seek=131 conv=notrunc
1+0 enregistrements lus
1+0 enregistrements écrits
8192 octets (8,2 kB) copiés, 0,000849183 s, 9,6 MB/s

SYS@saphir>select no_commande, date_commande from tblock
  2  where no_commande = 224269;
select no_commande, date_commande from tblock where no_commande = 224269
                     *
ERREUR à la ligne 1 :
ORA-01578: bloc de données ORACLE altéré (fichier # 16, bloc # 131)
ORA-01110: fichier de données 16 : '/home/oracle/tblock.dbf'
```

Le même exemple dans notre base de données qui fait partie de l'architecture Data Guard.

```
[oracle@jupiter ~]$ sqlplus sys/Razvanpwd3@gemmes as sysdba
SYS@gemmes>alter session set container = diamant;
SYS@gemmes>create smallfile tablespace tblock datafile
  2         '/home/oracle/tblock.dbf' size 10M;

Tablespace créé.

SYS@gemmes>create table tblock tablespace tblock as
  2  select * from stag01.commandes;

Table créée.

SYS@gemmes>select affiche_fichier_block(rowid) b, no_commande
  2         from tblock where rownum < 2;

B                    NO_COMMANDE
-------------------- -----------
185 131                   224269

SYS@gemmes>alter system flush buffer_cache;

Système modifié.

SYS@gemmes>!dd if=/dev/zero of=/home/oracle/tblock.dbf bs=8k \
>  count=1 seek=131 conv=notrunc
1+0 enregistrements lus
1+0 enregistrements écrits
8192 octets (8,2 kB) copiés, 0,000312155 s, 26,2 MB/s

SYS@gemmes>select no_commande, date_commande
  2         from tblock where no_commande = 224269;
```

```
NO_COMMANDE DATE_COMMA
----------- ----------
    224269 15/02/2011
```

Les blocs sont automatiquement récupérés à partir de la base de données de secours.

La base de données de secours cliché

La base de données de secours cliché Snapshot Standby est une base de données de secours physique qui peut être ouverte en lecture-écriture pour pouvoir effectuer des tests d'intégration dans un environnement de production. Lorsque vous utilisez ce type de base de secours, les fichiers de journaux archivés sont envoyés sur la base de données de secours, mais cette fois-ci, ils ne sont pas appliqués. Le fait de les avoir sur la base de secours est une protection de la base de données primaire, quoi qu'il arrive.

```
SYS@spsatgem>select name,open_mode,protection_mode,
  2              force_logging l, flashback_on f from v$database;


NAME       OPEN_MODE PROTECTION_MODE       L   F
---------- --------- --------------------- --- ---------
GEMMES     MOUNTED   MAXIMUM AVAILABILITY  YES NO                       <-----


D:\>dgmgrl sys/Razvanpwd3@spsatgem
DGMGRL> edit database spsatgem set state=apply-off;
Succès
DGMGRL> convert database spsatgem to snapshot standby;
Conversion de la base de données "spsatgem" en base de données de secours cliché. Veuillez
patienter...
Conversion de la base de données "spsatgem" réussie
DGMGRL> exit

SYS@spsatgem>select name,open_mode,protection_mode,
  2              force_logging l, flashback_on f from v$database;


NAME   OPEN_MODE  PROTECTION_MODE       L   F
------ ---------- --------------------- --- -------------------
GEMMES READ WRITE MAXIMUM AVAILABILITY  YES RESTORE POINT ONLY        <-----


SYS@spsatgem>alter session set container = diamant;
SYS@spsatgem>drop user stag01 cascade;
SYS@spsatgem>drop tablespace dtb_tran01;
drop tablespace dtb_tran01
*
ERREUR à la ligne 1 :
ORA-38881: Impossible de supprimer le tablespace DTB_TRAN01 sur la base de données principale en
raison de points de restauration garantis.


SYS@spsatgem>create tablespace dtb_tran0101 datafile size 1M;
SYS@spsatgem>create tablespace dtb_tran0102 datafile size 1M;
SYS@spsatgem>select file_name, bytes from cdb_data_files where
  2              tablespace_name like 'DTB_TRAN01__';


FILE_NAME
-----------------------------------------------------------------------
/u02/donnees/oradata/SPSATGEM/F5...AD/datafile/o1_mf_dtb_tran_9m97d8wm_.dbf
/u02/donnees/oradata/SPSATGEM/F5...AD/datafile/o1_mf_dtb_tran_9m97dgjc_.dbf
```

```
2 lignes sélectionnées.

SYS@spsatgem>exit
D:\>dgmgrl sys/Razvanpwd3@gemmes
DGMGRL> convert database spsatgem to physical standby;
Conversion de la base de données "spsatgem" en base de données de secours physique. Veuillez
patienter...
L'opération requiert l'arrêt de l'instance "spsatgem" sur la base de données "spsatgem".
Arrêt de l'instance "spsatgem"...
Base de données fermée.
Base de données démontée.
Instance ORACLE arrêtée.
L'opération requiert le démarrage de l'instance "spsatgem" sur la base de données "spsatgem".
Démarrage de l'instance "spsatgem"...
Instance ORACLE lancée.
Base de données montée.
Poursuite de la conversion de la base de données"spsatgem" ...
Conversion de la base de données "spsatgem" réussie
DGMGRL> exit

D:\>sqlplus sys/Razvanpwd3@spsatgem as sysdba
SYS@spsatgem>select NAME from v$tablespace where name like 'DTB_TRAN01__';

aucune ligne sélectionnée

SYS@spsatgem>select name,open_mode,protection_mode,
  2   force_logging l, flashback_on f from v$database;

NAME       OPEN_MODE           PROTECTION_MODE      L   F
---------  ------------------- -------------------- --- --------------------
GEMMES     MOUNTED             MAXIMUM AVAILABILITY YES NO
```

Le tablespace « **DTB_TRAN01** » n'a pas pu être effacé, car le point de restauration garanti empêche cet effacement. Il permet de retrouver la base de données de secours dans l'état dans lequel elle était au moment de son ouverture en lecture-écriture. Oracle établit un point de restauration garanti automatiquement chaque fois que vous transformez votre base de données de secours physique en Snapshot Standby.

RMAN dans l'architecture

L'ensemble des bases de données de secours physiques sont identiques bloc par bloc, bien sûr, une fois que tous les enregistrements journaux ont été reconstruits. Alors ces bases de données peuvent être utilisées pour la sauvegarde qui s'effectue, sans besoin de se connecter à la base de données principale. Toutefois, comme ces sauvegardes ne sont pas dans le fichier de contrôle de la base de données principale, vous pouvez identifier chaque base de données de secours dans le catalogue RMAN, et ensuite resynchroniser le catalogue à partir de toutes les bases de données distantes.

La syntaxe d'identification d'une base de données de secours physique est :

```
CONFIGURE { DB_UNIQUE_NAME [']nom[']

            { CLEAR | CONNECT IDENTIFIER 'nom'} ;
```

La commande de resynchronisation du catalogue à partir de la base de données principale et de l'ensemble des bases de secours attachées est :

```
RESYNC CATALOG FROM {DB_UNIQUE_NAME ALL | DB_UNIQUE_NAME [']nom[']};
```

```
D:\>rman catalog rman/rman@jaspe target sys/Razvanpwd3@gemmes

connecté à la base de données cible : GEMMES (DBID=1022042757)
connecté à la base de données du catalogue de récupération

RMAN> configure db_unique_name spsatgem connect identifier 'spsatgem';

nouveaux paramètres de configuration RMAN :
CONFIGURE DB_UNIQUE_NAME 'spsatgem' CONNECT IDENTIFIER  'spsatgem';
les nouveaux paramètres de configuration RMAN ont été stockés avec succès
lancement de la resynchronisation complète du catalogue de récupération
resynchronisation complète terminée

RMAN> configure db_unique_name sptergem connect identifier 'sptergem';

nouveaux paramètres de configuration RMAN :
CONFIGURE DB_UNIQUE_NAME 'sptergem' CONNECT IDENTIFIER  'sptergem';
les nouveaux paramètres de configuration RMAN ont été stockés avec succès
lancement de la resynchronisation complète du catalogue de récupération
resynchronisation complète terminée
RMAN> resync catalog from db_unique_name all;

lancement de la resynchronisation complète du catalogue de récupération
resynchronisation complète terminée

resynchronisation de la base de données ayant le DB_UNIQUE_NAME SPTERGEM
starting partial resync of recovery catalog
partial resync complete

resynchronisation de la base de données ayant le DB_UNIQUE_NAME SPSATGEM
starting partial resync of recovery catalog
partial resync complete

RMAN> exit
D:\>rman catalog rman/rman@jaspe target sys/Razvanpwd3@spsatgem

connexion établie avec la base de données cible : GEMMES (DBID=1022042757, non ouverte)
connecté à la base de données du catalogue de récupération

RMAN> show all;

les paramètres de configuration RMAN de la base de données ayant le db_unique_name SPSATGEM sont les
suivants :
CONFIGURE RETENTION POLICY TO RECOVERY WINDOW OF 30 DAYS;
...
CONFIGURE DB_UNIQUE_NAME 'spsatgem' CONNECT IDENTIFIER  'spsatgem';
CONFIGURE DB_UNIQUE_NAME 'sptergem' CONNECT IDENTIFIER  'sptergem';
...
RMAN> CONFIGURE COMPRESSION ALGORITHM 'LOW' AS OF RELEASE 'DEFAULT' OPTIMIZE FOR LOAD TRUE ;

nouveaux paramètres de configuration RMAN :
CONFIGURE COMPRESSION ALGORITHM 'LOW' AS OF RELEASE 'DEFAULT' OPTIMIZE FOR LOAD TRUE;
les nouveaux paramètres de configuration RMAN ont été stockés avec succès
```

Toutes les configurations des paramètres persistants définissant la sauvegarde sont liées à la base de données où ces paramètres ont été mis en place.

Voici la syntaxe de configuration de l'effacement des journaux archivés après les sauvegardes :

```
CONFIGURE ARCHIVELOG DELETION POLICY { CLEAR | TO
{SHIPPED TO [ALL] STANDBY | APPLIED ON [ALL] STANDBY |NONE} [,...]};
```

SHIPPED	Les fichiers peuvent être effacés uniquement une fois qu'ils ont été acheminés vers une ou toutes « **ALL** » les bases de données de secours.
APPLIED	Les fichiers peuvent être effacés uniquement une fois qu'ils ont été appliqués sur une ou toutes « **ALL** » les bases de données de secours.

```
D:\>rman catalog rman/rman@jaspe target sys/Razvanpwd3@gemmes

connecté à la base de données cible : GEMMES (DBID=1022042757)
connecté à la base de données du catalogue de récupération

RMAN> configure archivelog deletion policy to applied on all standby;

anciens paramètres de configuration RMAN :
CONFIGURE ARCHIVELOG DELETION POLICY TO BACKED UP 3 TIMES TO DISK;
nouveaux paramètres de configuration RMAN :
CONFIGURE ARCHIVELOG DELETION POLICY TO APPLIED ON ALL STANDBY;
les nouveaux paramètres de configuration RMAN ont été stockés avec succès
lancement de la resynchronisation complète du catalogue de récupération
resynchronisation complète terminée
```

La connexion d'utilisateurs

Les utilisateurs sont connectés à la base de données principale à l'aide du service décrit dans le fichier « **tnsname.ora** ». Mais lorsque vous effectuez un basculement, le nom du serveur où se trouve votre base de données n'est plus le même. De même, le service qui porte le nom de la base de données principale, même s'il existe sur la base de secours, n'est pas démarré par défaut. Bien que l'on puisse utiliser le nom du service, qui est également le nom de la base de données principale, il est aussi possible d'utiliser un nom de service différent. Cette démarche est à privilégier si vous utilisez des bases de données de secours logiques, car ces bases peuvent ne plus avoir le service de la base de données principale (voir l'exemple précédent de mise en œuvre de la base de données de secours logique).

La création d'un service est réalisé à l'aide de la procédure « **CREATE_SERVICE** » du package « **DBMS_SERVICE** ». Une fois que le service est créé, il faut mettre en place un trigger qui sera déclenché après le démarrage de la base de données et qui va démarrer le service si la base de données est primaire, sinon il s'assure que le service est arrêté. Ces opérations effectuées sur la base de données principale sont automatiquement propagées sur toutes les bases de données de secours physiques.

Par la suite il faut configurer sur chaque poste client le fichier « **tnsname.ora** » avec la description suivante :

```
service = (DESCRIPTION= (ADDRESS_LIST=
    (LOAD_BALANCE=on)
      (ADDRESS=(serveur01))  (ADDRESS=(serveur02)))
    (CONNECT_DATA=(SERVICE_NAME= service )))
```

```
D:\>sqlplus sys/Razvanpwd3@gemmes as sysdba
SYS@gemmes>select service_id, name, network_name, creation_date
  2  from dba_services;

SERVICE_ID NAME                        NETWORK_NAME          CREATION_D
---------- --------------------------- --------------------- ----------
         1 SYS$BACKGROUND                                    24/05/2013
         2 SYS$USERS                                         24/05/2013
         4 gemmes_DGB                  gemmes_DGB            27/03/2014
```

5	gemmesXDB	gemmesXDB	05/03/2014
6	gemmes.olimp.fr	gemmes.olimp.fr	05/03/2014
7	spsatgem_DGB	**spsatgem_DGB**	27/03/2014
8	spsatgemXDB	**spsatgemXDB**	27/03/2014
9	spsatgem.olimp.fr	**spsatgem.olimp.fr**	27/03/2014

Les trois derniers services ont été créés automatiquement par l'agent pour les basculements automatiques.

```
SYS@gemmes>exec DBMS_SERVICE.CREATE_SERVICE( -
>   service_name => 'joyaux.olimp.fr', -
>   network_name => 'joyaux.olimp.fr');

Procédure PL/SQL terminée avec succès.
SYS@gemmes>CREATE OR REPLACE TRIGGER STARTUP_PDB_SERVICE
  2   AFTER STARTUP ON DATABASE DECLARE
  3      role VARCHAR(30);
  4   BEGIN
  5      SELECT DATABASE_ROLE INTO role FROM V$DATABASE;
  6      IF role = 'PRIMARY' THEN
  7         DBMS_SERVICE. START_SERVICE ('joyaux.olimp.fr');
  8         DBMS_SERVICE. START_SERVICE ('gemmes.olimp.fr');
  9         EXECUTE IMMEDIATE 'ALTER PLUGGABLE DATABASE ALL OPEN';
 10      END IF;
 11   END;
 12   /

Déclencheur créé.

SYS@gemmes>exec DBMS_SERVICE. START_SERVICE ('joyaux.olimp.fr');

Procédure PL/SQL terminée avec succès.

SYS@gemmes>$type D:\...\cl_home\NETWORK\ADMIN\tnsnames.ora
# tnsnames.ora Network Configuration File:
D:\app\oracle\product\11.2.0\cl_home\network\admin\tnsnames.ora

JOYAUX  =( DESCRIPTION=
           ( ADDRESS_LIST=
             ( LOAD_BALANCE=on)
             (ADDRESS= (PROTOCOL=TCP) (HOST=jupiter.olimp.fr) (PORT=1521))
             (ADDRESS= (PROTOCOL=TCP) (HOST=saturne.olimp.fr) (PORT=1521))
             (ADDRESS= (PROTOCOL=TCP) (HOST=terra.olimp.fr) (PORT=1521))
             (ADDRESS= (PROTOCOL=TCP) (HOST=mercure.olimp.fr) (PORT=1521)))
           (CONNECT_DATA=
             (SERVER=DEDICATED)
             (SERVICE_NAME=joyaux.olimp.fr  )))
...
SYS@gemmes>connect sys/Razvanpwd3@joyaux as sysdba
Connecté.
SYS@joyaux>select instance_name,host_name, protection_mode,
  2  database_role,db_unique_name from v$instance,v$database;

INSTANCE_NAME HOST_NAME          PROTECTION_MODE      DATABASE_ROLE    DB_UNI
------------- ------------------ -------------------- ---------------- ------
gemmes        jupiter.olimp.fr MAXIMUM AVAILABILITY PRIMARY           gemmes
```

Le basculement automatique

L'agent permet de mettre en place le basculement automatique lorsqu'une base de données primaire est perdue. Dans l'architecture, il faut intégrer une machine complètement indépendante de chacun des serveurs où se trouvent les bases de données. Cette condition est obligatoire car c'est l'observateur qui lance le basculement automatique et, s'il se trouve sur le serveur qui est indisponible, le basculement ne s'exécutera pas.

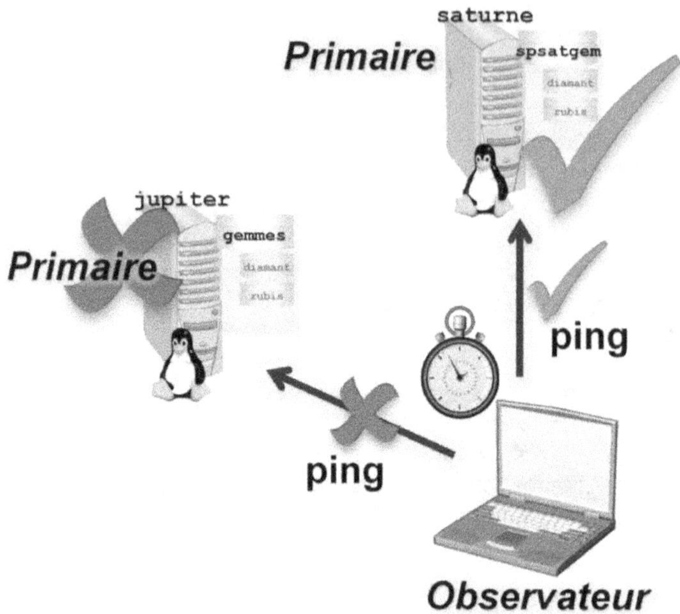

Il faut d'abord configurer le basculement automatique pour chaque base de données primaire, mais également pour la base de secours. Attention il n'est pas possible de mettre en place le basculement automatique si vous n'avez pas activé le mode « **FLASHBACK** » pour les deux bases de données.

```
EDIT DATABASE nom SET PROPERTY FASTSTARTFAILOVERTARGET = cible;
```

Vous pouvez également configurer pour quelle erreur le basculement doit être lancé pendant l'activation du basculement automatique avec la syntaxe suivante :

```
ENABLE FAST_START FAILOVER CONDITION
     {  'Corrupted Controlfile'  |  'Corrupted Dictionary'
     |  'Inaccessible Logfile'  |  'Stuck Archiver'|  'Datafile Offline'};
```

Plusieurs propriétés de la configuration doivent être configurées ou du moins vérifier que les valeurs par défaut sont cohérentes.

CommunicationTimeout

Cette propriété permet de décider combien de temps en secondes l'agent doit attendre, par défaut il est de 180 s, avant de considérer que la communication réseau entre les membres de la configuration est rompue.

FastStartFailoverThreshold

La propriété définit le nombre de secondes, par défaut 30 s, pendant lesquelles l'observateur tente de se reconnecter à la base de données primaire avant de lancer un basculement vers la base de données cible.

FastStartFailoverLagLimit

La propriété établit une limite acceptable, en secondes, de perte de données, au-delà de laquelle le basculement ne sera pas autorisé. La plus petite valeur possible est de 10 s et par défaut elle est de 30 s.

FastStartFailoverAutoReinstate

La propriété permet de rétablir automatiquement l'ancienne base de données primaire dans la configuration, la valeur par défaut est FALSE. Car lorsqu'un FAILOVER est exécuté, l'ancienne base de données primaire ne peut plus être utilisée dans la configuration. Pour la rétablir, il faut utiliser : DBMS_DG.INITIATE_FS_FAILOVER

FastStartFailoverPmyShutdown

La propriété provoque l'arrêt de la base de données primaire s'il n'a pas déjà eu lieu. L'arrêt est l'option par défaut.

```
D:\>hostname
athena
D:\>sqlplus sys/Razvanpwd3@gemmes as sysdba
SYS@gemmes>select db_unique_name, protection_mode, database_role,
  2     flashback_on from v$instance,v$database;


DB_UNIQUE_NAME    PROTECTION_MODE       DATABASE_ROLE      FLASHBACK_ON
----------------  --------------------  -----------------  -------------
gemmes            MAXIMUM AVAILABILITY  PRIMARY            YES


SYS@gemmes>connect sys/Razvanpwd3@spsatgem as sysdba
Connecté.
SYS@gemmes>select db_unique_name, protection_mode, database_role,
  2     flashback_on from v$instance,v$database;


DB_UNIQUE_NAME    PROTECTION_MODE       DATABASE_ROLE      FLASHBACK_ON
----------------  --------------------  -----------------  -------------
Spsatgem          MAXIMUM AVAILABILITY  PHYSICAL STANDBY YES
SYS@spsatgem>exit
D:\>dgmgrl sys/Razvanpwd3@gemmes
Connecté en tant que SYSDBA.
DGMGRL> edit configuration set property FastStartFailoverThreshold=45;
Propriété "faststartfailoverthreshold" mise à jour.
DGMGRL> edit configuration set property FastStartFailoverLagLimit=60;
Propriété "faststartfailoverlaglimit" mise à jour.
DGMGRL> show configuration verbose


Configuration - Joyaux

  Mode de protection : MaxAvailability
  Bases de données :
  gemmes    - Base de données principale
    spsatgem - Base de données de secours physique

  Propriétés :
    FastStartFailoverThreshold        = '45'
    OperationTimeout                  = '30'
    TraceLevel                        = 'USER'
    FastStartFailoverLagLimit         = '60'
    CommunicationTimeout              = '180'
    ObserverReconnect                 = '0'
    FastStartFailoverAutoReinstate    = 'TRUE'
    FastStartFailoverPmyShutdown      = 'TRUE'
    BystandersFollowRoleChange        = 'ALL'
    ObserverOverride                  = 'FALSE'

Fonction Fast-Start Failover : DISABLED

Statut de configuration :
```

```
SUCCESS
DGMGRL> edit database gemmes set property
>               FastStartFailoverTarget = spsatgem;
Propriété "faststartfailovertarget" mise à jour.
DGMGRL> edit database spsatgem set property
>               FastStartFailoverTarget = gemmes;
Propriété "faststartfailovertarget" mise à jour.


DGMGRL> show database verbose gemmes

Base de données - gemmes

  Rôle :              PRIMARY
  Etat prévu :        TRANSPORT-ON
  Instances :
    gemmes


  Propriétés :
    DGConnectIdentifier            = 'gemmes'
    ObserverConnectIdentifier      = ''
    LogXptMode                     = 'SYNC'
    RedoRoutes                     = ''
    DelayMins                      = '0'
    Binding                        = 'optional'
    MaxFailure                     = '0'
    MaxConnections                 = '1'
    ReopenSecs                     = '15'
    NetTimeout                     = '10'
...
    FastStartFailoverTarget        = 'spsatgem'
...
DGMGRL> enable fast_start failover;
Activé
DGMGRL> show configuration verbose

Configuration - Joyaux

  Mode de protection : MaxAvailability
  Bases de données :
  gemmes   - Base de données principale
    Avertissement : ORA-16819: observateur Fast-Start Failover non démarré

    spsatgem - (*) Base de données de secours physique
      Avertissement : ORA-16819: observateur Fast-Start Failover non démarré

  (*) Cible Fast-Start Failover

  Propriétés :
    FastStartFailoverThreshold     = '45'
    OperationTimeout               = '30'
    TraceLevel                     = 'USER'
    FastStartFailoverLagLimit      = '60'
    CommunicationTimeout           = '180'
    ObserverReconnect              = '0'
    FastStartFailoverAutoReinstate = 'TRUE'
    FastStartFailoverPmyShutdown   = 'TRUE'
    BystandersFollowRoleChange     = 'ALL'
    ObserverOverride               = 'FALSE'

Fonction Fast-Start Failover : ENABLED
```

```
Seuil :              45 secondes
Cible :              spsatgem
Observateur :        (aucun)
Limite de décalage : 60 secondes (non utilisé)
Arrêter la base de données principale : TRUE
Rétablir automatiquement : TRUE
Reconnexion de l'observateur : (aucun)
Remplacement de l'observateur : FALSE

Statut de configuration :
WARNING
```

Il ne reste que l'observateur qui doit impérativement démarrer sur une machine distincte des deux serveurs où sont stockées les deux bases de données. Attention car la session « **DGMGRL** » où vous lancez l'observateur est bloquée pour « **pinger** » les deux bases de données. En effet le pilotage du basculement est exécuté par l'observateur.

Pour simuler une erreur, je vais désactiver la carte réseau du serveur « **jupiter** » sur lequel est située la base de données primaire.

```
D:\>hostname
athena
D:\>dgmgrl sys/Razvanpwd3@gemmes
Connecté en tant que SYSDBA.
DGMGRL> start observer
Observateur démarré

11:49:36.60  vendredi 28 mars 2014
Lancement de Fast-Start Failover pour la base de données "spsatgem"...
Changement de base suite à une panne de la base principale. Veuillez patienter...
Le changement de base suite à une panne de la base principale a réussi. La nouvelle base principale
est  "spsatgem".
11:50:09.04  vendredi 28 mars 2014
```

Il faut maintenant configurer le serveur pour qu'il se comporte comme celui d'une base de données primaire.

```
[oracle@saturne ~]$ . oraenv
ORACLE_SID = [oracle] ? spsatgem
The Oracle base remains unchanged with value /u01/app/oracle
[oracle@saturne ~]$ sqlplus / as sysdba
SYS@spsatgem>select name, db_unique_name, primary_db_unique_name,
  2  database_role,open_mode, platform_name, protection_mode
  3  from v$database;

NAME       DB_UNIQUE_NA PRIMARY_DB DATABASE_ROLE     OPEN_MODE  PLATFORM_NAME        PROTECTION_MODE
---------- ------------ ---------- ----------------- ---------- -------------------- ------------------
---
GEMMES     spsatgem     gemmes     PRIMARY           READ WRITE Linux x86 64-bit     MAXIMUM
AVAILABILITY
SYS@spsatgem>exit
[oracle@saturne ~]$ srvctl add database -dbname gemmes -db  spsatgem \
>    -domain olimp.fr\
>    -oraclehome /u01/app/oracle/product/12.1.0/db_home  -startoption OPEN \
>    -spfile /u01/app/oracle/product/12.1.0/db_home/dbs/spfilespsatgem.ora \
>    -pwfile  /u01/app/oracle/product/12.1.0/db_home/dbs/orapwspsatgem
[oracle@saturne ~]$ srvctl add service -db spsatgem \
>    -service joyaux.olimp.fr -role primary
[oracle@saturne ~]$ srvctl add service -db spsatgem \
>    -service gemmes.olimp.fr -role primary
[oracle@saturne ~]$ srvctl config  database -db spsatgem
Nom de base de données unique : spsatgem
```

```
Nom de la base de données : gemmes
Répertoire d'origine Oracle Home : /u01/app/oracle/product/12.1.0/db_home
Utilisateur Oracle : oracle
Fichier SPFILE : /u01/app/oracle/product/12.1.0/db_home/dbs/spfilespsatgem.ora
Fichier de mots de passe : /u01/app/oracle/product/12.1.0/db_home/dbs/orapwspsatgem
Domaine : olimp.fr
Options de démarrage : open
Options d'arrêt : immediate
Rôle de base de données : PRIMARY
Stratégie de gestion : AUTOMATIC
Instance de base de données : spsatgem
Groupes de disques :
Services : gemmes.olimp.fr,joyaux.olimp.fr
[oracle@saturne ~]$ srvctl status service -db spsatgem
Le service gemmes.olimp.fr est en cours d'exécution
Le service joyaux.olimp.fr est en cours d'exécution
[oracle@saturne ~]$ srvctl start service -db spsatgem
[oracle@saturne ~]$ srvctl status service -db spsatgem
Le service gemmes.olimp.fr est en cours d'exécution
Le service joyaux.olimp.fr est en cours d'exécution
[oracle@saturne ~]$ sqlplus sys/Razvanpwd3@joyaux as sysdba
SYS@spsatgem>select name, db_unique_name, primary_db_unique_name,
  2  database_role,open_mode, platform_name, protection_mode
  3  from v$database;


NAME      DB_UNIQUE_NA PRIMARY_DB DATABASE_ROLE    OPEN_MODE   PLATFORM_NAME          PROTECTION_MODE
--------- ------------ ---------- ---------------- ----------  ---------------------- ------------------
---
GEMMES    spsatgem     gemmes     PRIMARY          READ WRITE  Linux x86 64-bit       MAXIMUM
AVAILABILITY
```

La base de données primaire se trouve sur un serveur avec le produit Oracle Restart installé. Alors il convient d'utiliser « **srvctl** » pour l'insérer dans le référentiel. Dans le cas d'une base de données primaire, l'option de démarrage doit être mise à « **OPEN** », mais attention, pour une base de données de secours cette option doit être à « **MOUNT** ». Les services servant aux utilisateurs à se connecter nécessitent un attachement au référentiel, ainsi après chaque démarrage du serveur, ils sont automatiquement activés si le rôle de la base de données est « **PRIMAIRE** ».

Une fois que la connexion réseau est rétablie sur la machine « **jupiter** » l'observateur arrête automatiquement la base de données anciennement principale et, dès que vous la démarrez en mode « **MOUNT** », elle est réintégrée dans l'architecture et transformée en base de données de secours physique.

```
...
11:49:36.60  vendredi 28 mars 2014
Lancement de Fast-Start Failover pour la base de données "spsatgem"...
Changement de base suite à une panne de la base principale. Veuillez patienter...
Le changement de base suite à une panne de la base principale a réussi. La nouvelle base principale
est  "spsatgem".
11:50:09.04  vendredi 28 mars 2014


12:24:45.45  vendredi 28 mars 2014
Lancement de la réintégration pour la base de données "gemmes"...
Réintégration de la base de données "gemmes". Veuillez patienter...
La réintégration de la base de données "gemmes" a réussi.
12:25:19.56  vendredi 28 mars 2014
...

[oracle@jupiter ~]$ . oraenv
ORACLE_SID = [gemmes] ?
The Oracle base remains unchanged with value /u01/app/oracle
[oracle@jupiter ~]$ sqlplus / as sysdba
```

```
Connecté à une instance inactive.
SYS@gemmes> startup mount
Instance ORACLE lancée.

Total System Global Area 4275781632 bytes
Fixed Size                  2296576 bytes
Variable Size            2415920384 bytes
Database Buffers         1845493760 bytes
Redo Buffers               12070912 bytes
Base de données montée.
SYS@gemmes>exit
[oracle@jupiter ~]$ dgmgrl /
Connecté en tant que SYSDG.
DGMGRL> show configuration

Configuration - Joyaux

  Mode de protection : MaxAvailability
  Bases de données :
  spsatgem - Base de données principale
    gemmes   - (*) Base de données de secours physique

Fonction Fast-Start Failover : ENABLED

Statut de configuration :
ORA-16610: commande "REINSTATE DATABASE gemmes" en cours d'exécution
DGM-17017: impossible de déterminer le statut de la configuration

DGMGRL> show configuration

Configuration - Joyaux

  Mode de protection : MaxAvailability
  Bases de données :
  spsatgem - Base de données principale
    gemmes   - (*) Base de données de secours physique

Fonction Fast-Start Failover : ENABLED

Statut de configuration :
SUCCESS
DGMGRL>exit
[oracle@jupiter ~]$ srvctl modify database -d gemmes -startoption  MOUNT
[oracle@jupiter ~]$ srvctl add service -db gemmes \
>     -service joyaux.olimp.fr -role primary
[oracle@jupiter ~]$ srvctl config database -d gemmes
Nom de base de données unique : gemmes
Nom de la base de données : gemmes
Répertoire d'origine Oracle Home : /u01/app/oracle/product/12.1.0/db_home
Utilisateur Oracle : oracle
Fichier SPFILE : /u01/app/oracle/product/12.1.0/db_home/dbs/spfilegemmes.ora
Fichier de mots de passe :
Domaine : olimp.fr
Options de démarrage : mount
Options d'arrêt : immediate
Rôle de base de données : PHYSICAL_STANDBY
Stratégie de gestion : AUTOMATIC
Instance de base de données : gemmes
Groupes de disques : GD_DONNEES,GD_RECUPERATIONS
Services : joyaux.olimp.fr
```

Index

W